HSK 3급 합격을 위한 **나의 다짐**

HSK 3급 목표 점수 _____ 점 **/** 300점

HSK 3급 학습기간 ___ 월 ___ 일까지

📝 교재 p. 18~19에 있는 **학습플랜을 활용하여**
매일매일 정해진 분량의 학습량으로 **HSK 3급을 준비**해보세요.

3주 학습플랜

중국어 기초 학습을 2개월 이상 공부했고, 단기간에 HSK 3급 합격을 목표로 하는 학습자에게 추천!

1주	2주	3주
듣기는 매일, 독해/쓰기는 격일 학습		실전모의고사 마무리

4주 학습플랜

중국어 기초 학습을 1~2개월 정도 공부했고, 처음으로 HSK에 도전하는 학습자에게 추천!

1주	2주	3주	4주
기초학습 ▶ 가장 취약하기 쉬운 듣기/쓰기 ▶ 독해 학습			실전모의고사 마무리

HSK 3급 200% 활용법 확인하기 ➡

해커스 중국어 HSK3급

한 권으로 합격

200% 활용법!

교재 무료 MP3 [학습용/복습용/실전모의고사/핵심어휘집]

방법 1 해커스중국어(china.Hackers.com) 접속 후 로그인 ▶
페이지 상단 [교재/MP3 → 교재 MP3/자료] 클릭 ▶ 본 교재 선택 후 이용하기

방법 2 [해커스 ONE] 앱 다운로드 후 로그인 ▶ 나의 관심학습과정 [중국어] 선택 ▶
[교재·MP3] 클릭 ▶ 본 교재 선택 후 이용하기

▲ [해커스 ONE]
앱 다운받기

HSK 1~3급 필수어휘 600 & 듣기 예제 병음북 [PDF+MP3]

이용방법 해커스중국어(china.Hackers.com) 접속 후 로그인 ▶
페이지 상단 [교재/MP3 → 교재 MP3/자료] 클릭 ▶ 본 교재 선택 후 이용하기

무료 HSK 3급 받아쓰기 & 쉐도잉 프로그램

이용방법 해커스중국어(china.Hackers.com) 접속 후 로그인 ▶ 페이지 상단 [iBT 학습하기] ▶
[HSK 받아쓰기&쉐도잉] 클릭 ▶ 본 교재 선택 후 이용하기

본 교재 인강 30% 할인쿠폰

68FF DEBA A247 FD8W *쿠폰 유효기간 : 쿠폰 등록 후 30일

▲ 쿠폰 등록하기

이용방법 해커스중국어(china.Hackers.com) 접속 후 로그인 ▶ 나의강의실 ▶ 내 쿠폰 확인하기 ▶ 쿠폰번호 등록

* 해당 쿠폰은 HSK 3급 단과 강의 구매 시 사용 가능합니다.
* 본 쿠폰은 1회에 한해 등록 가능합니다.
* 이외 쿠폰 관련 문의는 해커스중국어 고객센터(02-537-5000)으로 연락 바랍니다.

해커스 중국어

HSK 3급

한 권으로 합격

해커스

HSK 최신 출제 경향을 완벽 반영한
해커스 HSK 3급
한 권으로 합격
개정판을 내면서

그동안 <해커스 HSK 3급 한 권으로 합격> 교재가 베스트셀러 자리를 지킬 수 있었던 것은, 수험생 여러분의 시험 합격, 나아가 중국어 실력 향상을 위한 끊임없는 고민을 교재에 담아냈고, 그러한 고민과 노력의 결실이 수험생 여러분께 닿을 수 있기 때문이었습니다.

이제 해커스 HSK 연구소는, 최근 지속적으로 변화하고 있는 HSK 3급을 학습자들이 충분히 대비하고 단기간에 합격하는데 도움을 드리고자, 최신 출제 경향을 철저히 분석하여 반영한 <해커스 HSK 3급 한 권으로 합격> 개정판을 출간하게 되었습니다.

HSK 3급 최신 기출 경향을 철저히 반영한 교재!

단기간에 HSK 3급을 합격할 수 있도록 해커스의 HSK 시험 전문 연구진들이 최신 기출 유형과 출제 경향을 심도 있게 분석하여 교재 전반에 철저하게 반영하였습니다.

기초부터 실전까지 3주 완성!

HSK 3급을 위한 기초학습을 통해 먼저 기초를 다진 후, 듣기, 독해, 쓰기 영역의 핵심 내용을 <합격비책>으로 학습하고, 실전모의고사 3회분으로 실전 감각을 익힐 수 있게 하였습니다. 3주면 개념 이해부터 실전 문제 풀이까지 충분히 가능합니다.

상세한 해설을 통해 이해를 돕는 교재!

문제풀이 방법을 적용한 상세한 해설, 자연스럽지만 직역에 가까운 해석, 사전이 필요 없는 상세한 어휘 정리로 효율적인 학습이 가능하도록 하였습니다.

<해커스 HSK 3급 한 권으로 합격> 개정판이 여러분의 단기 합격에 튼튼한 발판이 되고 중국어 실력 향상은 물론, 여러분의 꿈을 향한 길에 믿음직한 동반자가 되기를 바랍니다.

목차

쓰기

실전모의고사

 해설집 [책 속의 책]

 HSK 3급 핵심어휘집 [별책]

 학습용 / 복습용 분할 / 고사장 소음 버전 MP3
독해·쓰기 MP3 / 핵심어휘집 MP3

 HSK 1-3급 필수 어휘 600 PDF / 듣기 예제
병음북 PDF

 HSK 3급 받아쓰기&쉐도잉 프로그램

*모든 MP3/PDF 파일과 학습용 프로그램은 해커스 중국어 사이트
(china.Hackers.com)에서 무료로 이용 가능합니다.

<해커스 HSK 3급 한 권으로 합격>이 제시하는
최단 기간 합격 비법!

❋ 하나, HSK 3급 최신 출제 경향과 문제풀이 방법을 확실하게 익힌다!

⌐ 문제풀이 방법 익히기!

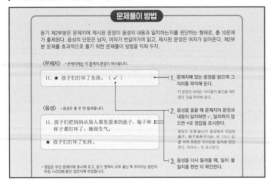

HSK 3급의 부분별 문제 형태를 소개하고, 이를 쉽게 해결하기 위한 문제풀이 방법을 제시하였습니다.

🔍 영역·부분별 최신 출제 경향 파악하기!

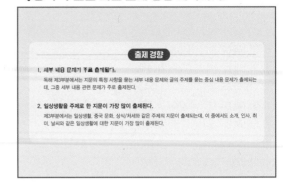

HSK 3급에서 자주 출제되는 문제 유형, 주제 등의 출제 경향을 영역·부분별로 철저하게 분석하여 정리하였습니다.

🔑 문제풀이에 적합한 학습 방법 익히기!

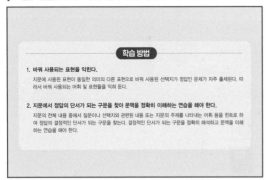

각 부분의 문제풀이에 가장 적합하고 포인트가 되는 학습 방법을 제공하여 각 부분을 대비할 수 있도록 하였습니다.

⋮☰ 예제로 문제풀이 방법 바로 적용하기!

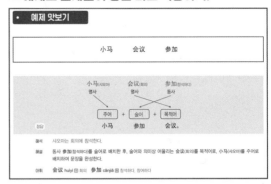

각 합격비책에서 최신 출제 경향 및 난이도를 그대로 반영한 문제를 예제로 수록하였습니다. 이를 통해 문제풀이 방법을 문제에 적용하는 방법을 보다 빠르고 쉽게 이해할 수 있습니다.

✦ 둘, 기본기와 실전 감각을 동시에 쌓는다!

💡 핵심 어휘 및 표현 꼼꼼히 암기하기!

각 영역·부분별로 문제풀이에 꼭 필요한 핵심 어휘·표현들을 정리 및 제공하여, 듣기·독해·쓰기 각 영역 정복을 위해 꼭 암기해야 하는 어휘 및 표현을 집중 암기할 수 있도록 하였습니다.

💡 확인학습으로 실력 확인하기!

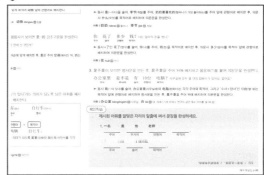

각 비책 학습을 마치고, 확인학습을 제공하여 학습한 내용으로 스스로의 실력을 확인해 볼 수 있도록 하였습니다.

📄 실전연습문제 & 실전테스트로 실력 굳히기!

각 합격비책에서 학습한 내용을 실전 형태의 문제들을 통해 탄탄하게 복습할 수 있도록 실전연습문제를 구성하였습니다. 또 각 부분의 학습을 마무리한 후에는 실전테스트를 통하여 모든 유형의 실전 문제들을 풀어봄으로써, 앞서 학습한 내용을 적용하고 실전에 대비할 수 있도록 하였습니다.

📄 실전모의고사 3회분으로 실전 감각 극대화하기!

최종적으로 실전모의고사 3회분을 풀어봄으로써 실전 감각을 키우고, 자신의 실력도 정확히 예측해 볼 수 있습니다. 이로써 학습자들은 실제 시험에서도 당황하지 않고 마음껏 실력을 발휘할 수 있습니다.

<해커스 HSK 3급 한 권으로 합격>이 제시하는

○ 최단 기간 합격 비법!

❋ 셋, 상세한 해설을 통한 반복 학습으로 문제풀이 실력을 극대화 한다!

▤ 자연스럽지만 직역에 가까운 해석!

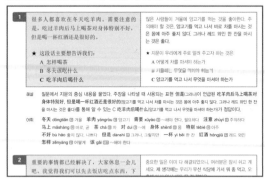

자연스럽지만 직역에 가까운 해석을 수록하여 해석을 통해서 도 중국어 문장의 구조를 이해할 수 있도록 하였습니다.

▤ 문제풀이 방법을 적용한 상세한 해설!

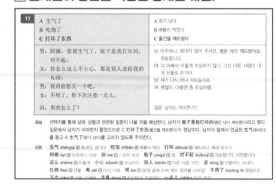

가장 효과적으로 문제를 풀 수 있는 문제풀이 방법을 기반으로 하여 실제 시험장에서 그대로 적용 가능한 해설을 수록하였습니다. 따라서 어려운 문제도 쉽고 정확하게 해결할 수 있습니다.

▤ 문장 구조를 완벽하게 이해할 수 있는 해설!

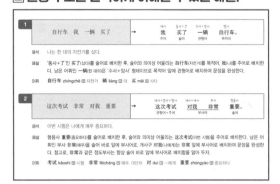

한눈에 확인 가능한 문장 완성 도식을 통해 문장 완성 원리를 쉽게 이해할 수 있도록 구성하였으며, 문장 완성 방법을 단계적으로 차근차근 해설하여 문장을 정확하게 완성할 수 있도록 하였습니다.

▥ 사전이 필요 없는 어휘 정리!

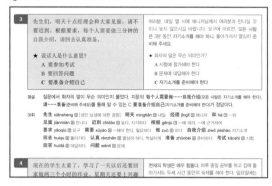

지문과 스크립트에서 사용된 거의 모든 어휘 및 표현을 상세히 정리하여 학습자들이 따로 사전을 찾아볼 필요 없이 효율적으로 학습할 수 있게 하였습니다.

✿ 넷, 해커스만의 노하우가 담긴 학습 자료를 활용한다!

📒 HSK 3급 핵심어휘집 & MP3

HSK 3급 각 영역별 빈출 어휘·표현을 학습할 수 있도록 구성하였으며, 시험장까지 가져갈 수 있도록 별책으로 제공하였습니다. 또한, 해커스중국어(china.Hackers.com)에서 무료로 제공하는 MP3와 함께 학습하면 더욱 효과적으로 어휘와 표현을 암기할 수 있습니다.

🎧 학습용 & 복습용 분할 & 고사장 소음 버전 MP3

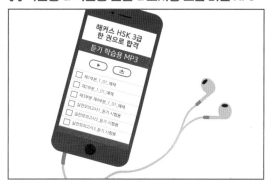

MP3 음원이 필수인 듣기 뿐만 아니라 독해, 쓰기 영역의 MP3 음원도 제공하여 듣기 실력을 극대화할 수 있습니다. 실전모의고사는 실제 시험장의 감각을 익히도록 고사장 소음 버전 MP3까지 준비했습니다.

(모든 MP3는 '해커스 MP3 플레이어' 앱을 통해 0.5~2.0배까지 0.05배속 단위로, 원하는 배속을 선택하여 들을 수 있습니다.)

🎧 HSK 1-3급 필수어휘 600 PDF & MP3

출제기관에서 공식 지정한 HSK1-3급 필수어휘 600개를 PDF로 구성하였습니다. 또한, 무료로 제공하는 HSK 1-3급 필수어휘 600 MP3를 들으면서 어휘 암기 효과를 극대화할 수 있도록 하였습니다.

🖥 IBT 까지 대비 가능한 온라인 서비스 프로그램

HSK 3급 받아쓰기&쉐도잉 프로그램을 통해 직청직해 능력을 키울 수 있으며, 실제 IBT 시험처럼 입력해보는 연습을 할 수 있어 IBT 시험도 대비할 수 있게 하였습니다.

(온라인 서비스 프로그램은 해커스중국어(china.Hackers.com)에서 무료로 이용하실 수 있습니다.)

HSK 소개

HSK란?

汉语水平考试(중국어 능력시험)의 한어병음인 Hànyǔ Shuǐpíng Kǎoshì의 앞글자를 딴 것으로, 제1언어가 중국어가 아닌 사람이 실생활에서 운용하는 중국어 능력을 평가하기 위해 만들어진 중국 정부 유일의 국제 중국어 능력 표준화 고시입니다.

HSK의 용도

- 국내외 대학(원) 및 특목고 입학·졸업 시 평가 기준
- 중국정부장학생 선발 기준
- 각급 업체 및 기관의 채용·승진을 위한 평가 기준

HSK의 시험 방식

- HSK PBT(Paper-Based Test): 시험지와 OMR 답안지로 진행하는 지필시험
- HSK IBT(Internet-Based Test): 컴퓨터로 진행하는 시험

※ PBT와 IBT시험 성적은 효력이 동일합니다.

HSK의 급수 구성

- HSK는 필기시험(HSK 1급-6급)과 회화시험(HSKK 초급·중급·고급)으로 나뉘며, 필기시험과 회화시험은 상호 독립적으로 시행됩니다. 필기시험은 급수별로, 회화시험은 등급별로 각각 응시할 수 있습니다.
- 필기시험에서 각 급수별로 요구되는 어휘량은 다음과 같습니다.

HSK 급수		어휘량
어려움	HSK 6급	5,000개 이상 (6급 2,500개, 1~5급 2,500개)
	HSK 5급	2,500개 이상 (5급 1,300개, 1~4급 1,200개)
	HSK 4급	1,200개 이상 (4급 600개, 1~3급 600개)
	HSK 3급	600개 이상 (3급 300개, 1~2급 300개)
	HSK 2급	300개 이상 (2급 150개, 1급 150개)
쉬움	HSK 1급	150개 이상

❀ HSK, 접수부터 성적 확인까지!

1 HSK 시험 접수

1. 인터넷 접수
HSK 한국사무국 홈페이지(http://www.hsk.or.kr)에서 홈페이지 좌측의 [PBT] 또는 [IBT]를 클릭한 후,
홈페이지 중앙의 [인터넷 접수]를 클릭하여 접수합니다.

- 접수 과정: 인터넷 접수 바로가기 → 응시 등급 선택 → 결제 방법 선택 → 고시장 선택 → 개인 정보 입력 →
  성적표 수령방법 선택 → 사진 등록 → 관련 규정 동의 및 결제
- * 국내 포털 사이트에서 'HSK 접수'로 검색하면 다른 시험센터에서 고시장을 선택하여 접수 가능합니다.

2. 우편 접수
구비 서류를 동봉하여 등기우편으로 접수합니다.

- 구비 서류: 응시원서(사신 1장 부착), 응시 원서에 부착한 사진 외 1장, 응시비 입금영수증
- 보낼 주소: (06336) 서울시 강남구 강남우체국 사서함 115호 <HSK 한국사무국>

3. 방문 접수
준비물을 지참하여 접수처에 방문하여 접수합니다.

- 준비물: 응시원서(사진 1장 부착), 응시원서에 부착한 사진 외 1장, 응시비
- 접수처: 서울 강남구 강남대로92길 31(역삼동 649-8) 민석빌딩 8층 HSK한국사무국
- 접수 시간: 평일 09:00-12:00, 13:00-18:00(토·일요일, 공휴일 휴무)

2 HSK 시험 당일 준비물

 수험표   유효한 신분증    2B 연필, 지우개   시계

3 HSK 성적 확인

1. 성적 조회
지필시험 성적은 시험일로부터 1개월, IBT는 시험일로부터 2주 후부터 중국고시센터
(http://www.chinesetest.cn/goquery.do)에서 조회가 가능합니다.

- 성적 조회 과정: HSK 한국사무국 홈페이지 우측의 [성적조회] 클릭 → 페이지 하단의 [성적조회 바로가기] 클릭
- 입력 정보 : 수험 번호, 성명, 인증 번호
- * 수험 번호는 [성적 조회] 페이지 하단의 [수험 번호 조회]를 클릭한 후, 한글 이름, 생년월일, 휴대폰 번호, 시험 일자를 입력하면 바로 조회 가능
  합니다.

2. 성적표 수령 방법
- 우편 수령 신청자의 경우, 성적표는 시험일로부터 45일 이후 등기우편으로 발송됩니다.
- 방문 수령 신청자의 경우, 성적표는 시험일로부터 45일 이후, 홈페이지 공지 사항에서 해당 시험일 성적표 발송 공지문을 확인
  한 후, 신분증을 지참하여 HSK 한국사무국으로 방문하여 수령합니다.

3. 성적의 유효 기간
성적은 시험을 본 당일로부터 2년간 유효합니다.

HSK 3급 소개

✺ 시험 대상

HSK 3급 시험 대상은 약 3학기 동안 매주 2-3시간씩(총 120~180시간) 중국어를 학습하고, 600개의 상용어휘와 관련 어법 지식을 마스터한 학습자입니다.

✺ 시험 구성 및 시험 시간

• HSK 3급은 듣기, 독해, 쓰기의 세 영역으로 나뉘며, 총 80문제가 출제됩니다.
• 듣기 영역의 경우, 듣기 시험 시간이 종료된 후 답안 작성시간 5분이 별도로 주어지며, 독해·쓰기 영역은 별도의 답안 작성시간이 없으므로 해당 영역 시험 시간에 바로 작성해야 합니다.

시험 내용		문항 수	시험 시간
듣기	제1부분	10	약 35분
	제2부분	10	
	제3부분	10	
	제4부분	10	
		40	
듣기 영역에 대한 답안 작성 시간			5분
독해	제1부분	10	30분
	제2부분	10	
	제3부분	10	
		30	
쓰기	제1부분	5	15분
	제2부분	5	
		10	
합계		80 문항	약 85분

✺ 합격 기준

• HSK 3급 성적표에는 듣기, 독해, 쓰기 세 영역별 점수와 총점이 기재됩니다. 영역별 만점은 100점이며, 따라서 총점은 300점 만점입니다. 이때, 총점이 180점 이상이면 합격입니다.
• 또한 성적표에는 영역별 점수 및 총점을 기준으로 백분율을 제공하고 있어 자신의 점수가 상위 몇 %에 속하는지를 확인할 수 있습니다.

✳ 학습자들이 궁금해하는 HSK 3급 관련 질문 BEST 3

Q1. 중국어 초보인데, HSK 3급에 도전해도 될까요?

A <u>중국어 초보도 조금만 노력하면 3급을 쉽게 딸 수 있습니다.</u>

- 3급 시험은 4~6급에 비해 지문 길이가 짧고 요구되는 어휘량도 적기 때문에 중국어 초보 학습자들이 도전하기에 적합한 시험이기도 하지만, 중국어를 접한 지 얼마 되지 않은 초보 학습자들에게는 쉽지 않게 느껴질 수도 있습니다. 이를 위해 <해커스 HSK 3급 한 권으로 합격>에서는 HSK 3급 대비에 필요한 기초를 수록하여 기초부터 다지게 하였고, 이해하기 쉬운 설명과 상세한 해설을 수록하여 중국어 초보도 쉽게 HSK 3급을 학습할 수 있도록 하였습니다.

Q2. HSK 3급에 대비하려면 얼마 동안 어떻게 공부를 해야 할까요?

A <u>빠르게는 3주 안에 합격하는 것이 가능할 수 있습니다.</u>

- 3급은 난이도가 높지 않은 시험이기 때문에, 조금만 집중하여 준비하면 3주 안에 합격하는 것도 가능합니다. 다만 현재 자신의 수준과 상황에 따라 준비 기간 및 학습 기간 또한 달라지기 때문에, 체계적으로 계획을 세우고 시작하는 것이 매우 중요합니다. <해커스 HSK 3급 한 권으로 합격>의 '나만의 학습 플랜'(p.18)에서 자신에게 맞는 맞춤 학습 플랜을 선택하여, 각 학습 플랜에서 제시하는 학습 방법으로 HSK 시험에 대비하세요.

Q3. HSK 3급을 독학으로 합격할 수 있을까요?

A <u>독학으로도 HSK 3급을 합격할 수 있을 뿐만 아니라 고득점도 받을 수 있습니다.</u>

- HSK 3급을 혼자 준비하고자 하는 많은 학습자들을 위해, <해커스 HSK 3급 한 권으로 합격>은 3급에 필요한 기초를 정리하여 교재 앞부분에 수록하였고, 영역별, 부분별로 반드시 학습해야 할 핵심 내용을 합격비책으로 구성하였습니다. 또한 풍부한 실전 문제와 실전모의고사 3회분을 상세한 해설과 함께 수록하여 독학으로도 학습 내용을 충분히 이해하고 실력을 쌓아가면서 실전 대비까지 할 수 있도록 하였습니다.

HSK 3급, 이렇게 출제됩니다

듣기

| 제1부분 | 대화 듣고 일치하는 사진 선택하기 | 문제풀이 방법 p.34 |

◎ 남녀의 대화를 듣고 대화 내용과 일치하는 사진을 선택하는 형태
◎ 총 문항 수: 10문항 (1번-10번)

문제지

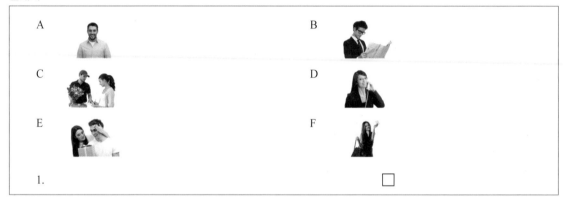

음성

> 女：你最近每天都看报纸，关心什么呢？
> 男：没什么，我就想了解一下这几天的天气。

정답 B

| 제2부분 | 일치 · 불일치 판단하기 | 문제풀이 방법 p.50 |

◎ 음성을 듣고 음성의 내용과 제시된 문장의 내용이 일치하는지, 일치하지 않는지 판단하는 형태
◎ 총 문항 수: 10문항 (11번-20번)

문제지

> 11. ★ 孩子们打坏了东西。　　　　　　(　)

음성

> 孩子们把妈妈从别人那里借来的盘子、瓶子和杯子都打坏了，她很生气。
> --
> 11. ★ 孩子们打坏了东西。

정답 ✓

| 제3부분, 제4부분 | 대화 듣고 질문에 답하기 | 문제풀이 방법 p.74 |

◎ 제3부분은 남녀가 한 번씩, 제4부분은 두 번씩 주고받는 대화를 듣고 관련 질문에 대한 정답을 고르는 형태

◎ 총 문항 수: 20문항 [제3부분 : 21-30번 / 제4부분 : 31-40번]

■ 제3부분

문제지

> 21. A 学校　　　B 饭店　　　C 动物园

음성

> 女：我们先去看熊猫然后再去看别的吧？
> 男：没问题，熊猫在东边，离动物园大门不远。
> ....
> 问：他们在哪儿？

정답 C

■ 제4부분

문제지

> 31. A 搬家　　　B 去旅行　　　C 拿东西

음성

> 男：你这大包小包的，是要搬家吗？
> 女：不是，我阿姨来北京了，我拿点衣服过去。
> 男：需要我开车送你吗？
> 女：不用了，我叫出租车了。
> ....
> 问：女的正在做什么？

정답 C

독해

제1부분 　　상응하는 문장 고르기　　　　　　　　　　　　문제풀이 방법 p.104

◎ 제시된 문제에 상응하는 선택지를 찾아 정답으로 고르는 형태

◎ 총 문항 수: 10문항 (41번-50번)

A 不，这节目刚刚开始。
B 小明静静地坐在椅子上。
C 是的，家里的牛奶都没有了。
D 还是有一点儿刮风，你最好拿着帽子。
E 我们先坐地铁2号线，然后换公共汽车。
F 但是对我来说有点贵了。

41. 你下午打算去超市吗？（　　　）

정답 C

제2부분 　　빈칸 채우기　　　　　　　　　　　　　　　　문제풀이 방법 p.120

◎ 제시된 6개의 선택지 중 예시 어휘를 제외한 5개의 어휘를 각각 알맞은 빈칸에 채우는 형태

◎ 총 문항 수: 10문항 (51번-60번)

A 根据　　　　B 骑　　　　C 国家　　　　D 干净　　　　E 声音　　　　F 难过
51. 现在的人越来越喜欢（　　　）自行车了。

정답 B

제3부분 　　지문 읽고 질문에 답하기　　　　　　　　　　문제풀이 방법 p.144

◎ 지문을 읽고 관련된 1개의 질문에 대한 정답을 고르는 형태

◎ 총 문항 수: 10문항 (61번-70번)

---

61. 这条小狗是朋友送给我的，虽然来我家的时间短，但是它已经习惯了这里的环境。
　　★ 关于小狗，可以知道：
　　　A 经常生病　　　　　　　B 不喜欢我家　　　　　　　C 是朋友送的

정답 C

쓰기

| 제1부분 | 제시된 어휘로 문장 완성하기 | 문제풀이 방법 p.158 |

◎ 제시된 3~5개의 어휘를 어순에 맞게 배치하여 하나의 문장을 완성하는 형태

◎ 총 문항 수: 5문항 (71번~75번)

71.　想了解　　　　我　　　　这个城市

정답 我想了解这个城市。

| 제2부분 | 빈칸에 알맞은 한자 쓰기 | 문제풀이 방법 p.190 |

◎ 제시된 병음을 보고 빈칸에 알맞은 한자를 쓰는 형태

◎ 총 문항 수: 5문항 (76번~80번)

---

　　　　　　　　　　jī

76.　昨天遇到数学老师，我（　　）乎认不出他了。

정답 几

나만의 학습 플랜

3주 학습 플랜   중국어 기초 학습을 2개월 이상 공부했고, 단기간에 HSK 3급 합격을 목표로 하는 학습자

- 듣기는 매일 학습하고, 독해, 쓰기는 하루씩 번갈아 가며 학습합니다.
- 15일 동안은 <HSK 3급 핵심어휘집>에 정리된 하루 분량의 단어를 매일 암기하고, 마지막 3일 동안 단어장에 있는 단어를 모두 암기했는지 점검하여 복습합니다.

	1일	2일	3일	4일	5일	6일
1주	□ ___월___일 [기초학습] 1-5 [듣기] 제1부분 비책 1 [핵심어휘집] 01일	□ ___월___일 [듣기] 제1부분 비책 2 [독해] 제1부분 비책 1, 2 [핵심어휘집] 02일	□ ___월___일 [듣기] 제1부분 비책 3 제1부분 실전테스트 [쓰기] 제1부분 비책 1, 2 [핵심어휘집] 03일	□ ___월___일 [듣기] 제2부분 비책 1 [독해] 제1부분 비책 3 제1부분 실전테스트 [핵심어휘집] 04일	□ ___월___일 [듣기] 제2부분 비책 2 [쓰기] 제1부분 비책 3 [핵심어휘집] 05일	□ ___월___일 [듣기] 제2부분 비책 3 [독해] 제2부분 비책 1, 2 [핵심어휘집] 06일
2주	□ ___월___일 [듣기] 제2부분 비책 4 [쓰기] 제1부분 비책 4 [핵심어휘집] 07일	□ ___월___일 [듣기] 제2부분 비책 5 제2부분 실전테스트 [독해] 제2부분 비책 3, 4 [핵심어휘집] 08일	□ ___월___일 [듣기] 제3, 4부분 비책 1 [쓰기] 제1부분 비책 5, 6 [핵심어휘집] 09일	□ ___월___일 [듣기] 제3, 4부분 비책 2 [독해] 제2부분 비책 5 제2부분 실전테스트 [핵심어휘집] 10일	□ ___월___일 [듣기] 제3, 4부분 비책 3 [쓰기] 제1부분 비책 7 제1부분 실전테스트 [핵심어휘집] 11일	□ ___월___일 [듣기] 제3, 4부분 비책 4 [독해] 제3부분 비책 1 [핵심어휘집] 12일
3주	□ ___월___일 [듣기] 제3, 4부분 비책 5 [쓰기] 제2부분 비책 1, 2 [핵심어휘집] 13일	□ ___월___일 [듣기] 제3, 4부분 비책 6 [독해] 제3부분 비책 2 제3부분 실전테스트 [핵심어휘집] 14일	□ ___월___일 [듣기] 제3, 4부분 실전테스트 [쓰기] 제2부분 비책 3 제2부분 실전테스트 [핵심어휘집] 15일	□ ___월___일 실전모의고사 1 [핵심어휘집] 01일-05일 복습	□ ___월___일 실전모의고사 2 [핵심어휘집] 06일-10일 복습	□ ___월___일 실전모의고사 3 [핵심어휘집] 11일-15일 복습

학습 플랜 이용 Tip
- 공부할 날짜를 쓰고, 매일 당일 학습 분량을 공부한 후 박스에 체크해가며 목표를 달성해 보세요.
- 6주 동안 천천히 꼼꼼하게 실력을 다지고 싶으시면 하루 분량을 2일에 나누어 학습하세요.

 **4주 학습 플랜** 중국어 기초 학습을 1~2개월 정도 공부했고, 처음으로 HSK에 도전하는 학습자

• 기초학습으로 기초를 다진 후, 가장 취약하기 쉬운 듣기와 쓰기부터 학습한 다음 독해 학습을 추가해 갑니다.
• 15일 동안은 <HSK 3급 핵심어휘집>을 매일 병행 학습하고, 이후 7일간 복습하여, 마지막 이틀 동안은 헷갈리는 단어 위주로 집중적으로 암기합니다.

	1일	2일	3일	4일	5일	6일
1주	☐ ___월 ___일 [기초학습] 1-5 [핵심어휘집] 01일	☐ ___월 ___일 [듣기] 제1부분 비책 1 [쓰기] 제1부분 비책 1 [핵심어휘집] 02일	☐ ___월 ___일 [듣기] 제1부분 비책 2 [쓰기] 제1부분 비책 2 [핵심어휘집] 03일	☐ ___월 ___일 [듣기] 제1부분 비책 3 제1부분 실전테스트 [쓰기] 제1부분 비책 3 [핵심어휘집] 04일	☐ ___월 ___일 [듣기] 제2부분 비책 1 [쓰기] 제1부분 비책 4 [핵심어휘집] 05일	☐ ___월 ___일 [듣기] 제2부분 비책 2 [쓰기] 제1부분 비책 5 [핵심어휘집] 06일
2주	☐ ___월 ___일 [듣기] 제2부분 비책 3 [쓰기] 제1부분 비책 6 [핵심어휘집] 07일	☐ ___월 ___일 [듣기] 제2부분 비책 4 [쓰기] 제1부분 비책 7 제1부분 실전테스트 [핵심어휘집] 08일	☐ ___월 ___일 [듣기] 제2부분 비책 5 제2부분 실전테스트 [쓰기] 제2부분 비책 1,2 [핵심어휘집] 09일	☐ ___월 ___일 [듣기] 제3, 4부분 비책 1 [쓰기] 제2부분 비책 3 제2부분 실전테스트 [핵심어휘집] 10일	☐ ___월 ___일 [듣기] 제3, 4부분 비책 2 [독해] 제1부분 비책 1 [핵심어휘집] 11일	☐ ___월 ___일 [듣기] 제3, 4부분 비책 3 [독해] 제1부분 비책 2 [핵심어휘집] 12일
3주	☐ ___월 ___일 [듣기] 제3, 4부분 비책 4 [독해] 제1부분 비책 3 제1부분 실전테스트 [핵심어휘집] 13일	☐ ___월 ___일 [듣기] 제3, 4부분 비책 5 [독해] 제2부분 비책 1 [핵심어휘집] 14일	☐ ___월 ___일 [듣기] 제3, 4부분 비책 6 제3, 4부분 실전테스트 [독해] 제2부분 비책 2 [핵심어휘집] 15일	☐ ___월 ___일 [듣기] 제1부분 비책 1-3/실전테스트 MP3 반복듣기 [독해] 제2부분 비책 3 [핵심어휘집] 01-02일 복습	☐ ___월 ___일 [듣기] 제2부분 비책 1-5 MP3 반복듣기 [독해] 제2부분 비책 4 [핵심어휘집] 03-04일 복습	☐ ___월 ___일 [듣기] 제2부분 실전테스트 MP3 반복듣기 [독해] 제2부분 비책 5 제2부분 실전테스트 [핵심어휘집] 05-06일 복습
4주	☐ ___월 ___일 [듣기] 제3, 4부분 비책 1-6 MP3 반복듣기 [독해] 제3부분 비책 1, 2 [핵심어휘집] 07-08일 복습	☐ ___월 ___일 [듣기] 제3, 4부분 실전테스트 MP3 반복듣기 [독해] 제3부분 실전테스트 [핵심어휘집] 09-10일 복습	☐ ___월 ___일 실전모의고사 1 [핵심어휘집] 11-12일 복습	☐ ___월 ___일 실전모의고사 2 [핵심어휘집] 13-15일 복습	☐ ___월 ___일 실전모의고사 3 [핵심어휘집] 01-08일 복습	☐ ___월 ___일 실전모의고사 1-3 복습 [핵심어휘집] 09-15일 복습

학습 플랜 이용 Tip

– 공부할 날짜를 쓰고, 매일 당일 학습 분량을 공부한 후 박스에 체크해가며 목표를 달성해 보세요.

본교재동영상강의·무료학습자료제공

china.Hackers.com

HSK 3급을 위한 기초학습

HSK 3급을 처음 시작하는 학습자들이 시험에 꼭 필요한 기초를
탄탄히 다질 수 있도록 구성한 학습 내용을 익혀 두자.

买(mǎi)와, 卖(mài)의 발음은 비슷하게 들리지만 의미는 각각 '사다'와 '팔다'이고, 做(zuò)와 坐(zuò)의 발음은 같지만 의미는 각각 '하다'와 '앉다'이다. 이처럼 발음이 서로 비슷하거나 같은 단어들은 들을 때 그 의미를 혼동하기 쉬우므로, 반드시 구별하여 익혀 두도록 한다.

■ 발음이 비슷한 단어

3급에서 자주 출제되는 발음이 비슷한 단어들을 구별하여 익혀 두자.

🎧 발음이 비슷한 단어

01	矮 ǎi [형] (키가) 작다	02	百 bǎi [수] 백(100)
	爱 ài [동] 좋아하다, 사랑하다		白 bái [형] 희다, 밝다
03	包 bāo [동] 싸다, 싸매다	04	和 hé [개] ~와
	饱 bǎo [형] 배부르다		喝 hē [동] 마시다
05	花 huā [동] 쓰다, 소비하다	06	还 huán [동] 돌려주다, 갚다
	画 huà [동] 그리다		换 huàn [동] 바꾸다, 교환하다
07	叫 jiào [동] 부르다, ~하게 하다	08	姐姐 jiějie [명] 언니, 누나
	教 jiāo [동] 가르치다		解决 jiějué [동] 해결하다, 풀다
09	零 líng [수] 영(0)	10	四 sì [수] 사(4), 넷
	六 liù [수] 육(6), 여섯		十 shí [수] 십(10), 열
11	忙 máng [형] 바쁘다	12	胖 pàng [형] 뚱뚱하다
	慢 màn [형] 느리다		放 fàng [동] 놓다, 두다, 넣다
13	买 mǎi [동] 사다	14	结束 jiéshù [동] 끝나다, 마치다
	卖 mài [동] 팔다		借书 jièshū [동] 책을 빌리다
15	安静 ānjìng [형] 조용하다	16	方便 fāngbiàn [형] 편리하다
	干净 gānjìng [형] 깨끗하다		旁边 pángbiān [명] 옆, 곁, 근처
17	关心 guānxīn [동] 관심을 갖다	18	裤子 kùzi [명] 바지
	担心 dānxīn [동] 걱정하다, 염려하다		筷子 kuàizi [명] 젓가락
19	已经 yǐjīng [부] 이미, 벌써	20	知道 zhīdào [동] 알다, 이해하다
	一定 yídìng [부] 반드시		迟到 chídào [동] 지각하다

■ 발음이 같은 단어

3급에서 자주 출제되는 발음이 같은 단어들을 예문과 함께 구별하여 익혀 두자.

🎧 발음이 같은 단어

01	近 jìn 혷 가깝다	朋友家很近。Péngyoujiā hěn jìn. 친구 집은 가깝다.
	进 jìn 동 (밖에서 안으로) 들어 가다	请进。Qǐng jìn. 들어 오세요.
02	九 jiǔ 수 아홉, 구(9)	现在是九点。Xiànzài shì jiǔ diǎn. 지금은 아홉 시이다.
	久 jiǔ 혷 오래다	好久不见。Hǎojiǔ bújiàn. 오랜만이야.
03	课 kè 명 수업, 과목	下午有课。Xiàwǔ yǒu kè. 오후에 수업이 있다.
	刻 kè 양 15분	八点一刻开始。Bā diǎn yíkè kāishǐ. 8시 15분에 시작한다.
04	南 nán 명 남쪽	他来自南方。Tā láizì nánfāng. 그는 남쪽 지방에서 왔다.
	难 nán 혷 어렵다	中文很难。Zhōngwén hěn nán. 중국어는 어렵다.
05	是 shì 동 ~이다	他是我哥哥。Tā shì wǒ gēge. 그는 나의 오빠이다.
	试 shì 동 해 보다	你先试一下。Nǐ xiān shì yíxià. 당신이 먼저 해 보세요.
06	位 wèi 양 분	有两位客人来了。Yǒu liǎng wèi kèrén lái le. 두 분의 손님이 오셨다.
	为 wèi 개 ~덕분에, ~에게	真为你高兴！Zhēn wèi nǐ gāoxìng. 정말 네 덕분에 기쁘다!
07	像 xiàng 동 비슷하다	这两个字很像。Zhè liǎng ge zì hěn xiàng. 이 두 글자는 비슷하다.
	向 xiàng 개 ~(으)로	向东走。Xiàng dōng zǒu. 동쪽으로 가세요.
08	要 yào 조동 ~하려 하다	我要去北京。Wǒ yào qù Běijīng. 나는 베이징에 가려고 한다.
	药 yào 명 약	吃点药就好了。Chī diǎn yào jiù hǎo le. 약 좀 먹으면 괜찮아질 거야.
09	在 zài 동 ~에 있다	我在公司。Wǒ zài gōngsī. 나는 회사에 있다.
	再 zài 부 다시	再见！Zàijiàn! 다시 만나요!
10	做 zuò 동 하다	我喜欢做菜。Wǒ xǐhuan zuòcài. 나는 요리하는 것을 좋아한다.
	坐 zuò 동 타다, 앉다	他想坐火车。Tā xiǎng zuò huǒchē. 그는 기차를 타고 싶어한다.

2 | 품사

단어를 의미 또는 어법적 성격에 따라 분류한 것을 품사라고 한다. 어휘를 품사별로 알아 두면 독해와 쓰기 영역의 문제를 특히 쉽게 풀 수 있으므로, 품사의 개념을 익혀 두도록 한다.

명사
사람이나 사물, 개념 등의 이름을 나타내는 품사이다.

예) 妹妹 mèimei 여동생   苹果 píngguǒ 사과   生日 shēngrì 생일
老师 lǎoshī 선생님, 스승   衣服 yīfu 옷, 의복   后面 hòumian 뒤, 뒤쪽

대사
어떤 말을 대신하여 쓰는 품사이다.

1. 인칭대사 : 사람을 대신하는 단어
   예) 我 wǒ 나   你 nǐ 너   他 tā 그   她 tā 그녀

2. 지시대사 : 사물이나 장소, 상태 등을 대신하는 단어
   예) 这 zhè 이(것)   那 nà 그(것)   这儿 zhèr 이곳   那么 nàme 그렇게

3. 의문대사 : 모르는 것을 대신하는 단어
   예) 谁 shéi 누구   哪儿 nǎr 어디   什么 shénme 무엇   怎么 zěnme 어떻게

동사
사람의 동작이나 상태, 심리 등을 나타내는 품사이다.

예) 吃 chī 먹다   坐 zuò 앉다   喜欢 xǐhuan 좋아하다
去 qù 가다   有 yǒu 있다, 소유하다   学习 xuéxí 공부하다, 배우다

형용사
사람이나 사물의 상태 또는 성질 등을 나타내는 품사이다.

예) 好 hǎo 좋다   可爱 kě'ài 귀엽다   大 dà 크다
红 hóng 붉다, 빨갛다   贵 guì 비싸다, 귀하다   快乐 kuàilè 즐겁다, 행복하다

수사
수를 나타내는 품사이다.

예) 半 bàn 반, 2분의 1   一 yī 일, 하나   两 liǎng 둘, 두 개의
十 shí 열, 십   百 bǎi 백   第三 dìsān 셋째

| 양사 | 사물이나 동작을 세는 단위를 나타내는 품사이다. |

예) 个 gè 개　　　　件 jiàn 건, 개　　　　次 cì 차례, 번
　　只 zhī 마리　　　双 shuāng 짝, 켤레　　辆 liàng 대, 량
　　本 běn 권　　　　种 zhǒng 종류, 부류　家 jiā 집, 채
　　条 tiáo 줄기, 가지　块 kuài 위안(元), 덩어리　位 wèi 분, 명

| 부사 | 동사나 형용사 앞에서 그 뜻을 더 구체적으로 나타내는 품사이다. |

예) 很 hěn 매우　　　才 cái 겨우, 방금　　不 bù ~않다
　　都 dōu 모두　　　再 zài 다시, 재차　　一起 yìqǐ 같이, 함께

| 조동사 | 동사 앞에서 가능, 바람, 당위 등을 나타내는 품사이다. |

예) 可以 kěyǐ ~해도 된다　要 yào ~해야 한다　　想 xiǎng ~하고 싶다
　　能 néng ~할 수 있다　应该 yīnggāi ~해야 한다　会 huì ~할 줄 알다

| 개사 | 명사나 대사와 함께 쓰여 장소, 대상, 방향 등을 나타내는 품사이다. |

예) 跟 gēn ~와　　　　给 gěi ~에게　　　从 cóng ~부터
　　在 zài ~에서　　　和 hé ~와/과　　　对 duì ~에 대해
　　比 bǐ ~에 비해　　把 bǎ ~을/를　　　离 lí ~에서, ~로부터
　　为了 wèile ~을/를 위해　关于 guānyú ~에 관해　除了 chúle ~을/를 제외하고

| 조사 | 어휘 사이를 연결하거나, 어휘나 문장 뒤에서 문장의 어기를 나타내는 품사이다. |

1. 구조조사 : 어휘와 어휘 사이를 연결하는 단어
　　　예) 的 de ~의/~한　　　　得 de ~하게/~할 정도로　　地 de ~하게
2. 동태조사 : 동사 뒤에서 동작의 완료, 진행, 경험을 나타내는 단어
　　　예) 了 le ~했다　　　　　着 zhe ~하고 있다　　　过 guo ~한 적이 있다
3. 어기조사 : 문장 뒤에서 문장 전체의 의도나 분위기를 나타내는 단어
　　　예) 吗 ma ~까?　　　　　吧 ba ~하자/~이지?　　　呢 ne ~인걸/~인데?

| 접속사 | 문장과 문장 사이를 연결하는 품사이다. |

예) 因为 yīnwèi ~때문에　所以 suǒyǐ 그래서　　而且 érqiě 게다가
　　如果 rúguǒ 만약　　虽然 suīrán 비록 ~이지만　但是 dànshì 그러나

3 | 문장성분

단어가 문장에서 하는 역할을 문장성분이라 한다. 문장을 성분별로 이해할 수 있어야 독해와 쓰기 영역의 문제를 쉽게 풀 수 있으므로, 문장성분의 개념을 익혀 두도록 한다.

주어

동작이나 상태의 주체가 되는 말이다. 주로 명사, 대사가 사용된다.

我喜欢数学。 나는 수학을 좋아한다.
Wǒ xǐhuan shùxué.

술어

주어의 동작이나 상태를 나타내는 말이다. 주로 동사, 형용사가 사용된다.

她很可爱。 그녀는 귀엽다.
Tā hěn kě'ài.

목적어

동작의 대상이 되는 말이다. 주로 명사, 대사가 사용된다.

他学习汉语。 그는 중국어를 공부한다.
Tā xuéxí Hànyǔ.

관형어

주어나 목적어를 수식하는 말이다. 주로 '…+的'(~의)나 '대사/수사+양사'가 사용된다.

我的妹妹买了两条裙子。 나의 여동생은 두 개의 치마를 샀다.
Wǒ de mèimei mǎile liǎng tiáo qúnzi.

부사어

술어나 문장 전체를 수식하는 말이다. 주로 부사, 조동사, 개사구가 사용된다.

我真高兴。 나는 정말 기쁘다.
Wǒ zhēn gāoxìng.

보어

술어의 정도나 결과 등을 보충 설명하는 말이다. 주로 동사, 형용사, '수사+양사'가 사용된다.

我打扫完了。 나는 청소를 다 했다.
Wǒ dǎsǎo wán le.

4 | 어순

문장성분이 배열되는 순서를 어순이라고 한다. 어순을 알아야 쓰기 영역의 문장 완성하기 문제를 쉽게 풀 수 있으므로, 중국어의 어순과 그 특징에 대해 익혀 두도록 한다.

> 부사어 + 관형어 + **주어** + 부사어 + **술어** + 보어 + 관형어 + **목적어**

주어 + 술어(+목적어)   문장의 뼈대를 만드는 핵심 어순이 된다.

주어　술어　목적어
我　相信　你。 나는 너를 믿는다.
Wǒ　xiāngxìn　nǐ.

관형어   주어나 목적어를 수식하며, 항상 수식하는 성분 앞에 온다.

관형어　주어　　술어
那个　会议　结束了。 그 회의는 끝났다.
Nàge　huìyì　jiéshù le.

주어　술어　관형어　　목적어
这　是　新买的　手机。 이것은 새로 산 휴대폰이다.
Zhè　shì　xīn mǎi de　shǒujī.

부사어   술어 앞에서 술어를 수식한다. 단, 문장 전체를 수식할 경우에는 문장 맨 앞에 온다.

주어　부사어　술어
我　有点儿　累。 나는 조금 피곤하다.
Wǒ　yǒudiǎnr　lèi.

부사어　주어　술어　목적어
明天　我　有　考试。 내일 나는 시험이 있다.
Míngtiān　wǒ　yǒu　kǎoshì.

보어   술어 뒤에서 술어의 정도나 결과를 나타낸다.

주어　술어　보어
我　瘦了　一斤。 나는 살이 0.5kg 빠졌다.
Wǒ　shòu le　yì jīn.

5 | 중국어 문장의 종류

중국어는 술어로 쓰인 동사의 종류 또는 술어 앞에 사용된 어휘에 따라 문장의 종류가 나뉜다. 문장의 종류를 알아야 문장의 의미를 정확히 이해할 수 있으므로 꼼꼼히 익혀 두도록 한다.

기본 문장

형용사/동사/명사를 술어로 하며, 동사 是/有를 술어로 쓰지 않고, 把/被/比 등을 포함하지 않은 가장 기본적인 문장이다.

这条裙子很好看。 이 치마는 예쁘다.
Zhè tiáo qúnzi hěn hǎokàn.
→ 술어(형용사)

是자문

술어가 是이며 '—은 ~이다'라는 의미의 문장이다.

这是我最喜欢的水果。 이것은 내가 가장 좋아하는 과일이다.
Zhè shì wǒ zuì xǐhuan de shuǐguǒ.
→ 술어

有자문

술어가 有이며 '—에 ~이 있다'라는 의미의 문장이다.

家里有一张桌子。 집에는 책상 한 개가 있다.
Jiā li yǒu yì zhāng zhuōzi.
→ 술어

把자문

술어 앞에 '把+행위의 대상'이 있으며 '(행위의 대상)을 (술어)하다'라는 의미의 문장이다.

他把办公室打扫得很干净。 그는 사무실을 깨끗하게 닦았다.
Tā bǎ bàngōngshì dǎsǎo de hěn gānjìng.
행위의 대상 → 술어

被자문 술어 앞에 '被+행위의 주체'가 있으며 '(행위의 주체)에 의해 (술어)되다'라는 의미의 문장이다.

问题已经被他解决了。 문제는 그에 의해 이미 해결되었다.
Wèntí yǐjīng bèi tā jiějué le.

比자문 술어 앞에 '比+비교대상'이 있으며 '(비교대상) 보다 (술어)하다'라는 의미의 문장이다.

我比你高。 내가 너 보다 키가 크다.
Wǒ bǐ nǐ gāo.

연동문 술어가 두 개 이상이면서 동작의 순서를 나타내며 '~하고/하러 ― 하다'라는 의미의 문장이다.

他骑自行车去学校。 그는 자전거를 타고 학교에 간다.
Tā qí zìxíngchē qù xuéxiào.

겸어문 목적어가 시킴을 당하는 대상이면서 동작을 하는 주어를 겸하며, '~를 ~하게 하다'라는 의미의 문장이다. 겸어문에서는 让(~를 하게 하다)과 같은 동사를 술어로 사용한다.

这件事让我很生气。 이 일은 나를 화나게 한다.
Zhè jiàn shì ràng wǒ hěn shēngqì.

듣기를 학습하거나 독해 지문을 해석할 때 문장의 의미를 정확히 이해하기 위해서 꼭 알아 두어야 할 구문들이 있다. 특히 3급에서 자주 출제되는 기초 구문을 예문과 함께 익혀 두도록 한다.

🎧 필수 기초 구문

又······又······　　　~하고 ~하다

妹妹又高又瘦。 Mèimei yòu gāo yòu shòu. 여동생은 키가 크고 말랐다.

今天又刮风又下雪。 Jīntiān yòu guāfēng yòu xiàxuě. 오늘은 바람도 불고 눈도 내린다.

一边······, 一边······　　　~하면서 ~하다

我们一边吃饭, 一边聊天。 Wǒmen yìbiān chīfàn, yìbiān liáotiān. 우리는 밥을 먹으면서 이야기를 한다.

他一边跑步, 一边听音乐。 Tā yìbiān pǎobù, yìbiān tīng yīnyuè. 그는 달리기를 하면서 음악을 듣는다.

就要······了　　　곧 ~할 것이다

就要考试了。 Jiùyào kǎoshì le. 곧 시험이다.

飞机就要起飞了。 Fēijī jiùyào qǐfēi le. 비행기는 곧 이륙할 것이다.

越来越······了　　　점점 ~해지다

人越来越多了。 Rén yuèláiyuè duō le. 사람들이 점점 많아진다.

天气越来越冷了。 Tiānqì yuèláiyuè lěng le. 날씨가 점점 추워진다.

像······一样　　　~과 같다

她像以前一样。 Tā xiàng yǐqián yíyàng. 그녀는 예전과 같다.

你的手机像新的一样。 Nǐ de shǒujī xiàng xīn de yíyàng. 너의 휴대폰은 새것과 같다.

동사 + 清楚　　　분명히 ～하다

我看清楚了。Wǒ kàn qīngchu le. 나는 분명히 봤다.

你记清楚了吗？Nǐ jì qīngchu le ma? 당신은 분명히 적었나요?

동사 + 不到　　　～하지 못하다

护照找不到了。Hùzhào zhǎo bu dào le. 여권을 찾지 못했다.

声音太小了，听不到。Shēngyīn tài xiǎo le, tīng bu dào. 소리가 너무 작아서 듣지 못했다.

帮 + 사람 + 동사　　　～를 도와서 ～해 주다

我帮你搬吧。Wǒ bāng nǐ bān ba. 내가 너를 도와서 옮겨줄게.

你帮我看一下。Nǐ bāng wǒ kàn yíxià. 네가 나를 도와서 좀 봐줘.

동사 + 过　　　～한 적 있다

我去过那个饭馆儿。Wǒ qùguo nàge fànguǎnr. 나는 그 식당에 가본 적 있다.

你看过昨天的报纸？Nǐ kànguo zuótiān de bàozhǐ? 어제 신문을 본 적 있니?

동사 + 着　　　～한 채로 있다, ～하고 있는 상태이다

经理还等着你。Jīnglǐ hái děngzhe nǐ. 매니저님이 아직 당신을 기다리고 있어요.

他在门口站着。Tā zài ménkǒu zhànzhe. 그는 입구에 서 있다.

본교재동영상강의 · 무료학습자료제공

china.Hackers.com

听力

듣기

제1부분
대화 듣고 일치하는 사진
선택하기

제2부분
일치·불일치 판단하기

제3부분, 제4부분
대화 듣고 질문에 답하기

제1부분

대화 듣고 일치하는 사진 선택하기

문제풀이 방법

듣기 제1부분은 남녀의 대화를 듣고 대화 내용과 일치하는 사진을 선택하는 형태이다. 문제는 1번~5번, 6번~10번으로 나뉘어 총 10문제가 출제된다. 제1부분 문제를 효과적으로 풀기 위한 문제 풀이 방법을 익혀 두자.

〈문제지〉 * 문제를 풀기 전, 예시로 사용된 선택지 D에 취소선을 그어 둡니다.
단, 예시는 1번~5번에만 제시됩니다.

第1-5題

A 웃고 있다

B kàn, 신문

C sòng, 꽃

D

E lǐwù

F 들다, bāo

例如： 男：喂，你好，请问李老师在吗？
女：她刚才出去了，您一个小时以后再打，好吗？   D

1.   B
2.   □
3.   □
4.   □
5.   □

1. 음성이 시작되기 전, 사진에 보이는 사물이나 동작 관련 표현을 병음이나 한글로 간단히 적어둔다.

2. 음성이 시작되면, 음성에서 들리는 표현과 일치하는 사진의 선택지를 정답으로 적는다.

   음성에서 看报纸(신문을 보다)이 언급되었으므로 남자가 신문을 보고 있는 사진 B를 정답으로 고른다. 고른 선택지에는 빗금을 표시하고 다음 문제를 풀도록 한다.

3. 음성을 다시 들려줄 때, 고른 사진이 음성에서 들리는 표현과 일치하는지 다시 한번 확인한다.

* 정답은 우선 문제지에 표시해 두고, 듣기 영역이 모두 끝난 후 주어지는 답안지 마킹 시간(5분)동안 답안지에 마킹합니다.

〈음성〉 * 음성은 총 두 번 들려줍니다.

1. 女：你最近每天都看报纸，关心什么呢？
   男：没什么，我就想了解一下这几天的天气。

해석 해설집 p.2

출제 경향

1. 사람이 등장하는 사진이 주로 출제된다.

듣기 제1부분에서는 사람이 등장하는 사진과 사물 또는 동물이 등장하는 사진이 출제되는데, 그중 사람이 등장하는 사진이 주로 출제된다.

2. 음성에서 언급되는 특정 표현을 듣고 곧바로 사진을 고를 수 있는 문제가 주로 출제된다.

사물, 동물의 이름이나 사람의 동작을 나타내는 표현과 같이 음성에서 언급되는 특정 표현을 듣고 관련 있는 사진을 바로 고를 수 있는 문제의 출제 빈도가 높다. 예를 들면, 음성에서 熊猫(판다)가 들리면 판다가 있는 사진을 바로 고르면 된다.

학습 방법

1. 사물이나 동물을 나타내는 표현을 익힌다.

사물 또는 동물을 나타내는 표현을 듣고, 이와 일치하는 사물·동물이 등장하는 사진을 정답으로 고를 수 있어야 한다. 따라서 사물과 동물의 이름을 나타내는 표현을 외워 둔다.

2. 사람의 동작이나 상태, 또는 특정 상황을 나타내는 표현을 익힌다.

사람의 동작, 상태 또는 상황을 나타내는 표현을 듣고, 이와 일치하는 동작이나 상태 또는 상황이 나타나 있는 사진을 정답으로 고를 수 있어야 한다. 따라서 사람의 동작이나, 상태 및 상황을 나타내는 표현을 외워 둔다.

음성에서 언급된 특정 사물이나 동물이 있는 사진을 정답으로 선택하는 문제가 출제된다.
따라서 시험에 자주 출제되는 사물과 동물을 나타내는 표현을 반드시 암기해 둔다.

예제 맛보기

🎧 제1부분_1_01_예제

A

B

C

D

E

1.　　　　　　　　　　　　　　　　　　　　　　　　　　E

女：那边那么多人，他们在看什么呢？ 男：啊，他们在看熊猫呢。	여: 저쪽에 저렇게 사람이 많은데, 그들은 무엇을 보고 있는 거지요? 남: 아, 그들은 **판다**를 보고 있어요.

정답　E

해설　음성에서 熊猫(판다)가 언급되었으므로 판다가 부각된 사진 E를 고른다.

어휘　**那边** nàbian 때 저 쪽, 그 쪽　　**那么** nàme 때 저렇게, 그렇게　　**多** duō 휑 (수량이) 많다

　　　在 zài 뮈 (마침) ~하고 있다, ~하고 있는 중이다　　**看** kàn 동 보다　　**熊猫** xióngmāo 몡 판다 [= **大熊猫**]

* <듣기 예제 병음북 PDF>를 활용하여 예제 문제를 병음과 함께 학습해 보세요.

•• 비책 공략하기

1 음성에서 사물이나 동물을 나타내는 표현이 언급되면, 해당 사물 또는 동물이 부각된 사진을 고른다.

🎧 제1부분_1_02_비책 공략하기1

(음성) 女：先生，您只带了一个黑色的包吗？
男：不，其他的行李还放在门外，能帮我
拿进来吗？

여: 선생님, 당신은 검은색 **가방** 한 개만 가지고
오셨나요?
남: 아니요. 다른 짐은 아직 문밖에 두었어요. 저 대
신 가지고 들어와 주실 수 있나요?

(정답)

➤ 음성에서 包(가방)가 언급되었으므로 가방이 부각된 사진을 고른다.

어휘 | **先生** xiānsheng 몡 선생님, 씨 [성인 남성에 대한 경칭]   **只** zhǐ 凰 ~만, 다만   **带** dài 동 가지다. (몸에) 지니다   **黑色** hēisè 몡 검은색
　　 包 bāo 몡 가방, 자루   **其他** qítā 때 다른 사물(사람)   **行李** xíngli 몡 짐, 여행 짐   **还** hái 凰 아직, 아직도   **放** fàng 동 두다, 놓다
　　 门 mén 몡 문, 현관   **能** néng 조동 ~할 수 있다   **帮** bāng 동 돕다, 거들다   **拿** ná 동 (손으로) 가지다, 쥐다
　　 进来 jìnlai 동 들어오다

2 시험에 자주 출제되는 사물·동물을 나타내는 표현들을 외워 둔다. (음성을 듣고 따라 읽는다.)

🎧 제1부분_1_03_비책 공략하기2

사물

□ 苹果 píngguǒ 몡 사과 　　　　　　 □ 香蕉 xiāngjiāo 몡 바나나

□ 西瓜 xīguā 몡 수박 　　　　　　　 □ 葡萄 pútao 몡 포도

□ 面包 miànbāo 몡 빵 　　　　　　　 □ 米饭 mǐfàn 몡 밥

□ 牛奶 niúnǎi 몡 우유 　　　　　　　 □ 咖啡 kāfēi 몡 커피

□ 饮料 yǐnliào 몡 음료 　　　　　　　 □ 红酒 hóngjiǔ 몡 와인

□ 鸡蛋 jīdàn 몡 달걀 　　　　　　　 □ 蛋糕 dàngāo 몡 케이크

□ 椅子 yǐzi 몡 의자 　　　　　　　　 □ 桌子 zhuōzi 몡 탁자, 테이블

□ 箱子 xiāngzi 몡 상자 　　　　　　　 □ 电视 diànshì 몡 텔레비전

□ 冰箱 bīngxiāng 몡 냉장고 　　　　　 □ 电脑 diànnǎo 몡 컴퓨터

□ 包 bāo 몡 가방, 자루 　　　　　　　 □ 盘子 pánzi 몡 쟁반

□ 碗子 wǎnzi 몡 그릇 　　　　　　　 □ 筷子 kuàizi 몡 젓가락

□ 行李 xíngli 몡 짐, 여행 짐	□ 行李箱 xínglǐxiāng 몡 여행용 가방
□ 护照 hùzhào 몡 여권	□ 手表 shǒubiǎo 몡 손목시계
□ 手机 shǒujī 몡 휴대폰	□ 照相机 zhàoxiàngjī 몡 사진기
□ 照片 zhàopiàn 몡 사진	□ 电梯 diàntī 몡 엘리베이터
□ 书 shū 몡 책	□ 词典 cídiǎn 몡 사전
□ 笔记本 bǐjiběn 몡 노트	□ 黑板 hēibǎn 몡 칠판
□ 地图 dìtú 몡 지도	□ 礼物 lǐwù 몡 선물
□ 伞 sǎn 몡 우산	□ 裤子 kùzi 몡 바지
□ 裙子 qúnzi 몡 치마, 스커트	□ 衬衫 chènshān 몡 와이셔츠, 셔츠
□ 帽子 màozi 몡 모자	□ 皮鞋 píxié 몡 가죽 구두
□ 衣服 yīfu 몡 옷	□ 运动鞋 yùndòngxié 몡 운동화
□ 头发 tóufa 몡 머리카락	□ 钱包 qiánbāo 몡 지갑
□ 花 huā 몡 꽃	□ 草 cǎo 몡 풀

동물

□ 动物 dòngwù 몡 동물	□ 大象 dàxiàng 몡 코끼리
□ 鸡 jī 몡 닭	□ 狗 gǒu 몡 개, 강아지
□ 马 mǎ 몡 말	□ 猫 māo 몡 고양이
□ 鸟 niǎo 몡 새	□ 牛 niú 몡 소
□ 鱼 yú 몡 물고기	□ (大)熊猫 (dà)xióngmāo 몡 판다

확인학습

🎧 제1부분_1_04_확인학습

음성에서 언급된 사물 또는 동물 표현을 골라 보세요. (음성은 두 번씩 들려 줍니다.)

1. ⓐ 帽子　　ⓑ 裙子

2. ⓐ 葡萄　　ⓑ 蛋糕

3. ⓐ 动物　　ⓑ 词典

정답 1.ⓐ 2.ⓑ 3.ⓑ

스크립트 해설집 p.2

대화 내용과 일치하는 사진을 선택하세요. (음성은 두 번씩 들려 줍니다.)

 제1부분_1_05_실전연습문제

A

B

C

D

E

F

例如： 男： 喂，你好，请问李老师在吗？

女： 她刚才出去了，您一个小时以后再打，好吗？　　　 D

1.　　　　　　　　　　　　　　　　　　　　　　　　　　　□

2.　　　　　　　　　　　　　　　　　　　　　　　　　　　□

3.　　　　　　　　　　　　　　　　　　　　　　　　　　　□

4.　　　　　　　　　　　　　　　　　　　　　　　　　　　□

5.　　　　　　　　　　　　　　　　　　　　　　　　　　　□

정답 해설집 p.2

음성에서 언급된 특정 동작을 하는 사람이 있는 사진을 정답으로 선택하는 문제가 출제된다.
따라서 시험에 자주 출제되는 사람의 동작을 나타내는 표현을 반드시 암기해 둔다.

예제 맛보기

🎧 제1부분_2_01_예제

A

B

C

D

E

1.   D

男：我今天早上看见总经理在扫地！ 女：这没什么奇怪的，总经理经常自己打扫办公室。	남: 저는 오늘 아침에 사장님께서 바닥을 청소하고 계시는 것을 봤어요! 여: 이건 별로 이상할 것도 없어요. 사장님은 종종 스스로 사무실 청소를 하시거든요.

정답　D

해설　음성에서 扫地(바닥을 청소하다)가 언급되었으므로 바닥을 청소하고 있는 사람이 있는 사진 D를 고른다.

어휘　**今天** jīntiān 몡 오늘　**早上** zǎoshang 몡 아침　**看见** kànjiàn 동 보다, 보이다　**总经理** zǒngjīnglǐ 몡 사장, 최고 경영자
　　　扫 sǎo 동 쓸다　**没什么……** méi shénme…… 별로 ~할 것도 없다　**奇怪** qíguài 혱 이상하다, 기이하다
　　　经常 jīngcháng 円 종종, 자주　**自己** zìjǐ 때 스스로, 자신　**打扫** dǎsǎo 동 청소하다　**办公室** bàngōngshì 몡 사무실

* <듣기 예제 병음북 PDF>를 활용하여 예제 문제를 병음과 함께 학습해 보세요.

·· 비책 공략하기

1 음성에서 사람의 동작을 나타내는 표현이 언급되면, 해당 동작을 하는 사람이 있는 사진을 고른다.

🎧 제1부분_2_02_비책 공략하기1

 음성
男：帮个忙，一起搬个纸箱，这箱子太
　　大，我一个人搬不过来。
女：放心吧，有我呢。

남: 도와주세요. 같이 종이 상자를 옮겨요. 이 상
　자가 너무 커서 저 혼자서는 옮길 수 없어요.
여: 안심하세요. 제가 있잖아요.

 정답

➤ 음성에서 搬个纸箱(종이 상자를 옮기다)이 언급되었으므로 두 사람이 상자를 옮기고 있는 사진을 고른다.

어휘 | **帮个忙** bāng ge máng 도와주세요　**一起** yìqǐ 튄 같이, 함께　**搬** bān 동 옮기다, 운반하다　**纸箱** zhǐxiāng 명 종이 상자
　　箱子 xiāngzi 명 상자　**太** tài 튄 너무, 몹시, 매우　**不过来** bu guòlai ～할 수 없다 [동사 뒤에 쓰여 진행할 수 없음을 나타냄]
　　放心 fàngxīn 동 안심하다, 마음을 놓다

2 시험에 자주 출제되는 동작을 나타내는 표현들을 외워 둔다. (음성을 듣고 따라 읽는다.)

🎧 제1부분_2_03_비책 공략하기2

가사 활동

☐ **打扫** dǎsǎo 동 청소하다	☐ **扫地** sǎodì 동 바닥을 쓸다
☐ **洗盘子** xǐ pánzi 접시를 닦다	☐ **洗衣服** xǐ yīfu 옷을 빨다
☐ **关灯** guān dēng 전등을 끄다	☐ **拿杯子** ná bēizi 컵을 들다
☐ **搬箱子** bān xiāngzi 상자를 옮기다	☐ **搬纸箱** bān zhǐxiāng 종이 상자를 옮기다
☐ **做菜** zuòcài 동 요리를 하다	☐ **开空调** kāi kōngtiáo 에어컨을 켜다

여가 활동

☐ **跳舞** tiàowǔ 동 춤을 추다	☐ **唱歌** chànggē 동 노래 부르다
☐ **跑步** pǎobù 동 달리다	☐ **游泳** yóuyǒng 동 수영하다
☐ **上网** shàngwǎng 동 인터넷을 하다	☐ **看书** kànshū 동 책을 읽다 [= 读书 dúshū]
☐ **打篮球** dǎ lánqiú 농구를 하다	☐ **踢足球** tī zúqiú 축구를 하다

□ 锻炼 duànliàn 图 (몸을) 단련하다	□ 画画儿 huàhuàr 图 그림을 그리다
□ 骑马 qí mǎ 말을 타다	□ 骑车 qíchē 图 자전거를 타다 [= 骑自行车 qí zìxíngchē]
□ 照照片 zhào zhàopiàn 사진을 찍다	□ 玩儿游戏 wánr yóuxì 게임을 하다
□ 看电视 kàn diànshì 텔레비전을 보다	□ 看报纸 kàn bàozhǐ 신문을 보다
□ 坐船 zuò chuán 배를 타다	□ 爬山 páshān 图 등산하다
□ 做蛋糕 zuò dàngāo 케이크를 만들다	

일상 활동

□ 起床 qǐchuáng 图 (잠자리에서) 일어나다	□ 洗脸 xǐliǎn 图 세수하다, 얼굴을 씻다
□ 开门 kāimén 图 문을 열다	□ 关门 guānmén 图 문을 닫다
□ 搬家 bānjiā 图 이사하다	□ 刷牙 shuāyá 图 이를 닦다, 양치질하다
□ 刷卡 shuākǎ 图 카드로 결제하다	□ 复习 fùxí 图 복습하다
□ 点菜 diǎncài 图 요리를 주문하다	□ 写信 xiě xìn 편지를 쓰다
□ 喝水 hē shuǐ 물을 마시다	□ 吃面条 chī miàntiáo 국수를 먹다
□ 喝酒 hē jiǔ 술을 마시다	□ 拿包 ná bāo 가방을 들다
□ 看手表 kàn shǒubiǎo 시계를 보다	□ 写作业 xiě zuòyè 숙제를 하다
□ 找东西 zhǎo dōngxi 물건을 찾다	□ 找包里 zhǎo bāo li 가방 안을 찾다
□ 走楼梯 zǒu lóutī 계단으로 가다	□ 爬楼梯 pá lóutī 계단을 오르다
□ 带伞 dài sǎn 우산을 챙기다	□ 打伞 dǎ sǎn 우산을 쓰다
□ 放在包里 fàngzài bāo li 가방에 넣어 두다	

확인학습

🎧 제1부분_2_04_확인학습

음성에서 언급된 동작 표현을 골라 보세요. (음성은 두 번씩 들려 줍니다.)

1. ⓐ 搬箱子　　ⓑ 开空调

2. ⓐ 打篮球　　ⓑ 玩儿游戏

3. ⓐ 刷卡　　ⓑ 走楼梯

정답 1. ⓑ 2. ⓑ 3. ⓑ

스크립트 해설집 p.4

실전연습문제

대화 내용과 일치하는 사진을 선택하세요. (음성은 두 번씩 들려 줍니다.)

🎧 제1부분_2_05_실전연습문제

A

B

C

D

E

F

例如： 男： 喂，你好，请问李老师在吗？

女： 她刚才出去了，您一个小时以后再打，好吗？　　 **D**

1. ☐

2. ☐

3. ☐

4. ☐

5. ☐

정답 해설집 p.4

음성에서 언급된 사람의 상태나 특정 상황과 관련 있는 사진을 정답으로 선택하는 문제가 출제된다. 따라서 시험에 자주 출제되는 상태·상황을 나타내는 표현을 반드시 암기해 둔다.

● 예제 맛보기

🎧 제1부분_3_01_예제

A

B

C

D

E

1.　　　　　　　　　　　　　　　　　　　　　　　　　　　B

男：黄经理怎么看起来特别累啊？ 女：让他休息会儿吧，这两天他女儿发烧，他一直在医院里照顾。	남: 황 매니저가 왠지 몹시 피곤해 보이네요? 여: 그를 잠시 쉬게 두세요. 요 며칠 그의 딸이 열이 나서, 그가 줄곧 병원에서 돌봐주었대요.

정답　B

해설　음성에서 **看起来特别累**(몹시 피곤해 보인다)를 통해 황 매니저가 매우 피곤한 상태임을 알 수 있으므로, 남자가 피곤한 표정을 하고 있는 사진 B를 고른다.

어휘　**经理** jīnglǐ 몡 매니저　**看起来** kàn qǐlai 보기에 ~하다　**特别** tèbié 뷔 몹시, 특히　**累** lèi 혱 피곤하다, 지치다
　　　让 ràng 동 ~하게 하다　**休息** xiūxi 동 쉬다　**会儿** huìr 잠시, 잠깐　**这两天** zhè liǎng tiān 요 며칠, 요즈음　**女儿** nǚ'ér 몡 딸
　　　发烧 fāshāo 동 열이 나다　**一直** yìzhí 뷔 줄곧, 계속　**医院** yīyuàn 몡 병원　**照顾** zhàogù 동 돌보다, 보살피다

＊<듣기 예제 병음북 PDF>를 활용하여 예제 문제를 병음과 함께 학습해 보세요.

•• 비책 공략하기

1 음성에서 사람의 상태 또는 특정 상황을 나타내는 표현이 언급되면, 이와 관련 있는 사진을 고른다.

 제1부분_3_02_비책 공략하기1

 음성

男: 飞机还有50分钟就起飞了，我要走了，谢谢您！

女: 不客气，欢迎您下次再来，再见。

남: 비행기가 50분 더 있으면 이륙할 거예요. 저는 갈게요. 감사합니다!

여: 천만에요. 다음번에 또 오시는 것을 환영합니다. 안녕히 가세요.

 정답

▶ 음성에서 언급된 欢迎您下次再来, 再见(다음번에 또 오시는 것을 환영합니다. 안녕히 가세요)을 통해 작별 인사를 하는 상황임을 알 수 있으므로, 남녀가 악수하며 인사를 나누는 사진을 고른다.

어휘 | 飞机 fēijī 명 비행기　分钟 fēnzhōng 명 분　起飞 qǐfēi 동 이륙하다　不客气 bú kèqi 천만에요, 별말씀을요
　　　欢迎 huānyíng 동 환영하다　下次 xiàcì 명 다음번　再来 zài lái 또 오다, 다시 오다
　　　再见 zàijiàn 동 안녕히 계십시오(가십시오)

2 시험에 자주 출제되는 상태·상황을 나타내는 표현들을 외워 둔다. (음성을 듣고 따라 읽는다.)

제1부분_3_03_비책 공략하기2

상태

☐ 感冒 gǎnmào
감기에 걸리다

☐ 牙疼 yáténg
이가 아프다

☐ 头疼 tóuténg
머리가 아프다

☐ 不舒服 bù shūfu
(몸이) 불편하다, 아프다

☐ 胖了 pàng le
살이 쪘다

☐ 渴 kě
목마르다

□ 累 lèi
피곤하다, 지치다

□ 满意 mǎnyì
만족하다

□ 着急 zháojí
조급해하다

□ 难过 nánguò
괴롭다, 슬프다

상황

□ 欢迎你
huānyíng nǐ
당신을 환영합니다

□ 中间那个是我妹妹
zhōngjiān nàge shì wǒ mèimei
가운데 저 사람은 나의 여동생이야

□ 发电子邮件
fā diànzǐ yóujiàn
이메일을 발송하다

□ 这件今天必须做完
zhè jiàn jīntiān bìxū zuòwán
이건 오늘 반드시 끝내야 해요

□ 离这儿还有多远？
Lí zhèr háiyǒu duō yuǎn?
여기에서 얼마나 더 먼가요?

□ 那边有图书馆
nàbian yǒu túshūguǎn
저쪽에 도서관이 있어요

□ 这个菜怎么样？
Zhège cài zěnmeyàng?
이 요리는 어떤가요?

□ 做身体检查
zuò shēntǐ jiǎnchá
신체검사를 하다

□ 帮你练习
bāng nǐ liànxí
연습하는 걸 도와드릴게요

□ 雨下得越来越大
yǔ xià de yuèláiyuè dà
비가 점점 많이 온다

확인학습

🎧 제1부분_3_04_확인학습

음성에서 언급된 상태·상황을 나타내는 표현을 골라 보세요. (음성은 두 번씩 들려 줍니다.)

1. ⓐ 着急　　　　　ⓑ 满意

2. ⓐ 那边有图书馆　　ⓑ 中间那个是我妹妹

3. ⓐ 雨下得越来越大　ⓑ 做身体检查

정답 1. ⓑ 2. ⓐ 3. ⓑ

스크립트 해설집 p.5

대화 내용과 일치하는 사진을 선택하세요. (음성은 두 번씩 들려 줍니다.)

🎧 제1부분_3_05_실전연습문제

A

B

C

D

E

F

例如： 男： 喂，你好，请问李老师在吗？

女： 她刚才出去了，您一个小时以后再打，好吗？ 　D

1. ☐
2. ☐
3. ☐
4. ☐
5. ☐

정답 해설집 p.5

대화 내용과 일치하는 사진을 선택하세요. (음성은 두 번씩 들려 줍니다.)

🎧 제1부분_실전테스트

[1-5]

A

B

C

D

E

F

例如： 男：喂，你好，请问李老师在吗？

女：她刚才出去了，您一个小时以后再打，好吗？　　　　　D

1.　　　　　　☐

2.　　　　　　☐

3.　　　　　　☐

4.　　　　　　☐

5.　　　　　　☐

[6-10]

A

B

C

D

E

6. ☐

7. ☐

8. ☐

9. ☐

10. ☐

정답 해설집 p.7

제2부분

일치·불일치 판단하기

문제풀이 방법

듣기 제2부분은 문제지에 제시된 문장이 음성의 내용과 일치하는지를 판단하는 형태로, 총 10문제가 출제된다. 음성의 단문은 남자, 여자가 번갈아가며 읽고, 제시된 문장은 여자가 읽어준다. 제2부분 문제를 효과적으로 풀기 위한 문제풀이 방법을 익혀 두자.

〈문제지〉 • 문제지에는 각 문제의 문장이 제시됩니다.

> 11. ★ 孩子们打坏了东西。（ ✓ ）

1. 문제지에 있는 문장을 읽으며 그 의미를 파악해 둔다.

이 문장의 의미는 '아이들이 물건을 깨뜨렸다' 임을 파악해 둔다.

〈음성〉 • 음성은 총 두 번 들려줍니다.

> 11. 孩子们把妈妈从别人那里借来的盘子、瓶子和杯子都打坏了，她很生气。
>
> ★ 孩子们打坏了东西。

2. 음성을 들을 때 문제지의 문장과 내용이 일치하면 ✓, 일치하지 않으면 ✗로 정답을 표시한다.

문장의 东西(물건)가 음성에서 언급된 盘子、瓶子和杯子(쟁반, 병 그리고 컵)를 바꿔 표현한 것이므로 일치로 판단한다. 따라서 ✓로 표시한다.

3. 음성을 다시 들려줄 때, 일치·불일치를 한번 더 확인한다.

* 정답은 우선 문제지에 표시해 두고, 듣기 영역이 모두 끝난 후 주어지는 답안지 마킹 시간(5분)동안 답안지에 마킹합니다.

해석 해설집 p.10

출제 경향

1. 제시된 문장의 일부 표현을 토대로 일치·불일치를 판단하는 문제가 주로 출제된다.

듣기 제2부분에서는 제시된 문장의 특정 단어나 어구가 음성에서 그대로 언급되거나 다르게 언급되어 일치·
불일치를 판단하는 문제가 주로 출제된다.

2. 일치하는 문제와 불일치하는 문제가 비슷한 비율로 출제된다.

문장과 음성의 내용이 일치하는 문제와 불일치하는 문제가 거의 5:5의 비율로 비슷하게 출제되고 있다.

학습 방법

1. 문제지에 있는 문장의 의미를 재빨리 파악하는 연습을 한다.

음성이 시작되기 전 문제지에 있는 문장의 의미를 미리 파악해 두면 음성의 내용을 미리 예상할 수 있어 지문
을 들을 때 일치 또는 불일치를 쉽게 판단할 수 있다. 따라서 문제지에 있는 문장의 핵심 표현을 찾고 재빨리
의미를 파악하는 연습을 해야 한다.

2. 제시된 문장의 표현이 음성에서 어떤 방식으로 언급되는지 주의하여 듣는 연습을 한다.

일치하는 문제의 경우 문장의 표현이 음성에서 동일한 의미의 다른 표현으로 언급되거나 음성을 토대로 문장
의 내용을 추론할 수 있는 경우가 많다. 불일치하는 문제의 경우 문장의 표현이 반대로 언급되거나 다르게 언
급되는 경우가 많다. 따라서 제시된 문장의 표현이 음성에서 어떤 방식으로 언급되는지 주의하여 듣는 연습
을 해야 한다.

문장의 시점·가격 표현이 음성에서 동일하거나 다르게 사용되어 각각 일치와 불일치를 판단하게 하는 문제가 출제된다. 따라서 시험에 자주 출제되는 시점·가격 표현을 듣고 즉시 이해할 수 있도록 익혀 두어야 한다.

예제 맛보기

🎧 제2부분_1_01_예제

★ 裙子卖五百多元。（　　）	★ 치마는 오백 위안 남짓에 판매된다. (✓)
这件蓝色的裙子是奶奶送给我的生日礼物，听妹妹说，奶奶花了五百多块钱买的。	이 파란색 치마는 할머니께서 제게 생일 선물로 주신 거예요. 여동생의 말에 따르면, 할머니께서는 오백 위안 남짓의 돈을 써서 사신 것이라고 해요.

정답　✓

해설　문장에서 치마의 가격이 五百多元(오백 위안 남짓)으로 언급되었고, 음성에서도 五百多块(오백 위안 남짓)로 언급되었으므로 일치로 판단한다.

어휘　裙子 qúnzi 몡 치마　卖 mài 동 판매하다, 팔다　多 duō 주 ~남짓, ~여　元 yuán 양 위안 [= 块 kuài 중국의 화폐 단위]
　　　蓝色 lánsè 몡 파란색, 청색　奶奶 nǎinai 몡 할머니　送 sòng 동 주다, 선물하다　生日 shēngrì 몡 생일　礼物 lǐwù 몡 선물
　　　花 huā 동 쓰다, 소비하다

* <듣기 예제 병음북 PDF>를 활용하여 예제 문제를 병음과 함께 학습해 보세요.

•• 비책 공략하기

1 문장의 시점·가격 표현이 음성에서 동일하게 언급되면 일치, 다르게 언급되면 불일치로 판단한다.

🎧 제2부분_1_02_비책 공략하기1

(문장) 现在已经六点了。 지금은 이미 여섯 시가 되었다. （ × ）

(음성) 差十分就六点了，你怎么还站在这儿和邻居聊天儿呢？快去准备准备，我们马上要走了。

십분 지나면 곧 여섯 시인데, 당신은 어째서 아직 여기 서서 이웃과 이야기하고 있어요? 빨리 가서 준비 좀 해요, 우리 곧 가야 해요.

▶ 문장의 已经六点了(이미 여섯 시가 되었다)가 음성에서 差十分就六点了(십분 지나면 곧 여섯 시이다)로 언급되었으므로 불일치로 판단한다.

어휘 | 现在 xiànzài 뗑 지금   已经 yǐjīng 뿐 이미   就 jiù 뿐 곧, 즉시   怎么 zěnme 때 어째서, 어떻게   还 hái 뿐 아직, 여전히
站 zhàn 통 서다   邻居 línjū 뗑 이웃   聊天儿 liáotiānr 통 이야기하다, 잡담하다   准备 zhǔnbèi 통 준비하다
马上 mǎshàng 뿐 곧   要 yào 조통 ~해야 한다

🎧 제2부분_1_03_비책 공략하기2

(문장) 冰箱卖一千多。 냉장고는 천 위안 남짓에 판매된다. （ ✓ ）

(음성) 冰箱比空调便宜多了，只要一千多，我们还是先买冰箱吧。

냉장고는 에어컨보다 훨씬 저렴해서 천 위안 남짓밖에 안 해요. 우리 냉장고를 먼저 사러 가는 게 좋겠어요.

▶ 문장의 一千多(천 위안 남짓)가 음성에서도 一千多(천 위안 남짓)로 언급되었으므로 일치로 판단한다.

어휘 | 冰箱 bīngxiāng 뗑 냉장고   卖 mài 통 판매하다, 팔다   多 duō 주 ~남짓, ~여   比 bǐ 개 ~보다
空调 kōngtiáo 뗑 에어컨   便宜 piányi 혱 저렴하다   ……多了 ……duō le 훨씬 ~하다   只 zhǐ 뿐 ~밖에
还是 háishi 뿐 ~하는 게 좋다   先 xiān 뿐 먼저   买 mǎi 통 사다

2 시험에 자주 출제되는 시점·가격 표현을 외워 둔다. (음성을 듣고 따라 읽는다.)

🎧 제2부분_1_04_비책 공략하기3

시점

☐ 上午 shàngwǔ 몡 오전	☐ 中午 zhōngwǔ 몡 정오, 낮 12시 전후
☐ 下午 xiàwǔ 몡 오후	☐ 早上 zǎoshang 몡 아침
☐ 晚上 wǎnshang 몡 저녁	☐ 星期一 xīngqīyī 월요일 [= 周一 zhōuyī]
☐ 周末 zhōumò 몡 주말	☐ 以前 yǐqián 몡 예전, 이전
☐ 以后 yǐhòu 몡 이후	☐ 后来 hòulái 몡 그 후, 그 다음
☐ 六点 liù diǎn 6시	☐ 两个星期 liǎng ge xīngqī 2주
☐ 一刻 yíkè 15분	☐ 正在 zhèngzài 혱 마침
☐ 七点整 qī diǎn zhěng 7시 정각	☐ 十点半 shí diǎn bàn 10시 30분
☐ 差十分钟 chà shí fēnzhōng 10분 전	☐ 四月一号 sì yuè yī hào 4월 1일
☐ 九点一刻 jiǔ diǎn yíkè 9시 15분	☐ 30分钟后 sānshí fēnzhōng hòu 30분 후
[= 九点十五分 jiǔ diǎn shíwǔ fēn]	[= 半个小时后 bàn ge xiǎoshí hòu]

가격

☐ 元 yuán 몡 위안 [= 块 kuài]	☐ 角 jiǎo 몡 쟈오 [= 毛 máo]
☐ 斤 jīn 몡 근 [약 500g]	☐ 公斤 gōngjīn 몡 킬로그램(kg)
☐ 6000元 liùqiān yuán 6천 위안 [= 六千元]	☐ 五块一斤 wǔ kuài yì jīn 한 근에 5위안
☐ 五百块钱 wǔbǎi kuài qián 5백 위안	☐ 10.5元 shí yuán wǔ jiǎo 10위안 5쟈오 [= 十元五角]
☐ 两千多元 liǎngqiān duō yuán 2천 위안 남짓	☐ 一共三十块钱 yígòng sānshí kuài qián 총 30위안
[= 两千多块钱 liǎngqiān duō kuài qián]	

> **확인학습**
>
> 🎧 제2부분_1_05_확인학습
>
> 음성을 듣고 빈칸에 알맞은 시점·가격 표현을 골라 보세요. (음성은 두 번씩 들려 줍니다.)
>
> 1. 现在是(　　)两点，我们要迟到了。　　　　ⓐ 九点三刻　　　ⓑ 差五分
>
> 2. 我今天去北京，下(　　)才回来。　　　　　ⓐ 周末　　　　　ⓑ 周一
>
> 3. 先生，这些面包(　　)。　　　　　　　　　ⓐ 一共十八块钱　　ⓑ 两千多元
>
> 정답 1.ⓑ 2.ⓑ 3.ⓐ

스크립트 해설집 p.10

음성을 듣고 제시된 문장이 음성의 내용과 일치하면 ✓, 일치하지 않으면 ×를 체크하세요. (음성은 두 번씩 들려 줍니다.)

🎧 제2부분_1_06_실전연습문제

1. ★ 比赛八点十五分开始。　　　　（　　）

2. ★ 叔叔九月二号回的家。　　　　（　　）

3. ★ 飞机一点半起飞。　　　　（　　）

4. ★ 裤子在网上卖200块钱。　　　　（　　）

5. ★ 客人30分钟后到。　　　　（　　）

정답 해설집 p.10

부정·반의 표현으로 불일치 판단하기

바로 듣고 학습하기

不(~않다)와 같은 부정 표현이나, 快(빠르다)/慢(느리다)과 같은 반의어가 사용되어 불일치로 판단하게 하는 문제가 출제된다. 따라서 부정 표현과 반의어 표현을 반드시 외워 두어야 한다.

예제 맛보기

🎧 제2부분_2_01_예제

★ 猫跑得比较慢。 (　　)	★ 고양이는 뛰는 것이 비교적 느리다. (×)
这只猫虽然长得很胖，但是比狗跑得快多了，你如果不相信，一会儿可以自己看看。	이 고양이는 비록 통통하게 생겼지만, 개보다 훨씬 빨리 뛰어요. 만약 믿지 못하시겠다면, 곧 직접 보세요.

정답　×

해설　문장에서는 고양이가 뛰는 것이 慢(느리다)이라고 했는데 음성에서는 快(빠르다)라고 반대로 언급되었으므로 불일치로 판단한다. 반의어 표현 慢(느리다)과 快(빠르다)를 이해할 수 있어야 한다.

어휘　猫 māo 몡 고양이　跑 pǎo 통 뛰다　比较 bǐjiào 閉 비교적　慢 màn 혱 느리다
虽然……但是…… suīrán……dànshì…… 젭 비록 ~이지만, (그러나) ~하다　长得 zhǎng de ~하게 생기다
胖 pàng 혱 통통하다, 뚱뚱하다　狗 gǒu 몡 개　快 kuài 혱 빠르다　如果 rúguǒ 젭 만약　相信 xiāngxìn 통 믿다
一会儿 yíhuìr 곧　可以 kěyǐ 조통 ~해도 좋다　自己 zìjǐ 떼 직접, 스스로　看看 kànkan 통 보다, 살펴보다

* <듣기 예제 병음북 PDF>를 활용하여 예제 문제를 병음과 함께 학습해 보세요.

•• 비책 공략하기

1 문장에 不(~않다)나 没/没有(~않다)와 같은 부정 표현이 사용되어 문장과 음성의 내용이 반대되면 불일치로 판단한다.

🎧 제2부분_2_02_비책 공략하기1

(문장) 说话人不经常坐电梯。 화자는 엘리베이터를 자주 타지 않는다. （ ✕ ）

(음성) 虽然我们办公室在2层，但是我还是经常坐电梯上去，我不太喜欢运动。

비록 우리 사무실은 2층에 있지만, 저는 그래도 **자주 엘리베이터를 타고 올라가요.** 제가 운동을 별로 좋아하지 않거든요.

▶ 문장에서는 不经常坐(자주 타지 않는다)가 언급되었는데 음성에서는 经常坐(자주 탄다)라고 반대로 언급되었으므로 불일치로 판단한다.

어휘 | 经常 jīngcháng 🄬 자주, 항상 坐 zuò 🄭 타다 电梯 diàntī 🄶 엘리베이터

虽然……但是…… suīrán……dànshì…… 🄵 비록 ~이지만, (그러나) ~하다 办公室 bàngōngshì 🄶 사무실

层 céng 🄬 층 还是 háishi 🄬 그래도 运动 yùndòng 🄭 운동하다

2 반의어가 사용되어 문장과 음성이 반대되는 내용이면 불일치로 판단한다.

🎧 제2부분_2_03_비책 공략하기2

(문장) 说话人的妹妹很高兴。 화자의 여동생은 매우 기뻐한다. （ ✕ ）

(음성) 妹妹最好的朋友刚刚离开北京，她难过极了，刚才我还看见她自己一个人在房间里哭呢。

여동생의 가장 친한 친구가 방금 베이징을 떠나서, **몹시 슬퍼해요.** 방금 저는 그녀가 자기 혼자 방 안에서 울고 있는 것을 봤어요.

▶ 문장에서는 很高兴(매우 기뻐한다)이 언급되었는데 음성에서는 难过极了(몹시 슬퍼한다)라고 반대로 언급되었으므로 불일치로 판단한다. 반의어 표현 高兴(기뻐하다)과 难过(슬퍼하다)를 이해할 수 있어야 한다.

어휘 | 妹妹 mèimei 🄶 여동생 高兴 gāoxìng 🄵 기쁘다 刚刚 gānggāng 🄬 방금, 지금 막 离开 líkāi 🄭 떠나다

北京 Běijīng 🄲 베이징 难过 nánguò 🄵 슬프다, 괴롭다 ……极了 ……jí le 몹시 ~하다 刚才 gāngcái 🄶 방금, 지금 막

看见 kànjiàn 🄭 보다 自己 zìjǐ 🄯 자기, 자신 一个人 yí ge rén 혼자, 한 사람 房间 fángjiān 🄶 방 哭 kū 🄭 울다

3 부정·반의어 표현을 사용하여 서로 반대가 되는 표현을 익혀 둔다. (음성을 듣고 따라 읽는다.)

🎧 제2부분_2_04_비책 공략하기3

부정 표현

□ 不经常坐 bù jīngcháng zuò 자주 타지 않는다	↔	□ 经常坐 jīngcháng zuò 자주 탄다	
□ 护照没有被找到 hùzhào méiyǒu bèi zhǎodào 여권이 발견되지 않았다	↔	□ 发现了护照 fāxiànle hùzhào 여권을 발견했다	
□ 孩子没有生病 háizi méiyǒu shēngbìng 아이는 병이 나지 않았다	↔	□ 孩子生病了 háizi shēngbìng le 아이는 병이 났다	

반의어 표현

□ 跑得很快 pǎo de hěn kuài 빠르게 달린다	↔	□ 跑得很慢 pǎo de hěn màn 느리게 달린다	
□ 容易买到 róngyì mǎidào 사기 쉽다	↔	□ 很难买到 hěn nán mǎidào 사기 어렵다	
□ 历史较长 lìshǐ jiào cháng 역사가 꽤 길다	↔	□ 历史很短 lìshǐ hěn duǎn 역사가 짧다	
□ 很高兴 hěn gāoxìng 매우 기쁘다	↔	□ 难过极了 nánguò jí le 너무 괴롭다	
□ 那双鞋有点儿贵 nà shuāng xié yǒudiǎnr guì 그 신발은 조금 비싸다	↔	□ 那双鞋很便宜 nà shuāng xié hěn piányi 그 신발은 싸다	
□ 忘记带伞 wàngjì dài sǎn 우산 챙기는 것을 잊다	↔	□ 记得带伞 jìde dài sǎn 우산 챙기는 것을 기억하다	
□ 没有去过中国 méiyǒu qùguo Zhōngguó 중국에 가본 적이 없다	↔	□ 在那儿留过学 zài nàr liúguo xué 그곳에서 유학을 한 적이 있다	

(확인학습)

🎧 제2부분_2_05_확인학습

음성에서 언급된 표현과 반대되는 부분을 찾아 밑줄을 그어 보세요. (음성은 두 번씩 들려 줍니다.)

1. 这个超市的鸡蛋有点儿贵。

2. 这条裤子虽然有点长，但价格不错。

3. 跟同事们一起吃饭时，他总是吃得太慢了。

정답 1. 贵 2. 长 3. 慢

스크립트 해설집 p.11

음성을 듣고 제시된 문장이 음성의 내용과 일치하면 ✓, 일치하지 않으면 ×를 체크하세요. (음성은 두 번씩 들려 줍니다.)

🎧 제2부분_2_06_실전연습문제

1. ★ 说话人没有去过中国。　　　　　　（　　　）

2. ★ 说话人忘记带伞了。　　　　　　　（　　　）

3. ★ 护照没有被找到。　　　　　　　　（　　　）

4. ★ 小张今天不上班。　　　　　　　　（　　　）

5. ★ 黑板上的问题很难。　　　　　　　（　　　）

정답 해설집 p.12

> 문장의 특정 단어 하나가 음성에서 다르게 언급되어 불일치로 판단하게 하는 문제가 출제된다. 단어 하나로 불일치 판단을 하게 되므로 음성을 끝까지 주의 깊게 듣는 연습을 충분히 해두어야 한다.

예제 맛보기

🎧 제2부분_3_01_예제

★ 说话人爱看足球比赛。 （　　）	★ 화자는 **축구** 경기 보는 것을 좋아한다. (✕)
每到周末，我爱看**篮球**比赛，这样可以让我高兴起来。	매주 주말이 되면, 나는 **농구** 경기 보는 것을 좋아하는데, 이것은 나를 즐겁게 한다.

정답　✕

해설　문장에서는 화자가 좋아하는 것이 **足球**比赛(축구 경기)라고 했는데 음성에서는 **篮球**比赛(농구 경기)라고 단어 하나가 다르게 언급되었으므로 불일치로 판단한다.

어휘　**爱** ài 图 좋아하다　**足球** zúqiú 圆 축구　**比赛** bǐsài 圆 경기　**周末** zhōumò 圆 주말　**篮球** lánqiú 圆 농구
　　　高兴 gāoxìng 图 즐겁다, 기쁘다

* <듣기 예제 병음북 PDF>를 활용하여 예제 문제를 병음과 함께 학습해 보세요.

·· 비책 공략하기

1 문장의 특정 단어 하나가 음성에서 다르게 언급되어 내용이 달라지는 경우 불일치로 판단한다.

🎧 제2부분_3_02_비책 공략하기1

문장 这周都是晴天。 이번 주는 계속 맑은 날씨였다. (✗)

음성 最近一周一直都是阴天，真希望下周天气能变晴，我们可以带孩子去公园玩儿。
최근 일주일은 줄곧 계속 흐린 날씨였어요. 다음 주 날씨는 맑게 변해서, 우리가 아이를 데리고 공원에 놀러 갈 수 있길 간절히 바라요.

▶ 문장의 晴天(맑은 날씨)이 음성에서는 阴天(흐린 날씨)으로 단어 하나가 다르게 언급되었으므로 불일치로 판단한다.

어휘 | 这周 zhè zhōu 이번 주 晴天 qíngtiān 몡 맑은 날씨 最近 zuìjìn 몡 최근 一周 yìzhōu 몡 일주일 一直 yìzhí 閉 줄곧, 계속
阴天 yīntiān 몡 흐린 날씨 希望 xīwàng 통 바라다 下周 xiàzhōu 몡 다음 주 天气 tiānqì 몡 날씨 晴 qíng 톙 하늘이 맑다
可以 kěyǐ 조통 ~할 수 있다 带……去…… dài……qù…… ~를 데리고 ~에 가다 孩子 háizi 몡 아이 公园 gōngyuán 몡 공원

2 단어 하나가 달라서 내용이 불일치하는 경우를 익혀 둔다. (음성을 듣고 따라 읽는다.)

🎧 제2부분_3_03_비책 공략하기2

01 **去中国留学** qù Zhōngguó liúxué
중국으로 유학가요
≠
去中国旅游 qù Zhōngguó lǚyóu
중국으로 여행가요

02 **更喜欢看电影** gèng xǐhuan kàn diànyǐng
영화 보는 것을 더 좋아해요
≠
更喜欢看电视 gèng xǐhuan kàn diànshì
텔레비전 보는 것을 더 좋아해요

03 **坐公共汽车上班** zuò gōnggòng qìchē shàngbān
버스를 타고 출근해요
≠
坐地铁上班 zuò dìtiě shàngbān
지하철을 타고 출근해요

04 **她女儿长得特别漂亮**
tā nǚ'ér zhǎng de tèbié piàoliang
그녀의 딸은 아주 예쁘게 생겼다
≠
她女儿看起来很年轻
tā nǚ'ér kàn qǐlai hěn niánqīng
그녀의 딸은 젊어 보인다

05 **他们打算去南方** tāmen dǎsuan qù nánfāng
그들은 남방으로 가려고 해요
≠
他们在准备去北方 tāmen zài zhǔnbèi qù běifāng
그들은 북방으로 가려고 해요

06 **出门时下雨了** chūmén shí xiàyǔ le
집을 나설 때 비가 왔어요
≠
下班时下雨了 xiàbān shí xiàyǔ le
퇴근할 때 비가 왔어요

07 **我家离学校比较近** wǒ jiā lí xuéxiào bǐjiào jìn
우리 집은 학교에서 비교적 가까워요
≠
他家离学校比较远 tā jiā lí xuéxiào bǐjiào yuǎn
그의 집은 학교에서 비교적 멀어요

08 **这儿的夏天很短** zhèr de xiàtiān hěn duǎn
이곳의 여름은 매우 짧아요

≠

这儿的秋天很短 zhèr de qiūtiān hěn duǎn
이곳의 가을은 매우 짧아요

---

09 **现在公园的环境特别好**
xiànzài gōngyuán de huánjìng tèbié hǎo
지금 공원의 환경은 아주 좋다

≠

那时候公园的环境特别好
nà shíhou gōngyuán de huánjìng tèbié hǎo
그 당시에 공원의 환경은 아주 좋았다

---

10 **我们站后面吧** wǒmen zhàn hòumian ba
우리 뒤쪽에 서요

≠

他想站前面 tā xiǎng zhàn qiánmian
그는 앞쪽에 서고 싶어해요

---

11 **昨天晚上看了足球比赛**
zuótiān wǎnshang kànle zúqiú bǐsài
어제 저녁 축구 경기를 보았다

≠

昨天看了篮球比赛
zuótiān kànle lánqiú bǐsài
어제 농구 경기를 보았다

---

12 **唱歌是妹妹最大的爱好**
chànggē shì mèimei zuì dà de àihào
노래 부르는 것은 여동생의 가장 큰 취미에요

≠

妹妹最喜欢跳舞
mèimei zuì xǐhuan tiàowǔ
여동생은 춤 추는 것을 가장 좋아해요

---

13 **我觉得这里的米饭最好吃**
wǒ juéde zhèli de mǐfàn zuì hǎochī
저는 이곳의 쌀밥이 제일 맛있다고 생각해요

≠

他最爱吃那里的面条
tā zuì ài chī nàli de miàntiáo
그는 그곳의 국수를 가장 좋아해요

---

14 **回家时把门关一下** huíjiā shí bǎ mén guān yíxià
집에 돌아갈 때 문을 닫아 주세요

≠

回家时把灯关一下 huíjiā shí bǎ dēng guān yíxià
집에 돌아갈 때 불을 꺼주세요

---

15 **看得清电视上的字**
kàn de qīng diànshì shang de zì
텔레비전의 글씨가 또렷하게 보인다

≠

看得清电视上的花和树
kàn de qīng diànshì shang de huā hé shù
텔레비전의 꽃과 나무가 또렷하게 보인다

---

16 **明天可能是晴天** míngtiān kěnéng shì qíngtiān
내일은 아마도 맑은 날씨일 거예요

≠

明天可能是阴天 míngtiān kěnéng shì yīntiān
내일은 아마도 흐린 날씨일 거예요

확인학습

🎧 제2부분_3_04_확인학습

음성에서 다르게 언급된 단어를 찾아 밑줄을 그어 보세요. (음성은 두 번씩 들려 줍니다.)

1. 我去中国旅游时，忘了带护照了。

2. 小李要准备参加跳舞比赛。

3. 爷爷正在看电视。

정답 1. 飞机游 2. 跳舞 3. 电视

스크립트 해설집 p.13

음성을 듣고 제시된 문장이 음성의 내용과 일치하면 ✓, 일치하지 않으면 ✗를 체크하세요. (음성은 두 번씩 들려 줍니다.)

🎧 제2부분_3_05_실전연습문제

1. ★ 女儿站在最后面。　　　　　(　　)

2. ★ 南方的冬天刮风下雪。　　　(　　)

3. ★ 夏天黄河水很小。　　　　　(　　)

4. ★ 弟弟睡觉要关门。　　　　　(　　)

5. ★ 爷爷看得清照片上的字。　　(　　)

정답 해설집 p.13

바꿔 표현으로 일치 판단하기

바로 듣고 학습하기

문장에 있는 표현이 음성에서 언급된 표현을 동일한 의미로 바꿔 표현한 경우 일치로 판단하는 문제가 출제된다. 따라서 동일한 의미를 전달하는 서로 다른 어휘나 표현들을 듣고 즉시 이해할 수 있도록 충분히 익혀 두어야 한다.

· 예제 맛보기

제2부분_4_01_예제

★ 说话人的家在学校附近。（ ）	★ 화자의 집은 학교 근처에 있다. (✓)
学校离我家不远，所以我一般早上七点起床刷牙吃早饭，然后走路去上课。	학교는 우리 집에서 멀지 않아요. 그래서 저는 보통 아침 일곱 시에 일어나 이를 닦고 아침밥을 먹고, 그 다음에 걸어서 수업을 들으러 가요.

정답　✓

해설　문장의 说话人的家在……附近(화자의 집은……근처에 있다)이 음성의 离我家不远(우리 집에서 멀지 않다)을 바꿔 표현한 경우이므로 일치로 판단한다.

어휘　**附近** fùjìn 몡 근처, 부근　**离** lí 개 ~에서　**远** yuǎn 혱 멀다　**所以** suǒyǐ 젭 그래서　**一般** yìbān 혱 보통이다
　　早上 zǎoshang 몡 아침　**起床** qǐchuáng 동 일어나다　**刷牙** shuāyá 동 이를 닦다　**早饭** zǎofàn 몡 아침밥
　　然后 ránhòu 젭 그 다음에　**走路** zǒulù 동 걷다　**上课** shàngkè 동 수업을 듣다

* <듣기 예제 병음북 PDF>를 활용하여 예제 문제를 병음과 함께 학습해 보세요.

·· 비책 공략하기

1 문장에 있는 표현이 음성에서 언급된 표현을 바꿔 표현한 경우 일치로 판단한다.

🎧 제2부분_4_02_비책 공략하기1

문장
说话人的女儿最爱画画。 화자의 딸은 그림 그리는 것을 가장 좋아한다. (✓)

음성
我女儿最喜欢画画儿，她从小学三年级就开始学画画儿，到现在已经七年了。
제 딸은 그림 그리는 것을 가장 좋아해요. 초등학교 3학년 때부터 그림을 그리기 시작한 것이, 지금 벌써 7년이 되었어요.

➤ 문장의 爱画画(그림 그리는 것을 좋아한다)가 음성의 喜欢画画儿(그림 그리는 것을 좋아한다)을 바꿔 표현한 경우이므로 일치로 판단한다.

어휘ㅣ最 zuì 뵈 가장　画画 huàhuà 통 그림을 그리다　从 cóng 깨 ~부터　小学 xiǎoxué 몡 초등학교　年级 niánjí 몡 학년
开始 kāishǐ 통 시작하다　已经 yǐjīng 뵈 벌써, 이미

2 동일한 의미를 전달하는 두 표현들을 함께 익혀 둔다. (음성을 듣고 따라 읽는다.)

🎧 제2부분_4_03_비책 공략하기2

01 **爸爸是一位司机** bàba shì yí wèi sījī 아버지는 기사이다	**爸爸是一个出租车司机** bàba shì yí ge chūzūchē sījī 아버지는 택시 기사이다
02 **唱得不错** chàng de búcuò 노래를 잘 부른다	**唱得比很多人都好** chàng de bǐ hěn duō rén dōu hǎo 노래를 많은 사람들보다도 더 잘한다
03 **不明白他说的话** bù míngbai tā shuō de huà 그가 한 말을 이해하지 못했다	**没听懂他说的话** méi tīngdǒng tā shuō de huà 그가 한 말을 잘 알아듣지 못했다
04 **喜欢画画** xǐhuan huàhuà 그림 그리는 것을 좋아한다	**爱画画** ài huàhuà 그림 그리는 것을 좋아한다
05 **打算搬家** dǎsuan bānjiā 이사를 갈 계획이다	**准备搬家** zhǔnbèi bānjiā 이사를 가려고 한다
06 **要出国留学** yào chūguó liúxué 외국으로 유학가려고 한다	**要出国读书** yào chūguó dúshū 외국으로 공부하러 가려고 한다

07	找了一天才找到 zhǎole yìtiān cái zhǎodào 하루 종일 찾고서야 겨우 찾았다	→	找了一天终于找到了 zhǎole yìtiān zhōngyú zhǎodào le 하루 종일 찾아서 마침내 찾았다
08	不知道怎么走 bù zhīdào zěnme zǒu 어떻게 가는지 모른다	→	不认识路 bú rènshi lù 길을 모른다
09	爱好是旅游 àihào shì lǚyóu 취미는 여행가는 것이다	→	对旅游很感兴趣 duì lǚyóu hěn gǎn xìngqù 여행하는 것을 좋아한다
10	女儿感冒了 nǚ'ér gǎnmào le 딸은 감기에 걸렸다	→	女儿生病了 nǚ'ér shēngbìng le 딸은 병이 났다
11	长胖了 zhǎngpàng lo 살이 쪘다	→	长了10公斤 zhǎngle shí gōngjīn 10킬로그램 쪘다
12	动物园离我家不远 dòngwùyuán lí wǒ jiā bù yuǎn 동물원은 우리 집에서 멀지 않다	→	我家附近有动物园 wǒ jiā fùjìn yǒu dòngwùyuán 우리 집 근처에 동물원이 있다
13	这道题很简单 zhè dào tí hěn jiǎndān 이 문제는 매우 간단하다	→	这道练习题很容易 zhè dào liànxítí hěn róngyì 이 연습문제는 매우 쉽다
14	又爱喝咖啡又爱看书 yòu ài hē kāfēi yòu ài kànshū 커피 마시는 것도 좋아하고, 책을 보는 것도 좋아한다	→	除了爱看书，还特别喜欢喝咖啡 chúle ài kànshū, hái tèbié xǐhuan hē kāfēi 책을 보는 것을 좋아하는 것 외에 커피 마시는 것도 매우 좋아한다
15	可能晚到半个小时 kěnéng wǎndào bàn ge xiǎoshí 30분 늦을 것 같다	→	可能会迟到 kěnéng huì chídào 지각할 것 같다
16	喜欢这里的服务 xǐhuan zhèli de fúwù 이곳의 서비스를 좋아한다	→	对这里的服务很满意 duì zhèli de fúwù hěn mǎnyì 이곳의 서비스에 만족한다
17	姐姐很聪明 jiějie hěn cōngming 누나는 총명하다	→	姐姐学习特别好 jiějie xuéxí tèbié hǎo 누나는 공부를 유달리 잘한다

확인학습

 제2부분_4_04_확인학습

다음 문장에서 사용된 표현 중 음성에서 바꿔 표현된 부분을 찾아 밑줄을 그어 보세요.
(음성은 두 번씩 들려 줍니다.)

1. 姐姐准备这周末搬家。

2. 他不认识去图书馆的路。

3. 不好意思，我可能会迟到。

정답 1. 准备，搬家 2. 不认识 3. 可能会迟到

음성을 듣고 제시된 문장이 음성의 내용과 일치하면 ✓, 일치하지 않으면 ×를 체크하세요. (음성은 두 번씩 들려 줍니다.)

🎧 제2부분_4_05_실전연습문제

1. ★ 姐姐对旅游很感兴趣。　　　(　　)

2. ★ 做面条很简单。　　　(　　)

3. ★ 妈妈对椅子很满意。　　　(　　)

4. ★ 哥哥又爱唱歌又爱跳舞。　　　(　　)

5. ★ 小西长胖了。　　　(　　)

정답 해설집 p.15

합격비책
05 추론으로 일치·불일치 판단하기

바로 듣고 학습하기

음성의 내용을 추론하여 문장이 일치인지, 불일치인지 판단하는 문제가 출제된다. 음성의 내용을 정확히 이해해야 일치·불일치를 판단할 수 있으므로, 음성 전체를 듣고 정확히 내용을 이해하는 연습을 충분히 해두어야 한다.

• 예제 맛보기

제2부분_5_01_예제

★ 说话人很担心儿子。 （　　）	★ 화자는 아들을 걱정한다. (✓)
儿子感冒发烧在医院住了好几天了，但是还是没有好，医生也没有办法，我真的很着急。	아들이 감기에 걸려 열이 나서 병원에 꽤 여러 날 입원했지만, 여전히 나아지지 않았어요. 의사도 방법이 없어서 저는 정말 초조해요.

정답 ✓

해설 문장의 '说话人很担心儿子。'에서 화자는 아들을 걱정한다고 했다. 음성에서 화자가 '儿子感冒发烧在医院住了好几天了，但是还是没有好', '我真的很着急'라며 아들이 감기에 걸려 열이 나서 병원에 입원했는데도 여전히 나아지지 않아 초조하다고 했으므로, 화자는 아들이 아파서 걱정하고 있음을 추론할 수 있다. 따라서 문장과 음성의 내용을 일치로 판단한다.

어휘 **担心** dānxīn [동] 걱정하다 **儿子** érzi [명] 아들 **感冒** gǎnmào [동] 감기에 걸리다 **发烧** fāshāo [동] 열이 나다 **医院** yīyuàn [명] 병원
住 zhù [동] 입원하다, 머물다 **好** hǎo [부] 꽤 [시간이 오래되었음을 강조함] **几天** jǐ tiān 여러 날, 며칠 **但是** dànshì [접] 그렇지만
还是 háishi [부] 여전히, 아직도 **医生** yīshēng [명] 의사 **没有办法** méiyǒu bànfǎ 방법이 없다, 어쩔 수 없다
真的 zhēnde [부] 정말로, 참으로 **着急** zháojí [형] 초조하다, 급하다

* <듣기 예제 병음북 PDF>를 활용하여 예제 문제를 병음과 함께 학습해 보세요.

·· 비책 공략하기

1 문장이 他(그)/他们(그들) 또는 说话人(화자)으로 시작하면서 음성의 화자, 즉 我(나)와 관련된 내용을 추론한 경우 일치로 판단한다.

🎧 제2부분_5_02_비책 공략하기1

> **문장** 说话人可能是服务员。 화자는 종업원일 것이다. (✓)

> **음성** 小姐，我们这里不但有茶、咖啡，还有新鲜的面包和蛋糕，请问您要来点儿什么？
>
> 아가씨, 저희는 차, 커피뿐만 아니라 신선한 빵과 케이크도 있어요. 무엇으로 하시겠습니까?

➤ 문장의 '说话人可能是服务员。'에서 화자는 종업원일 것이라고 했다. 음성에서 화자가 '请问您要来点儿什么?'라며 무엇을 주문할 것인지를 물었으므로, 화자는 종업원임을 추론할 수 있다. 따라서 문장과 음성의 내용을 일치로 판단한다.

어휘 | 可能是 kěnéng shì (아마) ~일 것이다　**服务员** fúwùyuán 몡 종업원　**小姐** xiǎojiě 몡 아가씨　**不但** búdàn 젭 ~뿐만 아니라
茶 chá 몡 차　**咖啡** kāfēi 몡 커피　**新鲜** xīnxiān 혱 신선하다　**面包** miànbāo 몡 빵　**蛋糕** dàngāo 몡 케이크

2 문장이 他(그)가 아닌 제3자나 사물로 시작하면서 그와 관련된 내용을 추론한 경우 일치로 판단한다.

🎧 제2부분_5_03_비책 공략하기2

> **문장** 叔叔会用照相机。 삼촌은 사진기를 사용할 줄 안다. (✓)

> **음성** 这个照相机是叔叔新买的，我们家除了他，没有人会用，我打算等他回家就让他教我，不知道他愿不愿意。
>
> 이 사진기는 삼촌이 새로 산 것인데, 우리 집에서 그를 제외하면 사용할 줄 아는 사람이 없어요. 삼촌이 달가워할지는 잘 모르겠지만, 나는 삼촌이 집에 돌아오기를 기다려 가르쳐 달라고 할 생각이에요.

➤ 문장의 '叔叔会用照相机。'에서 삼촌은 사진기를 사용할 줄 안다고 했다. 음성에서 '叔叔……除了他，没有人会用'이라며 삼촌을 제외하면 사용할 줄 아는 사람이 없다고 했으므로, 삼촌은 사진기를 사용할 줄 안다는 것을 추론할 수 있다. 따라서 문장과 음성의 내용을 일치로 판단한다.

어휘 | 叔叔 shūshu 몡 삼촌　**会** huì 조동 ~할 줄 알다　**用** yòng 동 사용하다, 쓰다　**照相机** zhàoxiàngjī 몡 사진기
新买 xīn mǎi 새로 사다　**除了** chúle 개 ~를 제외하고　**打算** dǎsuan 동 ~할 생각이다, ~하려고 하다　**等** děng 동 기다리다
回家 huíjiā 동 집으로 돌아오다　**让** ràng 동 ~하게 하다　**教** jiāo 동 가르치다　**不知道** bù zhīdào 모르다
愿意 yuànyì 조동 달가워하다, ~하기를 바라다

3 문장의 내용이 음성과 전혀 연관성이 없거나 다른 사실을 언급하는 경우 불일치로 판단한다.

🎧 제2부분_5_04_비책 공략하기3

> 문장 **年轻人喜欢看这个节目。** 젊은 사람들은 이 프로그램 보는 것을 좋아한다. (✕)

> 음성 **这个节目告诉我们，年轻人应该多到外面的世界看看，这样才能了解不一样的世界，找到自己想走的路。**
>
> 이 프로그램은 우리에게, 젊은 사람들이 바깥세상으로 많이 나가서 봐야 하며, 이렇게 해야만 다른 세상을 이해하고, 자신이 가고 싶은 길을 찾을 수 있다고 알려 준다.

▶ 문장의 '年轻人喜欢看这个节目。'에서 젊은 사람들은 이 프로그램 보는 것을 좋아한다고 했다. 문장의 내용이 음성의 '这个节目告诉我们，年轻人应该多到外面的世界看看(이 프로그램은 우리에게, 젊은 사람들이 바깥세상으로 많이 나가서 봐야 한다고 알려 준다)'과 완전히 다른 사실을 언급하고 있으므로 불일치로 판단한다.

어휘ㅣ **年轻人** niánqīngrén 몡 젊은 사람　　**喜欢** xǐhuan 통 좋아하다　　**节目** jiémù 몡 프로그램, 항목　　**告诉** gàosu 통 알리다, 말하다
应该 yīnggāi 조동 ~해야 한다　　**世界** shìjiè 몡 세상, 세계　　**了解** liǎojiě 통 이해하다, 조사하다　　**找** zhǎo 통 찾다, 구하다
自己 zìjǐ 때 자신, 스스로

확인학습

🎧 제2부분_5_05_확인학습

음성의 내용을 바르게 추론한 선택지를 골라 보세요. (음성은 두 번씩 들려 줍니다.)

1. ⓐ 이 커피는 유명하다.　　　　　　ⓑ 이 커피는 유명하지 않다.

2. ⓐ 고등학교 때 유학을 갔다.　　　　ⓑ 고등학교 졸업 후 유학을 갔다.

3. ⓐ 비행기가 아직 출발하지 않았다.　　ⓑ 지금 비행기가 착륙 중이다.

정답 1. ⓐ 2. ⓑ 3. ⓐ

스크립트 해설집 p.16

음성을 듣고 제시된 문장이 음성의 내용과 일치하면 ✓, 일치하지 않으면 ×를 체크하세요. (음성은 두 번씩 들려 줍니다.)

🎧 제2부분_5_06_실전연습_문제

1. ★ 说话人在帮朋友的作业。　　　　（　　）

2. ★ 说话人在叫人打扫。　　　　（　　）

3. ★ 老李身体健康。　　　　（　　）

4. ★ 现在地上有很多雪。　　　　（　　）

5. ★ 说话人需要多说多练。　　　　（　　）

정답 해설집 p.16

테스트 1 🎧 제2부분_실전테스트1

음성을 듣고 제시된 문장이 음성의 내용과 일치하면 ✓, 일치하지 않으면 ✕를 체크하세요. (음성은 두 번씩 들려 줍니다.)

1. ★ 他们在看照片。 ( )

2. ★ 啤酒卖五块钱。 ( )

3. ★ 他们还没有点菜。 ( )

4. ★ 说话人足球踢得不错。 ( )

5. ★ 这位妻子很漂亮。 ( )

6. ★ 说话人要去见男朋友。 ( )

7. ★ 香蕉要放在冰箱里。 ( )

8. ★ 老师现在还很年轻。 ( )

9. ★ 说话人的妻子生病了。 ( )

10. ★ 看报纸是一个很好的习惯。 ( )

음성을 듣고 제시된 문장이 음성의 내용과 일치하면 ✓, 일치하지 않으면 ×를 체크하세요. (음성은 두 번씩 들려 줍니다.)

1. ★ 啤酒要二十七元三角。 （　　）

2. ★ 小万习惯用筷子吃米饭。 （　　）

3. ★ 饭店在银行旁边。 （　　）

4. ★ 说话人不明白故事的意思。 （　　）

5. ★ 他们马上要考试。 （　　）

6. ★ 小蓝的丈夫是一位司机。 （　　）

7. ★ 说话人的儿子很聪明。 （　　）

8. ★ 孩子没有生病。 （　　）

9. ★ 他们正在买皮鞋。 （　　）

10. ★ 奶茶影响健康。 （　　）

정답 해설집 p.18

제3부분, 제4부분
대화 듣고 질문에 답하기

문제풀이 방법

듣기 제3부분과 제4부분은 남녀의 대화를 듣고 이와 관련된 질문에 대한 정답을 선택하는 형태이다.
제3부분은 남녀가 한 번씩, 제4부분은 두 번씩 주고 받는 대화로, 각각 10문제씩 출제된다. 제3부분,
제4부분 문제를 효과적으로 풀기 위한 문제풀이 방법을 익혀 두자.

〈문제지〉 * 문제지에는 선택지가 제시됩니다.

> 21. A 学校   B 饭店   C 动物园 ✓

1. 음성이 시작되기 전, 제시된 선택지의 유형을 파악하여 어떤 질문이 나올 것인지 예상한다.

선택지가 모두 장소를 나타내므로, 장소를 묻는 질문이 나올 것임을 예상할 수 있다.

〈음성〉 * 음성은 총 두 번 들려줍니다.

> 21. 女：我们先去看熊猫然后再去看别的吧？
>   男：没问题，熊猫在东边，离动物园大门不远。
>
>   问：他们在哪儿？

2. 음성이 시작되면, 음성에서 직접 언급되거나 관련있는 선택지를 체크해 두고 질문에 맞는 정답을 고른다.

음성에서 动物园(동물원)이 언급되었으므로 C 动物园(동물원)에 체크해 둔다. 질문에서 그들이 있는 장소를 물었으므로, 체크해 둔 선택지 C 动物园(동물원)이 정답이다.

* 정답은 우선 문제지에 표시해 두고, 듣기 영역이 모두 끝난 후 주어지는 답안지 마킹 시간(5분)동안 답안지에 마킹합니다.

3. 음성을 다시 들려줄 때, 고른 선택지가 정답이 맞는지 한번 더 확인한다.

동물원에서 이루어지는 대화가 맞는지 한번 더 확인한다.

해석 해설집 p.24

출제 경향

1. 선택지를 통해 질문을 예상할 수 있는 문제가 주로 출제된다.

듣기 제3부분, 제4부분에서는 선택지가 장소, 인물, 시간, 행동 등을 나타내는 표현들로 구성되어 있어 어떤 질문이 나올지 예상할 수 있는 문제가 주로 출제된다. 예를 들어 선택지가 公园(공원), 图书馆(도서관), 动物园(동물원)과 같이 특정 장소를 나타내는 표현으로 구성되어 있으면 장소를 묻는 질문이 나올 것임을 예상할 수 있다.

2. 일상생활과 관련된 대화 내용이 주로 출제된다.

대화 내용은 일상생활 및 직장생활, 학교생활과 관련된 내용이 출제되는데, 그중 여가, 가정, 사교 등 일상생활과 관련된 대화 내용이 주로 출제된다.

학습 방법

1. 선택지의 유형에 따라 자주 출제되는 질문을 익힌다.

선택지의 유형에 따라 자주 출제되는 질문이 있으므로, 이를 익혀 두면 대화를 들을 때 미리 예상한 질문에 알맞은 정답을 쉽게 고를 수 있다.

2. 장소, 인물, 시간, 행동 등과 관련된 표현을 익힌다.

선택지로 자주 출제되는 장소, 인물, 시간, 행동 등과 관련된 표현을 익혀 두면, 대화를 들을 때 선택지와 관련된 표현을 듣고 정답을 쉽게 고를 수 있다.

선택지가 모두 장소를 나타내면, 특정 장소나 대화가 이루어지는 장소를 묻는 문제가 출제된다. 이러한 문제에서는 주로 哪儿(어디)을 사용한 질문을 들을 수 있다.

· 男的要去**哪儿**? 남자는 어디에 가려고 하는가?

· 他们最可能**在哪儿**? 그들은 어디에 있을 가능성이 가장 큰가?

 예제 맛보기

🎧 제3부분 제4부분_1_01_예제

A 电影院　　B 咖啡店　　C 办公室	A 영화관　　　B 커피숍　　　C 사무실
男：你们谁看见李红了？我有重要的事情找她。 女：经理，我昨天下班遇到她，她说她今天休息，不来上班。	남: 여러분 중 리훙을 보신 분 있나요? 제가 중요한 일이 있어서 그녀를 찾고 있어요. 여: 매니저님, 제가 어제 **퇴근할** 때 그녀를 만났는데, 그녀가 오늘은 쉬느라 **출근**하지 않는다고 말했어요.
问：他们最可能在哪儿？	질문: 그들은 어디에 있을 가능성이 가장 큰가?

정답　C

해설　선택지를 통해 장소를 묻는 질문이 나올 것을 예상한다. 여자의 말에서 经理(매니저), 下班(퇴근하다), 上班(출근하다)이라는 표현이 언급되었다. 질문에서 그들이 어디에 있을 가능성이 큰지 물었으므로, 언급된 표현을 통해 알 수 있는 C 办公室(사무실)이 정답이다.

어휘　电影院 diànyǐngyuàn 몡 영화관　咖啡店 kāfēidiàn 몡 커피숍　办公室 bàngōngshì 몡 사무실
谁 shéi 때 누가, 누구　重要 zhòngyào 혭 중요하다　经理 jīnglǐ 몡 매니저　昨天 zuótiān 몡 어제　下班 xiàbān 됭 퇴근하다
遇到 yùdào 됭 만나다　休息 xiūxi 됭 쉬다, 휴식하다　上班 shàngbān 됭 출근하다

*<듣기 예제 병음북 PDF>를 활용하여 예제 문제를 병음과 함께 학습해 보세요.

•• 비책 공략하기

1 선택지에 있는 장소 및 장소와 관련된 표현이 음성에서 언급되면 해당 선택지에 체크해 둔 후, 질문을 듣고 알맞은 정답을 고른다.

[제3부분] 제3부분 제4부분_1_02_비책 공략하기1

| 선택지 | A 商店 상점 | B 银行 은행 ✓ | C 公园 공원 |

음성

女：对不起，先生，您不能用信用卡买手表。

男：啊？那你等一下儿，我先去银行拿钱。

问：男的要去哪儿？

여: 죄송합니다. 선생님. 신용 카드로는 손목시계를 구매하실 수 없습니다.

남: 네? 그러면 조금만 기다려 주세요. 먼저 은행에 가서 돈을 가져올게요.

질문: 남자는 어디에 가려고 하는가?

▶ 음성에서 남자가 银行(은행)에 간다고 했으므로 B 银行(은행)에 체크해 둔다. 질문에서 남자가 가려는 장소를 물었으므로, 선택지 B 银行(은행)이 정답이다.

어휘 | 商店 shāngdiàn 명 상점　银行 yínháng 명 은행　公园 gōngyuán 명 공원
对不起 duìbuqǐ 통 죄송합니다, 미안합니다　信用卡 xìnyòngkǎ 명 신용 카드　手表 shǒubiǎo 명 손목시계　等 děng 통 기다리다
先 xiān 부 먼저　拿 ná 통 (손으로) 가지다, 쥐다

[제4부분] 제3부분 제4부분_1_03_비책 공략하기2

| 선택지 | A 家里 집 | B 机场 공항 ✓ | C 办公室 사무실 |

음성

女：先生，请您把您的护照给我看一下儿。

男：啊！我忘记带护照了。

女：现在离飞机起飞还有两个多小时，您打电话让家人送过来吧。

男：这是个好办法，谢谢你，我马上去打电话。

问：他们最可能在哪儿？

여: 선생님, 당신의 여권을 제게 보여주세요.

남: 아! 제가 여권 가져오는 것을 잊었네요.

여: 지금 비행기가 이륙하려면 두 시간 남짓 남았으니, 전화해서 가족들에게 보내 달라고 하세요.

남: 그거 좋은 방법이네요. 감사합니다. 바로 전화해볼게요.

질문: 그들은 어디에 있을 가능성이 가장 큰가?

▶ 음성에서 护照(여권), 飞机起飞(비행기가 이륙하다)라는 표현이 언급되었으므로 이와 관련된 B 机场(공항)에 체크해 둔다. 질문에서 대화자들이 있는 장소를 물었으므로 B 机场(공항)이 정답이다. 대화자들이 있는 장소를 묻는 문제는 대화에 언급되는 표현을 통해 정답을 유추해야 하는 경우가 많다.

어휘 | 机场 jīchǎng 명 공항　办公室 bàngōngshì 명 사무실
把 bǎ 개 ~을/를　护照 hùzhào 명 여권　忘记 wàngjì 통 잊어버리다　带 dài 통 (몸에) 가지다, 지니다　离 lí 개 ~까지
飞机 fēijī 명 비행기　起飞 qǐfēi 통 이륙하다　小时 xiǎoshí 명 시간　让 ràng 통 ~하게 하다　办法 bànfǎ 명 방법, 수단

🎧 제3부분 제4부분_1_04_비책 공략하기3

□ 饭馆(儿) fànguǎn(r) 몡 식당

□ 点菜 diǎncài 통 요리를 주문하다   □ 菜单 càidān 몡 메뉴판

□ 您几位? nín jǐ wèi? 몇 분이세요?   □ 有什么喝的? yǒu shénme hē de? 마실 것은 뭐가 있나요?

□ 机场 jīchǎng 몡 공항

□ 护照 hùzhào 몡 여권   □ 机票 jīpiào 몡 비행기표

□ 起飞 qǐfēi 통 이륙하다   □ 坐飞机 zuò fēijī 비행기를 타다 [= 上飞机 shàng fēijī]

□ 教室 jiàoshì 몡 교실

□ 桌子 zhuōzi 몡 책상   □ 黑板 hēibǎn 몡 칠판

□ 图书馆 túshūguǎn 몡 도서관

□ 还书 huán shū 책을 반납하다   □ 借书 jièshū 몡 책을 빌리다

□ 公司 gōngsī 몡 회사   □ 办公室 bàngōngshì 몡 사무실

□ 经理 jīnglǐ 몡 매니저   □ 会议 huìyì 몡 회의

□ 上班 shàngbān 통 출근하다   □ 下班 xiàbān 통 퇴근하다

□ 商店 shāngdiàn 몡 상점   □ 超市 chāoshì 몡 슈퍼마켓

□ 试试这一件 shìshi zhè yí jiàn 한 벌 입어보세요   □ 买点儿 mǎi diǎnr ~를 조금 사다

□ 宾馆 bīnguǎn 몡 (규모가 큰) 호텔   □ 楼 lóu 몡 건물 양 층

□ 住 zhù 통 묵다, 숙박하다   □ 房间 fángjiān 몡 객실, 방

□ 动物园 dòngwùyuán 몡 동물원   □ 公园 gōngyuán 몡 공원

□ 火车站 huǒchēzhàn 몡 기차역   □ 银行 yínháng 몡 은행

확인학습

🎧 제3부분 제4부분_1_05_확인학습

음성에서 언급되었거나 관련 있는 장소를 골라 보세요. (음성은 두 번씩 들려 줍니다.)

1. ⓐ 图书馆   ⓑ 动物园

2. ⓐ 饭馆   ⓑ 公司

3. ⓐ 房间   ⓑ 火车站

정답 1. ⓐ 2. ⓑ 3. ⓑ

스크립트 해설집 p.24

대화를 듣고 질문에 알맞은 선택지를 고르세요. (음성은 두 번씩 들려줍니다.)

제3부분 제4부분_1_06_실전연습문제

제3부분

1. A 超市　　　　　B 公园　　　　　C 公司

2. A 公司　　　　　B 饭馆儿　　　　C 图书馆

3. A 宾馆　　　　　B 医院　　　　　C 办公室

4. A 商店　　　　　B 学校　　　　　C 动物园

제4부분

5. A 一楼　　　　　B 三楼　　　　　C 六楼

6. A 桌子上　　　　B 椅子上　　　　C 洗手间里

7. A 家里　　　　　B 公园里　　　　C 教室里

8. A 教室　　　　　B 家里　　　　　C 办公室

정답 해설집 p.24

선택지가 모두 직업·신분, 또는 인물 간의 관계를 나타내면, 대화자의 직업이나 신분, 또는 대화자 간의 관계를 묻는 문제가 출제된다. 이러한 문제에서는 주로 谁(누구), 什么人(어떤 사람) 또는 什么关系(어떤 관계)를 사용한 질문을 들을 수 있다.

· **女的在介绍谁?** 여자는 누구를 소개하고 있는가?
· **男的是什么人?** 남자는 어떤 사람인가?
· **他们最可能是什么关系?** 그들은 어떤 관계일 가능성이 가장 큰가?

예제 맛보기

🎧 제3부분 제4부분_2_01_예제

A 客人　　　　B 经理　　　　C 医生	A 고객　　　　B 매니저　　　　C 의사
男：你好，我是这儿的经理，请问二位要喝什么饮料？ 女：听说你们这儿的绿茶很有名，就给我两杯绿茶吧，要热的。 问：男的是什么人？	남: 안녕하세요, 저는 이곳의 매니저입니다. 두 분은 어떤 음료를 드시겠어요? 여: 이곳의 녹차가 매우 유명하다고 들었어요. 녹차 두 잔 주세요. 뜨거운 것으로요. 질문: 남자는 어떤 사람인가?

정답　B

해설　선택지를 통해 직업·신분을 묻는 질문이 나올 것을 예상한다. 남자가 자신을 经理(매니저)라고 소개하였고, 질문에서 남자가 어떤 사람인지 물었으므로 B 经理(매니저)가 정답이다.

어휘　**客人** kèrén 몡 고객, 손님　**经理** jīnglǐ 몡 매니저　**医生** yīshēng 몡 의사
　　　位 wèi 양 분, 명　**喝** hē 동 마시다　**饮料** yǐnliào 몡 음료　**听说** tīngshuō 동 ~라고 듣다, 듣자 하니　**绿茶** lǜchá 몡 녹차
　　　有名 yǒumíng 혱 유명하다　**杯** bēi 양 잔, 컵　**热** rè 혱 뜨겁다

* <듣기 예제 병음북 PDF>를 활용하여 예제 문제를 병음과 함께 학습해 보세요.

1 선택지에 있는 직업·신분·관계 및 이와 관련된 표현이 음성에서 언급되면 해당 선택지에 체크해 둔 후, 질문을 듣고 알맞은 정답을 고른다.

[제3부분] 🎧 제3부분 제4부분_2_02_비책 공략하기1

선택지	A 弟弟 남동생 ✓	B 同学 학우	C 男朋友 남자친구

음성	男：昨天我看见你在公园，你跟谁在一起的？ 女：那个是我弟弟。 问：女的昨天跟谁去的公园？	남: 어제 저는 공원에서 당신을 봤어요. 누구와 같이 있던 거예요? 여: 그는 제 남동생이에요. 질문: 여자는 어제 누구와 공원에 가는가?

➤ 음성에서 여자가 공원에서 같이 있던 사람이 弟弟(남동생)라고 했으므로 A 弟弟(남동생)에 체크해 둔다. 질문에서 여자는 어제 누구와 공원에 갔는지 물었으므로 A 弟弟(남동생)가 정답이다. 직업이나 신분을 묻는 문제는 대화에서 언급되는 단어가 그대로 정답이 되는 경우가 많다.

어휘 | 弟弟 dìdi 몡 남동생　同学 tóngxué 몡 학우　男朋友 nánpéngyou 몡 남자친구
昨天 zuótiān 몡 어제　公园 gōngyuán 몡 공원　跟 gēn 께 ~와　一起 yìqǐ 같이, 함께

[제4부분] 🎧 제3부분 제4부분_2_03_비책 공략하기2

선택지	A 夫妻 부부 ✓	B 师生 선생님과 학생	C 同事 동료

음성	男：今天我来做饭，你洗碗。 女：好啊，那我先去洗衣服了。 男：但是昨天吃过的盘子还没人洗呢，一起洗吧。 女：你放心，这个我来洗。 问：他们可能是什么关系？	남: 오늘 제가 밥을 할게요. 당신이 설거지를 해요. 여: 네, 그러면 저는 먼저 가서 옷을 빨게요. 남: 그런데 어제 먹은 접시를 아직 아무도 안 닦았네요. 함께 닦아요. 여: 마음 놓으세요. 이건 제가 닦을게요. 질문: 그들은 어떤 관계일 가능성이 큰가?

➤ 음성에서 做饭(밥을 하다), 洗碗(설거지를 하다), 洗衣服(옷을 빨다)라는 표현이 언급되었으므로 이와 관련된 A 夫妻(부부)에 체크해 둔다. 질문에서 그들의 관계를 물었으므로 A 夫妻(부부)가 정답이다. 관계를 묻는 문제는 대화에 언급되는 표현을 통해 정답을 유추해야 하는 경우가 많다.

어휘 | 夫妻 fūqī 몡 부부　师生 shīshēng 몡 선생님과 학생　同事 tóngshì 몡 동료
做饭 zuòfàn 툉 밥을 하다　洗碗 xǐ wǎn 설거지를 하다　洗衣服 xǐ yīfu 옷을 빨다　但是 dànshì 젭 그런데
盘子 pánzi 몡 접시, 쟁반　一起 yìqǐ 띔 함께, 같이　吧 ba 죄 [문장 뒤에 쓰여 제의·청유를 나타냄]
放心 fàngxīn 툉 마음을 놓다, 안심하다

2 직업·신분 및 인물 관계를 나타내는 표현을 외워 둔다. (음성을 듣고 따라 읽는다.)

🎧 제3부분 제4부분_2_04_비책 공략하기3

직업·신분

☐ 医生 yīshēng 몡 의사	☐ 病人 bìngrén 몡 환자
☐ 丈夫 zhàngfu 몡 남편	☐ 妻子 qīzi 몡 아내
☐ 校长 xiàozhǎng 몡 교장	☐ 老师 lǎoshī 몡 선생님
☐ 爸爸 bàba 몡 아빠	☐ 妈妈 māma 몡 엄마
☐ 爷爷 yéye 몡 할아버지	☐ 奶奶 nǎinai 몡 할머니
☐ 姐姐 jiějie 몡 언니, 누나	☐ 哥哥 gēge 몡 오빠, 형
☐ 妹妹 mèimei 몡 여동생	☐ 弟弟 dìdi 몡 남동생
☐ 女儿 nǚ'ér 몡 딸	☐ 孩子 háizi 몡 아이
☐ 经理 jīnglǐ 몡 매니저	☐ 服务员 fúwùyuán 몡 종업원
☐ 司机 sījī 몡 기사, 운전사	☐ 留学生 liúxuéshēng 몡 유학생
☐ 男朋友 nánpéngyou 몡 남자친구	☐ 女朋友 nǚpéngyou 몡 여자친구

인물 관계

☐ 同事 tóngshì 몡 동료	☐ 同学 tóngxué 몡 동창, 학우
☐ 家人 jiārén 몡 가족	☐ 夫妻 fūqī 몡 부부
☐ 叔叔 shūshu 몡 삼촌, 아저씨	☐ 阿姨 āyí 몡 아주머니, 이모
☐ 邻居 línjū 몡 이웃	☐ 不认识 bú rènshi 안면 없다, 모르는 사이다
☐ 师生 shīshēng 몡 선생님과 학생 [= 老师和学生 lǎoshī hé xuésheng]	

(확인학습)

🎧 제3부분 제4부분_2_05_확인학습

음성에서 언급되었거나 관련 있는 직업·신분·관계를 골라 보세요. (음성은 두 번씩 들려 줍니다.)

1. ⓐ 病人　　　ⓑ 留学生

2. ⓐ 阿姨　　　ⓑ 女儿

3. ⓐ 师生　　　ⓑ 家人

정답 1. ⓑ 2. ⓐ 3. ⓐ

스크립트 해설집 p.27

실전연습문제

대화를 듣고 질문에 알맞은 선택지를 고르세요. (음성은 두 번씩 들려줍니다.)

🎧 제3부분 제4부분_2_06_실전연습문제

제3부분

1. A 医生　　　　　　B 老师　　　　　　C 服务员

2. A 司机　　　　　　B 医生　　　　　　C 校长

3. A 朋友　　　　　　B 爷爷　　　　　　C 爸爸

4. A 夫妻　　　　　　B 邻居　　　　　　C 医生和病人

제4부분

5. A 妻子　　　　　　B 阿姨　　　　　　C 同学

6. A 经理　　　　　　B 老师　　　　　　C 司机

7. A 同事　　　　　　B 邻居　　　　　　C 师生

8. A 同事　　　　　　B 同学　　　　　　C 不认识

정답 해설집 p.27

선택지가 모두 시간이나 날짜와 같은 숫자 관련 표현을 나타내면, 특정 시간 및 날짜, 또는 대화가 이루어지는 시점을 묻는 문제가 주로 출제된다. 이러한 문제에서는 주로 什么时候 (언제) 또는 几号(며칠), 几点(몇 시)을 사용한 질문을 들을 수 있다.

• 男的**什么时候**回家? 남자는 언제 집에 돌아가는가?
• 男的**几号**到北京? 남자는 며칠에 베이징에 도착하는가?

예제 맛보기

🎧 제3부분 제4부분_3_01_예제

A 星期一 B 星期四 C 星期天	A 월요일 B 목요일 C 일요일
女: 这周日我要参加一个重要的节目，不能和你去买衬衫了。 男: 没关系，那我们星期一再去吧。	여: 이번 주 일요일에 저는 중요한 프로그램에 참석해야 해서 당신과 셔츠를 사러 갈 수 없어요. 남: 괜찮아요, 그러면 우리 월요일에 가요.
问: 女的什么时候参加节目?	질문: 여자는 언제 프로그램에 참석하는가?

정답   C

해설   선택지를 통해 날짜를 묻는 질문이 나올 것을 예상한다. 여자가 这周日(이번 주 일요일)에 중요한 프로그램에 참석해야 한다고 했다. 질문에서 여자는 언제 프로그램에 참석하는지 물었으므로 C 星期天(일요일)이 정답이다. 남자의 말에서 언급된 星期一(월요일)를 듣고 A 星期一(월요일)를 고르지 않도록 주의한다.

어휘   **星期一** xīngqīyī 월요일   **星期四** xīngqīsì 목요일   **星期天** xīngqītiān 일요일

周日 zhōurì 일요일, 주일   **参加** cānjiā 图 참석하다   **重要** zhòngyào 图 중요하다   **节目** jiémù 圀 프로그램

买 mǎi 图 사다, 구매하다   **衬衫** chènshān 圀 셔츠, 와이셔츠   **没关系** méi guānxi 괜찮다, 상관 없다

＊<듣기 예제 병음북 PDF>를 활용하여 예제 문제를 병음과 함께 학습해 보세요.

•• 비책 공략하기

1 선택지에 있는 시간 또는 날짜와 같은 숫자 관련 표현이 음성에서 언급되면 해당 선택지에 체크해 둔 후, 질문을 듣고 알맞은 정답을 고른다.

[제3부분] 제3부분 제4부분_3_02_비책 공략하기1

선택지	A 13号 13일 ✓	B 15号 15일	C 23号 23일

음성

女：下个月13号我们来这个地方看月亮吧。
男：好的，那时候月亮一定会很漂亮，天气
　　热的话，我们可以带个西瓜来吃。

问：他们下个月几号来看月亮？

여: 다음 달 13일에 우리 여기 와서 달을 구경해요.
남: 좋아요. 그때는 달이 분명히 예쁠 거예요. 날
　　씨가 더우면 우리 수박을 가져와서 먹어도 되
　　겠어요.

질문: 그들은 다음 달 며칠에 달을 구경하러 오는가?

➤ 음성에서 여자가 下个月13号(다음 달 13일)에 달을 구경하러 오자고 했으므로 A 13号(13일)에 체크해 둔다. 질문에서 그
　들은 다음 달 며칠에 달 구경을 하러 오는지 물었으므로 A 13号(13일)가 정답이다.

어휘 | 号 hào 몡 일 [날짜를 가리킴]　下个月 xià ge yuè 다음 달　地方 dìfang 몡 곳, 장소　月亮 yuèliang 몡 달
　　那时候 nà shíhou 그때　一定 yídìng 閉 분명히, 반드시　漂亮 piàoliang 혱 예쁘다　天气 tiānqì 몡 날씨　热 rè 혱 덥다
　　带 dài 동 가지다, (몸에) 지니다　西瓜 xīguā 몡 수박

[제4부분] 제3부분 제4부분_3_03_비책 공략하기2

선택지	A 10:00	B 10:30 ✓	C 11:00 ✓

음성

男：你十点半就要离开北京了吗？
女：不，我买好了十一点的飞机票。
男：你还会回来吗？
女：如果有机会，我一定回来看你。

问：女的什么时候离开北京？

남: 당신 10시 반에 베이징을 떠나죠?
여: 아뇨, 저는 11시 비행기표를 샀어요.
남: 다시 돌아오실 수 있는 거죠?
여: 만약 기회가 있다면 반드시 당신을 보러 돌
　　아올게요.

질문: 여자는 언제 베이징을 떠나는가?

➤ 음성에서 十点半(10시 반)과 十一点(11시)이 언급되었으므로 B 10:30과 C 11:00에 각각 체크해 둔다. 질문에서 여자는 언
　제 베이징을 떠나는지 물었으므로, 여자가 산 비행기표의 시간인 C 11:00가 정답이다. 숫자 관련 문제에서는 대화에서
　숫자 표현이 2개 이상 언급되어 혼동을 주는 경우가 많으므로 대화 내용을 좀 더 주의해서 들어야 한다.

어휘 | 离开 líkāi 동 떠나다, 벗어나다　北京 Běijīng 고유 베이징　飞机票 fēijīpiào 몡 비행기표　回来 huílai 동 돌아오다
　　如果 rúguǒ 젭 만약, 만일　机会 jīhuì 몡 기회　一定 yídìng 閉 반드시, 필히

2 시험에 자주 출제되는 숫자 관련 표현들을 외워 둔다. (음성을 듣고 따라 읽는다.)

🎧 제3부분 제4부분_3_04_비책 공략하기3

시간

- □ 上午 shàngwǔ 명 오전
- □ 中午 zhōngwǔ 명 정오, 낮 12시 전후
- □ 晚上 wǎnshang 명 저녁
- □ 十点半 shí diǎn bàn 10시 30분

- □ 早上 zǎoshang 명 아침
- □ 下午 xiàwǔ 명 오후
- □ 八点 bā diǎn 8시
- □ 差十分两点 chà shí fēn liǎngdiǎn 2시 10분 전

날짜

- □ 昨天 zuotiān 명 어제
- □ 明天 míngtiān 명 내일
- □ 去年 qùnián 명 작년
- □ 明年 míngnián 명 내년
- □ 星期一 xīngqīyī 월요일 [= 周一 zhōuyī]
- □ 周末 zhōumò 주말
- □ 半个月后 bàn ge yuè hòu 보름 후
- □ 上个月 shàng ge yuè 지난달

- □ 今天 jīntiān 명 오늘
- □ 前年 qiánnián 명 재작년
- □ 今年 jīnnián 명 올해
- □ 一年前 yìnián qián 일 년 전
- □ 周日 zhōurì 일요일 [= 星期天 xīngqītiān]
- □ 下(个)星期 xià (ge) xīngqī 다음 주 [= 下周 xiàzhōu]
- □ 九月一号 jiǔ yuè yī hào 9월 1일
- □ 下个月 xià ge yuè 다음 달

기타 숫자 관련

- □ 一米六 yì mǐ liù 1m 60cm
- □ 35岁 sānshíwǔ suì 35세

- □ 十五公斤 shíwǔ gōngjīn 15킬로그램
- □ 一千多块钱 yìqiān duō kuài qián 1천 위안 남짓
  [= 一千多元 yìqiān duō yuán]

(**확인학습**)

🎧 제3부분 제4부분_3_05_확인학습

음성에서 언급되는 숫자 관련 표현을 골라 보세요. (음성은 두 번씩 들려 줍니다.)

1. ⓐ 今天中午　　ⓑ 明天晚上

2. ⓐ 一年前　　ⓑ 半个月后

3. ⓐ 一米六　　ⓑ 35岁

정답 1.ⓑ 2.ⓑ 3.ⓐ

스크립트 해설집 p.30

대화를 듣고 질문에 알맞은 선택지를 고르세요. (음성은 두 번씩 들려줍니다.)

🎧 제3부분 제4부분_3_06_실전연습문제

제3부분

1. A 昨天上午　　　B 今天上午　　　C 今天下午

2. A 周末　　　　　B 今天　　　　　C 明天

3. A 7:40　　　　　B 8:00　　　　　C 8:20

4. A 1500元　　　　B 1900元　　　　C 2100元

제4부분

5. A 5月1日　　　　B 5月2日　　　　C 5月5日

6. A 10:15　　　　　B 11:15　　　　　C 11:30

7. A 上个月　　　　B 上星期　　　　C 半年前

8. A 17岁　　　　　B 18岁　　　　　C 19岁

정답 해설집 p.30

바로 듣고 학습하기

선택지가 모두 사람의 행동을 나타내는 동사 또는 동사구(동사+명사)로 이루어져 있으면, 대화자가 하게 한 행동 또는 대화자가 하고 있거나 하려는 행동을 묻는 문제가 주로 출제된다. 이러한 문제에서는 주로 做什么(무엇을 하는가)를 사용한 질문을 들을 수 있다.

· 女的让男的<u>做什么</u>? 여자는 남자에게 무엇을 하게 하는가?
· 他们打算<u>做什么</u>? 그들은 무엇을 하려고 하는가?

예제 맛보기

🎧 제3부분 제4부분_4_01_예제

A 踢足球　　B 打篮球　　C 努力学习	A 축구를 하다　　B 농구를 하다　　C 열심히 공부하다
男：我是为你好，你个子比较矮，要多打篮球，才能长高。 女：好，那以后我每天下完课就去打一个小时。	남: 널 위해서란다. 너는 키가 비교적 작으니 농구를 많이 해야 해. 그래야 키가 자랄 수 있어. 여: 좋아요, 그러면 앞으로 저는 매일 수업이 끝나면 가서 한 시간씩 농구를 해야겠어요.
问：男的让女的做什么？	질문: 남자는 여자에게 무엇을 하게 하는가?

정답　B

해설　선택지를 통해 행동을 묻는 질문이 나올 것을 예상한다. 남자가 여자에게 要多打篮球(농구를 많이 해야 해)라고 했고, 질문에서 남자가 여자에게 무엇을 하게 하는지 물었으므로 B 打篮球(농구를 하다)가 정답이다.

어휘　踢足球 tī zúqiú 축구를 하다　打篮球 dǎ lánqiú 농구를 하다　努力 nǔlì 혱 열심이다
个子 gèzi 몡 키　比较 bǐjiào 분 비교적　矮 ǎi 혱 작다　长高 zhǎnggāo (키가) 자라다　以后 yǐhòu 몡 앞으로, 이후
每天 měi tiān 매일, 날마다　下课 xiàkè 동 수업이 끝나다

＊<듣기 예제 병음북 PDF>를 활용하여 예제 문제를 병음과 함께 학습해 보세요.

•• 비책 공략하기

1 선택지에 있는 행동 및 행동 관련 표현이 음성에서 언급되면 해당 선택지에 체크해 둔 후, 질문을 듣고 알맞은 정답을 고른다.

[제3부분] 제3부분 제4부분_4_02_비책 공략하기1

선택지   A 吃饭 밥을 먹다   B 洗脸 세수를 하다   C 带上伞 우산을 챙기다 ✓

음성

女：你还是带伞出去吧，下午可能下雨。 男：放心吧，太阳这么大，不会下雨的。	여: 당신 우산을 챙겨서 나가시는 편이 좋겠어요. 오후에 아마 비가 올 거예요. 남: 마음 놓으세요. 해가 이렇게 쨍쨍한데, 비가 올 리가 없어요.
问：女的想让男的做什么？	질문: 여자는 남자에게 무엇을 하게 하는가?

▶ 음성에서 여자가 남자에게 还是带伞出去吧(우산을 챙겨서 나가시는 편이 좋겠어요)라고 했으므로 C 带上伞(우산을 챙기다)에 체크해 둔다. 질문에서 여자는 남자에게 무엇을 하게 하는지 물었으므로 C 带上伞(우산을 챙기다)이 정답이다. 참고로, 행동을 묻는 문제의 음성에서는 ……吧(~하세요), 帮我……(나를 도와 ~해 주세요)와 같이 청유나 명령을 나타내는 표현이 사용되어 대화자가 하게 한 행동을 묻는 문제가 자주 출제된다.

어휘 | 洗脸 xǐliǎn 통 세수하다   带 dài 통 챙기다, 가지다   伞 sǎn 명 우산   还是 háishi 부 ~하는 편이 좋다   出去 chūqu 통 나가다
吧 ba [문장 끝에 쓰여 제의·청유를 나타냄]   下午 xiàwǔ 명 오후   可能 kěnéng 부 아마, 어쩌면
下雨 xiàyǔ 통 비가 오다   放心 fàngxīn 통 마음을 놓다   太阳 tàiyáng 명 해, 햇빛   不会 bú huì ~일 리 없다, ~할 수 없다

[제4부분] 제3부분 제4부분_4_03_비책 공략하기2

선택지   A 买衣服 옷을 사다 ✓   B 看电影 영화를 보다   C 换手机 휴대폰을 바꾸다

음성

男：你这件裙子穿了很多年吧，太旧了。 女：我也觉得，而且颜色也有些老了。 男：这个周日我们去看看，给你买几件新衣服吧。 女：你真是太好了！	남: 당신 이 치마 입은 지 오래됐죠? 몹시 낡았네요. 여: 저도 그렇게 생각해요. 게다가 색도 조금 구식이에요. 남: 이번 주 일요일에 우리 가서 한번 봐요. 당신에게 새 옷 몇 벌 사줄게요. 여: 정말 너무 좋네요!
问：他们周日打算做什么？	질문: 그들은 일요일에 무엇을 하려고 하는가?

▶ 음성에서 남자가 여자에게 给你买几件新衣服吧(당신에게 새 옷 몇 벌 사줄게요)라고 했으므로 A 买衣服(옷을 사다)에 체크해 둔다. 질문에서 그들은 일요일에 무엇을 하려고 하는지 물었으므로 A 买衣服(옷을 사다)가 정답이다.

어휘 | 衣服 yīfu 명 옷   电影 diànyǐng 명 영화   换 huàn 통 바꾸다, 교환하다   手机 shǒujī 명 휴대폰
裙子 qúnzi 명 치마   穿 chuān 통 입다   吧 ba [문장 끝에 쓰여 제의·청유를 나타냄]   旧 jiù 형 낡다, 오래 되다
觉得 juéde 통 ~라고 생각하다   而且 érqiě 접 게다가   颜色 yánsè 명 색, 색깔   老 lǎo 형 구식이다   周日 zhōurì 일요일

여가 활동

□ 跑步 pǎobù 图 달리기를 하다　　　　　□ 听音乐 tīng yīnyuè 음악을 듣다

□ 爬山 páshān 图 등산을 하다　　　　　□ 跳舞 tiàowǔ 图 춤을 추다

□ 唱歌 chànggē 图 노래를 부르다　　　　□ 打球 dǎqiú 图 공놀이를 하다

□ 骑自行车 qí zìxíngchē 자전거를 타다　　□ 玩儿游戏 wánr yóuxì 게임을 하다

□ 打篮球 dǎ lánqiú 농구를 하다　　　　□ 踢足球 tī zúqiú 축구를 하다

□ 看报纸 kàn bàozhǐ 신문을 보다　　　　□ 照相 zhàoxiàng 图 사진을 찍다

일상생활

□ 发邮件 fā yóujiàn 메일을 보내다　　　　□ 搬桌子 bān zhuōzi 책상을 옮기다

□ 还词典 huán cídiǎn 사전을 돌려주다　　□ 试衣服 shì yīfu 옷을 입어보다

□ 带伞 dài sǎn 우산을 챙기다　　　　　□ 买电脑 mǎi diànnǎo 컴퓨터를 사다

□ 洗澡 xǐzǎo 图 목욕하다, 몸을 씻다　　　□ 休息 xiūxi 图 휴식하다, 쉬다

□ 刷牙 shuāyá 图 이를 닦다　　　　　　□ 接客人 jiē kèrén 손님을 마중하다

□ 吃羊肉 chī yángròu 양고기를 먹다　　　□ 写字 xiě zì 글자를 쓰다

□ 照顾孩子 zhàogù háizi 아이를 보살피다　□ 结婚 jiéhūn 图 결혼하다

교통·길 찾기

□ 开车 kāichē 图 운전하다　　　　　　□ 问路 wènlù 图 길을 묻다

□ 坐地铁 zuò dìtiě 지하철을 타다　　　　□ 往前走 wǎng qián zǒu 앞으로 가다

（확인학습）

🎧 제3부분 제4부분_4_05_확인학습

음성에서 언급되었거나 관련 있는 행동을 골라 보세요. (음성은 두 번씩 들려 줍니다.)

1. ⓐ 打球　　　ⓑ 照相

2. ⓐ 试衣服　　ⓑ 接客人

3. ⓐ 问路　　　ⓑ 往前走

정답 1. ⓐ 2. ⓑ 3. ⓑ

스크립트 해설집 p.33

실전연습문제

대화를 듣고 질문에 알맞은 선택지를 고르세요. (음성은 두 번씩 들려줍니다.)

🎧 제3부분 제4부분_4_06_실전연습문제

제3부분

1. A 写信　　　　　B 接客人　　　　　C 还东西

2. A 休息　　　　　B 去医院　　　　　C 买帽子

3. A 买车　　　　　B 看动物　　　　　C 试衣服

4. A 点菜　　　　　B 看鱼　　　　　　C 选择颜色

제4부분

5. A 洗澡　　　　　B 发邮件　　　　　C 听音乐

6. A 看报纸　　　　B 吃水果　　　　　C 买东西

7. A 吃羊肉　　　　B 去玩儿　　　　　C 见朋友

8. A 买椅子　　　　B 搬桌子　　　　　C 打扫房间

정답 해설집 p.34

합격비책 **05**

상태·상황 문제 공략하기

바로 듣고 학습하기

선택지가 모두 상태·상황을 나타내는 표현이면, 사람이나 사물의 상태·상황 또는 특정 상황의 원인을 묻는 문제가 주로 출제된다. 이러한 문제에서는 주로 **怎么了/怎么样**(어떠한가), **为什么**(왜), **可以知道什么**(알 수 있는 것은 무엇인가) 등을 사용한 질문을 들을 수 있다.

- **男的怎么了？** 남자는 어떠한가?
- **女的为什么没来上班？** 여자는 왜 출근하지 않았는가?
- **关于男的，可以知道什么？** 남자에 관해 알 수 있는 것은 무엇인가?

예제 맛보기

🎧 제3부분 제4부분_5_01_예제

A 还在工作 B 在等客人 C 要找东西	A 아직 일을 하고 있다 B 손님을 기다리고 있다 C 물건을 찾으려 한다
男：这么晚你怎么还不走，再晚就没有地铁回家了。 女：我笔记本不见了，我要找到它再走。 问：女的为什么还不走？	남: 이렇게 늦었는데 당신은 어째서 아직 안 갔어요? 더 늦으면 집에 돌아갈 지하철도 없을 거예요. 여: 제 노트가 보이질 않아요. 전 **그걸 찾으면 가려고요.** 질문: 여자는 왜 아직 가지 않았는가?

정답 C

해설 선택지를 통해 상태·상황과 관련된 질문이 나올 것을 예상한다. 여자가 **要找到它再走**(그걸 찾으면 가려고요)라고 했다. 질문에서 여자가 아직 가지 않은 이유를 물었으므로 C **要找东西**(물건을 찾으려 한다)가 정답이다.

어휘 **工作** gōngzuò [동] 일하다, 작업하다 **等** děng [동] 기다리다 **客人** kèrén [명] 손님, 고객 **找** zhǎo [동] 찾다
晚 wǎn [형] 늦다 **地铁** dìtiě [명] 지하철 **回家** huíjiā [동] 집에 돌아가다 **笔记本** bǐjìběn [명] 노트

* <듣기 예제 병음북 PDF>를 활용하여 예제 문제를 병음과 함께 학습해 보세요.

비책 공략하기

1 선택지에 있는 상태나 상황 및 이와 관련된 표현이 음성에서 언급되면 해당 선택지에 체크해 둔 후, 질문을 듣고 알맞은 정답을 고른다.

[제3부분] 🎧 제3부분 제4부분_5_02_비책 공략하기1

선택지 A 饿了 배고프다 ✓　　　B 发烧了 열이 난다　　　C 生气了 화가 났다

음성
女：这孩子怎么哭得这么大声？他经常哭吗？
男：不，他应该是要吃饭了。其实他很爱笑的。

问：男的觉得孩子怎么了？

여: 이 아이는 어째서 이렇게 큰 소리로 우나요? 그는 자주 우나요?
남: 아니에요. 밥 먹을 때가 돼서 그래요. 사실 그는 웃는 걸 좋아해요.

질문: 남자가 생각하기에 아이는 어떠한가?

▶ 음성에서 남자가 아이에 대해 **要吃饭了**(밥 먹을 때가 되다)라고 했으므로, 이와 관련된 A 饿了(배고프다)에 체크해 둔다. 질문에서 남자가 생각하기에 아이가 어떠한지 물었으므로 A 饿了(배고프다)가 정답이다.

어휘 | 饿 è 혱 배고프다　发烧 fāshāo 동 열이 나다　生气 shēngqì 동 화가 나다, 화를 내다
孩子 háizi 명 아이　哭 kū 동 울다　大声 dàshēng 명 큰 소리　经常 jīngcháng 분 자주　其实 qíshí 분 사실
爱 ài 동 ~하기를 좋아하다　笑 xiào 동 웃다

[제4부분] 🎧 제3부분 제4부분_5_03_비책 공략하기2

선택지 A 脚疼 ✓　　　B 爱爬山　　　C 爱坐电梯
　　　　발이 아프다　　　등산하는 것을 좋아한다　　엘리베이터 타는 것을 좋아한다

음성
男：这里的电梯有点儿难等，我们还是走上去吧。
女：我的脚有点儿疼，不想走。
男：你的脚怎么了？昨天还好好的。
女：今天早上和爸爸去爬山，下午又和朋友去跑步了。

问：关于女的，可以知道什么？

남: 여기 엘리베이터는 기다리기 좀 힘드네요. 우리는 걸어서 올라가는 게 좋겠어요.
여: 저는 발이 좀 아파서, 걷고 싶지 않아요.
남: 당신 발이 어떤데요? 어제는 괜찮았잖아요.
여: 오늘 아침에 아빠와 등산하러 갔었고, 오후에 또 친구와 달리기하러 갔었어요.

질문: 여자에 관해 알 수 있는 것은 무엇인가?

▶ 음성에서 여자가 **脚有点儿疼**(발이 좀 아프다)이라고 했으므로 A 脚疼(발이 아프다)에 체크해 둔다. 질문에서 여자에 관해 알 수 있는 것을 물었으므로 A 脚疼(발이 아프다)이 정답이다.

어휘 | 脚 jiǎo 명 발　疼 téng 혱 아프다　爱 ài 동 ~하기를 좋아하다　爬山 páshān 동 등산하다　电梯 diàntī 명 엘리베이터
有点儿 yǒudiǎnr 분 조금, 약간　难 nán 혱 ~하기 힘들다, 어렵다　还是 háishi 분 ~하는 것이 좋다　又 yòu 분 또
跑步 pǎobù 동 달리다

2 시험에 자주 출제되는 상태·상황 표현들을 외워 둔다. (음성을 듣고 따라 읽는다.)

🎧 제3부분 제4부분_5_04_비책 공략하기3

상태

- [ ] **很一般** hěn yìbān 일반적이다
- [ ] **要求高** yāoqiú gāo 요구가 높다
- [ ] **身体不舒服** shēntǐ bù shūfu 몸이 아프다
- [ ] **打坏了瓶子** dǎhuàile píngzi 병을 깨뜨렸다
- [ ] **不错** búcuò 웹 괜찮다
- [ ] **个子矮** gèzi ǎi 키가 작다
- [ ] **很聪明** hěn cōngming 똑똑하다
- [ ] **饿了** è le 배고프다
- [ ] **脚疼** jiǎo téng 발이 아프다
- [ ] **很新鲜** hěn xīnxiān 신선하다
- [ ] **怕黑** pà hēi 어두운 것을 무서워하다
- [ ] **没兴趣** méi xìngqù 흥미가 없다
  [= **不感兴趣** bù gǎn xìngqù]

- [ ] **很普通** hěn pǔtōng 평범하다
- [ ] **很漂亮** hěn piàoliang 예쁘다
- [ ] **生病了** shēngbìng le 병이 났다
- [ ] **想买冰箱** xiǎng mǎi bīngxiāng 냉장고를 사고 싶다
- [ ] **很会讲课** hěn huì jiǎngkè 수업을 잘한다
- [ ] **个子不高** gèzi bù gāo 키가 크지 않다
- [ ] **成绩很好** chéngjì hěn hǎo 성적이 좋다
- [ ] **太累了** tài lèi le 몹시 피곤하다
- [ ] **长胖了** zhǎngpàng le 살이 쪘다 [= **变胖了** biàn pàng le]
- [ ] **很干净** hěn gānjìng 깨끗하다
- [ ] **害怕晚上** hàipà wǎnshang 밤을 두려워하다
- [ ] **眼睛里进东西了** yǎnjing li jìn dōngxi le
  눈에 뭐가 들어갔다

상황

- [ ] **还没来** hái méi lái 아직 안 왔다
- [ ] **没带** méi dài 가져오지 않다
- [ ] **下雨了** xiàyǔ le 비가 온다
- [ ] **刚开店** gāng kāidiàn 막 개업했다
  [= **开店不久** kāidiàn bùjiǔ]

- [ ] **在等** zài děng 기다리고 있다
- [ ] **忘拿** wàng ná 챙기는 것을 잊다
- [ ] **下雪了** xiàxuě le 눈이 내린다
- [ ] **找东西** zhǎo dōngxi 물건을 찾는다

확인학습

🎧 제3부분 제4부분_5_05_확인학습

음성에서 언급되었거나 관련 있는 상태·상황을 골라 보세요. (음성은 두 번씩 들려 줍니다.)

1. ⓐ 成绩很好　　ⓑ 很普通

2. ⓐ 害怕晚上　　ⓑ 还没来

3. ⓐ 没兴趣　　ⓑ 没带护照

정답 1. ⓑ 2. ⓐ 3. ⓑ

스크립트 해설집 p.37

대화를 듣고 질문에 알맞은 선택지를 고르세요. (음성은 두 번씩 들려줍니다.)

🎧 제3부분 제4부분_5_06_실전연습문제

제3부분

1. A 要求高 　　　　 B 太忙了 　　　　 C 特别简单

2. A 要去旅游 　　　 B 想换个工作 　　 C 她孩子病了

3. A 胖 　　　　　　 B 矮 　　　　　　 C 瘦

4. A 怕黑 　　　　　 B 还没睡 　　　　 C 想看书

제4부분

5. A 还不错 　　　　 B 很一般 　　　　 C 有点儿大

6. A 爱听故事 　　　 B 喜欢学生 　　　 C 很会讲课

7. A 要考试 　　　　 B 没兴趣 　　　　 C 不会跳舞

8. A 个子矮 　　　　 B 很漂亮 　　　　 C 成绩不好

정답 해설집 p.37

선택지가 모두 장소, 직업·신분·관계, 숫자 표현을 제외한 특정 명사로 이루어져 있으면,
사려는 것이나 생각하는 것과 같은 동작의 대상을 묻는 문제가 주로 출제된다. 이러한 문
제에서는 주로 '동사+什么'(무엇을 (동사)하는가) 형태를 사용한 질문을 들을 수 있다.

· 他们想买什么? 그들은 무엇을 사려고 하는가?

· 女的要借什么? 여자는 무엇을 빌리려 하는가?

예제 맛보기

🎧 제3부분 제4부분_6_01_예제

A 孩子　　　　B 名字　　　　C 比赛	A 아이　　　　B 이름　　　　C 시합
女：你在想什么呢，这么认真？ 男：我正在想我第二个孩子的名字应该叫什么好。	여: 당신 지금 무슨 생각 하길래 이렇게 진지해요? 남: 저는 지금 제 둘째 아이의 이름을 무엇으로 불러야 좋을지 생각하고 있어요.
问：男的在想什么？	질문: 남자는 무엇을 생각하고 있는가?

정답　B

해설　선택지를 통해 특정 명사와 관련된 질문이 나올 것을 예상한다. 남자가 아이의 名字(이름)를 무엇으로 불러야 좋을지 생각하고
　　　있다고 했다. 질문에서 남자가 무엇을 생각하고 있는지 물었으므로 B 名字(이름)가 정답이다. 남자의 말에서 언급된 孩子(아이)
　　　를 듣고 A 孩子(아이)를 고르지 않도록 주의한다.

어휘　孩子 háizi 몡 아이　名字 míngzi 몡 이름　比赛 bǐsài 몡 시합
　　　这么 zhème 때 이렇게　认真 rènzhēn 휑 진지하다　正在 zhèngzài 뷔 지금　第二 dì'èr 둘째, 두 번째
　　　应该 yīnggāi 조통 ~해야 하다　叫 jiào 통 부르다

＊ <듣기 예제 병음북 PDF>를 활용하여 예제 문제를 병음과 함께 학습해 보세요.

·· 비책 공략하기

1 선택지에 있는 특정 명사 및 이와 관련된 표현이 음성에서 언급되면 해당 선택지에 체크해 둔 후, 질문을 듣고 알맞은 정답을 고른다.

[제3부분] 🎧 제3부분 제4부분_6_02_비책 공략하기1

🔵 선택지	A 铅笔 연필 ✓　　　B 手机 휴대폰	C 行李箱 여행용 가방

🔵 음성

男：啊！我把铅笔忘在家里了！
女：考试还有半个小时就开始了，你现在马上去超市买。

问：男的忘带什么了？

남: 아! 저 연필을 깜빡 잊고 집에 두고 왔어요!
여: 시험은 아직 30분 더 있어야 시작하니까, 지금 바로 슈퍼마켓에 가서 사세요.

질문: 남자는 무엇을 챙기는 것을 잊었는가?

➤ 음성에서 남자가 铅笔(연필)를 집에 두고 왔다고 했으므로 A 铅笔(연필)에 체크해 둔다. 질문에서 남자가 잊어버린 것을 물었으므로 A 铅笔(연필)가 정답이다.

어휘 | **铅笔** qiānbǐ 몡 연필　**手机** shǒujī 몡 휴대폰　**行李箱** xínglǐxiāng 몡 여행용 가방
把 bǎ 개 ~을/를　**忘** wàng 동 잊다　**考试** kǎoshì 몡 시험　**还** hái 児 아직　**半个小时** bàn ge xiǎoshí 30분
开始 kāishǐ 동 시작하다　**马上** mǎshàng 児 바로, 곧　**超市** chāoshì 몡 슈퍼마켓　**带** dài 동 챙기다

[제4부분] 🎧 제3부분 제4부분_6_03_비책 공략하기2

🔵 선택지	A 数学 수학 ✓　　　B 体育 체육	C 中国历史 중국 역사 ✓

🔵 음성

女：老师，请问这里有关于中国历史的书吗？
男：有。在那个长桌子那儿，和数学书放在一起的。
女：最长能借多久？
男：一个月，一个月以后要还回来。

问：女的要借关于什么的书？

여: 선생님, 여기 중국 역사에 관한 책이 있나요?
남: 있어요. 그 긴 책상 쪽에 수학책과 함께 놓여 있어요.
여: 제일 길게는 얼마나 오래 빌릴 수 있나요?
남: 한 달이요. 한 달 후에는 돌려주셔야 해요.

질문: 여자는 무엇에 관한 책을 빌리려고 하는가?

➤ 음성에서 关于中国历史的书(중국 역사에 관한 책)와 数学书(수학책)가 언급되었으므로 C 中国历史(중국 역사)과 A 数学
(수학)에 각각 체크해 둔다. 질문에서 여자는 무엇에 관한 책을 빌리려 하는지 물었으므로, 중국 역사에 관한 책이 있는지 묻는 여자의 말을 통해 알 수 있는 C 中国历史(중국 역사)이 정답이다. 남자의 말에서 언급된 数学书(수학책)를 듣고
A 数学(수학)를 고르지 않도록 주의한다.

어휘 | **数学** shùxué 몡 수학　**体育** tǐyù 몡 체육　**历史** lìshǐ 몡 역사
关于 guānyú 개 ~에 관하여　**长** cháng 혱 길다　**和** hé 개 ~과/와　**放** fàng 동 놓다　**借** jiè 동 빌리다
多久 duōjiǔ 때 얼마나 오래　**还** huán 동 돌려주다

2 시험에 자주 출제되는 특정 명사 표현들을 외워 둔다. (음성을 듣고 따라 읽는다.)

🎧 제3부분 제4부분_6_04_비책 공략하기3

옷

- □ 衣服 yīfu 몡 옷
- □ 裤子 kùzi 몡 바지
- □ 裙子 qúnzi 몡 치마
- □ 帽子 màozi 몡 모자
- □ 衬衫 chènshān 몡 셔츠
- □ 皮鞋 píxié 몡 가죽 구두

색깔

- □ 白色 báisè 몡 흰색
- □ 黑色 hēisè 몡 검은색
- □ 黄色 huángsè 몡 노란색
- □ 红色 hóngsè 몡 빨간색
- □ 蓝色 lánsè 몡 남색
- □ 绿色 lǜsè 몡 초록색

신체

- □ 眼睛 yǎnjing 몡 눈
- □ 鼻子 bízi 몡 코
- □ 头 tóu 몡 머리
- □ 耳朵 ěrduo 몡 귀
- □ 脚 jiǎo 몡 발
- □ 腿 tuǐ 몡 다리

음식

- □ 米饭 mǐfàn 몡 밥
- □ 面包 miànbāo 몡 빵
- □ 鸡蛋 jīdàn 몡 달걀
- □ 香蕉 xiāngjiāo 몡 바나나
- □ 牛奶 niúnǎi 몡 우유
- □ 茶 chá 몡 차

기타 명사

- □ 词典 cídiǎn 몡 사전
- □ 地图 dìtú 몡 지도
- □ 铅笔 qiānbǐ 몡 연필
- □ 照片 zhàopiàn 몡 사진
- □ 手表 shǒubiǎo 몡 손목시계
- □ 盘子 pánzi 몡 접시
- □ 地铁 dìtiě 몡 지하철
- □ 公共汽车 gōnggòng qìchē 몡 버스
- □ 天气 tiānqì 몡 날씨
- □ 名字 míngzi 몡 이름
- □ 票 piào 몡 표
- □ 狗 gǒu 몡 개
- □ 历史 lìshǐ 몡 역사
- □ 学习 xuéxí 몡 공부
- □ 菜单 càidān 몡 메뉴판

확인학습

🎧 제3부분 제4부분_6_05_확인학습

음성에서 언급되었거나 관련 있는 대상을 골라 보세요. (음성은 두 번씩 들려 줍니다.)

1. ⓐ 衬衫 　　ⓑ 皮鞋

2. ⓐ 眼睛 　　ⓑ 腿

3. ⓐ 地图 　　ⓑ 手表

정답 1.ⓐ 2.ⓑ 3.ⓐ

스크립트 해설집 p.40

실전연습문제

대화를 듣고 질문에 알맞은 선택지를 고르세요. (음성은 두 번씩 들려줍니다.)

🎧 제3부분 제4부분_6_06_실전연습문제

제3부분

1. A 地铁   B 出租车   C 公共汽车

2. A 菜单   B 作业   C 地图

3. A 票   B 车   C 书

4. A 蓝色   B 红色   C 黄色

제4부분

5. A 猫   B 鸟   C 狗

6. A 西瓜   B 蛋糕   C 香蕉

7. A 头   B 腿   C 眼睛

8. A 考试   B 学习   C 体育

정답 해설집 p.40

대화를 듣고 질문에 알맞은 선택지를 고르세요. (음성은 두 번씩 들려줍니다.)

🎧 제3부분 제4부분_실전테스트

제3부분

1. A 方便　　　　　B 舒服　　　　　C 干净

2. A 机场　　　　　B 超市　　　　　C 办公室

3. A 刷牙　　　　　B 跑步　　　　　C 聊天

4. A 十点　　　　　B 十点半　　　　C 十一点

5. A 旅游　　　　　B 结婚　　　　　C 看爸妈

6. A 1包　　　　　B 2包　　　　　C 没有了

7. A 饭店　　　　　B 超市　　　　　C 教室

8. A 邻居　　　　　B 夫妻　　　　　C 姐弟

9. A 晴天　　　　　B 阴天　　　　　C 下雪天

10. A 刚哭过　　　　B 生病了　　　　C 进东西了

제4부분

11. A 要搬家　　　　　B 没有工作　　　　　C 要开花店

12. A 照顾妈妈　　　　　B 锻炼身体　　　　　C 准备考试

13. A 在玩游戏　　　　　B 想买冰箱　　　　　C 想买手机

14. A 医生　　　　　　　B 老师　　　　　　　C 经理

15. A 爬山太累了　　　　B 高跟鞋坏了　　　　C 忘拿相机了

16. A 游泳　　　　　　　B 踢足球　　　　　　C 打篮球

17. A 生气了　　　　　　B 吃饱了　　　　　　C 打坏了东西

18. A 机场　　　　　　　B 火车站　　　　　　C 公共汽车上

19. A 变胖了　　　　　　B 变聪明了　　　　　C 头发变长了

20. A 词典　　　　　　　B 铅笔　　　　　　　C 地图

정답 해설집 p.43

본교재동영상강의·무료학습자료제공

china.Hackers.com

독해

제1부분
상응하는 문장 고르기

제2부분
빈칸 채우기

제3부분
지문 읽고 질문에 답하기

제1부분

상응하는 문장 고르기

합격비책 01   의문문에 연결되는 문장 고르기
합격비책 02   핵심어구로 연결되는 문장 고르기
합격비책 03   상황이 연결되는 문장 고르기
실전테스트

문제풀이 방법

독해 제1부분은 제시된 문제에 문맥상 앞이나 뒤로 연결되는 선택지를 찾아 정답으로 고르는 형태이다. 문제는 41번~45번, 46번~50번으로 나뉘어 총 10문제가 출제된다. 제1부분 문제를 효과적으로 풀기 위한 문제풀이 방법을 익혀 두자.

〈문제지〉 *문제를 풀기 전, 예시로 사용된 선택지 E에 취소선을 그어 둡니다.

A 不，这节目刚刚开始。
B 小明静静地坐在椅子上。
C̶ 是的，家里的牛奶都没有了。
D̶ 还是有一点儿刮风，你最好拿着帽子。
E̶ 我们先坐地铁2号线，然后换公共汽车。
F 但是对我来说有点贵了。

例如：我们怎么去图书馆？   (E)

41. 你下午打算去超市吗？   (C)
42. 天终于晴了，我们去公园走走吧。   (D)
43. 我觉得这个房子不错，离公司也近。   (   )
44. 用铅笔在课本上写下自己的名字。   (   )
45. 让我看一会儿体育新闻吧。   (   )

• 정답은 우선 문제지에 표시해 두고, 독해 제1부분 문제를 모두 푼 후 한번에 답안지에 마킹합니다.

1. 문제와 선택지에서 의문문을 찾아 먼저 해결한다.

41번 문제는 打算去超市吗？(슈퍼마켓에 가실 건가요?)라는 의문문이므로, 是的(네)라고 답변하는 선택지 C를 고른다. C에 빗금(/)을 표시하여 소거한 후 42번 문제로 넘어간다.

2. 남은 문제들을 차례로 보면서 핵심어구나 상황을 파악하여 문맥상 어울리는 문장을 선택지에서 고른다.

42번 문제는 天终于晴了(하늘이 마침내 맑아졌어요)라는 핵심어구가 있으므로, 같은 주제로 연결되는 还是有一点儿刮风(아직 바람이 좀 불어요)이 언급된 D를 고른다.

3. 고른 선택지와 문제가 문맥상 자연스럽게 연결되는지 확인한 후 다음 문제로 넘어간다.

선택지 D를 문제 뒤에 두면 '하늘이 마침내 맑아졌어요. 우리 공원에 가서 걸어요. 아직 바람이 좀 불어요. 당신은 모자를 가져가는 것이 좋겠어요'라는 문맥이 되므로 42번의 정답이 D임을 확인할 수 있다. D에 빗금(/)을 표시하여 소거한 후 43번 문제로 넘어간다.

해석 해설집 p.52

출제 경향

1. 두 사람이 주고 받는 대화문을 완성하는 경우가 주로 출제된다.

독해 제1부분에서는 문맥상 어울리는 문장을 골라서 두 사람이 주고 받는 대화문을 완성하는 경우와 한 사람이 상대에게 건네는 말을 두 문장으로 완성하는 경우가 출제된다. 그중 두 사람이 주고 받는 대화문을 완성하는 경우가 주로 출제된다.

2. 핵심어구로 연결되는 문장을 고르는 문제가 주로 출제된다.

독해 제1부분에서는 의문문에 연결되는 문장을 고르는 문제, 핵심어구나 상황이 연결되는 문장을 고르는 문제가 출제된다. 그중 핵심어구로 연결되는 문제의 출제 빈도가 가장 높다.

학습 방법

1. 의문문에 연결되는 문장부터 재빨리 해결하는 연습을 한다.

의문문은 물음표(?)로 끝나서 바로 확인할 수 있고, 질문에 대한 답변을 찾으면 되므로 정답을 쉽게 고를 수 있다. 따라서 합격비책 01에 제시된 비책 공략하기에 따라 의문문에 연결되는 문장을 재빨리 고르는 연습을 한다.

2. 문장을 정확하게 해석한 후 고를 수 있도록 꼼꼼히 학습한다.

문맥상 어울리는 문장을 고르는 데 관건이 되는 문장의 핵심어구나 상황을 쉽게 파악하려면 제시된 문제와 선택지 문장의 의미를 정확히 해석할 수 있어야 한다. 따라서 합격비책 02~03에 제시된 비책 공략하기를 바탕으로 문장을 정확하게 해석하여 어울리는 문장을 고를 수 있도록 학습한다.

의문문에 연결되는 문장 고르기

제시된 문제나 선택지가 물음표(?)로 끝나는 의문문인 경우, 그에 어울리는 답변 문장을 고르는 문제가 출제된다. 독해 제1부분 총 10문제 중 평균 3~5문제 정도 출제된다.

예제 맛보기

A 小高人聪明，工作也努力。	A 샤오까오는 똑똑하고 일도 열심히 해요.
B 我记得是五点半。	B 저는 다섯 시 반으로 기억하고 있어요.
C 你明天要去火车站接你妈妈吧？	C 당신은 내일 당신 어머니를 마중하러 기차역에 갈 거죠?
D 等一下，我把这几个字写完。	D 잠시만요, 이거 몇 글자만 마저 쓸게요.
E 我同意医生说的话。	E 저는 의사 선생님 말씀에 동의합니다.
银行什么时候下班？ ( )	은행은 언제 근무 시간이 끝나나요? (B)

정답 B

해설 의문사 **什么时候**(언제)에 해당하는 답변 **五点半**(다섯 시 반)이 있는 선택지 B **我记得是五点半。**(저는 다섯 시 반으로 기억하고 있어요.)을 고른다.

어휘 **聪明** cōngming ᠂ 똑똑하다 **工作** gōngzuò ᠂ 일, 업무 **努力** nǔlì ᠂ 열심히 하다, 노력하다 **记得** jìde ᠂ 기억하고 있다
火车站 huǒchēzhàn ᠂ 기차역 **接** jiē ᠂ 마중하다, 맞이하다 **等** děng ᠂ 기다리다 **把** bǎ ᠂ ~을/를
同意 tóngyì ᠂ 동의하다, 찬성하다 **银行** yínháng ᠂ 은행 **什么时候** shénme shíhou 언제
下班 xiàbān ᠂ 근무 시간이 끝나다, 퇴근하다

•• 비책 공략하기

1 문제나 선택지가 의문사를 사용한 의문문이면, 의문사에 해당하는 답변을 언급한 선택지나 문제를 고른다.

> (문제) 你刚才跟谁聊天？ 당신은 방금 전에 누구랑 이야기한 거예요?

> (선택지) 我同学，她要去中国旅游了。 학교 친구요. 그녀는 곧 중국으로 여행갈 거래요.

▶ 문제가 의문사 谁(누구)를 사용한 의문문이므로, 谁에 해당하는 답변인 我同学(학교 친구)를 언급한 선택지를 고른다.

어휘 | 刚才 gāngcái 몡 방금   聊天 liáotiān 동 이야기하다, 수다떨다   同学 tóngxué 몡 학교 친구   旅游 lǚyóu 동 여행하다

> (선택지) 你昨天怎么没来上课？ 너 어제는 어째서 수업에 안 왔니?

> (문제) 奶奶生病了，我在医院照顾她。 할머니께서 편찮으셔서, 내가 병원에서 간호했어.

▶ 선택지가 의문사 怎么(어째서)를 사용한 의문문이므로, 怎么에 해당하는 이유인 奶奶生病了(할머니께서 편찮으시다)를 언급한 문제를 고른다.

어휘 | 上课 shàngkè 동 수업하다   生病 shēngbìng 동 아프다, 병이 나다   医院 yīyuàn 몡 병원   照顾 zhàogù 동 간호하다, 보살피다

* 꼭 알아 두어야 할 의문사

谁 shéi 누구	哪儿 nǎr 어디	怎么 zěnme 어떻게, 어째서, 왜
哪个 nǎge 어느 (것), 누구	什么时候 shénme shíhou 언제	什么 shénme 무엇
多 duō 얼마나	为什么 wèishénme 왜	几 jǐ 몇

2 문제나 선택지가 질문을 하는 吗?(~요?)로 끝나면, 是(응), 没有(아니) 등의 답변으로 시작하는 선택지나 문제를 고른다.

> (문제) 你妹妹结婚了吗？ 당신 여동생은 결혼했나요?

> (선택지) 是，下个月就要当妈妈了。 네, 다음 달이면 엄마가 돼요.

▶ 문제가 结婚了吗?(결혼했나요?)라고 질문하였으므로, 是(네)이라는 답변으로 시작하는 선택지를 고른다.

어휘 | 结婚 jiéhūn 동 결혼하다   当 dāng 동 ~가 되다

[선택지] 你看到我给你发的电子邮件了吗？ 당신 제가 보낸 이메일 봤어요?

[문제] 没有，我还在外面。 아니요, 저는 아직 밖에 있어요.

➤ 선택지가 看到……电子邮件了吗?(이메일 봤어요?)라고 질문하였으므로, 没有(아니요)라는 답변으로 시작하는 문제를 고른다.

어휘 | 看到 kàndào [동] 보다 发 fā [동] 보내다 电子邮件 diànzǐ yóujiàn [명] 이메일, 전자 우편 还 hái [부] 아직, 여전히 外面 wàimian [명] 밖, 바깥

3 문제나 선택지가 추측을 나타내는 吧?(~지?)로 끝나면, 같은 주제의 표현을 언급한 문장을 고른다.

[문제] 明天是张东的生日，你还记得吧？ 내일은 장둥의 생일이에요, 당신 아직 기억하고 있지요?

[선택지] 我为他买了礼物，相信他一定会喜欢。 저는 그를 위해 선물을 샀어요, 그가 분명 좋아할 거라고 믿어요.

➤ 문제가 추측을 나타내는 还记得吧?(아직 기억하고 있지요?)로 끝났고 生日(생일)가 언급되었으므로, 买了礼物(선물을 샀어요)라며 같은 주제의 표현을 언급한 선택지를 고른다.

어휘 | 生日 shēngrì [명] 생일 记得 jìde [동] 기억하고 있다 为 wèi [개] ~를 위해 礼物 lǐwù [명] 선물 相信 xiāngxìn [동] 믿다 一定 yídìng [부] 분명, 반드시 会 huì [조동] ~할 것이다

확인학습

제시된 문장에 어울리는 문장을 선택지에서 고르세요.

1. 您好！请问几位？ ( )

ⓐ 我妈说他个子太矮。 ⓑ 一共八个人。

2. 办公室里有人吗？ ( )

ⓐ 没有，大家都开会去了。 ⓑ 这个数学题太难了。

3. 那个女孩是新来的吧？ ( )

ⓐ 她刚来一个星期，姓王。 ⓑ 别忘了跟经理请假啊。

정답 1. ⓑ 2. ⓐ 3. ⓐ

해석 해설집 p.52

문제와 문맥상 어울리는 선택지를 고르세요.

A 校长同意我们参加比赛了。

B 现在是谁在医院照顾爷爷？

C 没有，词典被哥哥拿到学校去了。

D 上面有关于你们公司的新闻。

E 我们先坐地铁2号线，然后换公共汽车。

F 是你的生日啊，我还做了蛋糕呢。

例如：我们怎么去图书馆？　　　　　　　　　　　　　　　　（ E ）

1. 妹妹在那儿，她让我先回来休息一下。　　　　　　　　　（　　）

2. 查出那个字怎么读了吗？　　　　　　　　　　　　　　　（　　）

3. 你做了这么多菜，今天是什么日子？　　　　　　　　　　（　　）

4. 太好了！我马上去告诉其他同学。　　　　　　　　　　　（　　）

5. 你看过昨天的报纸吧？　　　　　　　　　　　　　　　　（　　）

정답 해설집 p.52

문제의 핵심어구와 같은 주제로 연결되는 어구를 사용한 문장을 고르는 문제가 출제된다.
독해 제1부분 총 10문제 중 평균 5문제로 자주 출제된다.

예제 맛보기

A 我记得她不是短头发啊。 B 昨天电视里就这么说的，所以我把伞带来 　了。 C 现在差五分十一点，大家再检查一次。 D 对不起，我不小心忘记了。 E 小心，过马路一定要左右多看！	A 제 기억으로는 그녀는 짧은 머리카락이 아니에요. B 어제 텔레비전에서 그렇게 말했어요. 그래서 저는 우산을 　가져왔어요. C 지금은 11시 5분 전이에요. 다들 다시 한번 검토하세요. D 미안해요. 제가 부주의해서 그만 잊었어요. E 조심해요. 길을 건널 때는 꼭 주위를 살펴야 해요!
这天气真奇怪，怎么突然就下雨了！　　　（　　）	날씨가 정말 이상해요. 어째서 갑자기 비가 오는 건지!　（ B ）

정답　B

해설　문제의 핵심어구가 下雨了(비가 온다)이므로, 같은 주제로 연결되는 把伞带来(우산을 가져오다)가 언급된 선택지 B 昨天电视里就
　　　这么说的，所以我把伞带来了。(어제 텔레비전에서 그렇게 말했어요. 그래서 저는 우산을 가져왔어요.)를 고른다.

어휘　记得 jìde 图 기억하고 있다　短 duǎn 图 짧다　头发 tóufa 圆 머리카락　电视 diànshì 圆 텔레비전, TV
　　　所以 suǒyǐ 젭 그래서, 그러므로　把 bǎ 젠 ~을/를　伞 sǎn 圆 우산　检查 jiǎnchá 图 검토하다, 점검하다
　　　不小心 bù xiǎoxīn 부주의하다　忘记 wàngjì 잊다, 잊어버리다　过马路 guò mǎlù 길을 건너다
　　　左右 zuǒyòu 圆 주위, 왼쪽과 오른쪽　奇怪 qíguài 圆 이상하다　突然 tūrán 图 갑자기

1 문제의 핵심어구를 파악한 후, 같은 주제로 연결할 수 있는 핵심어구가 언급된 선택지를 고른다.

(문제) 你的汉语水平提高了不少啊。 당신의 중국어 실력이 많이 향상되었네요.

(선택지) 我每天都跟中国朋友练习口语。 저는 매일 중국인 친구와 회화를 연습해요.

▶ 문제의 핵심어구가 汉语水平提高了(중국어 실력이 향상되었다)이므로, 같은 주제로 연결되는 跟中国朋友练习口语(중국인 친구와 회화를 연습하다)가 언급된 선택지를 고른다.

어휘 | 水平 shuǐpíng 몡 실력, 수준 提高 tígāo 튕 향상되다 不少 bùshǎo 휑 많다 练习 liànxí 튕 연습하다
口语 kǒuyǔ 몡 회화, 구어

(문제) 冰箱里有牛奶，你自己去拿。 냉장고에 우유가 있으니, 네가 직접 가지고 가렴.

(선택지) 儿子，吃早饭了，面包和鸡蛋都准备好了。 아들아, 아침밥 먹자. 빵과 달걀이 다 준비되었어.

▶ 문제의 핵심어구가 冰箱(냉장고), 牛奶(우유)이므로, 같은 주제로 연결되는 吃早饭了(아침밥 먹자), 面包和鸡蛋(빵과 달걀)이 언급된 선택지를 고른다. 여기서는 선택지가 문제의 앞 문장으로 연결되는 것에 주의한다.

어휘 | 冰箱 bīngxiāng 몡 냉장고 牛奶 niúnǎi 몡 우유 自己 zìjǐ 떼 직접, 스스로 拿 ná 튕 가지다 早饭 zǎofàn 몡 아침밥
面包 miànbāo 몡 빵 鸡蛋 jīdàn 몡 달걀 准备 zhǔnbèi 튕 준비하다

2 핵심어구로 연결되는 두 개의 문장을 정확히 해석하는 연습을 해둔다.

공부/일 관련

01	听说这次考试王东考了第一名。 Tīngshuō zhè cì kǎoshì Wáng Dōng kǎole dìyī míng. 이번 시험에서 왕둥이 1등이라고 들었어요.	他天天去图书馆复习。 Tā tiāntiān qù túshūguǎn fùxí. 그는 날마다 도서관에 가서 복습해요.
02	她是我们学校的历史老师。 Tā shì wǒmen xuéxiào de lìshǐ lǎoshī. 그녀는 우리 학교의 역사 선생님이다.	同学们都喜欢上她的课。 Tóngxuémen dōu xǐhuan shàng tā de kè. 학교 친구들은 모두 그녀의 수업을 듣는 것을 좋아한다.
03	最近我们公司遇到一些问题。 Zuìjìn wǒmen gōngsī yùdào yìxiē wèntí. 요즘 저희 회사에 문제가 좀 생겼어요.	我和同事们都要想办法解决。 Wǒ hé tóngshìmen dōu yào xiǎng bànfǎ jiějué. 저랑 동료들 모두가 해결할 방법을 생각해야 해요.

식사/건강/날씨 관련

04

我妈让我去超市买些鸡蛋。
Wǒ mā ràng wǒ qù chāoshì mǎi xiē jīdàn.
우리 엄마가 나에게 슈퍼에 가서 달걀을 좀 사오라고 하셨어.

我也需要买瓶牛奶，跟我一起去吧。
Wǒ yě xūyào mǎi píng niúnǎi, gēn wǒ yìqǐ qù ba.
나도 우유 한 병을 사야 하니, 나랑 같이 가자.

05

医生说我的脚已经好多了。
Yīshēng shuō wǒ de jiǎo yǐjīng hǎo duō le.
의사 선생님께서 제 발이 벌써 많이 좋아졌대요.

下个星期就可以出院了。
Xià ge xīngqī jiù kěyǐ chūyuàn le.
다음 주면 퇴원할 수 있어요.

06

北方的冬天比南方更冷。
Běifāng de dōngtiān bǐ nánfāng gèng lěng.
북방의 겨울은 남방보다 훨씬 추워요.

风也很大，还经常下雪。
Fēng yě hěn dà, hái jīngcháng xiàxuě.
바람도 매우 세고 눈도 자주 와요.

취미/여행/쇼핑 관련

07

我丈夫的爱好是打篮球。
Wǒ zhàngfu de àihào shì dǎ lánqiú.
우리 남편의 취미는 농구하는 거예요.

但我不爱运动，我最喜欢画画儿。
Dàn wǒ bú ài yùndòng, wǒ zuì xǐhuan huàhuàr.
하지만 저는 운동하는 것을 싫어하고, 그림 그리는 것을 제일 좋아해요.

08

儿子，我和你爸想去国外旅游。
Érzi, wǒ hé nǐ bà xiǎng qù guówài lǚyóu.
아들아, 나랑 네 아빠는 해외 여행을 가려고 해.

那你们应该先去办护照。
Nà nǐmen yīnggāi xiān qù bàn hùzhào.
그러면 우선 여권부터 만드셔야겠네요.

09

这件衣服不错，我想试一下蓝色的。
Zhè jiàn yīfu búcuò, wǒ xiǎng shì yíxià lánsè de.
이 옷 괜찮네요, 저는 파란색을 좀 입어보고 싶어요.

好，你穿上一定很好看。
Hǎo, nǐ chuānshang yídìng hěn hǎokàn.
좋아요, 당신이 입으면 분명 예쁠 것 같아요.

확인학습

제시된 문장에 어울리는 문장을 선택지에서 고르세요.

1. 听说这里的水果很甜。　（　　）

   ⓐ 那我们买点苹果和西瓜吧。   ⓑ 马上，我这就画好了。

2. 这是从图书馆借的。　（　　）

   ⓐ 先休息一会儿。   ⓑ 你不要在这本书上写字。

정답 1. ⓐ 2. ⓑ

해석 해설집 p.54

문제와 문맥상 어울리는 선택지를 고르세요.

A 是啊，我觉得他们羊肉做得也很好吃。

B 那还可以穿呢，到秋天再买。

C 公园里的花都开了，草也绿了。

D 别担心，我们又没迟到，还有五分钟才上课呢。

E 我们先坐地铁2号线，然后换公共汽车。

F 是的，她的左腿一直很疼，医生让她最少休息半个月。

例如：我们怎么去图书馆？　　　　　　　　　　　　　　　　(E)

1. 你这几件衬衫都旧了，中午再去给你买两件吧。　　　　　　(　　)

2. 春天终于来了。　　　　　　　　　　　　　　　　　　　　(　　)

3. 你姐姐已经决定不参加这次比赛了吗？　　　　　　　　　　(　　)

4. 快点儿，老师在教室门口站着呢。　　　　　　　　　　　　(　　)

5. 这家饭馆的鱼不错，服务员也很热情。　　　　　　　　　　(　　)

정답 해설집 p.54

문제에서 파악되는 내용과 상황이 연결되는 문장을 고르는 문제가 출제된다. 독해 제1부분 총 10문제 중 평균 2~3문제 출제된다.

예제 맛보기

A 今年春节你有什么打算？	A 올해 춘절에 당신은 어떤 계획이 있으세요?
B 好啊，那我去房间休息一会儿。	B 그래, 그러면 나는 방에 가서 잠시 쉬어야겠구나.
C 你知道这附近哪儿有洗手间吗？	C 이 근처 어디에 화장실이 있는지 아세요?
D 不要和后面的人说话。	D 뒷 사람과 이야기하지 마세요.
E 但是不知道天气怎么样。	E 그런데 날씨가 어떨지 모르겠네요.
妈妈，今天我来洗盘子吧。　　　　(　)	엄마, 오늘은 제가 설거지를 할게요.　　　　(B)

정답　B

해설　문제가 妈妈，今天我来洗盘子吧.(엄마, 오늘은 제가 설거지를 할게요.)라고 했으므로, 엄마가 답변하는 상황으로 연결되는 好啊(그래)가 언급된 선택지 B 好啊，那我去房间休息一会儿.(그래, 그러면 나는 방에 가서 잠시 쉬어야겠구나.)을 고른다.

어휘　春节 Chūnjié [고유] 춘절, 설　打算 dǎsuan [동] 계획　房间 fángjiān [명] 방　休息 xiūxi [동] 쉬다　一会儿 yíhuìr 잠시, 짧은 시간
　　　附近 fùjìn [명] 근처, 부근　洗手间 xǐshǒujiān [명] 화장실　后面 hòumian [명] 뒤, 뒤쪽　说话 shuōhuà [동] 이야기하다
　　　但是 dànshì [접] 그런데, 그러나　洗盘子 xǐ pánzi 설거지하다

•• 비책 공략하기

1 문제를 정확히 해석하여 상황이 연결되는 선택지를 고른다.

> (문제) 我给你介绍一下我哥哥。 당신에게 우리 형을 소개할게요.

> (선택지) 他从去年开始工作了，在学校教音乐。 그는 작년부터 일을 시작했고, 학교에서 음악을 가르쳐요.

▶ 문제가 介绍一下我哥哥(우리 형을 소개할게요)라고 했으므로, 형을 소개하는 상황으로 연결되는 他从去年开始工作了(그는 작년부터 일을 시작했어요)가 언급된 선택지를 고른다.

어휘 | 给 gěi [개] ~에게 介绍 jièshào [동] 소개하다 去年 qùnián [명] 작년 开始 kāishǐ [동] 시작하다 工作 gōngzuò [동] 일하다
教 jiāo [동] 가르치다 音乐 yīnyuè [명] 음악

> (문제) 那我们下班后一起去商店看看吧。 그럼 우리 퇴근하고 같이 상점에 가서 구경해 봐요.

> (선택지) 我的手机太旧了，想换个新的。 제 휴대폰이 너무 낡아서 새것으로 바꾸고 싶어요.

▶ 문제가 一起去商店看看吧(같이 상점에 가서 구경해 봐요)라고 했으므로, 상점에 가고 싶은 상황과 연결되는 我的手机太旧了，想换个新的。(제 휴대폰이 너무 낡아서 새것으로 바꾸고 싶어요.)가 언급된 선택지를 고른다. 여기서는 선택지가 문제의 앞 문장으로 연결되는 것에 주의한다.

어휘 | 下班 xiàbān [동] 퇴근하다 一起 yìqǐ [부] 같이 商店 shāngdiàn [명] 상점 手机 shǒujī [명] 휴대폰 旧 jiù [형] 낡다, 오래되다
换 huàn [동] 바꾸다 新 xīn [형] 새롭다

2 상황이 연결되는 두 개의 문장을 익혀 둔다. 각 문장을 정확히 해석하고 상황을 파악하는 연습을 한다.

01
| 我来介绍一下，这是我丈夫王明。
Wǒ lái jièshào yíxià, zhè shì wǒ zhàngfu Wáng Míng.
제가 소개할게요. 이쪽은 제 남편 왕밍이에요. | 这位是我的中文老师，叫小丽。
Zhè wèi shì wǒ de Zhōngwén lǎoshī, jiào Xiǎo Lì.
이쪽은 제 중국어 선생님이시고, 사오리라고 해요. |

▶ 남편과 선생님을 서로 소개하는 상황이 연결되는 문장

02
| 我不太懂这个句子的意思。
Wǒ bú tài dǒng zhège jùzi de yìsi.
저는 이 문장의 뜻이 잘 이해가 안 돼요. | 等一下，我先去拿眼镜。
Děng yíxià, wǒ xiān qù ná yǎnjing.
잠시만요. 제가 우선 안경을 가져올게요. |

▶ 모르는 것을 묻고, 가르쳐 주려고 하는 상황이 연결되는 문장

03

我到了你们公司旁边的咖啡店。
Wǒ dàole nǐmen gōngsī pángbiān de kāfēidiàn.
저는 당신 회사 근처 커피숍에 도착했어요.

好，我马上过去。
Hǎo, wǒ mǎshàng guòqu.
알았어요, 제가 곧 갈게요.

➤ 만나려고 하는 상황이 연결되는 문장

04

电脑坏了，现在没办法上网。
Diànnǎo huài le, xiànzài méi bànfǎ shàngwǎng.
컴퓨터가 고장나서 지금은 인터넷을 할 수 없어요.

我们只能等到明天了。
Wǒmen zhǐ néng děngdào míngtiān le.
우리는 내일까지 기다릴 수밖에 없겠네요.

➤ 컴퓨터가 고장나서 기다릴 수 밖에 없다고 하는 상황이 연결되는 문장

05

我坐错了公共汽车，迟到了。
Wǒ zuòcuò le gōnggòng qìchē, chídào le.
버스를 잘못 타서 지각했어요.

没事，以后先打电话告诉我。
Méishì, yǐhòu xiān dǎ diànhuà gàosu wǒ.
괜찮아요, 다음에는 미리 전화해서 알려 줘요.

➤ 지각했다고 말하자, 괜찮다고 답하는 상황이 연결되는 문장

06

邻居家的小孩儿真可爱。
Línjūjiā de xiǎoháir zhēn kě'ài.
이웃집 꼬마는 정말 귀여워요.

她很爱笑，还特别热情。
Tā hěn ài xiào, hái tèbié rèqíng.
그녀는 잘 웃고, 매우 친절하기까지 해요.

➤ 이웃집 아이를 칭찬하는 상황이 연결되는 문장

07

我想用一下你的词典。
Wǒ xiǎng yòng yíxià nǐ de cídiǎn.
나는 너의 사전을 좀 사용하고 싶어.

被同学借走了，他明天要还给我。
Bèi tóngxué jièzǒu le, tā míngtiān yào huángěi wǒ.
반 친구가 빌려 갔어, 그가 내일 나에게 돌려줄 거야.

➤ 사전을 빌리려고 하자, 다른 사람이 이미 빌려 갔다고 하는 상황이 연결되는 문장

08

我来照相，笑一笑。
Wǒ lái zhàoxiàng, xiào yi xiào.
제가 찍어줄게요, 좀 웃어 봐요.

大家站近一点，来，一二三。
Dàjiā zhàn jìn yìdiǎn, lái, yī èr sān.
모두들 가까이 좀 서 봐요, 자, 하나 둘 셋.

➤ 사진을 찍으려는 상황이 연결되는 문장

확인학습

제시된 문장에 어울리는 문장을 선택지에서 고르세요.

1. 请把您的护照给我看一下。 （　）

  ⓐ 这个周末我们去踢足球吧！　　ⓑ 啊！对不起，我忘记带了。

2. 今天还是别出门了。 （　）

  ⓐ 我很了解这个学生。　　ⓑ 又刮风又下雨的。

정답 1. ⓑ 2. ⓑ

해석 해설집 p.55

문제와 문맥상 어울리는 선택지를 고르세요.

A 好，你先去刷牙洗脸。

B 不客气，这是我应该做的。

C 没关系，借这个机会运动一下也不错。

D 我想来这里留学，学习他们的文化和历史。

E 我们先坐地铁2号线，然后换公共汽车。

F 没有，我不能去那么远的地方。

例如：我们怎么去图书馆？　　　　　　　　　　　　　　　(E)

1. 我没想到把包忘在宾馆里了，真是太谢谢你！　　　　　(　)

2. 妈妈，今天给我讲小故事吧。　　　　　　　　　　　　(　)

3. 没想到你第一次来就遇到电梯坏了。　　　　　　　　　(　)

4. 你和阿姨打算去北京旅游吗？　　　　　　　　　　　　(　)

5. 这个国家的人很热情，环境也不错。　　　　　　　　　(　)

정답 해설집 p.55

실전테스트

문제와 문맥상 어울리는 선택지를 고르세요.

A 小万，你这次的汉语成绩不错啊。

B 可没几天就被我弄丢了。

C 是的，他说路上的车太多了，让你坐公共汽车去。

D 我一般都选择在这儿和朋友见面。

E 我们先坐地铁2号线，然后换公共汽车。

F 是啊，高楼越来越多了，街道也变得干净了。

例如：我们怎么去图书馆？   (E)

1. 我办了一张信用卡。   ( )

2. 这家店很有名，蛋糕做得都很漂亮。   ( )

3. 这要谢谢王老师给我的帮助。   ( )

4. 这个城市变化真大啊，我都认不出了。   ( )

5. 爸爸不同意我骑自行车去上学吗？   ( )

A 你帮我告诉经理一下。

B 我每天去锻炼身体，晚饭吃得也不多。

C 昨天买的蛋糕都吃完了吗？

D 不好意思，我今天有点累。

E 不用了，你也累了一天，我坐出租车回去就可以了。

6. 你最近瘦了很多啊，你是怎么做到的？　　　　　　　　　（　　　）

7. 外面太黑了，我送你回家吧。　　　　　　　　　（　　　）

8. 我们今晚一起去看电影，怎么样？　　　　　　　　　（　　　）

9. 没有，还有一半在冰箱里。　　　　　　　　　（　　　）

10. 喂，我现在去机场接客人，可能晚点来上班。　　　　　　　　　（　　　）

정답 해설집 p.57

제2부분

빈칸 채우기

합격비책 01　동사 어휘 채우기
합격비책 02　명사 어휘 채우기
합격비책 03　형용사 어휘 채우기

합격비책 04　부사·접속사 어휘 채우기
합격비책 05　양사·개사 어휘 채우기

실전테스트

문제풀이 방법

독해 제2부분은 제시된 다섯 개의 선택지 중에서 문제의 빈칸에 알맞은 어휘를 하나씩 고르는 형태이다. 문제는 51번~55번(서술문), 56번~60번(대화문)으로 나뉘어 총 10문제가 출제된다. 제2부분 문제를 효과적으로 풀기 위한 문제풀이 방법을 익혀 두자.

〈문제지〉　· 문제를 풀기 전, 예시로 사용된 선택지 E에 취소선을 그어 둡니다.

A 根据 ~에 따라　　B 骑 타다　　C 国家 국가
D 干净 깨끗하다　　E 声音　　F 难过 슬프다

例如：小李说话的（ E ）真好听！

51. 现在的人越来越喜欢（B 骑）自行车了。
52. （　　）我对他的了解，他不会因为这事情生气的。
53. 每个人都应该爱自己的（　　）。
54. 我觉得这家宾馆还不错，不但房间大，而且非常（　　）。
55. 她（　　）极了，自己已经很努力了为什么还是考不好？

---

1. 제시된 선택지의 의미와 품사를 파악한다.

예시에서 사용된 선택지 E를 제외한 나머지 선택지의 의미와 품사는 A ~에 따라(개사), B 타다(동사), C 국가(명사), D 깨끗하다(형용사), F 슬프다(형용사)이다.

2. 빈칸에 알맞은 품사의 어휘를 선택지에서 찾는다.

빈칸 뒤에 목적어 自行车(자전거)가 있으므로, 빈칸에는 동사가 온다. 선택지 중 동사인 B 骑(타다)를 빈칸에 채운다.

3. 어휘를 빈칸에 넣고 해석하여 문맥이 자연스러운지 확인한 후, 다음 문제로 넘어간다.

B 骑(타다)가 빈칸에 들어가, '요즘 사람들은 갈수록 자전거 (타기를) 좋아한다.'라는 해석이 된다.

· 정답은 우선 문제지에 표시해 두고, 독해 제2부분 문제를 모두 푼 후 한번에 답안지에 마킹합니다.

해석 해설집 p.60

출제 경향

1. 빈칸에 알맞은 품사가 무엇인지 바로 알 수 있는 문제가 출제된다.

독해 제2부분에서는 빈칸 주변의 어휘를 통해 빈칸에 알맞은 품사가 무엇인지 바로 알 수 있는 문제가 출제된다. 예를 들어, 빈칸 앞에 조동사가 있으면 빈칸에 알맞은 품사는 동사임을 바로 알 수 있다.

2. 동사 어휘를 채우는 문제가 가장 많이 출제된다.

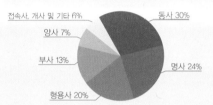

접속사, 개사 및 기타 6%
양사 7%
부사 13%
형용사 20%
동사 30%
명사 24%

빈칸에 동사 어휘를 채워 넣는 문제가 가장 많이 출제되며, 그 다음으로는 명사, 형용사, 부사, 양사 순으로 출제된다. 가장 많이 출제되는 동사, 명사, 형용사는 선택지 중 두 개 이상 출제되는 경우가 많다.

학습 방법

1. 시험에 자주 출제되는 어휘들을 관련 어구로 외워 둔다.

독해 제2부분에서는 빈칸 주변의 어휘를 단서로 하여 정답을 고르는 문제가 자주 출제된다. 따라서 함께 어울려 쓰이는 어휘들을 어구 단위로 외워 두면 빠르고 정확하게 정답을 고를 수 있다.

2. 3급 추가어휘 300개는 반드시 암기한다.

제시된 선택지의 90% 이상이 3급 추가어휘 300개에서 제시되므로, 이 어휘들을 외워 두면 선택지 어휘의 뜻과 품사를 쉽게 파악하여 정답을 고를 수 있다.

동사 어휘 채우기

❋ 빈칸에 동사 어휘를 채우는 문제가 출제된다. 독해 제2부분 총 10문제 중 평균 3~4문제로 가장 많이 출제된다.

예제 맛보기

A 城市	B 饱	C 多么	A 도시	B 배부르다	C 얼마나
D 脚	E 声音	F 解决	D 발	E 목소리	F 해결하다
别着急，我相信他一定可以（　　　）这个问题。			조급해하지 마. 나는 그가 반드시 이 문제를 (F 해결할) 수 있다고 믿어.		

정답　F

해설　빈칸 앞에 조동사 可以(~할 수 있다)가 있으므로 빈칸에는 동사가 온다. 따라서 동사 F 解决(해결하다)를 빈칸에 채운다.

어휘　**城市** chéngshì 몡 도시　**饱** bǎo 혱 배부르다　**多么** duōme 뷔 얼마나　**脚** jiǎo 몡 발　**声音** shēngyīn 몡 목소리
　　　解决 jiějué 동 해결하다, 풀다　**别** bié 뷔 ~하지 마라　**着急** zháojí 혱 조급하다　**相信** xiāngxìn 동 믿다
　　　一定 yídìng 뷔 반드시, 필히　**问题** wèntí 몡 문제

•• 비책 공략하기

1 빈칸 앞에 조동사가 있으면 동사를 채운다.

> 선택지) 回答 대답하다   多么 얼마나

谁能(回答)这个问题? 누가 이 문제에 대답할 수 있나요?
　　조동사 동사

▶ 빈칸 앞에 조동사 能(~할 수 있다)이 있으므로 동사 回答(대답하다)를 채운다.

어휘 | 回答 huídá 통 대답하다   谁 shéi 때 누구   能 néng 조동 ~할 수 있다   这个 zhège 때 이, 이것   问题 wèntí 명 문제

2 문장에 목적어가 있고 술어가 없을 경우, 목적어와 어울리는 동사를 술어로 채운다.

> 선택지) 打扫 청소하다   同意 동의하다

我们一起(打扫)房间吧。 우리 함께 방을 청소하자.
　　　　　동사　　목적어

▶ 문장에 목적어 房间(방)이 있는데 술어가 없으므로, 빈칸에는 동사가 술어로 온다. 동사 打扫(청소하다)와 同意(동의하다) 중 목적어 房间(방)과 어울리는 打扫(청소하다)를 술어로 채운다.

어휘 | 打扫 dǎsǎo 통 청소하다   同意 tóngyì 통 동의하다   房间 fángjiān 명 방

3 문장에 술어와 목적어가 없을 경우, 문장 전체를 해석하여 문맥에 어울리는 동사를 술어로 채운다.

> 선택지) 起飞 이륙하다   甜 달다

飞机已经(起飞)了。 비행기는 이미 이륙하였다.
　　　　　동사

▶ 문장에 술어와 목적어가 없으므로, 빈칸에는 동사나 형용사가 술어로 온다. 동사 起飞(이륙하다)와 형용사 甜(달다) 중 '비행기는 이미 _____ 하였다'라는 문맥에 어울리는 起飞(이륙하다)를 술어로 채운다.

어휘 | 起飞 qǐfēi 통 이륙하다   甜 tián 형 달다   飞机 fēijī 명 비행기   已经 yǐjīng 부 이미

4 시험에 자주 출제되는 동사를 외워 두자.

□ 参加 cānjiā 참가하다	□ 锻炼 duànliàn 단련하다
(参加)活动 cānjiā huódòng 행사에 참가하다	(锻炼)身体 duànliàn shēntǐ 신체를 단련하다
□ 解决 jiějué 해결하다	□ 用 yòng 쓰다, 사용하다
终于(解决)了 zhōngyú jiějué le 드디어 해결했다	(用)铅笔 yòng qiānbǐ 연필을 쓰다
□ 关 guān 끄다, 닫다	□ 花 huā (시간이나 돈을) 쓰다, 소비하다
(关)空调 guān kōngtiáo 에어컨을 끄다	(花)时间 huā shíjiān 시간을 쓰다
□ 发现 fāxiàn 발견하다	□ 还 huán 반납하다, 돌려주다
(发现)问题 fāxiàn wèntí 문제를 발견하다	(还)书 huán shū 책을 반납하다
□ 要求 yāoqiú 요구하다, 요청하다	□ 小心 xiǎoxīn 조심하다, 주의하다
(要求)写作业 yāoqiú xiě zuòyè 숙제할 것을 요구하다	请(小心)点儿 qǐng xiǎoxīn diǎnr 조심하세요
□ 照顾 zhàogù 돌보다, 보살피다	□ 站 zhàn 서다
(照顾)小狗 zhàogù xiǎogǒu 강아지를 돌보다	(站)在前面 zhànzài qiánmian 앞에 서다
□ 提高 tígāo 높이다, 향상시키다	□ 差 chà 부족하다, 모자라다
(提高)水平 tígāo shuǐpíng 수준을 높이다	还(差)5角 hái chà wǔ jiǎo 아직 5쟈오가 부족하다
□ 接 jiē 마중하다, 잇다	□ 选择 xuǎnzé 선택하다, 고르다
(接)我妹妹 jiē wǒ mèimei 여동생을 마중하다	(选择)工作 xuǎnzé gōngzuò 일자리를 선택하다

확인학습

빈칸에 알맞은 어휘를 골라 보세요.

1. 妈妈告诉小东出门时要( )门。

     ⓐ 带   ⓑ 关

2. 你还要( )电脑吗？我想给妹妹发电子邮件。

     ⓐ 用   ⓑ 相信

정답 1.ⓑ 2.ⓐ

해석 해설집 p.60

빈칸에 알맞은 어휘를 고르세요.

서술문

A 城市　　　B 可爱　　　C 参加　　　D 小心　　　E 声音　　　F 用

例如：小李说话的（ E ）真好听！

1. 你是什么时候（　　）比赛的？

2. 昨天晚上下雪了，开车要（　　）点儿。

3. 我来北京三年了，特别喜欢吃北方人做的面条，但就是不会（　　）筷子。

대화문

A 差　　　B 游戏　　　C 发现　　　D 爱好　　　E 极　　　F 锻炼

例如：A：你姐姐的（ D ）是什么？

　　　　B：她喜欢唱歌。

4. A：我（　　）最近你和以前不一样了。

　　B：哪儿不一样？我觉得没什么变化啊。

5. A：你现在还天天去（　　）身体吗？

　　B：很长时间没去了，最近不是下雨就是下雪的，没法去。

6. A：你去看一下人到齐了没有。

　　B：刚才看过了，还（　　）两个人。

정답 해설집 p.60

02 명사 어휘 채우기

빈칸에 명사 어휘를 채우는 문제가 출제된다. 독해 제2부분 총 10문제 중 평균 2~3문제가 출제된다.

예제 맛보기

A 请假	B 饮料	C 周末	A 휴가를 신청하다	B 음료	C 주말
D 爱好	E 记得	F 附近	D 취미	E 기억하고 있다	F 가까운
A：一号桌的客人刚才又要了两杯（　　）。			A: 1번 탁자의 손님이 방금 또 (B 음료) 두 잔을 달라고 했어요.		
B：好的，我马上送去。			B: 네, 제가 곧 가져다 드릴게요.		

정답　B

해설　빈칸 앞에 양사 杯(잔)가 있으므로 빈칸에는 명사가 온다. 명사 B 饮料(음료), C 周末(주말) 중 양사 杯(잔)와 함께 쓰이는 B 饮料(음료)를 빈칸에 채운다.

어휘　**请假** qǐngjià 图 휴가를 신청하다　**饮料** yǐnliào 图 음료　**周末** zhōumò 图 주말　**爱好** àihào 图 취미
记得 jìde 图 기억하고 있다　**附近** fùjìn 图 가까운, 인접한　**号** hào 図 번, 호　**桌** zhuō 図 탁자
客人 kèrén 図 손님, 고객　**刚才** gāngcái 図 방금, 지금 막　**又** yòu 囝 또, 다시　**杯** bēi 図 잔, 컵　**马上** mǎshàng 囝 곧, 즉시
送去 sòngqu 가져다주다

·· 비책 공략하기

1 빈칸 앞에 양사나 的가 있으면 명사를 채운다.

> 선택지) **差** 부족하다 **帽子** 모자

昨天我买了一个(**帽子**)。 어제 나는 모자 한 개를 샀다.
　　　　　　　양사　명사

➤ 빈칸 앞에 양사 个(개)가 있으므로 个(개)와 함께 쓰이는 명사 帽子(모자)를 채운다.

어휘 | **差** chà 통 부족하다 **帽子** màozi 명 모자 **昨天** zuótiān 명 어제 **个** gè 영 개 [사물이나 사람을 세는 단위]

> 선택지) **爱好** 취미 **遇到** 만나다

打篮球是我最大的(**爱好**)。 농구하는 것은 나의 가장 큰 취미이다.
　　　　　　　　的　명사

➤ 빈칸 앞에 的가 있으므로 명사 爱好(취미)를 채운다.

어휘 | **爱好** àihào 명 취미 **遇到** yùdào 통 만나다 **打篮球** dǎ lánqiú 농구를 하다

2 빈칸 앞에 술어 역할을 하는 동사가 있으면 술어와 문맥상 어울리는 명사를 목적어로 채운다.

> 선택지) **信** 편지 **机会** 기회

我经常给妈妈写(**信**)。 나는 자주 어머니께 편지를 쓴다.
　　　　　　　동사 명사

➤ 빈칸 앞에 술어 역할을 하는 동사 写(쓰다)가 있으므로, 빈칸에는 명사가 온다. 명사 信(편지)과 机会(기회) 중 写(쓰다)와
문맥상 어울리는 信(편지)을 목적어로 채운다.

어휘 | **信** xìn 명 편지 **机会** jīhuì 명 기회 **经常** jīngcháng 부 자주, 항상 **写** xiě 통 쓰다

3 시험에 자주 출제되는 명사를 외워 두자.

□ 菜单 càidān · 메뉴판

　拿(菜单) ná càidān 메뉴판을 가져오다

□ 词典 cídiǎn · 사전

　一本(词典) yì běn cídiǎn 사전 한 권

□ 月亮 yuèliang · 달

　看(月亮) kàn yuèliang 달을 보다

□ 灯 dēng · 전등, 램프

　关(灯) guān dēng 전등을 끄다

□ 自行车 zìxíngchē · 자전거

　骑(自行车) qí zìxíngchē 자전거를 타다

□ 礼物 lǐwù · 선물

　最好的(礼物) zuì hǎo de lǐwù 가장 좋은 선물

□ 皮鞋 píxié · 가죽 구두

　穿(皮鞋) chuān píxié 가죽 구두를 신다

□ 饮料 yǐnliào · 음료

　一杯(饮料) yì bēi yǐnliào 음료 한 잔

□ 成绩 chéngjì · 성적

　好(成绩) hǎo chéngjì 좋은 성적

□ 护照 hùzhào · 여권

　办(护照) bàn hùzhào 여권을 발급받다

□ 地方 dìfang · 곳, 장소

　那个(地方) nàge dìfang 그곳

□ 节日 jiérì · 명절, 기념일

　(节日)快乐 jiérì kuàilè 즐거운 명절 보내세요

□ 地图 dìtú · 지도

　世界(地图) shìjiè dìtú 세계 지도

□ 中文 Zhōngwén · 중국어

　(中文)报纸 Zhōngwén bàozhǐ 중국어 신문

□ 地铁 dìtiě · 지하철

　坐(地铁) zuò dìtiě 지하철을 타다

□ 办法 bànfǎ · 방법

　解决的(办法) jiějué de bànfǎ 해결하는 방법

확인학습

빈칸에 알맞은 어휘를 골라 보세요.

1. 你看见我的(　　)吗? 我忘了把它放在哪儿了。

　ⓐ 节日　　　ⓑ 皮鞋

2. 服务员，请给我拿一下(　　)。

　ⓐ 成绩　　　ⓑ 菜单

정답 1. ⓑ 2. ⓑ

해석 해설집 p.62

빈칸에 알맞은 어휘를 고르세요.

서술문

A 更　　　B 照顾　　　C 地图　　　D 地方　　　E 声音　　　F 把

例如：小李说话的（ E ）真好听！

1. 电视里说北方好多（　　）都下大雪了。

2. 你来看看这张（　　），能找到黄河在哪儿吗？

3. 我弟弟打算去中国旅游，让我（　　）他的猫。

대화문

A 护照　　　B 层　　　C 还　　　D 爱好　　　E 以前　　　F 自行车

例如：A：你姐姐的（ D ）是什么？

　　　　B：她喜欢唱歌。

4. A：爸爸妈妈真的打算去那么远的地方旅游？

　　B：他们的（　　）都已经办下来了，下个月一号就去。

5. A：小李的笔记本你没（　　）给他？

　　B：他去北京了，到下周才回来呢。

6. A：你早上是骑（　　）来的？

　　B：是啊，我觉得这样又方便又锻炼身体。

정답 해설집 p.62

빈칸에 형용사 어휘를 채우는 문제가 출제된다. 독해 제2부분 총 10문제 중 평균 2~3문제가 출제된다.

예제 맛보기

A 安静	B 才	C 脸	A 조용하다	B 비로소	C 얼굴
D 离开	E 声音	F 简单	D 떠나다	E 목소리	F 간단하다

这事儿对我来说太（ ）了，你放心，今天一定帮你办好。	이 일은 나에게 있어서 매우 (F 간단해요). 안심하세요. 오늘 반드시 당신을 도와 일처리를 마칠 거예요.

정답 F

해설 빈칸 앞에 정도부사 太(매우)가 있으므로, 빈칸에는 형용사가 온다. 형용사 A 安静(조용하다), F 简单(간단하다) 중 '이 일은 나에게 있어서 매우 _____'라는 문맥에 적합한 F 简单(간단하다)을 빈칸에 채운다.

어휘 **安静** ānjìng 톙 조용하다 **才** cái 뷔 비로소 **脸** liǎn 몡 얼굴 **离开** líkāi 동 떠나다
简单 jiǎndān 톙 간단하다, 단순하다 **事** shì 몡 일 **对……来说** duì……lái shuō ~에게 있어서, ~의 입장에서 보면
放心 fàngxīn 동 안심하다 **今天** jīntiān 몡 오늘 **一定** yídìng 뷔 반드시, 필히 **帮** bāng 동 돕다, 거들다
办 bàn 동 처리하다, (어떤 일을) 하다

비책 공략하기

1 빈칸 앞에 정도부사나, 대사 这么(이렇게) 또는 那么(그렇게)가 있으면 형용사를 채운다.

> 선택지) **热情** 다정하다   **马上** 곧

她对我一直非常（热情）。 그녀는 나에게 줄곧 매우 다정하다.
　　　　　정도부사　형용사

▶ 빈칸 앞에 정도부사 非常(매우)이 있으므로 형용사 热情(다정하다)을 채운다. 참고로, 정도부사 뒤에는 형용사뿐만 아니라 喜欢(좋아하다), 害怕(무서워하다), 了解(이해하다) 등과 같은 심리를 나타내는 동사도 올 수 있다는 것을 알아 두자.

어휘 | **热情** rèqíng 톙 다정하다, 친절하다 **马上** mǎshàng 뷔 곧, 즉시 **对** duì 꼐 ~에게 **一直** yìzhí 뷔 줄곧, 계속 **非常** fēicháng 뷔 매우

선택지)　**热** 덥다　　**难过** 슬프다

今天的天气怎么这么(热)? 오늘 날씨가 왜 이렇게 덥죠?
　　　　　　　대사　형용사

► 빈칸 앞에 대사 这么(이렇게)가 있으므로 빈칸에는 형용사가 주로 온다. 형용사 热(덥다)와 难过(슬프다) 중 '오늘 날씨가 왜 이렇게 _____?'라는 문맥에 어울리는 형용사 热(덥다)를 채운다.

어휘 | **热** rè 혭 덥다, 뜨겁다　**难过** nánguò 혭 슬프다　**天气** tiānqì 몡 날씨　**怎么** zěnme 떼 왜, 어떻게　**这么** zhème 떼 이렇게, 이러한

* 꼭 알아 두어야 할 정도부사

很 hěn 매우, 대단히	**太** tài 너무, 극히	**非常** fēicháng 굉장히, 아주
最 zuì 가장, 제일	**好** hǎo 몹시, 엄청	**比较** bǐjiào 비교적, 상대적으로
特别 tèbié 특히	**有点儿** yǒudiǎnr 조금, 약간	**真** zhēn 정말로, 진정으로

2 문장에 술어와 목적어가 없을 경우, 문장 전체를 해석하여 문맥상 어울리는 형용사를 술어로 채운다.

선택지)　**了解** 이해하다　　**绿** 푸르다

公园里的草都(绿)了。 공원의 풀이 모두 푸르러졌다.
　　　　　　형용사

► 문장에 술어와 목적어가 없으므로, 빈칸에는 동사나 형용사가 술어로 온다. 동사 了解(이해하다)와 형용사 绿(푸르다) 중 '공원의 풀이 모두 _____졌다'라는 문맥에 어울리는 绿(푸르다)를 술어로 채운다.

어휘 | **了解** liǎojiě 동 이해하다　**绿** lǜ 혭 푸르다　**公园** gōngyuán 몡 공원　**草** cǎo 몡 풀

3 빈칸 앞에 결과보어를 취하는 동사가 있으면, 빈칸에는 형용사를 채운다.

선택지)　**干净** 깨끗하다　　**选择** 선택하다

你把房间打扫(干净)了吗? 당신은 방을 깨끗하게 청소했나요?
　　　　　　　형용사

► 빈칸 앞에 결과보어를 취하는 동사 打扫(청소하다)가 있으므로, 빈칸에는 형용사가 온다. 따라서 형용사 干净(깨끗하다)을 빈칸에 채운다.

어휘 | **干净** gānjìng 혭 깨끗하다　**选择** xuǎnzé 선택하다, 고르다　**房间** fángjiān 몡 방　**打扫** dǎsǎo 동 청소하다

* 꼭 알아 두어야 할 결과보어를 취하는 '동사+형용사' 표현

洗+干净 xǐ gānjìng 깨끗하게 씻다	**吃+饱** chī bǎo 배불리 먹다	**看+清楚** kàn qīngchu 명확하게 보다

시험에 자주 출제되는 형용사를 외워 두자.

□ 简单 jiǎndān　간단하다, 단순하다

事情很(简单) shìqing hěn jiǎndān 일이 간단하다

□ 坏 huài　망가지다

照相机(坏)了 zhàoxiàngjī huài le 카메라가 망가졌다

□ 矮 ǎi　작다

个子(矮) gèzi ǎi 키가 작다

□ 难 nán　어렵다

太(难)了 tài nán le 너무 어렵다

□ 甜 tián　달다

饮料真(甜) yǐnliào zhēn tián 음료수가 정말 달다

□ 舒服 shūfu　편하다, 쾌적하다

穿着不(舒服) chuānzhe bù shūfu 입기 불편하다

□ 新鲜 xīnxiān　신선하다

(新鲜)的水果 xīnxiān de shuǐguǒ 신선한 과일

□ 旧 jiù　낡다, 오래되다

(旧)衣服 jiù yīfu 낡은 옷

□ 着急 zháojí　조급해하다, 초조하다

别(着急) bié zháojí 조급해하지 마라

□ 重要 zhòngyào　중요하다

(重要)的考试 zhòngyào de kǎoshì 중요한 시험

□ 聪明 cōngming　똑똑하다

这么(聪明) zhème cōngming 이렇게 똑똑하다니

□ 难过 nánguò　슬프다

很(难过) hěn nánguò 슬프다

□ 渴 kě　(목이) 마르다

口(渴) kǒukě 목마르다

□ 疼 téng　아프다

脚(疼) jiǎo téng 발이 아프다

□ 一样 yíyàng　같다, 동일하다

不(一样) bù yíyàng 같지 않다

□ 饿 è　배고프다

有点儿(饿) yǒudiǎnr è 조금 배고프다

확인학습

빈칸에 알맞은 어휘를 골라 보세요.

1. 奶奶的帽子太(　　)了，我给她买了个新的。
　　ⓐ 旧　　　　ⓑ 黄河

2. 你这么(　　)吗？吃了三碗米饭还没饱？
　　ⓐ 饿　　　　ⓑ 清楚

정답 1. ⓐ 2. ⓐ

해석 해설집 p.63

빈칸에 알맞은 어휘를 고르세요.

서술문

A 清楚　　　B 甜　　　　C 词典　　　D 见面　　　E 声音　　　F 花

例如：小李说话的（ E ）真好听！

1. 妹妹只喝了一口牛奶，说太（　　），就不愿意喝了。

2. 你离我太远了，我没听（　　），请再跟我说一次。

3. 我买这件衬衫只（　　）了200多块，便宜吧？

대화문

A 成绩　　　B 新鲜　　　C 重要　　　D 爱好　　　E 又　　　F 要求

例如：A：你姐姐的（ D ）是什么？

　　　B：她喜欢唱歌。

4. A：小王不参加今天的会议吗？

　　B：参加，他在等一个很（　　）的电话，过一会儿就去。

5. A：这蛋糕是今天做的吗？

　　B：您放心，我们店的东西都是（　　）的。

6. A：医生（　　）你住院，你怎么来学校了？

　　B：马上考试了，我不放心那班学生。

정답 해설집 p.64

부사·접속사 어휘 채우기

빈칸에 부사 어휘 또는 접속사 어휘를 채우는 문제가 출제된다. 독해 제2부분 총 10문제 중 평균 1~2문제가 출제된다.

예제 맛보기

A 如果	B 几乎	C 结束	A 만약	B 거의	C 끝나다
D 新闻	E 差	F 终于	D 뉴스	E 부족하다	F 마침내
A: 我 ( ) 知道这题应该怎么做了。			A: 나는 (F 마침내) 이 문제를 어떻게 풀어야 하는지 알게 되었어.		
B: 怎么做? 给我讲讲。			B: 어떻게 푸는 거야? 나에게 말해줘.		

정답   F

해설   빈칸 앞에 주어 我(나)가 있고 빈칸 뒤에 술어 知道(알다)가 있으므로 빈칸에는 부사가 온다. 부사 B 几乎(거의), F 终于(마침내) 중, '나는 _____ 이 문제를 어떻게 풀어야 하는지 알게 되었다.'는 문맥에 적합한 F 终于(마침내)를 빈칸에 채운다.

어휘   如果 rúguǒ 圈 만약, 만일   几乎 jīhū 凰 거의   结束 jiéshù 통 끝나다   新闻 xīnwén 圐 뉴스   差 chà 통 부족하다, 모자라다
　　　　终于 zhōngyú 凰 마침내, 결국   知道 zhīdào 통 알다, 이해하다   题 tí 圐 문제   应该 yīnggāi 조통 ~해야 한다, 반드시 ~해야 한다
　　　　怎么 zěnme 때 어떻게, 왜   做 zuò 통 하다   给 gěi 께 ~에게   讲 jiǎng 통 말하다, 이야기하다

•• 비책 공략하기

1 빈칸이 주어와 술어 사이에 있으면 부사를 채운다.

선택지) **奇怪** 이상하다 **经常** 자주

<u>他</u>(经常)<u>看</u>足球比赛。 그는 축구 경기를 자주 본다.
주어   부사   술어

▶ 빈칸 앞에 주어 他(그)가 있고, 빈칸 뒤에 술어 看(보다)이 있으므로 부사 经常(자주)을 채운다.

어휘 | **奇怪** qíguài 匽 이상하다   **经常** jīngcháng 囝 자주, 언제나   **足球** zúqiú 囘 축구   **比赛** bǐsài 囘 경기, 시합

2 빈칸이 문장 맨 앞 또는 쉼표(,) 뒤에 있을 경우, 문장 전체를 해석하여 문맥상 어울리는 부사나 접속사를 채운다.

선택지) **只有** ~해야만   **又** 또

(只有)每天努力，才能找到机会。 날마다 노력해야만, 비로소 기회를 잡을 수 있다.
접속사   부사

▶ 빈칸이 문장 맨 앞에 있으므로 빈칸에는 접속사나 부사가 주로 온다. 접속사 只有(~해야만)와 부사 又(또) 중, '날마다 노력_____, 비로소 기회를 잡을 수 있다'라는 문맥에 어울리는 접속사 只有(~해야만)를 채운다. 이때, 접속사 只有(~해야만)가 뒷 구절의 부사 才(비로소)와 함께 짝을 이루어 '~해야만, 비로소 ~하다'라는 의미가 된다는 것을 알고 있으면 문제를 더욱 쉽게 풀 수 있다.

어휘 | **只有** zhǐyǒu 匼 ~해야만   **又** yòu 囝 또   **每天** měi tiān 날마다, 매일   **才** cái 囝 비로소
   找机会 zhǎo jīhuì 기회를 잡다

3 빈칸이 동일한 품사의 어휘나 어구 사이에 있으면 접속사 还是(아니면) 或者(또는)를 채운다.

선택지) **年轻** 젊다   **还是** 아니면

你喜欢看电影，(还是)看电视？ 당신은 영화를 보는 것을 좋아하나요, 아니면 TV를 보는 것을 좋아하나요?
      동사+명사   접속사 동사+명사

▶ 동일한 품사로 이루어진 어구 看电影(영화를 보다)과 看电视(TV를 보다) 사이에 빈칸이 있으므로 접속사 还是(아니면)를 채운다. 참고로, 还是는 주로 의문문에 쓰이고, 或者는 주로 평서문에 쓰인다.

어휘 | **年轻** niánqīng 匽 젊다   **还是** háishi 匼 아니면

4 시험에 자주 출제되는 부사와 접속사를 외워 두자.

부사

□ 一共 yígòng		모두, 전부

(一共)五块钱 yígòng wǔ kuài qián 모두 5위안이다

□ 必须 bìxū		반드시 ~해야 한다

(必须)要做 bìxū yào zuò 반드시 해야 한다

□ 马上 mǎshàng		곧, 즉시

(马上)就离开 mǎshàng jiù líkāi 곧 떠난다

□ 当然 dāngrán		당연히

(当然)可以 dāngrán kěyǐ 당연히 가능하다

□ 一定 yídìng		반드시, 필히

(一定)会遇到 yídìng huì yùdào 반드시 만나게 될 것이다

□ 终于 zhōngyú		드디어, 마침내

(终于)找到了 zhōngyú zhǎodào le 드디어 찾았다

짝을 이루어 자주 사용되는 접속사와 부사

□ 只有……, 才…… zhǐyǒu……, cái…… ~해야만, 비로소 ~	(只有)努力学习，(才)能提高成绩。 Zhǐyǒu nǔlì xuéxí, cái néng tígāo chéngjì. 열심히 공부해야만, 비로소 성적을 올릴 수 있다.
□ 先……, 然后…… xiān……, ránhòu…… 먼저 ~, 그 다음 ~	我(先)吃午饭，(然后)去图书馆借书。 Wǒ xiān chī wǔfàn, ránhòu qù túshūguǎn jièshū. 나는 먼저 점심을 먹고, 그 다음에 도서관에 가서 책을 빌릴 것이다.
□ 如果……, 就…… rúguǒ……, jiù…… 만약 ~라면, ~할 것이다	(如果)明天不下雨，我们(就)去公园。 Rúguǒ míngtiān bú xiàyǔ, wǒmen jiù qù gōngyuán. 만약 내일 비가 오지 않는다면, 우리는 공원에 갈 것이다.
□ 不但……, 而且…… búdàn……, érqiě…… ~뿐만 아니라, 또한 ~	这双运动鞋(不但)穿着舒服，(而且)颜色也很漂亮。 Zhè shuāng yùndòngxié búdàn chuānzhe shūfu, érqiě yánsè yě hěn piàoliang. 이 운동화는 신었을 때 편할 뿐만 아니라, 또한 색깔도 예쁘다. * 이와 같이 문자 앞의 주어가 앞 구절의 술어와 뒷 구절의 술어의 공통된 주어일 경우, 접속사가 주어 뒤로 갈 수 있음을 알아 두자.

（확인학습）

빈칸에 알맞은 어휘를 골라 보세요.

1. 您看看，这是七斤八两，（　　）二十八元五角钱。

   ⓐ 一共　　　　　ⓑ 一直

2. 你站在这儿，（　　）站在那儿都可以。

   ⓐ 或者　　　　　ⓑ 如果

정답 2. ⓐ 1. ⓐ

해석 해설집 p.65

빈칸에 알맞은 어휘를 고르세요.

서술문

      A 帮忙   B 选择   C 如果   D 马上   E 声音   F 一直

      例如：小李说话的（ E ）真好听！

1. 你让小王等我五分钟，我（   ）到办公室了。

2. （   ）你在这儿画一些小草，就更漂亮了。

3. 你可以（   ）这种能坐四个人的长椅，又便宜又好看。

대화문

      A 灯   B 自己   C 终于   D 爱好   E 当然   F 然后

      例如：A：你姐姐的（ D ）是什么？

            B：她喜欢唱歌。

4. A：小王，你先送我回公司吧，（   ）你就可以下班了。

   B：好的，经理。

5. A：房间里这么黑，你怎么不开（   ）？

   B：从你走的那一天就坏了，我也不会换。

6. A：你认为这件事情是真的吗？

   B：（   ）是真的，我相信小雪的话。

정답 해설집 p.65

※ ※ 빈칸에 양사 어휘 또는 개사 어휘를 채우는 문제가 출제된다. 독해 제2부분 총 10문제 중
평균 1~2문제가 출제된다.

예제 맛보기

A 瘦	B 中间	C 公斤	A 마르다	B 중간	C 킬로그램
D 双	E 声音	F 一直	D 쌍	E 목소리	F 줄곧

服务员，请再拿一（ ）筷子！	종업원, 젓가락 한 (D 쌍) 더 갖다주세요!

정답   D

해설   빈칸 앞에 수사 一(하나)가 있고 빈칸 뒤에 명사 筷子(젓가락)가 있으므로 빈칸에는 양사가 온다. 양사 C 公斤(킬로그램), D 双(쌍)
중 筷子(젓가락)와 함께 쓰이는 D 双(쌍)을 빈칸에 채운다.

어휘   瘦 shòu 혱 마르다   中间 zhōngjiān 몡 중간   公斤 gōngjīn 양 킬로그램   双 shuāng 양 쌍, 짝   一直 yìzhí 뷔 줄곧
服务员 fúwùyuán 몡 종업원   请 qǐng 통 ~해 주세요   再 zài 뷔 더, 다시   拿 ná 통 가지다, 잡다   筷子 kuàizi 몡 젓가락

:: 비책 공략하기

1 '수사+( )+명사' 형태나 지시대사 '这/那+( )+명사' 형태의 빈칸에 양사를 채운다.

> 선택지) 条 개   关 닫다

我想买一(条)裙子。 나는 치마 한 개를 사려고 한다.
　　　　 수사 양사 명사

▶ 빈칸이 '수사+( )+명사' 형태인 '一+( )+裙子'이므로, 빈칸에 양사 条(개)를 채운다.

어휘 | 条 tiáo 영 개 [가늘고 긴 것을 세는 단위]　关 guān 통 닫다, 끄다　想 xiǎng 조동 ~하려고 하다　裙子 qúnzi 명 치마

> 선택지) 张 장   借 빌리다

我需要这(张)纸。 저는 이 종이 한 장이 필요합니다.
　　　　这 양사 명사

▶ 빈칸이 '这+( )+명사' 형태인 '这+( )+纸'이므로, 빈칸에 양사 张(장)을 채운다. 참고로, 지시대사 뒤에 수사가 '一(1)'이면 수사는 대개 생략한다는 것을 알아 둔다.

어휘 | 张 zhāng 영 장 [종이 등을 세는 단위]　借 jiè 통 빌리다　需要 xūyào 통 필요하다　纸 zhǐ 명 종이

2 문장 맨 끝에 있는 '수사+( )' 형태의 빈칸에 양사를 채운다.

> 선택지) 米 미터   低 낮다

昨天我跑了1000(米)。 어제 나는 1000미터를 뛰었다.
　　　　　　 수사 양사

▶ 빈칸이 문장 맨 끝에 있고 빈칸이 '수사+( )' 형태인 '1000+( )'이므로, 빈칸에 양사 米(미터)를 채운다.

어휘 | 米 mǐ 영 미터　低 dī 형 낮다　昨天 zuótiān 명 어제　跑 pǎo 통 뛰다, 달리다

3 주어와 술어 사이에 개사구인 '( )+명사/대사' 형태의 빈칸이 있으면 개사를 채운다.

> 선택지) 跟 ~와   种 종류

我(跟)妻子一起去上海玩儿了三天。 나는 아내와 함께 상하이에 가서 3일 동안 놀았다.
주어 개사 명사　　　 술어

▶ 주어 我(나)와 술어 去(가다) 사이에 '( )+명사' 형태인 '( )+妻子'가 있으므로, 빈칸에 개사 跟(~와)을 채운다.

어휘 | 跟 gēn 개 ~와　种 zhǒng 영 종류　妻子 qīzi 명 아내　一起 yìqǐ 부 함께　上海 Shànghǎi 고유 상하이　玩儿 wánr 통 놀다

4 시험에 자주 출제되는 양사와 개사를 외워 두자.

양사

□ 辆 liàng · · · · · · · · · · · · · · · · · 대, 량 [차량을 세는 단위]

这(辆)车 zhè liàng chē 이 차 한 대

□ 瓶 píng · 병

一(瓶)啤酒 yì píng píjiǔ 맥주 한 병

□ 双 shuāng · 쌍, 켤레

一(双)皮鞋 yì shuāng píxié 가죽 구두 한 켤레

□ 条 tiáo · · · · · · · · · · · · · · 개 [가늘고 긴 것을 세는 단위]

一(条)裙子 yì tiáo qúnzi 치마 한 개

□ 位 wèi · · · · · · · · · · · · · · · · · 분, 명 [사람을 세는 단위]

这(位)先生 zhè wèi xiānsheng 이 남자분

□ 种 zhǒng · 종류, 부류

两(种)东西 liǎng zhǒng dōngxi 물건 두 종류

□ 只 zhī · · · · · · · · · · · · · · · · · 마리 [동물을 세는 단위]

一(只)猫 yì zhī māo 고양이 한 마리

□ 角 jiǎo · · · · · · · · · · · · · · 쟈오 [위안(元)의 10분의 1]

8元5(角) bā yuán wǔ jiǎo 8위안 5쟈오

□ 公斤 gōngjīn · · · · · · · · · · · · · · · · · · 킬로그램(kg)

一(公斤) yì gōngjīn 1킬로그램

□ 元 yuán · 위안

300(元) sānbǎi yuán 300위안

개사

□ 把 bǎ · ~을/를

(把)自行车 bǎ zìxíngchē 자전거를

□ 为 wèi · · · · · · · · · · · · ~덕분에, ~때문에

(为)你高兴 wèi nǐ gāoxìng 당신 덕분에 기쁘다

□ 跟 gēn · ~와/과

(跟)她有关系 gēn tā yǒu guānxi 그녀와 관련이 있다

□ 除了 chúle · · · · · · · ~를 제외하고, ~이외에

(除了)我，其他人都去。Chúle wǒ, qítārén dōu qù.
저를 제외하고, 다른 사람은 다 가요.

(확인학습)

빈칸에 알맞은 어휘를 골라 보세요.

1. 这( )小狗是谁家的？真可爱。

   ⓐ 只   ⓑ 瓶

2. 他体育很好，所以这一次他( )篮球比赛，还要参加足球比赛。

   ⓐ 更   ⓑ 除了

정답 1. ⓐ 2. ⓑ

해석 해설집 p.67

빈칸에 알맞은 어휘를 고르세요.

서술문

A 辆　　　　B 聪明　　　C 跟　　　　　D 中间　　　　E 声音　　　F 位

例如：小李说话的（　E　）真好听！

1. 我来给大家介绍一下，这（　　　）是新来的朋友。

2. 他那么（　　　），多做几次就能学会的。

3. 你自己在这儿我不放心，（　　　）我一起回去吧。

대화문

A 便宜　　　B 为　　　　C 刮　　　　D 爱好　　　E 公斤　　　F 难

例如：A：你姐姐的（　D　）是什么？

　　　　B：她喜欢唱歌。

4. A：小雪真不简单，能有现在的成绩很不容易。

　　B：是的，所以大家都（　　　）她高兴。

5. A：这种香蕉多少钱？

　　B：很便宜的，一斤4块8角，买两（　　　）还送一斤。

6. A：我觉得这次考试真是太（　　　）了。

　　B：除了最后一题不容易之外，我觉得其他的都还好。

정답 해설집 p.67

빈칸에 알맞은 어휘를 고르세요.

A 月亮　　　B 站　　　　C 渴　　　　D 一定　　　E 声音　　　F 提高

例如：小李说话的（　E　）真好听！

1. 我每天早上看中文报纸，就是为了（　　　）中文水平。

2. 你别（　　　）着，快坐下，电影再过两分钟就要开始了。

3. 你看今天的天气多么好，晚上一定能看见（　　　）。

4. 这件事情你（　　　）要给我说清楚。

5. 我没看见你去喝水，不（　　　）吗？

A 饿　　　　　B 必须　　　　C 地铁　　　　D 爱好　　　　E 或者　　　　F 接

例如：A：你姐姐的（ D ）是什么？
　　　　B：她喜欢唱歌。

6. A：老师让我告诉你，星期日（　　　）把作业拿给她。

　　B：我知道了，我做完就给她拿过去。

7. A：你们决定让谁去参加这次会议了吗？

　　B：还没有，可能是小李（　　　）马经理。

8. A：你昨天去哪儿了？我给你打了几次电话，你都不（　　　）。

　　B：我跟朋友去买裤子了，你找我有什么事情吗？

9. A：我们再去吃点儿东西吧，我又（　　　）了。

　　B：一刻钟前刚吃了米饭和羊肉，碗和盘子还在那儿呢。

10. A：你知道去火车站应该坐几号（　　　）吗？

　　B：我也不太清楚，你去看看那边的地图就知道了。

정답 해설집 p.69

제3부분

지문 읽고 질문에 답하기

합격비책 01   세부 내용 문제 공략하기
합격비책 02   중심 내용 문제 공략하기
실전테스트

문제풀이 방법

독해 제3부분은 지문과 관련된 질문을 읽고 가장 알맞은 선택지를 찾아 정답으로 고르는 형태로, 61번~70번까지 총 10문제가 출제된다. 제3부분 문제를 효과적으로 풀기 위한 문제풀이 방법을 익혀 두자.

〈문제지〉

61. 这条小狗是朋友送给我的，虽然来我家的时间短，但是它已经习惯了这里的环境。

　　★ 关于小狗，可以知道：
　　A 经常生病
　　B 不喜欢我家
　　C 是朋友送的

1. 질문과 선택지를 먼저 읽고 지문에서 중점적으로 봐야할 것이 무엇인지 파악한다.

질문에서 강아지에 관해 알 수 있는 것을 물었으므로, 지문에서 강아지와 관련된 내용을 꼼꼼히 읽는다.

2. 지문에서 질문이나 선택지와 관련된 내용이 있는 부분을 찾아, 그 주변의 문맥을 정확하게 파악한다.

지문의 '这条小狗是朋友送给我的'에서 이 강아지는 친구가 나에게 준 것이라고 했다.

3. 질문에 가장 알맞은 선택지를 정답으로 고른다.

강아지는 친구가 준 것이므로 C 是朋友送的(친구가 준 것)가 정답이다.

* 정답은 우선 문제지에 표시해 두고, 독해 제3부분 문제를 모두 푼 후 한번에 답안지에 마킹합니다.

해석 해설집 p.72

출제 경향

1. 세부 내용 문제가 주로 출제된다.

독해 제3부분에서는 지문의 특정 사항을 묻는 세부 내용 문제와 글의 주제를 묻는 중심 내용 문제가 출제되는데, 그중 세부 내용 관련 문제가 주로 출제된다.

2. 일상생활을 주제로 한 지문이 가장 많이 출제된다.

제3부분에서는 일상생활, 중국 문화, 상식/처세와 같은 주제의 지문이 출제되는데, 이 중에서도 소개, 인사, 취미, 날씨와 같은 일상생활에 대한 지문이 가장 많이 출제된다.

학습 방법

1. 바꿔 사용되는 표현을 익힌다.

지문에 사용된 표현이 동일한 의미의 다른 표현으로 바꿔 사용된 선택지가 정답인 문제가 자주 출제된다. 따라서 바꿔 사용되는 어휘 및 표현들을 익혀 둔다.

2. 지문에서 정답의 단서가 되는 구문을 찾아 문맥을 정확히 이해하는 연습을 해야 한다.

지문의 전체 내용 중에서 질문이나 선택지와 관련된 내용 또는 지문의 주제를 나타내는 어휘 등을 힌트로 하여 정답의 결정적인 단서가 되는 구문을 찾는다. 결정적인 단서가 되는 구문을 정확히 해석하고 문맥을 이해하는 연습을 해야 한다.

지문에서 질문이나 선택지와 관련된 세부 내용을 파악하여 정답을 찾는 문제가 출제된다.
세부 내용 문제는 독해 제3부분 총 10문제 중 7~9문제가 출제된다.
세부 내용 문제에서 자주 출제되는 질문 형태는 다음과 같다.

· 说话人用电脑做什么? 화자는 컴퓨터로 무엇을 하는가?

· 他觉得老家的夏天: 그가 생각하기에 고향집의 여름은:

· 根据这段话，可以知道: 지문에 근거하여 알 수 있는 것은:

· 关于这些草，可以知道什么? 이 풀들에 관해 알 수 있는 것은 무엇인가?

예제 맛보기

他特别喜欢用手机玩游戏，但最近他发现自己看东西看不清楚了，医生说这是因为他玩游戏的时间太长了。	그는 휴대폰을 사용해 게임하는 것을 아주 좋아한다. 하지만 최근 그는 자신이 물건을 볼 때 분명하게 보이지 않는다는 사실을 발견했다. 의사가 이것이 그가 게임하는 시간이 너무 길기 때문이라고 했다.
★ 他发现自己: A 经常头疼 B 觉得很累 C 眼睛看不清	★ 그가 발견한 것은 자신이: A 자주 머리가 아프다 B 피곤하다고 느낀다 C 눈이 잘 보이지 않는다

정답   C

해설   질문에서 그가 자신에 대해 발견한 것이 무엇인지를 물었으므로, 그가 자신에 대해 언급한 사실인 看东西看不清楚了(물건을 볼 때 분명하게 보이지 않는다)를 바꿔 표현한 C 眼睛看不清(눈이 잘 보이지 않는다)이 정답이다.

어휘   **特别** tèbié 匣 아주   **用** yòng 匽 사용하다   **手机** shǒujī 몡 휴대폰   **玩游戏** wán yóuxì 게임을 하다   **最近** zuìjìn 몡 최근
发现 fāxiàn 匽 발견하다   **自己** zìjǐ 떼 자신   **东西** dōngxi 몡 물건   **清楚** qīngchu 匓 분명하다   **因为** yīnwèi 젭 ~때문에
时间 shíjiān 몡 시간   **头疼** tóuténg 匓 머리가 아프다   **觉得** juéde 匽 ~라고 느끼다. ~라고 생각하다   **累** lèi 匓 피곤하다
眼睛 yǎnjing 몡 눈

•• 비책 공략하기

1 질문이나 선택지와 관련된 지문의 내용이 그대로 언급되거나 바꿔 표현한 선택지를 정답으로 고른다.

> (지문) 昨天爬山时他非常累，累得坐在那儿一动都不想动。他觉得这一定是因为自己
> 很长时间没有运动了。
>
> 어제 등산을 할 때 그는 매우 피곤했는데, 그곳에 앉아서 조금도 움직이고 싶지 않을 정도였다. 그가 생각하기에 이것은
> 분명 자신이 오랫동안 운동을 하지 않았기 때문이었다.

> (질문) 他觉得累是因为：그가 생각하기에 피곤한 이유는:

> (선택지) A 不常锻炼 자주 단련하지 않는다   B 没休息好 잘 쉬지 못했다

➤ 질문에서 그가 생각하기에 피곤한 이유를 물었고, 그 이유와 관련하여 很长时间没有运动了(오랫동안 운동을 하지 않았다)
가 언급되었으므로, 이를 바꿔 표현한 A 不常锻炼(자주 단련하지 않는다)이 정답이다.

어휘 | 爬山 páshān 图 등산하다   累 lèi 图 피곤하다, 지치다   坐 zuò 图 앉다   动 dòng 图 움직이다   觉得 juéde 图 ~라고 생각하다
一定 yídìng 图 분명히   因为 yīnwèi 웹 ~때문에   自己 zìjǐ 데 자신   运动 yùndòng 图 운동하다   锻炼 duànliàn 图 단련하다
休息 xiūxi 图 쉬다

2 지문의 전반적인 내용으로 추론 가능한 선택지를 정답으로 고른다.

> (지문) 听说东北的冬天特别冷，但是下雪的时候，孩子们会高兴地在雪地里跑来跑
> 去，还会玩儿雪，做雪人。
>
> 듣자 하니 둥베이 지방의 겨울은 몹시 춥다고 한다. 그러나 눈이 올 때 아이들은 즐겁게 눈밭을 뛰어다니고, 눈을 가지
> 고 놀며 눈사람을 만들기도 한다.

> (질문) 根据这段话，孩子们：지문에 근거하여 아이들은:

> (선택지) A 害怕玩儿雪 눈을 가지고 노는 것을 두려워한다   B 喜欢下雪天 눈 오는 날을 좋아한다

➤ 각 선택지의 害怕(두려워하다), 喜欢(좋아하다) 중 B의 喜欢(좋아하다)과 관련하여, 지문에서 下雪的时候，孩子们会高兴
地在雪地里跑来跑去，还会玩儿雪，做雪人(눈이 올 때 아이들은 즐겁게 눈밭을 뛰어다니고, 눈을 가지고 놀며 눈사람을 만들
기도 한다)이 언급되었으므로, 이를 통해 알 수 있는 B 喜欢下雪天(눈 오는 날을 좋아한다)이 정답이다.

어휘 | 听说 tīngshuō 图 듣자 하니 (~라고 한다)   东北 Dōngběi 고유 둥베이   特别 tèbié 图 몹시, 특히   下雪 xiàxuě 图 눈이 오다
雪地 xuědì 图 눈밭   孩子 háizi 图 아이   玩 wán 图 놀다

3 시험에 자주 출제되는 바꿔 쓰이는 표현과 추론 문장을 학습해 둔다.

바꿔 쓰이는 표현

□ 天天做运动 tiāntiān zuò yùndòng 날마다 운동을 한다	→ 每天做运动 měi tiān zuò yùndòng 매일 운동을 한다
□ 公司旁边 gōngsī pángbiān 회사 근처	→ 离公司不远 lí gōngsī bù yuǎn 회사에서 멀지 않다
□ 题很简单 tí hěn jiǎndān 문제가 간단하다	→ 题很容易 tí hěn róngyì 문제가 쉽다
□ 找不到护照 zhǎo bu dào hùzhào 여권을 찾을 수 없다	→ 护照不见了 hùzhào bújiàn le 여권이 보이지 않는다
□ 考得很好 kǎo de hěn hǎo 시험을 잘 봤다	→ 考得不错 kǎo de búcuò 시험을 괜찮게 봤다

추론 문장

□ 这个药太难吃了，有没有其他办法？ Zhège yào tài nánchī le, yǒu méi yǒu qítā bànfǎ? 이 약은 너무 먹기 힘든데, 다른 방법이 있나요?	→ 不想吃药 bù xiǎng chī yào 약을 먹고 싶지 않다
□ 今天不知道飞机能不能起飞。 Jīntiān bù zhīdào fēijī néng bu néng qǐfēi. 오늘 비행기가 이륙할 수 있을지 모르겠어요.	→ 飞机还没起飞 fēijī hái méi qǐfēi 비행기가 아직 이륙하지 않았다
□ 以前这里的房子很旧，路边也没有花草。 Yǐqián zhèlǐ de fángzi hěn jiù, lùbian yě méiyǒu huā cǎo. 이전에 이곳의 집은 낡았고, 길가에 화초도 없었다.	→ 这个地方变化大 zhège dìfang biànhuà dà 이 곳은 변화가 크다

확인학습

두 문장이 같은 의미가 되도록 괄호 안에 들어갈 표현을 골라 보세요.

1. 长时间在空调房间里坐着，人很容易生病。

   = 长时间在空调房间里坐着，人很（　　）。

   ⓐ 容易感冒　　ⓑ 身体健康

2. 我家附近新开了一家电影院。= 我家附近的电影院（　　）。

   ⓐ 非常远　　ⓑ 是新的

정답 1. ⓐ 2. ⓑ

해석 해설집 p.72

실전연습문제

지문을 읽고 질문에 알맞은 선택지를 고르세요.

1. 来中国三年，我一直没有机会去看看黄河。今年夏天，我和朋友讲好一起去，希望那时候能有个好天气。

   ★ 根据这段话，可以知道他：

   A 没有朋友　　　　　　　B 喜欢夏天　　　　　　　C 没见过黄河

2. 中秋节在中国是一个非常重要的节日。人们在八月十五那天晚上必须回到家里，一家人在一起，看看月亮，一边吃晚饭，一边聊天。

   ★ 中秋节主要是：

   A 回家　　　　　　　　　B 吃午饭　　　　　　　　C 看电视

3. 奶奶今年九十三岁，从不需要别人照顾，身体非常健康，眼睛看东西也很清楚，只是耳朵有一点儿不太好，跟她说话时，声音小了她听不到。

   ★ 跟奶奶说话：

   A 不能太快　　　　　　　B 要很热情　　　　　　　C 声音要大

4. 大家好，我叫马明，刚从北京学习回来。能来这里和大家一起工作，我感到很高兴，希望大家能多多帮助我。

   ★ 马明是在哪儿学习的？

   A 北京　　　　　　　　　B 南京　　　　　　　　　C 西安

정답 해설집 p.72

지문의 중심 내용을 파악하여 정답을 찾는 문제가 출제된다. 중심 내용 문제는 독해 제3부분 총 10문제 중 1~2문제 출제된다.

중심 내용 문제에서 자주 출제되는 질문 형태는 다음과 같다.

- 这段话告诉我们：지문이 우리에게 알려 주는 것은:
- 这段话主要想告诉我们：지문이 우리에게 주로 알려 주고자 하는 것은:
- 说话人是什么意思？화자의 말은 무슨 의미인가?
- 说话人认为：화자가 생각하기에:

• 예제 맛보기

现在很多年轻人晚上经常会到很晚才睡觉，其实这样做不但对身体不好，而且也会影响第二天的工作学习。	현재 많은 젊은이들이 자주 늦은 시간이 되어야 잠을 자는데, 사실 이러한 것은 몸에 좋지 않을 뿐만 아니라, 다음 날의 일과 학습에 영향을 준다.
★ 这段话主要想告诉我们：	★ 지문이 우리에게 주로 알려 주고자 하는 것은:
A 要早点起床	A 일찍 일어나야 한다
B 年轻人爱学习	B 젊은이들은 공부하기를 좋아한다
C 晚睡影响身体	C 늦게 자는 것은 건강에 영향을 끼친다

정답   C

해설   질문에서 지문의 중심 내용을 물었다. 지문에서 주장을 나타낼 때 사용되는 표현 其实(사실)이 언급된 到很晚才睡觉，其实这样做不但对身体不好(늦은 시간이 되어야 잠을 자는데, 사실 이러한 것은 몸에 좋지 않다)를 바꿔 표현한 C 晚睡影响身体(늦게 자는 것은 건강에 영향을 끼친다)가 정답이다.

어휘   现在 xiànzài 뗑 현재   年轻人 niánqīngrén 뗑 젊은이   经常 jīngcháng 뮈 자주   睡觉 shuìjiào 图 잠을 자다
其实 qíshí 뮈 사실   不但……而且…… búdàn……érqiě…… 젭 ~할 뿐 아니라 (게다가) ~하다   身体 shēntǐ 뗑 몸
影响 yǐngxiǎng 图 영향을 주다   第二天 dì'èr tiān 다음 날   工作 gōngzuò 뗑 일   学习 xuéxí 图 학습하다
起床 qǐchuáng 图 (잠자리에서) 일어나다

·· 비책 공략하기

1 글의 주장이나 결론을 나타내는 표현이 사용된 부분을 바꿔 표현했거나 추론한 선택지를 정답으로 고른다.

> (지문) 现在的手机除了能接打电话以外，还可以上网、聊天、玩游戏、照相，所以 我们越来越离不开手机了。
>
> 지금의 휴대폰은 전화를 받고 거는 것 외에, 인터넷, 채팅, 게임, 사진 촬영도 할 수 있다. 그래서 우리는 갈수록 휴대폰 과 떨어질 수 없게 되었다.
>
> (질문) 说话人是什么意思？ 화자의 말은 무슨 의미인가?
>
> (선택지) A 人们需要手机 사람들은 휴대폰을 필요로 한다　　B 手机不方便 휴대폰은 편리하지 않다

➤ 질문에서 지문의 중심 내용을 물었다. 지문에서 주장이나 결론을 나타낼 때 사용되는 표현 所以(그래서)가 언급된 **所以 我们越来越离不开手机了**(그래서 우리는 갈수록 휴대폰과 떨어질 수 없게 되었다)를 바꿔 표현한 **A 人们需要手机**(사람들은 휴대폰을 필요로 한다)가 정답이다.

어휘 | **手机** shǒujī 명 휴대폰　**除了** chúle 개 ~외에　**上网** shàngwǎng 통 인터넷을 하다　**聊天** liáotiān 통 채팅하다　**玩游戏** wán yóuxì 게임하다　**照相** zhàoxiàng 통 사진을 찍다, 촬영하다　**越来越** yuèláiyuè 갈수록　**离不开** líbukāi 떨어질 수 없다, 없어서는 안 된다　**需要** xūyào 통 필요하다　**方便** fāngbiàn 형 편리하다

> (지문) 现在，人们已经越来越不能离开空调了，但长时间在空调环境中，很多人都会 觉得身体不太舒服，还会经常感冒，发烧。
>
> 현재, 사람들은 이미 갈수록 에어컨과 떨어질 수 없게 되었다. 하지만 장시간 에어컨이 있는 환경에 있으면, 많은 사람 들이 몸이 좋지 않음을 느끼며, 또한 자주 감기에 걸리고 열이 난다.
>
> (질문) 这段话主要想告诉我们： 지문이 우리에게 주로 알려 주고자 하는 것은:
>
> (선택지) A 要少用空调 에어컨을 적게 사용해야 한다　　　　B 要多锻炼身体 몸을 자주 단련해야 한다

➤ 질문에서 지문의 중심 내용을 물었다. 지문에서 주장이나 결론을 나타낼 때 사용되는 표현 但(하지만)이 언급된 **但长时 间在空调环境中，很多人都会觉得身体不太舒服**(하지만 장시간 에어컨이 있는 환경에 있으면, 많은 사람들이 몸이 좋지 않음 을 느낀다)를 통해 알 수 있는 **A 要少用空调**(에어컨을 적게 사용해야 한다)가 정답이다.

어휘 | **已经** yǐjīng 부 이미, 벌써　**越来越** yuèláiyuè 부 갈수록　**空调** kōngtiáo 명 에어컨　**环境** huánjìng 명 환경　**觉得** juéde 통 ~라고 느끼다　**经常** jīngcháng 부 자주　**感冒** gǎnmào 통 감기에 걸리다　**发烧** fāshāo 통 열이 나다

* 글의 주장이나 결론을 나타낼 때 사용되는 표현

| 但是 dànshì 하지만 | 所以 suǒyǐ 그래서 | 其实 qíshí 사실 |
| 认为 rènwéi ~라고 생각한다 | 不要 búyào ~하지 마라 | 我觉得 wǒ juéde 내 생각에 |

2 지문에서 주제를 나타내는 문장을 찾아 바꿔 표현한 선택지를 찾는다.

(지문) 在中国，大多数人是喜欢喝茶的。除了老年人，现在很多年轻人也喜欢上了这种饮料，他们认为喝茶对身体非常好。

중국에서, 대다수의 사람들은 차를 마시는 것을 좋아한다. 노인 이외에도, 현재 많은 젊은이들도 이러한 음료를 좋아하게 되었다. 그들은 차를 마시는 것이 몸에 매우 좋다고 생각한다.

(질문) 这段话主要是说: 지문이 주로 말하는 것은:

(선택지) A 茶文化的历史
차 문화의 역사

B 很多人爱喝茶
많은 사람들이 차 마시기를 좋아한다

➤ 질문에서 지문의 중심 내용을 물었으므로, 지문의 주제를 나타내는 大多数人是喜欢喝茶的(대다수의 사람들은 차를 마시는 것을 좋아한다)가 바꿔 표현된 선택지 B 很多人爱喝茶(많은 사람들이 차 마시기를 좋아한다)가 정답이다.

어휘 | **大多数** dàduōshù 몡 대다수 **喜欢** xǐhuan 동 좋아하다 **喝** hē 동 마시다 **茶** chá 몡 차 **除了** chúle 깨 ~이외에
老年人 lǎoniánrén 몡 노인 **年轻人** niánqīngrén 몡 젊은이 **饮料** yǐnliào 몡 음료 **认为** rènwéi 동 생각하다, 여기다
文化 wénhuà 몡 문화 **历史** lìshǐ 몡 역사

(확인학습)

중심 내용을 알맞게 파악한 선택지를 골라 보세요.

1. 大家都同意 "每天锻炼半小时，健康工作三十年" 这个说法。所以注意身体锻炼的
   人也越来越多了。

   ⓐ 건강을 중요하게 생각하는 사람이 많다.   ⓑ 일을 열심히 하는 것이 중요하다.

2. 秋天来了，天气越来越冷了。但是为了欢迎远到的客人，街道旁放了很多花，就像
   春天一样，漂亮极了！

   ⓐ 겨울의 경치가 아름답다.   ⓑ 길거리를 아름답게 꾸며 놓았다.

정답 1. ⓐ 2. ⓑ

해석 해설집 p.74

실전연습문제

지문을 읽고 질문에 알맞은 선택지를 고르세요.

1. 很多人都喜欢在冬天吃羊肉。需要注意的是，吃过羊肉后马上喝茶对身体特别不好，但是喝一杯红酒还是很好的。

   ★ 这段话主要想告诉我们：

   A 怎样喝茶　　　　　　　B 冬天该吃什么　　　　　C 吃羊肉后喝什么

2. 重要的事情都已经解决了，大家休息一会儿吧。我觉得我们可以先去饭店吃点东西，下午再来做。

   ★ 说话人认为：

   A 可以先吃饭　　　　　　B 应该早点回家　　　　　C 问题很难解决

3. 先生们，明天十点经理会和大家见面，请不要迟到。根据要求，每个人需要做三分钟的自我介绍，请回去认真准备。

   ★ 说话人是什么意思？

   A 要参加考试　　　　　　B 要回答问题　　　　　　C 要准备介绍自己

4. 现在的学生太累了，学习了一天以后还要回家做两三个小时的作业。星期天还要上兴趣班啊、提高班啊，忙得一点锻炼的时间都没有。

   ★ 说话人认为：

   A 不用努力学习　　　　　B 学生需要运动　　　　　C 学习比休息重要

정답 해설집 p.74

지문을 읽고 질문에 알맞은 선택지를 고르세요.

1. 有位名人说："读书是为了遇见更好的自己。"这话讲得真好。

   ★ 这段话主要想告诉我们：

   　　A 名人的爱好　　　　　　B 书要为自己读　　　　　C 要学会讲好话

2. 我爸爸以前是个出租车司机，需要自己找客人，每天都很忙。现在他去开公共汽车了，再也不用担心没有客人了。

   ★ 他爸爸现在开：

   　　A 火车　　　　　　　　　B 出租车　　　　　　　　C 公共汽车

3. 这个电脑不知道怎么回事，又不能上网了，经理还等着我给他发电子邮件，我得叫小王来帮我看看。

   ★ 他叫小王帮他：

   　　A 检查电脑　　　　　　　B 写电子邮件　　　　　　C 跟经理请假

4. 汉语里有一个词叫"喜酒"，我们能经常听到别人说"喝喜酒"。"喜酒"有着特别的意思，说的是结婚时候喝的酒，所以如果有人问"什么时候能喝你的喜酒"意思是问你什么时候结婚。

   ★ "喝喜酒"意思是喝：

   　　A 好酒　　　　　　　　　B 结婚酒　　　　　　　　C 喜欢的酒

5. 我和小春长得有点儿像，个子一样高，名字也只差一个字，还经常一起上学，所以很多同学都认为我们是亲姐妹。

   ★ 说话人和小春：

   　　A 长得像　　　　　　　　B 都爱上学　　　　　　　C 名字一样

6. 黑板上的作业大家都记清楚了吧？回去后不要忘了把我们最近学过的东西好好复习一下，下星期就要考试了。

   ★ 说话人是什么意思？

   A 要复习　　　　　　　B 不想考试　　　　　　　C 不要迟到

7. 马上就要过春节了，我和丈夫把房间打扫得干干净净的，还准备了一大桌我们爱吃的菜。我们打算把爸爸妈妈请到家里来，一家人高高兴兴地过节。

   ★ 他们做什么了？

   A 请了几个朋友　　　　B 买了一些礼物　　　　C 准备了很多菜

8. 春、夏、秋、冬四个季节中，如果可以选择，我希望一直是夏天。因为夏天可以穿最爱的裙子，还能天天游泳，太舒服了。

   ★ 夏天可以：

   A 穿衬衫　　　　　　　B 吃西瓜　　　　　　　C 每天游泳

9. 有了地铁以后，我发现这个城市突然变小了。以前从城东到城西，要换好几辆公共汽车，现在坐地铁二十分钟就到了。

   ★ 有了地铁以后：

   A 城市大了　　　　　　B 人变多了　　　　　　C 出远门方便了

10. 这条街道以前很少有人来，从去年搬来两家学校后，人慢慢多了起来。学校大门旁边还开了很多小商店，小饭馆。

    ★ 根据这段话，可以知道这里：

    A 人很少　　　　　　　B 有商店　　　　　　　C 很安静

정답 해설집 p.76

본교재동영상강의·무료학습자료제공

china.Hackers.com

쓰기

제1부분
제시된 어휘로 문장 완성하기

제2부분
빈칸에 알맞은 한자 쓰기

제1부분
제시된 어휘로 문장 완성하기

문제풀이 방법

쓰기 제1부분은 3~5개의 제시된 어휘를 어순에 맞게 배치하여 하나의 문장을 완성하는 형태로, 71번부터 75번까지 총 5문제가 출제된다. 제1부분 문제를 효과적으로 풀기 위한 문제풀이 방법을 익혀 두자.

〈문제지〉

71. 想了解   我   这个城市
    조동사+동사   대사   대사+명사

1. 문제지에 제시된 어휘의 뜻과 품사를 파악한다.

〈답안지〉

71. 我想了解这个城市。

2. 어휘의 뜻과 품사를 바탕으로 어순에 맞는 문장을 완성하여 답안지에 바로 쓴다.

동사 了解(알다)가 포함된 想了解(알고 싶다)를 술어로 배치한 후, 술어와 의미상 어울리는 这个城市(이 도시)을 목적어, 我(나)를 주어로 배치하여 문장을 완성한다.

* 정답 작성 시 문장 끝에 항상 마침표(。)나 물음표(？)와 같은 문장부호를 빠뜨리지 않도록 주의합니다.

해석 해설집 p.80

출제 경향

1. 기본 문형을 완성하는 문제가 매회 평균 3~4문제 출제된다.

중국어의 핵심 문장성분인 주어, 술어, 목적어를 배치한 후, 이를 수식하는 관형어나 부사어 또는 보어를 배치하여 기본 문형을 완성하는 문제가 주로 출제된다.

2. 특수 문형을 완성하는 문제도 매회 1~2문제 정도 꾸준히 출제된다.

是이나 把와 같은 특정 어휘가 쓰이는 특수 문형을 완성하는 문제도 매회 평균 1~2문제씩 꾸준히 출제된다. 시험에 자주 나오는 특수 문형에는 是자문, 把자문, 被자문, 比자문 등이 있다.

학습 방법

1. 기본 문형과 특수 문형을 완성하는 방법을 익힌다.

기본 문형과 특수 문형을 완성하는 데 필요한 문장성분(술어, 주어, 목적어, 관형어, 부사어, 보어)의 배치 방법을 익혀 둔다. 또한 이를 바탕으로 把자문, 被자문 등 시험에 자주 출제되는 특수 문형을 완성하는 방법을 익혀 둔다.

2. 완성된 문장을 직접 써 보는 연습을 통해 어순과 한자를 확실히 익힌다.

쓰기 제1부분은 완성된 문장을 직접 답안지에 쓰는 주관식 시험이다. 따라서 완성된 문장을 직접 손으로 써 보는 훈련을 통해 한자 쓰기와 어순에 맞게 문장을 완성하는 실력을 키워야 한다.

술어는 문장에 꼭 있어야 하는 필수 성분이다. 제시된 어휘 중 술어가 될 수 있는 것을 찾아 먼저 배치하면 문장을 쉽게 완성할 수 있다.

예제 맛보기

小马　　会议　　参加

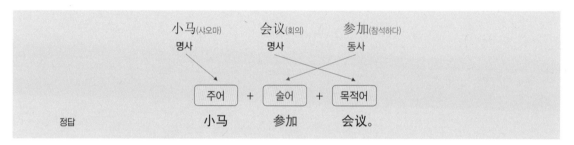

小马(샤오마)	会议(회의)	参加(참석하다)
명사	명사	동사

주어	+	술어	+	목적어

정답　　小马　　参加　　会议。

해석　　샤오마는 회의에 참석한다.

해설　　동사 **参加**(참석하다)를 술어로 배치한 후, 술어와 의미상 어울리는 会议(회의)를 목적어로, 小马(샤오마)를 주어로 배치하여 문장을 완성한다.

어휘　　**会议** huìyì 몡 회의　　**参加** cānjiā 통 참석하다, 참여하다

•• 비책 공략하기

1 술어 배치하기

1. 동사나 형용사를 술어로 배치한다.

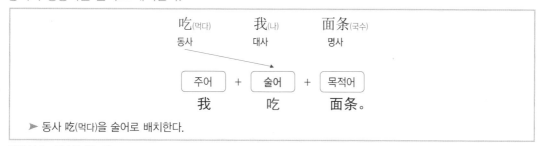

▶ 동사 吃(먹다)을 술어로 배치한다.

해석 | 나는 국수를 먹는다.

어휘 | 吃 chī 图 먹다　面条 miàntiáo 圀 국수

我爷爷　非常　健康。우리 할아버지는 매우 건강하시다.
　주어　　부사어　술어

▶ 형용사 健康(건강하다)을 술어로 배치한다. 참고로, 형용사가 술어인 경우 목적어를 취하지 않음을 알아 둔다.

어휘 | 爷爷 yéye 圀 할아버지　非常 fēicháng 閉 매우　健康 jiànkāng 图 건강하다

2. '동사+了/着/过'나 '동사/형용사+得'를 술어로 배치한다.

동태조사 了/着/过는 동사 뒤에 붙어서 완료, 진행, 경험을 나타내는 술어를 만들고, 구조조사 得는 동사나 형용사 뒤에 붙어서 보어를 취하는 술어를 만들어 준다.

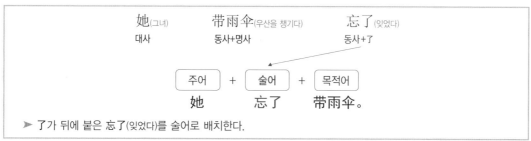

▶ 了가 뒤에 붙은 忘了(잊었다)를 술어로 배치한다.

해석 | 그녀는 우산 챙기는 것을 잊었다.

어휘 | 带 dài 图 챙기다　雨伞 yǔsǎn 圀 우산　忘 wàng 图 잊다

* 술어로 배치하는 '동사+了/着/过'와 '동사/형용사+得'

동사+了/着/过 (~했다/~하고 있다/~한 적 있다)	穿了 chuānle 입었다 放着 fàngzhe 놓여져 있다 见过 jiànguo 본 적 있다	买了 mǎile 샀다 写着 xiězhe 쓰여져 있다 吃过 chīguo 먹은 적 있다
동사/형용사+得 (~하게 -하다/ -해서 ~하다)	长得 zhǎng de ~하게 생기다 打扫得 dǎsǎo de ~하게 청소하다 高兴得 gāoxìng de 기뻐서 ~하다	提高得 tígāo de ~하게 향상되다 结束得 jiéshù de ~하게 끝나다 害怕得 hàipà de 두려워서 ~하다

3. 주술(목)구/술목구를 목적어로 가질 수 있는 동사를 술어로 배치한다.

제시된 어휘 중 동사가 2개이거나 동사와 형용사가 모두 있는데 그중 1개가 주술(목)구/술목구를 목적어로 가질 수 있는 동사이면 그 동사를 술어로 배치한다.

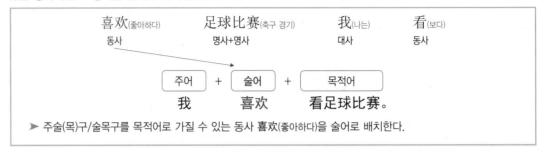

해석 | 나는 축구 경기를 보는 것을 좋아한다.
어휘 | 足球 zúqiú 圆 축구　**比赛** bǐsài 圆 경기

* 주술(목)구/술목구를 목적어로 가질 수 있는 동사

喜欢 xǐhuan 좋아하다	**知道** zhīdào 알다, 이해하다	**觉得** juéde ~이라고 생각하다
打算 dǎsuan ~할 계획이다	**忘(记)** wàng(jì) 잊다, 잊어버리다	**习惯** xíguàn 습관이 되다, 익숙해지다

4. 문장의 맨 앞에 오는 동사를 술어로 배치한다.

请(~해 주세요), **欢迎**(환영하다)과 같은 동사는 문장의 맨 앞에 술어로 배치할 수 있다. 문맥상 화자가 누구인지 분명히 알 수 있어 주어가 생략된 경우이다.

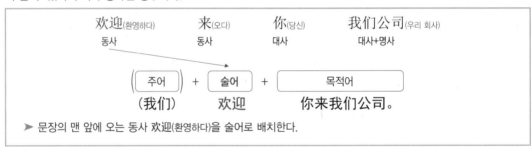

해석 | (우리는) 당신이 우리 회사에 온 것을 환영해요.
어휘 | 欢迎 huānyíng 圄 환영하다　**公司** gōngsī 圆 회사

확인학습

제시된 어휘를 알맞은 자리의 밑줄에 써서 문장을 완성하세요.

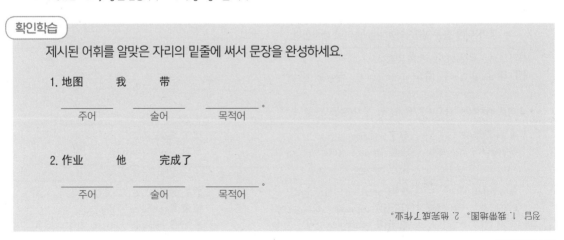

정답 1. 我喜欢看地图。 2. 他完成了作业。

해석 해설집 p.80

제시된 어휘로 어순에 맞는 문장을 완성하세요.

1. 只吃过　　我跟小白　　一次饭

   정답: _____

2. 我爷爷　　这个季节　　喜欢

   정답: _____

3. 夏小姐　　新皮鞋　　穿了

   정답: _____

4. 她为什么　　我不知道　　生气

   정답: _____

5. 蓝色笔记本　　书桌上　　放着

   정답: _____

6. 那家饭店　　经常去　　她

   정답: _____

7. 给我发　　你　　电子邮件　　请

   정답: _____

정답 해설집 p.80

먼저 주어는 술어의 주체가 되는 성분이고, 목적어는 술어의 대상이 되는 성분이다. 따라서 술어를 배치한 후, 술어와 의미상 어울리는 어휘를 찾아서 주어, 목적어로 배치한다.

예제 맛보기

三楼　　在　　办公室

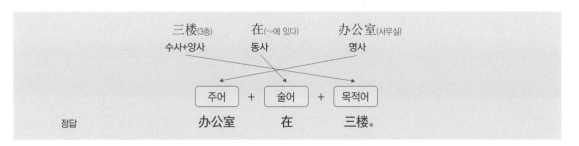

	三楼(3층)	在(~에 있다)	办公室(사무실)
	수사+양사	동사	명사

	주어	+	술어	+	목적어
정답	办公室		在		三楼。

해석　사무실은 3층에 있다.

해설　동사 在(~에 있다)를 술어로 배치한 후, 술어와 의미상 어울리는 三楼(3층)를 목적어, 办公室(사무실)을 주어로 배치하여 문장을 완성한다.

어휘　楼 lóu 몡 층　办公室 bàngōngshì 몡 사무실

1 주어와 목적어 배치하기

1. 대사나 명사를 주어 또는 목적어로 배치한다.

대사나 명사 중 의미상 술어의 대상이 되는 것을 먼저 목적어로 배치한 다음, 술어의 주체가 되는 것을 주어로 배치한다.

➤ 의미상 술어 **想了解**(알고 싶다)의 대상이 되는 명사 **中国历史**(중국 역사)을 목적어로 배치한 후 대사 **我**(나)를 주어로 배치한다.

해석 | 나는 중국 역사를 알고 싶다.

어휘 | **历史** lìshǐ 몡 역사　**想** xiǎng 조동 ～하고 싶다　**了解** liǎojiě 동 (자세하게) 알다

2. 부사/조동사/개사(구)가 뒤에 붙은 대사나 명사는 항상 주어로 배치한다.

부사/조동사/개사(구)는 술어 앞에 쓰이므로 부사/조동사/개사(구)가 뒤에 붙은 대사나 명사는 항상 주어로 배치한다.

➤ 부사 **终于**(마침내)가 대사 뒤에 붙은 **他终于**(그는 마침내)를 주어로 배치한다. 참고로 **手表了**(손목시계)의 **了**는 명사 뒤에 붙었으므로 술어로 배치하지 않도록 주의한다. 어기조사 **了**는 없어졌던 시계를 찾아냈다는 상태의 변화를 나타낸다.

해석 | 그는 마침내 손목시계를 찾아냈다.

어휘 | **终于** zhōngyú 뷔 마침내　**手表** shǒubiǎo 몡 손목시계　**找到** zhǎodào 찾아내다

3. 주술(목)구/술목구를 주어로 배치한다.

제시된 어휘 중 술어가 되는 동사가 2개이거나 동사와 형용사가 모두 있는 경우, 주술(목)구 또는 술목구 주어를 고려하여 문장을 완성한다.

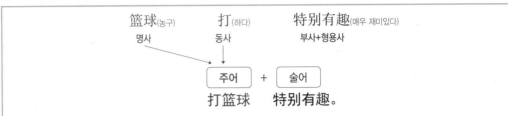

▶ 동사 打(하다)와 명사 篮球(농구)를 打篮球(농구를 하다)라는 술목구 형태로 연결하여 주어로 배치한다. 주술구/술목구를 주어로 배치하였을 경우, '~하는 것'이라는 의미를 나타낸다.

해석 | 농구를 하는 것은 매우 재미있다.

어휘 | 特别 tèbié 囝 매우, 아주 有趣 yǒuqù 휑 재미있다, 흥미가 있다

4. 주술(목)구/술목구를 목적어로 배치한다.

주술(목)구/술목구를 목적어로 가질 수 있는 동사를 술어로 배치한 경우, 주술(목)구/술목구 목적어를 고려하여 문장을 완성한다. • 교재 p.162에 있는 주술(목)구/술목구를 목적어로 가질 수 있는 동사를 한번 더 확인하세요.

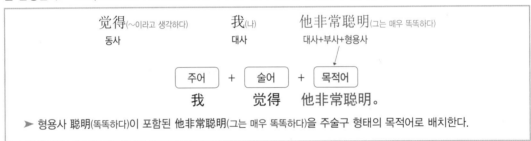

▶ 형용사 聪明(똑똑하다)이 포함된 他非常聪明(그는 매우 똑똑하다)을 주술구 형태의 목적어로 배치한다.

해석 | 나는 그가 매우 똑똑하다고 생각한다.

어휘 | 觉得 juéde 튐 ~이라고 생각하다 非常 fēicháng 囝 매우 聪明 cōngming 휑 똑똑하다

(확인학습)

제시된 어휘를 알맞은 자리의 밑줄에 써서 문장을 완성하세요.

1. 熊猫　　喜欢　　　她特别

　　_____　_____　_____　。
　　　주어　　　　술어　　　　목적어

2. 不明白　　　我　　　老师的意思

　　_____　_____　_____　。
　　　주어　　　　술어　　　　목적어

정답 | 1. 她特别喜欢熊猫。 2. 我不明白老师的意思。

해석 해설집 p.82

제시된 어휘로 어순에 맞는 문장을 완성하세요.

1. 自行车　　骑　　他想

   정답: _____

2. 阿姨没　　熊猫　　见过

   정답: _____

3. 很关心　　校长其实　　我们

   정답: _____

4. 他的个子　　我　　很高　　觉得

   정답: _____

5. 上　　在　　文化馆　　那条街道

   정답: _____

6. 他对　　特别满意　　新来的人

   정답: _____

7. 听　　弟弟　　历史故事　　很喜欢

   정답: _____

정답 해설집 p.82

합격비책 **03** 관형어·부사어 배치하기

관형어는 주어나 목적어를 수식하고 부사어는 술어를 수식하며, 이들 관형어와 부사어는 항상 수식하는 대상 바로 앞에 위치한다. 따라서 술어·주어·목적어를 배치한 후, 관형어가 되는 어휘는 주어나 목적어 앞에, 부사어가 되는 어휘는 술어 앞에 배치한다.

• 예제 맛보기

又　　电梯　　这个楼的　　坏了

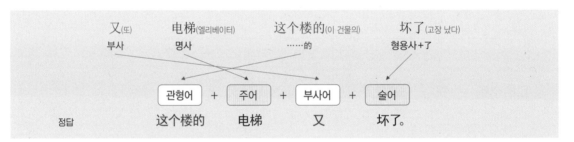

	又(또)	电梯(엘리베이터)	这个楼的(이 건물의)	坏了(고장 났다)
	부사	명사	……的	형용사+了

관형어	+	주어	+	부사어	+	술어

정답　　这个楼的　　电梯　　又　　坏了。

해석　　이 건물의 엘리베이터가 또 고장 났다.

해설　　'형용사+了'인 坏了(고장 났다)를 술어로 배치한 후, 술어와 의미상 어울리는 电梯(엘리베이터)를 주어로 배치한다. 남은 어휘 중 的가 뒤에 붙은 这个楼的(이 건물의)는 주어 电梯 앞에 관형어, 부사 又(또)는 술어 坏了 앞에 부사어로 배치하여 문장을 완성한다.

어휘　　又 yòu 團 또, 다시　电梯 diàntī 圆 엘리베이터　楼 lóu 圆 (2층 이상의) 건물
坏 huài 圈 고장 나다, 망가지다

•• 비책 공략하기

1 관형어 배치하기

1. '대사+양사' 또는 '수사+양사'를 관형어로 배치한다.

只(마리), 个(개) 등의 양사가 붙은 어휘는 관형어로 쓰이므로 의미상 어울리는 주어나 목적어 앞에 관형어로 배치한다. • 교재 기초학습 p.25에 있는 양사의 종류를 한번 더 확인하세요.

➤ '대사+양사'인 这只(이 한 마리)을 주어 小狗(강아지) 앞에 관형어로 배치한다.

해석 | 이 한 마리의 강아지는 매우 귀엽다.

어휘 | 只 zhī 囹 마리   可爱 kě'ài 휑 귀엽다   小狗 xiǎogǒu 囹 강아지

2. 的가 뒤에 붙은 어휘를 관형어로 배치한다.

的(~의/한)가 붙은 어휘는 관형어로 쓰이므로 의미상 어울리는 주어나 목적어 앞에 관형어로 배치한다.

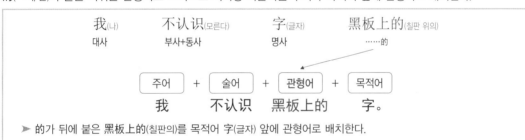

➤ 的가 뒤에 붙은 黑板上的(칠판의)를 목적어 字(글자) 앞에 관형어로 배치한다.

해석 | 나는 칠판의 글자를 모른다.

어휘 | 认识 rènshi 동 알다   字 zì 囹 글자   黑板 hēibǎn 囹 칠판

2 부사어 배치하기

1. 부사를 부사어로 배치한다.

부사는 동사나 형용사를 수식하므로 술어 앞에 부사어로 배치한다.

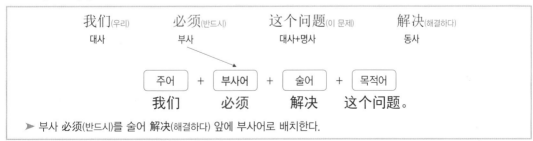

➤ 부사 必须(반드시)를 술어 解决(해결하다) 앞에 부사어로 배치한다.

해석 | 우리는 반드시 이 문제를 해결해야 한다.

어휘 | 必须 bìxū 휑 반드시   这个 zhège 떼 이, 이것   问题 wèntí 囹 문제   解决 jiějué 동 해결하다

2. 조동사를 부사어로 배치한다.

愿意, 能, 想 등의 조동사는 동사를 수식하므로 술어 앞에 부사어로 배치한다.

• 교재 기초학습 p.25에 있는 조동사의 종류를 한번 더 확인하세요.

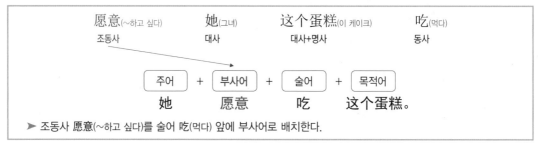

해석 | 그녀는 이 케이크를 먹고 싶다.

어휘 | 愿意 yuànyì 조동 ~하고 싶다, 바라다   蛋糕 dàngāo 명 케이크   吃 chī 동 먹다

3. 개사구를 부사어로 배치한다.

在, 对, 跟 등의 개사는 뒤에 명사나 대사와 함께 개사구를 이루어 동사나 형용사를 수식하므로 술어 앞에 부사어로 배치한다.

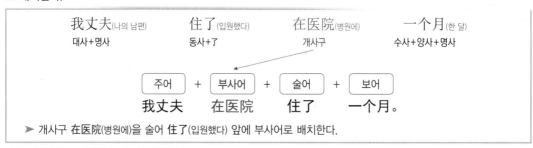

해석 | 나의 남편은 병원에 한 달간 입원했다.

어휘 | 丈夫 zhàngfu 명 남편   住 zhù 동 입원하다, 살다   医院 yīyuàn 명 병원   月 yuè 명 달

확인학습

제시된 어휘를 알맞은 자리의 밑줄에 써서 문장을 완성하세요.

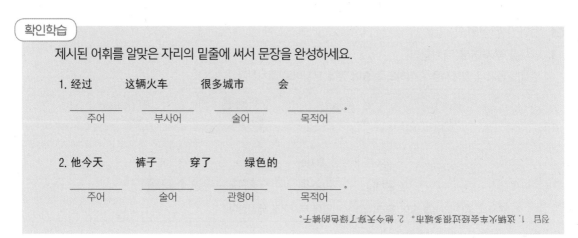

정답 1. 这辆火车会经过很多城市。 2. 他今天穿了绿色的裤子。

해석 해설집 p.84

제시된 어휘로 어순에 맞는 문장을 완성하세요.

1. 自行车　　我　　一辆　　买了

   정답: _____

2. 这次考试　　非常　　对我　　重要

   정답: _____

3. 比较　　找弟弟　　矮　　的　　个子

   정답: _____

4. 饭店的　　这家　　很好吃　　面条

   정답: _____

5. 条　　裤子　　那　　好看　　特别

   정답: _____

6. 经理　　问题　　解决　　想

   정답: _____

7. 可爱　　这只小狗　　啊　　多么

   정답: _____

정답 해설집 p.84

합격비책 04 보어 배치하기

보어는 '술어+得' 또는 술어 뒤에서 술어의 정도, 결과, 방향, 수량 등의 의미를 보충하는 문장성분이다. 술어를 먼저 배치한 후 보어가 되는 어휘를 술어 뒤에 보어로 배치한다. HSK 3급에서 자주 출제되는 '술어+보어' 표현을 알아 두면 쉽게 배치할 수 있다.

• 예제 맛보기

结束得   很晚   比赛

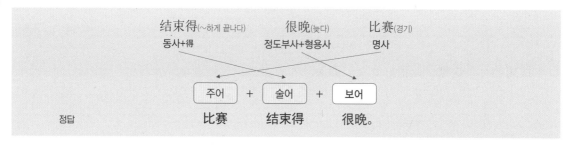

해석	경기가 늦게 끝났다.

해설   '동사+得'인 结束得(~하게 끝나다)를 술어로 배치한 후, '정도부사+형용사'인 很晚(늦다)을 得가 붙은 술어 结束得 뒤에 보어로 배치한다. 남은 어휘 比赛(경기)는 주어로 배치하여 문장을 완성한다.

어휘   结束 jiéshù 통 끝나다, 마치다   晚 wǎn 형 (규정된 시간보다) 늦다   比赛 bǐsài 명 경기, 시합

•• 비책 공략하기

1 정도보어 배치하기

1. '동사/형용사+得' 뒤에 '정도부사+형용사' 또는 '……了起来(~하기 시작했다)'를 정도보어로 배치한다.

제시된 어휘 중 동사/형용사와 得 또는 '동사/형용사+得', 그리고 '정도부사+형용사', '……了起来(~하기 시작했다)'가 보이면 '동사/형용사+得' 형태로 술어를 먼저 배치한 후, '정도부사+형용사'나 '……了起来'를 술어 뒤에 정도보어로 배치한다.

这个(이)　　　　卖得(팔린다)　　　　帽子(모자)　　　　非常好(매우 잘)
대사　　　　　　동사+得　　　　　　명사　　　　　　정도부사+형용사

관형어	+	주어	+	술어	+	보어
这个		帽子		卖得		非常好。

➤ '동사+得'인 卖得(~하게 팔리다)를 술어로 먼저 배치한 후, '정도부사+형용사'인 非常好(매우 잘)를 술어 卖得 뒤에 정도보어로 배치한다.

해석 | 이 모자는 매우 잘 팔린다.

어휘 | 卖 mài 圄 팔다　帽子 màozi 圀 모자　非常 fēicháng 凰 매우, 대단히

* 빈출 '술어+得+정도보어' 표현

打扫+得+很干净 dǎsǎo de hěn gānjìng 깨끗하게 청소했다
提高+得+很快 tígāo de hěn kuài 빠르게 향상되었다
害怕+得+哭了起来 hàipà de kūle qǐlai 무서워서 울기 시작했다
高兴+得+跳了起来 gāoxìng de tiàole qǐlai 기뻐서 펄쩍 뛰었다

2. 형용사 술어 뒤에 '极了(정말 ~하다)'를 정도보어로 배치한다.

这只　　小狗　　可爱　　极了。 이 강아지는 정말 귀엽다.
관형어　　주어　　술어　　보어

➤ 형용사 可爱(귀엽다)를 술어로 먼저 배치한 후, 极了(정말 ~하다)를 술어 可爱 뒤에 정도보어로 배치한다.

어휘 | 只 zhī 圀 마리　小狗 xiǎogǒu 圀 강아지　可爱 kě'ài 圄 귀엽다　……极了……jí le 정말 ~하다

2 결과보어/방향보어/수량보어 배치하기

1. 동사 술어 뒤에 '동사+了'나 '형용사+了'를 결과보어로 배치한다.

제시된 어휘 중 동사와 '동사/형용사+了'가 모두 보이면 동사를 술어로 먼저 배치한 후, '동사/형용사+了'를 술어 뒤에 결과보어로 배치한다. 이때 '동사/형용사+了'는 동사의 결과를 나타낸다.

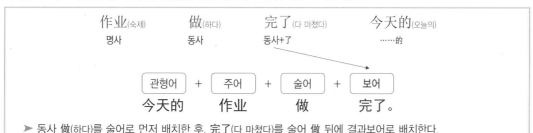

作业(숙제)　　　　做(하다)　　　　完了(다 마쳤다)　　　　今天的(오늘의)
명사　　　　　　동사　　　　　　동사+了　　　　　　……的

관형어	+	주어	+	술어	+	보어
今天的		作业		做		完了。

➤ 동사 做(하다)를 술어로 먼저 배치한 후, 完了(다 마쳤다)를 술어 做 뒤에 결과보어로 배치한다.

해석 | 오늘의 숙제는 다 마쳤다.

어휘 | 作业 zuòyè 圀 숙제, 과제　做 zuò 圄 하다　完 wán 圄 마치다　今天 jīntiān 圀 오늘

* 빈출 '술어+결과보어' 표현

吃+完了 chīwán le 다 먹었다	拿+走了 názǒu le 가져갔다
吃+饱了 chībǎo le 배부르게 먹었다	回答+错了 huídá cuò le 틀리게 대답했다

2. 동사 술어 뒤에 来(오다)/上(오르다)/过去(가다)/起来(일어서다, ~하기 시작하다)를 방향보어로 배치한다.

제시된 어휘 중 동사와 来(오다)/上(오르다)/过去(가다)/起来(일어서다, ~하기 시작하다)가 모두 보이면, 동사를 술어로 먼저 배치한 후, 来/上/过去/起来를 술어 뒤에 방향보어로 배치한다. 방향보어는 술어 뒤에서 동작의 방향을 나타낸다.

照片　已经　发　过去了。 사진은 이미 발송되었다.
<small>주어　　부사어　술어　보어</small>

➤ 동사 发(발송하다)를 술어로 먼저 배치한 후, 过去(가다)를 술어 发 뒤에 방향보어로 배치한다.

어휘 | 照片 zhàopiàn 몡 사진　已经 yǐjīng 뵈 이미, 벌써　发 fā 동 보내다, 발생하다

* 빈출 '술어+방향보어' 표현

拿+来 nálai 가져오다	关+上 guānshang 끄다
发+过去 fā guòqu 발송하다	看+起来 kàn qǐlai ~처럼 보이다

3. 동작의 횟수를 나타내는 표현 또는 시간의 길이를 나타내는 표현을 수량보어로 배치한다.

제시된 어휘 중 동사와 동작의 횟수를 나타내는 표현 또는 시간의 길이를 나타내는 표현이 모두 보이면, 동사를 술어로 먼저 배치한 후, 동작의 횟수나 시간의 길이를 나타내는 표현을 술어 뒤에 수량보어로 배치한다. 동작의 횟수를 나타내는 표현은 동량보어로, 시간의 길이를 나타내는 표현은 시량보어로 쓰인다.

我　见过　她　两次。 나는 그녀를 두 번 만난 적 있다.
<small>주어　술어　목적어　보어</small>

➤ '동사+过'인 见过(만난 적 있다)를 술어로 먼저 배치한 후, 동작의 횟수를 나타내는 표현인 两次(두 번)를 술어 见过 뒤에 수량보어로 배치한다.

어휘 | 过 guo 조 ~한 적이 있다 [동작의 완료·경험을 나타냄]　两 liǎng 仝 둘, 2　次 cì 몡 번, 회

* 빈출 '술어+동량보어', '술어+시량보어' 표현

见过+一次 jiànguo yí cì 한 번 만난 적 있다	玩儿+半个小时 wánr bàn ge xiǎoshí 30분 동안 놀다
等了+一个小时 děngle yí ge xiǎoshí 1시간 동안 기다렸다	留学了+三年 liúxuéle sān nián 3년 동안 유학했다

확인학습

제시된 어휘를 알맞은 자리의 밑줄에 써서 문장을 완성하세요.

1. 早就　　这件事情　　好了　　解决

　　———　　　———　　　———　　———。
　　주어　　　부사어　　　술어　　　보어

2. 他已经　　很久了　　离开

　　———　　　———　　　———。
　　주어　　　술어　　　보어

<small>정답 1. 这件事情早就解决好了。 2. 他已经离开很久了。</small>

해석 해설집 p.86

제시된 어휘로 어순에 맞는 문장을 완성하세요.

1. 打扫　　教室　　得　　很干净

정답: _____

2. 拿　　妹妹　　一个果盘　　来了

정답: _____

3. 安静　　校园　　极了

정답: _____

4. 提高　　她的　　汉语水平　　很快　　得

정답: _____

5. 孩子们　　跳了起来　　突然　　高兴得

정답: _____

6. 完了　　那杯饮料　　喝　　已经

정답: _____

7. 三年　　留学了　　朋友　　已经　　我的

정답: _____

정답 해설집 p.86

是자문은 '–은 ~이다'라는 의미의 문형이고, 有자문은 '–에 ~이 있다'라는 의미의 문형이다. 따라서 제시된 어휘 중 是, 有가 있으면 각각 해당 문형을 완성한다. 또한, 제시된 어휘 중 吗나 의문사가 있는 경우에는 의문문을 완성해야 한다.

● 예제 맛보기

是	音乐节目	一个	这

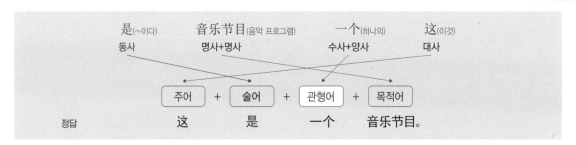

해석	이것은 음악 프로그램이다.
해설	제시된 어휘 중 **是**이 보이므로 **是**자문을 완성한다. **是**(~이다)을 술어로 배치하고, '–은 ~이다'라는 의미가 되도록 **这**(이것)와 **音乐节目**(음악 프로그램)를 각각 주어와 목적어로 배치한다. 남은 어휘인 **一个**(하나의)를 목적어 **音乐节目**(음악 프로그램) 앞에 관형어로 배치하여 문장을 완성한다.
어휘	**音乐** yīnyuè 몡 음악 **节目** jiémù 몡 프로그램, 항목

•• 비책 공략하기

1 是자문 완성하기

1. 제시된 어휘 중 是이 보이면 술어로 배치하고, '–은 ~이다'라는 의미가 되도록 남은 어휘를 배치한다.

해석 | 판다는 귀여운 동물이다.
어휘 | 熊猫 xióngmāo 圀 판다 可爱 kě'ài 圀 귀엽다 种 zhǒng 圀 종, 종류 动物 dòngwù 圀 동물

2. 제시된 어휘 중 是과 的, 그리고 是 이외의 다른 동사나 형용사가 보이면 是–的 강조구문을 완성한다.

这个 空调 是 什么时候 买 的? 이 에어컨은 언제 산 것인가?
관형어 주어 是 부사어(강조내용) 술어 的

▶ 동사 买(사다)를 술어로 두고, 是과 的를 제외한 나머지 어휘를 어순에 맞게 배치한 후, 是은 주어 空调(에어컨) 뒤, 的는 문장 끝에 배치하여 是–的 강조구문을 완성한다.

어휘 | 空调 kōngtiáo 圀 에어컨 什么时候 shénme shíhou 언제 买 mǎi 圄 사다

2 有자문 완성하기

1. 제시된 어휘 중 有가 있으면 술어로 배치하고, '–에 ~이/가 있다'라는 의미가 되도록 남은 어휘를 배치한다. 이때, 장소를 나타내는 어휘는 항상 有 앞에 주어로 배치한다.

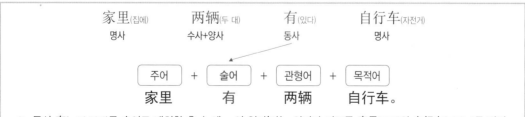

해석 | 집에 두 대의 자전거가 있다.
어휘 | 辆 liàng 圀 대, 량 [차량을 세는 단위] 有 yǒu 圄 있다 自行车 zìxíngchē 圀 자전거

3 의문문 완성하기

1. 어기조사 吗가 보이면 먼저 평서문을 만든 후, 吗와 물음표(?)를 문장 맨 끝에 배치하여 의문문을 완성한다.

你　知道　这个城市的　历史　吗？ 당신은 이 도시의 역사를 알고 있나요?
　주어　술어　관형어　목적어

➤ 동사 知道(알다)를 술어, 你(당신)와 历史(역사)은 각각 주어와 목적어, 그리고 的가 붙은 这个城市的(이 도시의)는 목적어 앞에 관형어로 배치하여 평서문을 만든 후, 吗와 물음표(?)를 문장 맨 끝에 배치하여 의문문을 완성한다.

어휘 | 城市 chéngshì 명 도시 历史 lìshǐ 명 역사

2. 什么(무엇), 多少(얼마), 几(몇)와 같은 의문사가 보이면 목적어나 관형어로 배치하고 물음표(?)를 붙여서 의문문을 완성한다.

奶奶最喜欢的　季节　是　什么？ 할머니가 가장 좋아하는 계절은 무엇인가요?
　관형어　주어　술어　목적어

➤ 동사 是(~이다)을 술어, 季节(계절)를 주어, 奶奶最喜欢的(할머니가 가장 좋아하는)를 주어 앞에 관형어로 배치한 후, 의문사 什么(무엇)를 목적어로 배치하여 의문문을 완성한다.

어휘 | 奶奶 nǎinai 명 할머니 季节 jìjié 명 계절

你　花了　多少　钱？ 너는 얼마의 돈을 썼니?
주어　술어　관형어　목적어

➤ 동사+了인 花了(썼다)를 술어, 你(너)를 주어, 钱(돈)을 목적어로 배치한 후, 의문사 多少(얼마)를 목적어 앞에 관형어로 배치하여 의문문을 완성한다.

어휘 | 花 huā 동 쓰다

3. 是不是이 보이면 평서문을 만든 후, 是不是을 주어 뒤에 배치하고 물음표(?)를 붙여 의문문을 완성한다.

办公室里　是不是　有　10台　电脑？ 사무실에 모두 열 대의 컴퓨터가 있어요, 없어요?
　주어　부사어　술어　관형어　목적어

➤ 동사 有(~이 있다)를 술어, 办公室里(사무실에)와 电脑(컴퓨터)는 각각 주어와 목적어, 그리고 '수사+양사'인 10台(열 대)는 목적어 앞에 관형어로 배치하여 평서문을 만든 후, 是不是을 주어 뒤에 배치하여 의문문을 완성한다.

어휘 | 办公室 bàngōngshì 명 사무실 台 tái 명 대, 차례 [기계 따위나 연극의 공연 횟수 따위를 셀 때 씀]

확인학습

제시된 어휘를 알맞은 자리의 밑줄에 써서 문장을 완성하세요.

1. 一名　　是　　他　　老师

　___주어___　___술어___　___관형어___　___목적어___。

2. 有　　商店　　学校附近

　___주어___　___술어___　___목적어___。

정답 1. 他是一名老师。 2. 学校附近有商店。

해석 해설집 p.88

제시된 어휘로 어순에 맞는 문장을 완성하세요.

1. 是谁   老爷爷   的   照片上

    정답: _____

2. 一共有三个   这段话   句子   是不是

    정답: _____

3. 八个   六年级   有   班级

    정답: _____

4. 什么时候   你   是   离开的

    정답: _____

5. 几张   有   信用卡   你的钱包里

    정답: _____

6. 香蕉   很甜的   是   一种   水果

    정답: _____

7. 世界上   国家   有   一共   多少个

    정답: _____

정답 해설집 p.88

합격비책 06 把자문·被자문·比자문 완성하기

把자문은 '(행위의 대상)을 (술어)하다'는 의미를 갖고, 被자문은 '(행위의 주체)에 의해 (술어)되다'는 의미를 갖는 문형이며, 比자문은 '(비교대상)보다 (술어)하다'는 의미를 갖는 문형이다. 따라서 제시된 어휘 중 把, 被, 比가 있으면 해당 문형을 완성할 수 있어야 한다.

● 예제 맛보기

词典	把	谢老师	还给我了

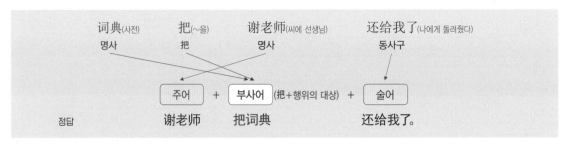

| 정답 | 谢老师 | 把词典 | 还给我了。 |

해석   씨에 선생님은 나에게 사전을 돌려줬다.

해설   제시된 어휘 중 把가 보이므로 把자문을 완성한다. 동사구 还给我了(나에게 돌려줬다)를 술어로 배치한 후, 把(~을)와 词典(사전)을 把词典(사전을)으로 연결하여 술어 앞에 把+행위의 대상으로 배치한다. 남은 어휘 谢老师(씨에 선생님)을 주어로 배치하여 문장을 완성한다. 참고로, 술어로 배치한 还给我了에서 给我了(나에게 줬다)는 还(돌려주다)이라는 행위의 결과를 나타내는 기타성분이 된다.

어휘   词典 cídiǎn 몡 사전 把 bǎ 꽤 ~을/를 老师 lǎoshī 몡 선생님 还 huán 툉 돌려주다 给 gěi 툉 주다

•• 비책 공략하기

1 把자문 완성하기

1. 제시된 어휘 중 把나 把로 시작하는 어휘가 보이면 술어 앞에 부사어로 배치하고, 행위의 결과를 나타내는 어휘나 동태조사 了를 술어 뒤에 기타성분으로 배치한다.

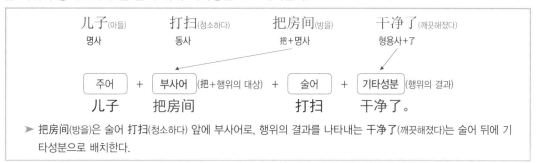

> ▶ 把房间(방을)은 술어 打扫(청소하다) 앞에 부사어로, 행위의 결과를 나타내는 干净了(깨끗해졌다)는 술어 뒤에 기타성분으로 배치한다.

해석 | 아들이 방을 깨끗하게 청소했다.

어휘 | 儿子 érzi 몡 아들   打扫 dǎsǎo 통 청소하다   房间 fángjiān 몡 방   干净 gānjìng 톙 깨끗하다

2. 제시된 어휘 중 부사가 있을 경우 '把＋행위의 대상' 앞에 부사어로 배치한다.

我   终于   把房子   卖   了。 나는 마침내 집을 팔았다.
주어   부사어 부사어(把＋행위의 대상) 술어 기타성분(행위의 결과)

> ▶ 부사 终于(마침내)는 '把＋행위의 대상' 앞에 부사어로 배치한다. 동태조사 了가 술어 卖(팔다) 뒤에서 기타성분이 된다.

어휘 | 终于 zhōngyú 囝 마침내   房子 fángzi 몡 집   卖 mài 통 팔다

2 被자문 완성하기

1. 제시된 어휘 중 被나 被로 시작하는 어휘가 보이면 술어 앞에 부사어로 배치하고, 행위의 결과를 나타내는 어휘나 동태조사 了를 술어 뒤에 기타성분으로 배치한다.

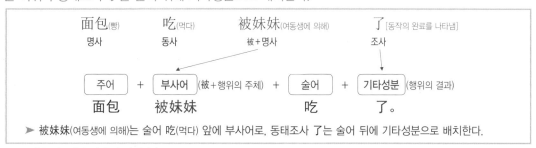

> ▶ 被妹妹(여동생에 의해)는 술어 吃(먹다) 앞에 부사어로, 동태조사 了는 술어 뒤에 기타성분으로 배치한다.

해석 | 빵은 여동생에 의해 다 먹어졌다.

어휘 | 面包 miànbāo 몡 빵   吃 chī 통 먹다   被 bèi 꿰 ~에 의해   妹妹 mèimei 몡 여동생

3 比자문

1. 제시된 어휘 중 比나 比로 시작하는 어휘가 보이면 주어 뒤에 부사어로 배치한다.

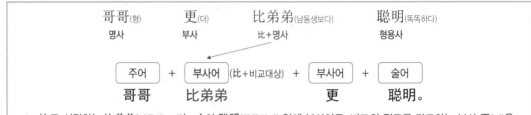

> 比로 시작하는 比弟弟(남동생보다)는 술어 聪明(똑똑하다) 앞에 부사어로, 비교의 정도를 강조하는 부사 更(더)은
> 술어 앞에 부사어로 배치한다.

해석 | 형은 남동생보다 더 똑똑하다.

어휘 | 哥哥 gēge 圐 형, 오빠　更 gèng 闸 더, 더욱　比 bǐ 阋 ~보다　弟弟 dìdi 圐 남동생　聪明 cōngming 阋 똑똑하다

2. 비교의 정도를 강조하는 부사 还, 都, 更 등이 보이면 '比+비교대상' 뒤에 부사어로 배치한다.

今年的冬天　比去年　还　冷。 올해 겨울은 작년보다 더 춥다.
　관형어+주어　부사어(比+비교대상)　부사어　술어

> 비교의 정도를 강조하는 부사 还(더)를 술어 冷(춥다) 앞에 부사어로 배치한다.

어휘 | 今年 jīnnián 圐 올해　冬天 dōngtiān 圐 겨울　去年 qùnián 圐 작년　还 hái 闸 더, 더욱　冷 lěng 阋 춥다

3. 没有(~만큼 ~하지 않다)와 형용사가 보이면 比자문의 부정형인 '주어+没有+비교대상+술어' 완성을 고려
한다.

他的个子　没有　我　高。 그의 키는 나만큼 크지 않다.
　주어　没有　비교대상　술어

> 没有(~만큼 ~하지 않다)와 我(나)를 没有我(나만큼 ~하지 않다)로 연결하여 술어 高(크다) 앞에 부사어로 배치한다.

어휘 | 个子 gèzi 圐 (사람의) 키, 체격　高 gāo 阋 (키가) 크다, 높다

확인학습

제시된 어휘를 알맞은 자리의 밑줄에 써서 문장을 완성하세요.

1. 篮球　　打飞了　　被弟弟

　　_____　　_____　　_____。
　　　주어　　　　부사어　　　　술어

2. 干干净净　　她丈夫　　把羊肉　　吃得

　　_____　　_____　　_____　　_____。
　　　주어　　　　부사어　　　　술어　　　　기타성분

정답 1. 篮球被弟弟打飞了。 2. 她丈夫把羊肉吃得干干净净。

해석 해설집 p.90

제시된 어휘로 어순에 맞는 문장을 완성하세요.

1. 把菜单　　我的桌子上了　　放在　　服务员

   정답: _____

2. 蛋糕　　弟弟　　吃完　　了　　把

   정답: _____

3. 房间里　　被妈妈　　花瓶　　搬到了

   정답: _____

4. 那个新空调　　小万　　拿走了　　被

   정답: _____

5. 王校长　　年轻　　比你　　还

   정답: _____

6. 把　　写完　　你必须　　数学作业

   정답: _____

7. 我的头发　　长　　妹妹　　没有　　那么

   정답: _____

정답 해설집 p.90

연동문은 '~하고/하러 −하다'라는 의미로 두 개의 동작이 연속으로 일어나는 것을 나타내는 문형이다. 겸어문은 '~을 ~하게 하다'는 의미로 시킴을 당하는 대상이 목적어이면서 동작을 하는 주어를 겸하는 것을 나타내는 문형이다.

예제 맛보기

我	地铁	去超市	坐

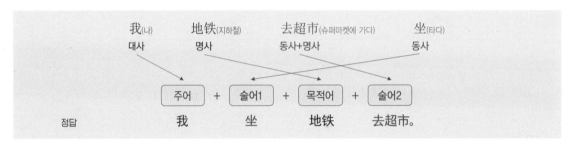

| 정답 | 我 | 坐 | 地铁 | 去超市。 |

해석   나는 지하철을 타고 슈퍼마켓에 간다.

해설   제시된 어휘 중 동작동사가 去(가다), 坐(타다) 2개 보이므로 연동문을 완성한다. 타는 동작이 가는 동작보다 먼저
발생하므로 坐(타다)를 술어1, 去超市(슈퍼마켓에 가다)을 술어2로 배치한다. 남은 어휘 중 명사 地铁(지하철)는 의
미상 어울리는 술어1 坐 뒤에 목적어로, 대사 我(나)는 주어로 배치하여 문장을 완성한다.

어휘   地铁 dìtiě 몡 지하철   超市 chāoshì 몡 슈퍼마켓   坐 zuò 통 (교통수단을) 타다, 앉다

•• 비책 공략하기

1 연동문

1. 제시된 어휘에 동작동사가 2개 보이면, '주어＋술어1(＋목적어1)＋술어2(＋목적어2)'의 어순을 완성한다.

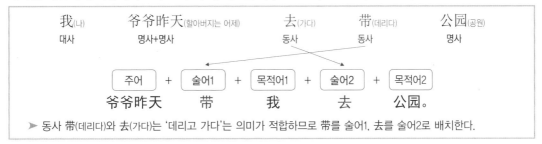

> ➤ 동사 带(데리다)와 去(가다)는 '데리고 가다'는 의미가 적합하므로 带를 술어1, 去를 술어2로 배치한다.

해석 | 할아버지는 어제 나를 데리고 공원에 갔다.

어휘 | 爷爷 yéye 몡 할아버지　昨天 zuótiān 몡 어제　去 qù 통 가다　带 dài 통 데리다　公园 gōngyuán 몡 공원

2. 두 개의 동사 중 의미상 먼저 발생한 동작을 술어1로, 그 다음 발생한 동작을 술어2로 배치한다.

我　经常　去　图书馆　看　书。 나는 책을 보러 자주 도서관에 간다.
주어　부사어　술어1　목적어1　술어2　목적어

> ➤ 도서관에 가는 동작이 책을 보는 것보다 먼저 발생하므로 去(가다)를 술어1, 看(보다)을 술어2로 배치한다.

어휘 | 经常 jīngcháng 튀 자주　图书馆 túshūguǎn 몡 도서관　看 kàn 통 보다

3. 부사와 조동사는 술어1 앞에 부사어로 배치한다.

我　想　去　国外　留学。 나는 해외로 가서 유학하고 싶다.
주어　부사어　술어1　목적어1　술어2

> ➤ 조동사 想(~하고 싶다)을 술어1 去(가다) 앞에 배치한다.

어휘 | 想 xiǎng 조동 ~하고 싶다. ~하려고 하다　去 qù 통 가다　国外 guówài 해외, 국외　留学 liúxué 통 유학하다

2 겸어문

1. 제시된 어휘에 让, 叫, 使 등의 사역동사가 보이면 '주어1＋술어1＋겸어(목적어1/주어2)＋술어2(＋목적어2)'의 어순을 완성한다.

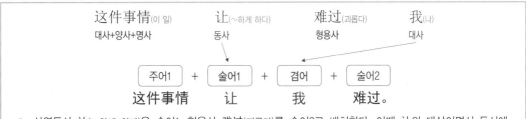

> ➤ 사역동사 让(~하게 하다)을 술어1, 형용사 难过(괴롭다)를 술어2로 배치한다. 이때 让의 대상이면서 동시에 难过의 주체가 되는 대사 我(나)는 겸어로 배치한다.

해석 | 이 일은 나를 괴롭게 했다.

어휘 | **件** jiàn 웹 건, 개　**事情** shìqing 웹 일, 사건　**让** ràng 통 ~하게 하다　**难过** nánguò 휑 괴롭다, 견디기 어렵다

2. '~하게 하다'는 의미의 사역동사 让, 叫, 使 등은 항상 술어1로 배치한다.

经理　让　我　去　出差。　매니저가 나에게 출장을 가라고 했다.
주어1　술어1　겸어　술어2　목적어2

▶ 사역동사 让(~하게 하다)은 항상 술어1로 배치한다.

어휘 | **经理** jīnglǐ 웹 매니저　**出差** chūchāi 통 출장가다

3. 조동사는 술어1 앞에, 정도부사는 술어2 앞에 부사어로 배치한다.

读书　能　使　人　更　聪明。　독서는 사람을 더 똑똑하게 할 수 있다.
주어1　부사어1　술어1　겸어　부사어2　술어2

▶ 조동사 能(~할 수 있다)은 술어1 使(~하게 하다) 앞에, 정도부사 更(더)은 술어2 聪明(똑똑하다) 앞에 배치한다.

어휘 | **读书** dúshū 통 독서하다　**使** shǐ 통 ~하게 하다　**更** gèng 휑 더, 더욱　**聪明** cōngming 휑 똑똑하다

확인학습

제시된 어휘를 알맞은 자리의 밑줄에 써서 문장을 완성하세요.

1. 他　　留学了　　出国

_____　　_____　　_____ 。
　주어　　　　　술어1　　　　술어2

2. 很　　让　　我　　满意　　他的服务

_____　_____　_____　_____　_____ 。
　주어1　　　　술어1　　　　겸어　　　　부사어　　　　술어2

정답 1. 他出国留学了。 2. 他的服务让我很满意。

해석 해설집 p.92

제시된 어휘로 어순에 맞는 문장을 완성하세요.

1. 去 图书馆 我 骑车

   정답: _____

2. 叫我 啤酒 李叔叔 买两瓶

   정답: _____

3. 姐姐 让 他的 更难过了 回答

   정답: _____

4. 客人 去机场 我 接 要

   정답: _____

5. 习惯 我 音乐 听着 学习

   정답: _____

6. 去公园 经常 弟弟 打篮球

   정답: _____

7. 特别生气 我 让 那件事

   정답: _____

정답 해설집 p.92

실전테스트

테스트 1

제시된 어휘로 어순에 맞는 문장을 완성하세요.

1. 考试的　　出来了　　成绩　　这次

2. 叔叔　　喝酒了　　去　　邻居家

3. 我的　　那个　　是　　桌子上的书包

4. 啊　　公园里的　　多么高大　　树　　长得

5. 你能　　把　　吗　　手表　　借给我

제시된 어휘로 어순에 맞는 문장을 완성하세요.

1. 门口　　别　　站在　　一直

2. 被他　　难题　　解决了　　这个

3. 旧了　　这双　　皮鞋　　太

4. 自己　　小马　　离开　　不愿意　　的妻子

5. 衣服　　比其他的　　白衬衫　　难洗

정답 해설집 p.95

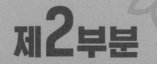

제2부분
빈칸에 알맞은 한자 쓰기

문제풀이 방법

쓰기 제2부분은 제시된 병음을 보고 빈칸에 알맞은 한자를 쓰는 형태로, 76번부터 80번까지 총 5문제가 출제된다. 제2부분 문제를 효과적으로 풀기 위한 문제풀이 방법을 익혀 두자.

〈문제지〉

jī
76. 昨天遇到数学老师，我（　　）乎认不出他了。

제시된 병음과 빈칸 앞 또는 뒤의 한자를 확인하여 빈칸에 알맞은 한자를 답안지에 바로 쓴다.

빈칸 뒤에 乎가 있으므로 几乎(거의)라는 단어의 几를 쓴다.

〈답안지〉

76. 几

해석 해설집 p.98

출제 경향

1. 쉽고 간단한 한자를 쓰는 문제가 주로 출제된다.

3급 필수어휘 600개 중에서 懂, 漂와 같이 복잡하고 쓰기 어려운 한자보다는, 中, 公, 月처럼 쓰기 쉬운 기본 한자를 쓰는 문제가 주로 출제된다.

2. 단어의 한 글자를 쓰는 문제의 출제 빈도가 높다.

두세 글자로 된 단어의 한 글자를 쓰는 문제와 어구의 한 글자를 쓰는 문제가 출제된다. 그중 두세 글자로 된 단어의 한 글자를 쓰는 문제가 자주 나오는데, 예를 들어 同意(동의하다)의 同을 쓰는 문제이다.

학습 방법

1. 혼동하기 쉬운 한자들을 구별하여 외워 둔다.

병음이 같거나 모양이 비슷해서 정답을 쓸 때 혼동하기 쉬운 한자들을 구별하여 외운다. 시험에 정답 한자를 정확히 쓸 수 있도록 한자를 손으로 쓰면서 외우는 훈련을 한다.

2. 단어와 어구로 시험에 자주 출제되는 한자를 외워 둔다.

빈칸에 알맞은 정답 한자는 항상 빈칸 앞이나 뒤의 한자들과 단어나 어구를 이룬다. 따라서 단어나 어구로 한자를 익히면 시험에 자주 나오는 한자를 효과적으로 익힐 수 있다.

01 병음이 같은 한자 구별하여 외우기

 병음이 같은 한자들은 정답을 쓸 때 서로 혼동하기 쉽다. 따라서 이와 같은 한자들을 구별하면서 외워 두면 정답 한자를 틀리지 않고 정확하게 쓸 수 있다.

• 예제 맛보기

真让人想不到，小城（ shì ）也有了大变化啊。	작은 도시에도 큰 변화가 생길 줄은 정말 미처 생각하지 못했다.

정답 市

해설 빈칸 앞에 城이 있으므로 城市(도시)라는 단어의 市를 쓴다. 병음이 같은 室을 쓰지 않도록 주의한다.

어휘 真 zhēn 閏 정말 想不到 xiǎng bu dào 미처 생각하지 못하다 城市 chéngshì 뗑 도시 有 yǒu 图 생기다
大 dà 휑 크다 变化 biànhuà 뗑 변화

•• 빈출한자 리스트

jī	(几)乎 jīhū 거의, 모두 (机)会 jīhuì 기회	jì	(季)节 jìjié 계절 (记)得 jìde 기억하다
jīn	公(斤) gōngjīn 킬로그램(kg) (今)天 jīntiān 오늘	jìn	最(近) zuìjìn 최근 (进)来 jìnlai 들어오다
gōng	(公)司 gōngsī 회사 (工)作 gōngzuò 일하다	kuài	(快)乐 kuàilè 즐겁다, 행복하다 50(块) wǔshí kuài 50위안
shí	小(时) xiǎoshí 시간 其(实) qíshí 사실	shì	城(市) chéngshì 도시 教(室) jiàoshì 교실
shēng	(生)气 shēngqì 화나다 (声)音 shēngyīn 소리, 목소리	shū	图(书)馆 túshūguǎn 도서관 (叔)叔 shūshu 삼촌

wǎng	(往)北 wǎng běi 북쪽으로 上(网) shàngwǎng 인터넷을 하다	**wèi**	(为)妈妈 wèi māma 엄마를 위해 这(位)老师 zhè wèi lǎoshī 이 선생님
wù	服(务)员 fúwùyuán 종업원 礼(物) lǐwù 선물	**yī**	(医)院 yīyuàn 병원 (衣)服 yīfu 옷
xià	(夏)天 xiàtiān 여름 (下)雪 xiàxuě 눈이 내리다	**xiào**	(笑)着说 xiàozhe shuō 웃으며 말하다 (校)长 xiàozhǎng 교장
yǔ	下(雨) xiàyǔ 비가 내리다 (语)法 yǔfǎ 어법	**yuè**	(月)亮 yuèliang 달 音(乐) yīnyuè 음악
yòu	(又)迟到了 yòu chídào le 또 지각했다 (右)边 yòubian 오른쪽	**zài**	吃完(再)说话 chīwán zài shuōhuà 다 먹고 다시 말하다 (在)公园 zài gōngyuán 공원에서
zhī	一(只)狗 yì zhī gǒu 개 한 마리 (知)道 zhīdào 알다, 이해하다	**zhǐ**	(只)有 zhǐyǒu ~해야만 报(纸) bàozhǐ 신문
zì	汉(字) Hànzì 한자 (自)己 zìjǐ 자기, 자신	**zuò**	(坐)电梯 zuò diàntī 엘리베이터를 타다 (做)完了 zuòwán le 다 했다

실전연습문제

제시된 병음을 보고 빈칸에 알맞은 한자를 쓰세요.

1. (　　Shēng　　)气的时候不要做重要的决定。

2. 妈妈正在(　　yī　　)院里，她需要人照顾。

3. 用手机上(　　wǎng　　)越来越方便了。

4. 刮风了，一会儿还要下(　　yǔ　　)，带把伞吧。

5. (　　Jìn　　)来看看，你对我们的新家还满意吗？

정답 해설집 p.98

모양이 비슷한 한자 구별하여 외우기

모양이 비슷한 한자들은 정답을 쓸 때 서로 혼동하기 쉽다. 따라서 이와 같은 한자들을 구별하면서 외워 두면 정답 한자를 틀리지 않고 정확하게 쓸 수 있다.

· 예제 맛보기

chē 不要一边开(　　)一边打电话。	운전을 하면서 전화를 해서는 안 된다.

정답　车

해설　빈칸 앞에 开가 있으므로 开车(운전하다)라는 단어의 车를 쓴다. 모양이 비슷한 年을 쓰지 않도록 주의한다.

어휘　**不要** búyào 🔒 ~해서는 안 된다　**一边……一边……** yìbiān……yìbiān…… ~하면서 ~하다

　　　开车 kāichē 🔒 운전하다　**打电话** dǎ diànhuà 전화하다

·· 빈출한자 리스트

可 kě	(可)爱 kě'ài 귀엽다	**小** xiǎo	(小)心 xiǎoxīn 주의하다, 조심하다
司 sī	公(司) gōngsī 회사	**少** shǎo	很(少) hěn shǎo 아주 적다, 거의 ~하지 않다
才 cái	刚(才) gāngcái 방금	**元** yuán	500(元) wǔbǎi yuán 500위안
丈 zhàng	(丈)夫 zhàngfu 남편	**天** tiān	聊(天) liáotiān 수다 떨다
午 wǔ	下(午) xiàwǔ 오후	**天** tiān	春(天) chūntiān 봄
牛 niú	(牛)奶 niúnǎi 우유	**关** guān	(关)于 guānyú ~에 관해
目 mù	节(目) jiémù 프로그램	**办** bàn	(办)公室 bàngōngshì 사무실, 교무실
耳 ěr	(耳)朵 ěrduo 귀	**为** wéi	认(为) rènwéi ~라고 여기다, 생각하다
心 xīn	放(心) fàngxīn 안심하다	**车** chē	开(车) kāichē 운전하다
必 bì	(必)须 bìxū 반드시	**年** nián	几(年)前 jǐ nián qián 몇 년 전

开 kāi	离(开) líkāi 떠나다		干 gān	(干)净 gānjìng 깨끗하다
牙 yá	刷(牙) shuāyá 양치하다		于 yú	终(于) zhōngyú 드디어, 마침내
买 mǎi	(买)东西 mǎi dōngxi 물건을 사다		更 gèng	(更)聪明 gèng cōngming 더 똑똑하다
卖 mài	(卖)水果 mài shuǐguǒ 과일을 팔다		便 pián	(便)宜 piányi (값이) 싸다
把 bǎ	(把)手表 bǎ shǒubiǎo 시계를		进 jìn	(进)水 jìn shuǐ 물에 들어가다
担 dān	(担)心 dānxīn 걱정하다		讲 jiǎng	(讲)故事 jiǎng gùshi 이야기하다
冰 bīng	(冰)箱 bīngxiāng 냉장고		洗 xǐ	(洗)手间 xǐshǒujiān 화장실
冷 lěng	不(冷) bù lěng 춥지 않다		选 xuǎn	(选)择 xuǎnzé 고르다, 선택하다
米 mǐ	(米)饭 mǐfàn 밥		法 fǎ	办(法) bànfǎ 방법, 수단
平 píng	水(平) shuǐpíng 수준		没 méi	(没)关系 méi guānxi 괜찮다
力 lì	努(力) nǔlì 노력하다		块 kuài	一(块)草地 yí kuài cǎodì 잔디 한 조각
万 wàn	一(万) yí wàn 10000, 만		决 jué	(决)定 juédìng 결정하다
体 tǐ	身(体) shēntǐ 몸, 신체		白 bái	明(白) míngbai 알다, 이해하다
休 xiū	(休)息 xiūxi 휴식하다		百 bǎi	几(百)年 jǐ bǎi nián 몇 백 년

실전연습문제

제시된 병음을 보고 빈칸에 알맞은 한자를 쓰세요.

1. 看女儿画的大熊猫，胖胖的，(ᵏᵉ)爱极了。

2. 今年的春(ᵗⁱᵃⁿ)来得很早。

3. 又新鲜又便宜的鱼，(ᵐᵃⁱ)十斤送一斤。

4. 她丈夫很爱看书，特别是(ᵍᵘᵃⁿ)于中国文化的书。

5. 这是几(ⁿⁱᵃⁿ)前买的衣服，姐姐还穿着。

정답 해설집 p.99

시험에 자주 나오는 한자들을 단어와 어구를 통해 외워 두면 정답 한자를 틀리지 않고 정확하게 쓸 수 있다.

• 예제 맛보기

他用铅笔画了一张简单的(dì)图。	그는 연필로 간단한 지도를 한 장 그렸다.

정답   地

해설   빈칸 뒤에 图가 있으므로 地图(지도)라는 단어의 地를 쓴다.

어휘   用 yòng 깨 ~로   铅笔 qiānbǐ 뎽 연필   画 huà 통 그리다   张 zhāng 뎽 장   简单 jiǎndān 뎽 간단하다, 단순하다
　　　地图 dìtú 뎽 지도

•• 빈출한자 리스트

단어로 외우는 빈출한자

出 chū	(出)租车 chūzūchē 택시	(出)门 chūmén 외출하다, 집을 나서다	
地 dì	(地)图 dìtú 지도	(地)点 dìdiǎn 장소, 위치	
电 diàn	(电)话 diànhuà 전화	(电)子邮件 diànzǐ yóujiàn 전자 우편	(电)视 diànshì 텔레비전
方 fāng	北(方) běifāng 북쪽, 북방	南(方) nánfāng 남쪽, 남방	(方)便 fāngbiàn 편리하다
回 huí	(回)答 huídá 대답하다	(回)来 huílai 돌아오다	
记 jì	忘(记) wàngjì 잊어버리다	(记)得 jìde 기억하고 있다	
见 jiàn	看(见) kànjiàn 보다, 보이다	(见)面 jiànmiàn 만나다, 대면하다	再(见) zàijiàn 안녕
节 jié	(节)日 jiérì 명절	季(节) jìjié 계절	(节)目 jiémù 프로그램
文 wén	(文)化 wénhuà 문화	中(文) Zhōngwén 중국어	
习 xí	复(习) fùxí 복습하다	(习)惯 xíguàn 습관, 습관이 되다	练(习) liànxí 연습하다
现 xiàn	发(现) fāxiàn 발견하다	出(现) chūxiàn 나타나다	(现)在 xiànzài 지금, 현재

行 xíng	(行)李箱 xínglǐxiāng 여행용 가방　自(行)车 zìxíngchē 자전거
总 zǒng	(总)是 zǒngshì 늘, 결국　　(总)结 zǒngjié 총정리하다
作 zuò	工(作) gōngzuò 일자리, 일하다　　(作)业 zuòyè 숙제

어구로 외우는 빈출한자

吃 chī 먹다	好(吃) hǎochī 맛있다　　(吃)饭 chīfàn 밥을 먹다
去 qù 가다	(去)医院 qù yīyuàn 병원에 가다　　(去)踢足球 qù tī zúqiú 축구를 하러 가다 (去)过 qùguo 가본 적 있다
花 huā (돈·시간을) 쓰다	(花)半个小时 huā bàn ge xiǎoshí 30분을 쓰다　　(花)钱 huā qián 돈을 쓰다
站 zhàn 서다, 역	(站)前面 zhàn qiánmian 앞에 서다　　地铁(站) dìtiězhàn 지하철 역
从 cóng ~에서/부터	(从)公司 cóng gōngsī 회사에서　　(从)昨天 cóng zuótiān 어제부터
和 hé ~와	牛奶(和)鸡蛋 niúnǎi hé jīdàn 우유와 달걀
多 duō 더, 여	(多)关心 duō guānxīn 더 관심을 갖다　　四千(多)年 sìqiān duō nián 4천여 년
分 fēn 펀[1위안(元)의 1/100], 분	三角五(分) sān jiǎo wǔ fēn 3쟈오 5펀　　三(分)钟 sān fēnzhōng 3분
双 shuāng 켤레, 벌	这(双)皮鞋 zhè shuāng píxié 이 한 켤레의 구두

실전연습문제

제시된 병음을 보고 빈칸에 알맞은 한자를 쓰세요.

1. 其实筷子还是很(　fāng　)便的，多用用就习惯了。

2. 我发(　xiàn　)你儿子对人特别客气，你教得真好。

3. 他就喜欢踢足球，一个月踢坏了三(　shuāng　)鞋。

4. 一个国家的(　wén　)化，就在人们的吃、穿、住、行里。

5. 刘老师在教室检查学生的(　zuò　)业。

정답 해설집 p.100

실전테스트

테스트 1

제시된 병음을 보고 빈칸에 알맞은 한자를 쓰세요.

1. 这个周末我没时间啊，我要去图(^{shū})馆借一本词典。

2. 东北大米不贵，每公斤才四(^{kuài})八角。

3. (^{Zhǐ})有认真学习，才能拿到高分。

4. 他(^{chū})国以后还经常给我写信，说想喝北京的大碗茶。

5. 她嘴上不说，其实心里还是很明(^{bái})的。

제시된 병음을 보고 빈칸에 알맞은 한자를 쓰세요.

1. 不要让(zì)己的坏心情去影响别人。

2. 小心一点儿，(xǐ)手间的地上都是水。

3. 甜饮料一般都不太健康，还是不要(duō)喝的好。

4. 他一直想换个(gōng)作，后来终于心想事成了。

5. 爸爸刚(cóng)公司回来，正忙着洗澡呢。

정답 해설집 p.101

* 답안지는 교재 마지막 페이지(p.253)에 수록되어 있습니다.
* 실제 시험을 보는 것처럼 시간에 맞춰 실전모의고사를 풀어보세요.

실전모의고사

1,2,3

잠깐! 테스트 전 확인 사항

1. 준비물: 답안지, 연필, 지우개, 시계
2. 실전처럼 테스트를 푸는 순서
① 듣기 풀고, 5분 동안 듣기 답안지 마킹하기
② 30분 동안 독해 풀며 답안지 마킹하기
③ 15분 동안 쓰기 풀며 답안지 마킹하기

실전모의고사
1

汉语水平考试

HSK（三级）

注　意

一、HSK（三级）分三部分：

    1. 听力（40题，约35分钟）

    2. 阅读（30题，30分钟）

    3. 书写（10题，15分钟）

二、听力结束后，有5分钟填写答题卡。

三、全部考试约90分钟（含考生填写个人信息时间5分钟）。

一、听 力

일반버전　고사장 소음 버전

第一部分

第1-5题

A

B

C

D

E

F

例如： 男：喂，你好，请问李老师在吗？

女：她刚才出去了，您一个小时以后再打，好吗？　　　D

1. ☐

2. ☐

3. ☐

4. ☐

5. ☐

第6-10题

A

B

C

D

E

6. ☐

7. ☐

8. ☐

9. ☐

10. ☐

第二部分

第11-20题

例如：为了提高自己的汉语水平，小李每天都花一个小时看中国电影。

    ★ 小李想提高汉语水平。 (✓)

    我中午打算见朋友。看了看手表，已经11点了。等了一会儿再看表，还是11点，我这才发现我的手表坏了。

    ★ 说话人的手表不见了。 (✕)

11.   ★ 说话人有很多地图。 ( )

12.   ★ 那些树很多年前就有了。 ( )

13.   ★ 冰箱坏了。 ( )

14.   ★ 说话人没有吃早饭。 ( )

15.   ★ 这些香蕉都坏了。 ( )

16.   ★ 他们下午要去咖啡馆。 ( )

17.   ★ 说话人常和妻子一起看电视。 ( )

18.   ★ 说话人家里今天有客人来。 ( )

19.   ★ 说话人最喜欢春天。 ( )

20.   ★ 说话人带照相机了。 ( )

第三部分

第21-30题

例如：男：小张，可以帮我开门吗？谢谢！
　　　女：好的。您去面包店了吗？买了这么多面包。
　　　问：男的希望小张做什么？

　　　　　A 吃饭　　　　　　　B 开门 ✓　　　　　C 买衣服

21.　　A 衬衫　　　　　　　B 裙子　　　　　　C 裤子

22.　　A 很满意　　　　　　B 想换地方　　　　C 下个月再来

23.　　A 不舒服　　　　　　B 想睡觉　　　　　C 想回家

24.　　A 商店　　　　　　　B 办公室　　　　　C 图书馆

25.　　A 便宜　　　　　　　B 想看雪　　　　　C 比较近

26.　　A 是老师　　　　　　B 很聪明　　　　　C 比女的大

27.　　A 问路　　　　　　　B 买电脑　　　　　C 看地图

28.　　A 13：00　　　　　　B 15：00　　　　　C 21：00

29.　　A 报纸下面　　　　　B 桌子上面　　　　C 椅子上面

30.　　A 迟到了　　　　　　B 想走楼梯　　　　C 第一次来这儿

第四部分

第31-40题

例如：女：你怎么还在看电视呢？做完作业了吗？

男：等一会儿，这个节目还有2分钟就结束了。

女：你明天还有考试，快点儿去学习。

男：好的，我马上看完了。

问：男的在做什么？

      A 洗澡   B 看电视 ✓   C 做作业

31.   A 司机   B 服务员   C 留学生

32.   A 累了   B 生气了   C 生病了

33.   A 喝水   B 吃西瓜   C 开空调

34.   A 买到票了   B 打算搬家   C 要求带电脑

35.   A 会游泳   B 要比赛了   C 经常旅游

36.   A 非常便宜   B 去年买的   C 不太好用

37.   A 红的   B 蓝的   C 黑的

38.   A 点菜   B 开车   C 工作

39.   A 星期一   B 星期三   C 星期天

40.   A 夫妻   B 邻居   C 老师和学生

二、阅 读

第一部分

第41-45题

A 上次我们在机场见过面的，你还记得我吗？

B 你先看一下词典，还不懂的话，明天问老师。

C 我不知道，只觉得头很疼，鼻子也不舒服。

D 没问题，我现在就把它带到我家去。

E 我们先坐地铁2号线，然后换公共汽车。

F 好的，前面有椅子，你慢点走。

例如：我们怎么去图书馆？   （ E ）

41. 你能帮我照顾一下我家小狗吗？   （   ）

42. 我突然脚疼，我们休息一会儿吧。   （   ）

43. 你的脸怎么这么红，是不是发烧了？   （   ）

44. 记得，那次你还帮我拿行李。   （   ）

45. 我还是不明白这个字的意思。   （   ）

A 那你该换新的了，你要买什么样的？

B 我觉得一个人去国外学习很不简单。

C 我家小孩子也有同样的爱好。

D 我的邻居老王是个非常热情的人。

E 我想买点新鲜的鸡蛋。

46. 我女儿对画画特别感兴趣。　　　　　　　　　　　（　　）

47. 我的笔记本电脑已经用了5年了，太旧了。　　　　　（　　）

48. 我遇到事情总是找他帮忙。　　　　　　　　　　　（　　）

49. 请问，您需要些什么？　　　　　　　　　　　　　（　　）

50. 听说他下个月要出国留学。　　　　　　　　　　　（　　）

第二部分

第51-55题

A 矮　　B 结束　　C 还是　　　D 借　　　E 声音　　F 元

例如：小李说话的（ E ）真好听！

51. 会议（　　）以后，你到我办公室来一下。

52. 我身高1米8，我女朋友个子也不（　　），她有1米72。

53. 这些旧报纸一共卖了三十七（　　）五角钱。

54. 把你的自行车（　　）我用一下，好吗？

55. 太远了，我们（　　）坐地铁去吧！

第56-60题

　　　　A 遇到　　　B 奇怪　　　C 一直　　　D 爱好　　　E 讲　　　F 办法

例如：A：你姐姐的（ D ）是什么？

　　　　B：她喜欢唱歌。

56. A：中间这一段我没看明白，你能给我（　　）一下吗？

　　　B：好的，让我看看。

57. A：请问，你知道301医院在哪儿吗？

　　　B：（　　）向前走，大概有500米远，在马路的另一边。

58. A：你的要求太高了，我做不到。

　　　B：其实很容易的。你再想想（　　），也可以请别人帮助你。

59. A：我检查过了，这里一共有五件衬衫，还有九条裙子。

　　　B：真（　　），裙子应该有十三条才对的。

60. A：我正想找你呢，没想到会在这里（　　）你。

　　　B：怎么了？你找我有事吗？

第三部分

第61-70题

例如： 书店现在还没有开门，您来早了一点儿，现在是8点半，还有30分钟才
开门，请等一下。

★ 书店几点开门？

A 9点 ✓ B 9点半 C 10点

61. 我弟弟这一年长得特别快，体重从60公斤长到了70公斤，个子也比以前高
了很多，都快比我高了。

★ 说话人弟弟：

A 吃得多 B 太胖了 C 没他高

62. 今天天气不太好，外面没有太阳，还刮起了大风。你看，街道上几乎没有
人，商店的门也都关着呢。

★ 根据这段话，可以知道今天：

A 是晴天 B 没有风 C 路上人少

63. 在网上买东西非常方便，不出门也能买到各种东西，而且还很便宜。如果
对收到的东西不满意，还可以要求换其他的。所以很多人会在网上买东
西。

★ 在网上买东西：

A 并不贵 B 有礼物送 C 不能要求换

64. 这段历史，我以前在一本书上看到过，但是现在记不太清楚了。你可以去
图书馆找一找。或者可以问一问白老师，那本书就是他写的。

★ 这段历史：

A 他正在学 B 很多人忘了 C 白老师了解

65. 我上周带妈妈去医院做身体检查了。医生说妈妈的身体好，没什么大问题，只是锻炼得太少了。所以妈妈决定以后每天吃完饭出去走走。

　　★ 妈妈的身体怎么样？

　　　　A 需要住院　　　　　　B 有点儿胖　　　　　　C 非常健康

66. 以前人们把学习叫作"学问"，从这个词我们可以看出，学习需要一边学一边问。上课时如果有不懂的地方，就要多问老师，不要担心自己问的问题太简单。

　　★ 这段话的意思是：

　　　　A 复习很重要　　　　　B 要多问问题　　　　　C 应该认真听课

67. 最近公司事情太多了，每天都要工作到很晚，忙得都没有时间吃饭。我已经两周没有休息了，累得一躺下就能睡着。

　　★ 说话人最近怎么了？

　　　　A 特别忙　　　　　　　B 不想上班　　　　　　C 总是忘记吃药

68. 和大城市比较起来，我更喜欢这座小城市，你看这些街道还是跟以前一样干净。有机会的话，我打算在这里住上一段时间。

　　★ 关于这个地方，可以知道什么？

　　　　A 特别安静　　　　　　B 还是很干净　　　　　C 离大城市近

69. 孩子们长大了，早晚都会离开爸爸妈妈，慢慢地后来都会有自己的爱人，有自己的家。我们不也是这样过来的吗？所以我们不用太担心，要学会放手。

　　★ 说话人：

　　　　A 不担心孩子　　　　　B 离开了父母　　　　　C 还没有爱人

70. 老高和小冷的关系特好，两个人都喜欢喝红茶，也都爱看足球比赛。去年世界杯的时候，他们两个天天都看。

　　★ 根据这段话，可以知道老高和小冷：

　　　　A 爱好一样　　　　　　B 常踢足球　　　　　　C 喜欢看新闻

三、书 写

第一部分

第71-75题

例如：词典　桌子上　一本　有

　　　 桌子上有一本词典。

71. 司机　　这名　　其实　　很好

72. 他现在　　看书　　一定　　在图书馆

73. 女孩子　　哭了　　起来　　害怕得

74. 的　　星期五　　请假　　是　　我

75. 被我　　喝完　　啤酒　　了

第二部分

第76-80题

guān
例如：没（关）系，你已经做得很好了。

wén
76. 这几本中（　　）书我都认真复习过了。

yòu
77. 王小月坐在我的（　　）边。

xíng
78. 请问，电梯旁边的那个（　　）李箱是您的吗？

jié
79. 你知道今天是什么（　　）日吗？

wèi
80. 琳琳找到了好工作，我们都（　　）她高兴。

정답 해설집 p.104

실전모의고사

2

汉语水平考试

HSK（三级）

注　意

一、HSK（三级）分三部分：

　　1. 听力（40题，约35分钟）

　　2. 阅读（30题，30分钟）

　　3. 书写（10题，15分钟）

二、听力结束后，有5分钟填写答题卡。

三、全部考试约90分钟（含考生填写个人信息时间5分钟）。

一、听力

第一部分

第1-5题

A

B

C

D

E

F

例如：男：喂，你好，请问李老师在吗？

女：她刚才出去了，您一个小时以后再打，好吗？ 　 D

1. □

2. □

3. □

4. □

5. □

第6-10题

A

B

C

D

E

6.   □

7.   □

8.   □

9.   □

10.   □

第二部分

第11-20题

例如：为了提高自己的汉语水平，小李每天都花一个小时看中国电影。

　　★ 小李想提高汉语水平。　　　　　　　　　　　　　　　（ ✓ ）

　　我中午打算见朋友。看了看手表，已经11点了。等了一会儿再看表，还是11点，我这才发现我的手表坏了。

　　★ 说话人的手表不见了。　　　　　　　　　　　　　　　（ ✕ ）

11. 　★ 小王已经下班了。　　　　　　　　　　　　　　　　（　　）

12. 　★ 小张家里没有小狗。　　　　　　　　　　　　　　　（　　）

13. 　★ 这个地方和以前不一样。　　　　　　　　　　　　　（　　）

14. 　★ 校长们都同意了。　　　　　　　　　　　　　　　　（　　）

15. 　★ 说话人觉得不舒服。　　　　　　　　　　　　　　　（　　）

16. 　★ 说话人想提高自己的数学成绩。　　　　　　　　　　（　　）

17. 　★ 女儿现在在动物园。　　　　　　　　　　　　　　　（　　）

18. 　★ 公园的环境很好。　　　　　　　　　　　　　　　　（　　）

19. 　★ 以前中国人结婚时穿白色的衣服。　　　　　　　　　（　　）

20. 　★ 说话人上午很忙。　　　　　　　　　　　　　　　　（　　）

第三部分

第21-30题

例如：男：小张，可以帮我开门吗？谢谢！

女：好的。您去面包店了吗？买了这么多面包。

问：男的希望小张做什么？

A 吃饭   B 开门 ✓   C 买衣服

21.	A 机场	B 医院	C 办公室
22.	A 打电话	B 写邮件	C 回北方
23.	A 晴天	B 下雨天	C 下雪天
24.	A 吃饭	B 洗碗	C 去超市
25.	A 自己做不到	B 听不懂中文	C 想休息一下
26.	A 太忙了	B 不爱看电视	C 在准备考试
27.	A 关心他	B 要买东西	C 帮他找手机
28.	A 没变化	B 很一般	C 提高了
29.	A 衣服	B 帽子	C 鞋子
30.	A 都很高	B 特别胖	C 很聪明

第四部分

第31-40题

例如：女：你怎么还在看电视呢？做完作业了吗？

男：等一会儿，这个节目还有2分钟就结束了。

女：你明天还有考试，快点儿去学习。

男：好的，我马上看完了。

问：男的在做什么？

    A 洗澡   B 看电视 ✓   C 做作业

31.   A 不舒服   B 要见朋友   C 洗完澡了

32.   A 在开会   B 工作多年了   C 已解决了问题

33.   A 6月8号   B 6月12号   C 6月15号

34.   A 热情   B 聪明   C 可爱

35.   A 不好看   B 太冷了   C 路难走

36.   A 手表   B 行李箱   C 照相机

37.   A 坐船   B 坐火车   C 坐飞机

38.   A 发烧了   B 比以前瘦   C 换了工作

39.   A 同学   B 姐弟   C 同事

40.   A 买票   B 开车   C 找司机

二、阅 读

第一部分

第41-45题

A 不全是，左边的要送到楼上会议室。

B 医生，我早上起来之后，耳朵就不舒服。

C 你儿子个子真高啊！今年上几年级了？

D 洗手间的灯坏了。

E 我们先坐地铁2号线，然后换公共汽车。

F 中国历史悠久，人也很热情。

例如：我们怎么去图书馆？　　　　　　　　　　　　　　　　　（ E ）

41. 以后有机会，我想来这儿住几年。　　　　　　　　　　　（　）

42. 这些都要搬到办公室去吗？　　　　　　　　　　　　　　（　）

43. 来，我给你检查一下。　　　　　　　　　　　　　　　　（　）

44. 开学上四年级，他今年才10岁。　　　　　　　　　　　　（　）

45. 可能有点儿黑，你进去的时候小心一点儿。　　　　　　　（　）

A 但是我姐不太喜欢，她觉得厨房太小。

B 我马上回家看一下，你以后注意点儿。

C 他打电话说要先去银行，下午再给我发。

D 妈，我刚下班，马上就到家吃饭了。

E 他说上午有个重要的会议，现在应该在开会吧。

46. 我正给你做鸡蛋面呢。 （ ）

47. 小王还没给你发电子邮件吗？ （ ）

48. 我早上出门的时候可能忘了关空调。 （ ）

49. 我对这个房子非常满意。 （ ）

50. 我有急事找小林，但是他的手机一直关机。 （ ）

第二部分

第51-55题

A 除了　　B 而且　　C 认为　　D 一共　　E 声音　　F 超市

例如：小李说话的（ E ）真好听！

51. 这些衣服我（　　）花了600多块钱。

52. 我每天（　　）吃饭睡觉，就是练习。

53. 我今天去（　　）买东西的小票放哪儿了？

54. 我一直（　　）你是一个聪明懂事的孩子。

55. 他来中国才半年，不但能说简单的中文，（　　）学会了用筷子吃饭。

第56-60题

　　　　A 电梯　　　B 条　　　C 游戏　　　D 爱好　　　E 拿　　　F 难过

例如：A：你姐姐的（ D ）是什么？

　　　　B：她喜欢唱歌。

56. A：你家不是去年秋天才搬到这儿的吗？怎么又打算搬家了？

　　　B：我家住六楼，没有（　　），我妈觉得很不方便。

57. A：你以前玩过这样的（　　）吗？

　　　B：没有，这是第一次，我觉得很有意思。

58. A：放在冰箱里的蛋糕怎么不见了？

　　　B：早上被妹妹（　　）走了。

59. A：听小李的声音，她还是很（　　）。

　　　B：是啊，她虽然嘴上不说，但其实这次的事情对她的影响是极大的。

60. A：我还是试试那（　　）黑裤子吧。

　　　B：好的。 我去给你拿。

第三部分

第61-70题

例如： 书店现在还没有开门，您来早了一点儿，现在是8点半，还有30分钟才
开门，请等一下。

★ 书店几点开门？

A 9点 ✓　　　　　　B 9点半　　　　　　C 10点

61. 妈妈不同意我现在去踢足球，她让我先做作业，你们先去吧，一会儿我就
去找你们。

★ 妈妈要求他：

A 先写作业　　　　　B 去踢足球　　　　　C 去找朋友

62. 爷爷一个人住在老家，我想把他接来和我一起住。他说不习惯住楼房，又
不认识人，所以不愿意来，让我不要担心他。

★ 爷爷现在：

A 住楼房　　　　　　B 在老家　　　　　　C 担心我

63. 我办这种信用卡主要是为了看电影，以前一张电影票七十块，现在周末时
用信用卡只要二十块钱，就是再买杯饮料，也比以前花得少。

★ 用信用卡看电影：

A 送饮料　　　　　　B 有礼物　　　　　　C 比较便宜

64. 我的朋友小白决定和男朋友结婚了。她的男朋友比她小两岁，是个大学老
师，人很聪明，而且个子也很高。小白说和他在一起的时候总是很快乐。
我真为她感到高兴。

★ 小白：

A 打算结婚　　　　　B 正在找工作　　　　C 没有男朋友

65. 换到这个学校半年后，他有了一些变化。在班里坐在他旁边的同学学习非常努力。受了这种影响，他开始完成作业，上课也能认真听课，成绩有了很大提高。

   ★ 他的变化是因为：

   A 听老师的话　　　　　B 怕妈妈担心　　　　　C 别人的影响

66. 小静来中国有一段时间了。在中国朋友的帮助下，她的汉语水平提高了不少。她说虽然学习汉语不是件容易的事，但是只要努力练习的话，就一定可以学好。

   ★ 小静认为学习汉语：

   A 非常重要　　　　　B 让她不舒服　　　　　C 不是简单的事

67. 昨天晚上儿子感冒了，后来还发烧了，他爸爸不在家，我一个人又着急又害怕。最后还是邻居阿姨和我一起带他去看的医生。

   ★ 昨天晚上她：

   A 生病了　　　　　　B 在阿姨家　　　　　　C 在照顾孩子

68. 我喜欢自己一个人出去旅游。选择一个自己感兴趣的城市，再买上一张地图，慢慢地去了解这个城市的历史，这让我的旅游更加有意思。

   ★ 他旅游时：

   A 喜欢买东西　　　　　B 经常一个人　　　　　C 认识很多朋友

69. 姐姐不爱出门，周末一般就是在家休息或者听听音乐什么的。明天我打算和朋友一起去爬山，用什么办法能让姐姐也愿意参加呢？

   ★ 说话人想让姐姐：

   A 去爬山　　　　　　B 学唱歌　　　　　　C 关心我

70. 大家经常说"笑比哭好"。笑能给人带来健康。一个喜欢笑的人，是可爱的，年轻的，快乐的。

   ★ 根据这段话，可以知道：

   A 年轻人爱笑　　　　　B 笑带给人健康　　　　　C 爱笑的人最可爱

三、书写

第一部分

第71-75题

例如：词典　桌子上　一本　有

　　　<u>桌子上有一本词典。　　　　　　　　</u>

71. 不满意　　让我　　他的　　特别　　回答

72. 我总是　　右腿　　有些疼　　觉得

73. 一年中的　　季节　　春天是　　第一个

74. 大家　　听懂我　　意思　　都没　　的

75. 复习一下　　学过的　　字　　请把

第二部分

第76-80题

　　　　　　guān
例如：没（关）系，你已经做得很好了。

　　　　　　　　　　　　　　　　　wàn
76. 这次比赛中他拿了第一名，公司发给他一（　　）块钱。

　　　　　　　duō
77. 我们都应该（　　）关心身边的老人。

　　　　　　　　　　ěr
78. 最近右边的（　　）朵特别不舒服，想去医院看看。

　　　　　　　huā
79. 这个月一共（　　）了两千块钱。

　　　　　　jiàn
80. 你看（　　）前面那条船了吗？

정답 해설집 p.128

실전모의고사

3

汉语水平考试

HSK（三级）

注　意

一、HSK（三级）分三部分：

    1. 听力（40题，约35分钟）

    2. 阅读（30题，30分钟）

    3. 书写（10题，15分钟）

二、听力结束后，有5分钟填写答题卡。

三、全部考试约90分钟（含考生填写个人信息时间5分钟）。

一、听力

第一部分

第1-5题

A

B

C

D

E

F

例如：男：喂，你好，请问李老师在吗？

　　　女：她刚才出去了，您一个小时以后再打，好吗？　　　D

1.　　　□

2.　　　□

3.　　　□

4.　　　□

5.　　　□

第6-10题

A

B

C

D

E

6.   ☐

7.   ☐

8.   ☐

9.   ☐

10.   ☐

第二部分

第11-20题

例如：为了提高自己的汉语水平，小李每天都花一个小时看中国电影。

    ★ 小李想提高汉语水平。   (✓)

    我中午打算见朋友。看了看手表，已经11点了。等了一会儿再看表，还是11点，我这才发现我的手表坏了。

    ★ 说话人的手表不见了。   (✗)

11.   ★ 张阿姨爱好运动。   ( )

12.   ★ 说话人小时候爱听奶奶讲故事。   ( )

13.   ★ 客人快要来了。   ( )

14.   ★ 上次是地上不干净。   ( )

15.   ★ 这家店比较小。   ( )

16.   ★ 说话人的丈夫只吃了一点儿面包。   ( )

17.   ★ 说话人参加明天的晚会。   ( )

18.   ★ 爷爷喜欢游泳。   ( )

19.   ★ 空调没有问题。   ( )

20.   ★ 小雨正在画画。   ( )

第三部分

第21-30题

例如：男：小张，可以帮我开门吗？谢谢！

女：好的。您去面包店了吗？买了这么多面包。

问：男的希望小张做什么？

A 吃饭   B 开门 ✓   C 买衣服

21.   A 照相   B 看照片   C 看地图

22.   A 吃得很饱   B 还没刷牙   C 不想洗碗

23.   A 脚疼   B 没兴趣   C 工作很忙

24.   A 渴了   B 太贵了   C 不点了

25.   A 她很快乐   B 她很担心   C 她很满意

26.   A 车坏了   B 车被借走了   C 想锻炼身体

27.   A 教室   B 饭馆   C 药店

28.   A 没出租车   B 天气不好   C 为了方便

29.   A 1:00   B 3:00   C 5:00

30.   A 筷子   B 盘子   C 瓶子

第四部分

例如： 女：你怎么还在看电视呢？做完作业了吗？

男：等一会儿，这个节目还有2分钟就结束了。

女：你明天还有考试，快点儿去学习。

男：好的，我马上看完了。

问：男的在做什么？

　　　　A 洗澡　　　　　　　B 看电视 ✓　　　　　C 做作业

31. 　A 在听音乐　　　　　B 在看表演　　　　　C 来了很久了

32. 　A 借书　　　　　　　B 刷牙　　　　　　　C 讲故事

33. 　A 超市　　　　　　　B 书店　　　　　　　C 别人房间

34. 　A 她的叔叔　　　　　B 她的爷爷　　　　　C 她的弟弟

35. 　A 历史　　　　　　　B 体育　　　　　　　C 数学

36. 　A 要去接人　　　　　B 有考试　　　　　　C 要锻炼身体

37. 　A 今天生日　　　　　B 买蛋糕了　　　　　C 不爱运动

38. 　A 怕狗　　　　　　　B 走累了　　　　　　C 喜欢动物

39. 　A 10:15开始　　　　　B 是篮球赛　　　　　C 已经比完了

40. 　A 生病了　　　　　　B 迟到了　　　　　　C 为女的难过

二、阅 读

第一部分

第41-45题

A 在地铁站旁边有一个，我带你去吧，我也打算去那儿。

B 你平时工作那么认真，他一定很放心。

C 我上次去过了，服务员很热情。

D 这些都是我们学过的，相信你们一定能做出来。

E 我们先坐地铁2号线，然后换公共汽车。

F 看看是不是放在书包里了。

例如：我们怎么去图书馆？ （ E ）

41. 同学们，先认真想一想，然后回答问题。 （ ）

42. 你看见我的眼镜了吗？我找了半天没找到。 （ ）

43. 您好，请问超市在哪儿？ （ ）

44. 经理要求我一个人去参加会议。 （ ）

45. 这家是新开的店，他们主要卖衣服。 （ ）

A 我不感兴趣，你去吧，我就在这里看看。

B 没事儿，今天小王要开车来接我。

C 我是小学老师，喜欢看足球比赛。

D 你知道吗？今天是中秋节。

E 是的，我们在小元家见过面。

46. 你怎么不去跳舞啊？ （　）

47. 这是中国一个非常重要的节日！ （　）

48. 你好，你还记得我吗？ （　）

49. 我来介绍一下自己，我今年30岁。 （　）

50. 外面风刮得很大，你多穿点衣服吧。 （　）

第二部分

第51-55题

A 中文　　B 干净　　C 辆　　D 嘴　　E 声音　　F 生气

例如：小李说话的（ E ）真好听！

51. 不要（　　）了，他还只是个小孩子，长大后他就会明白你是为他好。

52. 老师让我们每天读一张（　　）报纸。

53. 这里的街道多么（　　）啊！

54. 你看，这只鸟的（　　）长得非常漂亮，一半是黄色，一半是蓝色。

55. 前面开过来一（　　）汽车，是不是小明来了？

第56-60题

A 只有　　B 几乎　　C 碗　　D 爱好　　E 经过　　F 影响

例如：A：你姐姐的（ D ）是什么？

B：她喜欢唱歌。

56. A：你的音乐声音太大，（　　）同事们工作了。

B：对不起，我刚才没有注意到这个。

57. A：李经理叫你明天七点钟送他到机场。

B：你不说的话，我（　　）都忘了。

58. A：我找小张有事，你看见他了吗？

B：我刚才（　　）教室的时候，看见他在里面。

59. A：你怎么还不睡觉？（　　）早睡早起，才能身体健康。

B：好的，我看完这个节目，马上去睡。

60. A：你吃什么，米饭好吗？

B：不想吃米饭，给我来一（　　）面条吧。

第三部分

第61-70题

例如：书店现在还没有开门，您来早了一点儿，现在是8点半，还有30分钟才
　　　开门，请等一下。

　　　　★ 书店几点开门？

　　　　　A 9点 ✓　　　　　　　　B 9点半　　　　　　　　C 10点

61. 今天中午就开始下雪了，现在越下越大，地上已经白白的一层了。

　　　★ 今天是什么天气？

　　　　　A 晴天　　　　　　　　　B 阴天　　　　　　　　C 下雪天

62. 人们常说"鞋子舒不舒服，只有脚知道"。这句话告诉我们，只有自己才
　　是最了解自己的那个人。

　　　★ 根据这段话，我们应该：

　　　　　A 关心别人　　　　　　　B 相信自己　　　　　　C 买舒服的鞋

63. 我儿子已经八个月大了，脸胖胖的。他嘴和耳朵，长得像我；但是眼睛像
　　他妈妈，很大，很好看。

　　　★ 他儿子：

　　　　　A 八岁了　　　　　　　　B 耳朵大　　　　　　　C 眼睛漂亮

64. 我是第一次来这个城市。这儿的人特别爱吃面条，早饭、午饭、晚饭都
　　吃。这一点我非常不习惯。因为我们那儿主要是吃米饭，很少吃面。

　　　★ 他不习惯：

　　　　　A 吃面条　　　　　　　　B 吃早饭　　　　　　　C 坐飞机

65. 明天的会议很重要，请大家不要迟到。宾馆的服务员会在早上六点半，给你们的房间打电话，叫你们起床。

   ★ 根据这段话，他们：

   A 住在宾馆　　　　　B 都迟到了　　　　　C 明天回去

66. 小王在一家小公司工作，公司的环境不太好，电脑也是旧的，而且同事间的关系也都非常差。他想问问小方的公司还需不需要人，有机会他想去试试。

   ★ 小王：

   A 想换工作　　　　　B 决定买电脑　　　　C 认识了新同事

67. 现在人们睡觉以前都喜欢拿出手机玩儿一玩儿，上网看看新闻或者跟朋友聊聊天。其实睡前看手机对眼睛非常不好，特别是在灯关了的时候。

   ★ 睡前看手机会：

   A 让人高兴　　　　　B 影响健康　　　　　C 让人变瘦

68. 红山动物园新来了两只可爱的大熊猫。一只叫康康，一只叫乐乐。欢迎小朋友们跟爸爸妈妈一起来看。

   ★ 这两只熊猫：

   A 都很胖　　　　　　B 没有名字　　　　　C 来了不久

69. 老李，前面三十米，有一家饭店，不太大但是很干净。他们家的鱼和羊肉很有名。下次我请你去吃。你吃了一次，一定还会再想去吃的。

   ★ 那家饭店：

   A 老李去过　　　　　B 羊肉好吃　　　　　C 离这里很远

70. 请大家把昨天的作业拿出来放在桌子上，我马上来检查。周东，张超，你们把昨天学的句子写在黑板上，周东写在左边，张超写在右边。

   ★ 说话人是：

   A 老师　　　　　　　B 经理　　　　　　　C 医生

三、书写

第一部分

第71-75题

例如：词典　桌子上　一本　有

　　　桌子上有一本词典。

---

71. 衬衫　有点儿　他穿的　短

72. 我哥哥　一点儿　矮　比我

73. 的房间　干净　吗　有更

74. 错　你　了　回答

75. 来我们学校　欢迎　上课　您

第二部分

第76-80题

　　　　　　　guān
例如：没（关）系，你已经做得很好了。

　　　　　　　　　　　　　　bǎi
76. 街道两旁的树真高啊，像是有几（　　）年的历史了。

　　　　　　　　　　fēn
77. 离下课还有五（　　）钟。

　　　　　　　　　　jīn
78. 我买了两公（　　）的苹果，都很新鲜。

　　　　　　　　　　　bì
79. 每天起床以后，我都（　　）须先洗个澡。

　　　　　　　　　niú
80. 这瓶（　　）奶多少钱？

정답 해설집 p.154

답안지 작성법

汉语水平考试 HSK（三级）答题卡

请填写考生信息

请按照考试证件上的姓名填写:수험표 낭의 영문 이름을 기입하세요.

姓名	KIM JEE YOUNG

如果有中文姓名，请填写:중문 이름이 인다면 기입하세요.

中文姓名	金志玲

수험 번호를 쓰고 마킹하세요.

考生序号	6	[0] [1] [2] [3] [4] [5] [6] [7] [8] [9]
	0	[0] [1] [2] [3] [4] [5] [6] [7] [8] [9]
	2	[0] [1] [2] [3] [4] [5] [6] [7] [8] [9]
	5	[0] [1] [2] [3] [4] [5] [6] [7] [8] [9]
	9	[0] [1] [2] [3] [4] [5] [6] [7] [8] [9]

请填写考点信息

고나장 번호를 쓰고 마킹하세요.

考点序号	8	[0] [1] [2] [3] [4] [5] [6] [7] [8] [9]
	1	[0] [1] [2] [3] [4] [5] [6] [7] [8] [9]
	5	[0] [1] [2] [3] [4] [5] [6] [7] [8] [9]
	0	[0] [1] [2] [3] [4] [5] [6] [7] [8] [9]
	3	[0] [1] [2] [3] [4] [5] [6] [7] [8] [9]
	0	[0] [1] [2] [3] [4] [5] [6] [7] [8] [9]
	0	[0] [1] [2] [3] [4] [5] [6] [7] [8] [9]

국석 번호를 쓰고 마킹하세요.

国籍	5	[0] [1] [2] [3] [4] [5] [6] [7] [8] [9]
	2	[0] [1] [2] [3] [4] [5] [6] [7] [8] [9]
	3	[0] [1] [2] [3] [4] [5] [6] [7] [8] [9]

나이를 쓰고 마킹하세요.

年龄	2	[0] [1] [2] [3] [4] [5] [6] [7] [8] [9]
	3	[0] [1] [2] [3] [4] [5] [6] [7] [8] [9]

해당하는 넝별에 마킹하세요.

性别	男 [1]	女 [2]

注意　请用2B铅笔这样写: ■ 2B 연필로 마킹하세요.

답안표기방향에 주의하세요. **一、听力 듣기**

제1부분
1. [A] [B] [C] [D] [E] [F]
2. [A] [B] [C] [D] [E] [F]
3. [A] [B] [C] [D] [E] [F]
4. [A] [B] [C] [D] [E] [F]
5. [A] [B] [C] [D] [E] [F]
6. [A] [B] [C] [D] [E] [F]
7. [A] [B] [C] [D] [E] [F]
8. [A] [B] [C] [D] [E] [F]
9. [A] [B] [C] [D] [E] [F]
10. [A] [B] [C] [D] [E] [F]

제2부분
11. [✓] [×]
12. [✓] [×]
13. [✓] [×]
14. [✓] [×]
15. [✓] [×]
16. [✓] [×]
17. [✓] [×]
18. [✓] [×]
19. [✓] [×]
20. [✓] [×]

제3부분
21. [A] [B] [C]
22. [A] [B] [C]
23. [A] [B] [C]
24. [A] [B] [C]
25. [A] [B] [C]

26. [A] [B] [C]
27. [A] [B] [C]
28. [A] [B] [C]
29. [A] [B] [C]
30. [A] [B] [C]

제4부분
31. [A] [B] [C]
32. [A] [B] [C]
33. [A] [B] [C]
34. [A] [B] [C]
35. [A] [B] [C]
36. [A] [B] [C]
37. [A] [B] [C]
38. [A] [B] [C]
39. [A] [B] [C]
40. [A] [B] [C]

二、阅读 독해

제1부분
41. [A] [B] [C] [D] [E] [F]
42. [A] [B] [C] [D] [E] [F]
43. [A] [B] [C] [D] [E] [F]
44. [A] [B] [C] [D] [E] [F]
45. [A] [B] [C] [D] [E] [F]
46. [A] [B] [C] [D] [E] [F]
47. [A] [B] [C] [D] [E] [F]
48. [A] [B] [C] [D] [E] [F]
49. [A] [B] [C] [D] [E] [F]
50. [A] [B] [C] [D] [E] [F]

제2부분
51. [A] [B] [C] [D] [E] [F]
52. [A] [B] [C] [D] [E] [F]
53. [A] [B] [C] [D] [E] [F]
54. [A] [B] [C] [D] [E] [F]
55. [A] [B] [C] [D] [E] [F]
56. [A] [B] [C] [D] [E] [F]
57. [A] [B] [C] [D] [E] [F]
58. [A] [B] [C] [D] [E] [F]
59. [A] [B] [C] [D] [E] [F]
60. [A] [B] [C] [D] [E] [F]

제3부분
61. [A] [B] [C]
62. [A] [B] [C]
63. [A] [B] [C]
64. [A] [B] [C]
65. [A] [B] [C]
66. [A] [B] [C]
67. [A] [B] [C]
68. [A] [B] [C]
69. [A] [B] [C]
70. [A] [B] [C]

三、书写 쓰기

제1부분
71. 这只大熊猫真可爱。

72.

73.

74.

75.

제2부분
76. 好
77.
78.
79.
80.

请不要写到框线以外! 넌 밖으로 넘어가지 않도록 주의하세요!

실전모의고사 1 답안지

汉语水平考试 HSK（三级）答题卡

请填写考生信息

请按照考试证件上的姓名填写：

姓名

如果有中文姓名，请填写：

中文姓名

考生序号

[0] [1] [2] [3] [4] [5] [6] [7] [8] [9]
[0] [1] [2] [3] [4] [5] [6] [7] [8] [9]
[0] [1] [2] [3] [4] [5] [6] [7] [8] [9]
[0] [1] [2] [3] [4] [5] [6] [7] [8] [9]
[0] [1] [2] [3] [4] [5] [6] [7] [8] [9]

请填写考点信息

考点序号

[0] [1] [2] [3] [4] [5] [6] [7] [8] [9]
[0] [1] [2] [3] [4] [5] [6] [7] [8] [9]
[0] [1] [2] [3] [4] [5] [6] [7] [8] [9]
[0] [1] [2] [3] [4] [5] [6] [7] [8] [9]
[0] [1] [2] [3] [4] [5] [6] [7] [8] [9]
[0] [1] [2] [3] [4] [5] [6] [7] [8] [9]
[0] [1] [2] [3] [4] [5] [6] [7] [8] [9]

国籍

[0] [1] [2] [3] [4] [5] [6] [7] [8] [9]
[0] [1] [2] [3] [4] [5] [6] [7] [8] [9]
[0] [1] [2] [3] [4] [5] [6] [7] [8] [9]

年龄

[0] [1] [2] [3] [4] [5] [6] [7] [8] [9]
[0] [1] [2] [3] [4] [5] [6] [7] [8] [9]

性别　　　　　男 [1]　　　　女 [2]

注意　请用2B铅笔这样写：▦

一、听力

1. [A] [B] [C] [D] [E] [F]
2. [A] [B] [C] [D] [E] [F]
3. [A] [B] [C] [D] [E] [F]
4. [A] [B] [C] [D] [E] [F]
5. [A] [B] [C] [D] [E] [F]
6. [A] [B] [C] [D] [E] [F]
7. [A] [B] [C] [D] [E] [F]
8. [A] [B] [C] [D] [E] [F]
9. [A] [B] [C] [D] [E] [F]
10. [A] [B] [C] [D] [E] [F]

11. [✓] [×]
12. [✓] [×]
13. [✓] [×]
14. [✓] [×]
15. [✓] [×]
16. [✓] [×]
17. [✓] [×]
18. [✓] [×]
19. [✓] [×]
20. [✓] [×]
21. [A] [B] [C]
22. [A] [B] [C]
23. [A] [B] [C]
24. [A] [B] [C]
25. [A] [B] [C]

26. [A] [B] [C]
27. [A] [B] [C]
28. [A] [B] [C]
29. [A] [B] [C]
30. [A] [B] [C]
31. [A] [B] [C]
32. [A] [B] [C]
33. [A] [B] [C]
34. [A] [B] [C]
35. [A] [B] [C]
36. [A] [B] [C]
37. [A] [B] [C]
38. [A] [B] [C]
39. [A] [B] [C]
40. [A] [B] [C]

二、阅读

41. [A] [B] [C] [D] [E] [F]
42. [A] [B] [C] [D] [E] [F]
43. [A] [B] [C] [D] [E] [F]
44. [A] [B] [C] [D] [E] [F]
45. [A] [B] [C] [D] [E] [F]
46. [A] [B] [C] [D] [E] [F]
47. [A] [B] [C] [D] [E] [F]
48. [A] [B] [C] [D] [E] [F]
49. [A] [B] [C] [D] [E] [F]
50. [A] [B] [C] [D] [E] [F]

51. [A] [B] [C] [D] [E] [F]
52. [A] [B] [C] [D] [E] [F]
53. [A] [B] [C] [D] [E] [F]
54. [A] [B] [C] [D] [E] [F]
55. [A] [B] [C] [D] [E] [F]
56. [A] [B] [C] [D] [E] [F]
57. [A] [B] [C] [D] [E] [F]
58. [A] [B] [C] [D] [E] [F]
59. [A] [B] [C] [D] [E] [F]
60. [A] [B] [C] [D] [E] [F]

61. [A] [B] [C]
62. [A] [B] [C]
63. [A] [B] [C]
64. [A] [B] [C]
65. [A] [B] [C]
66. [A] [B] [C]
67. [A] [B] [C]
68. [A] [B] [C]
69. [A] [B] [C]
70. [A] [B] [C]

三、书写

71.

72.

73.

74.

75.

76.　　77.　　78.　　79.　　80.

请不要写到框线以外！

실전모의고사 2 답안지

汉语水平考试 HSK（三级）答题卡

一、听力

1. [A] [B] [C] [D] [E] [F]　　6. [A] [B] [C] [D] [E] [F]
2. [A] [B] [C] [D] [E] [F]　　7. [A] [B] [C] [D] [E] [F]
3. [A] [B] [C] [D] [E] [F]　　8. [A] [B] [C] [D] [E] [F]
4. [A] [B] [C] [D] [E] [F]　　9. [A] [B] [C] [D] [E] [F]
5. [A] [B] [C] [D] [E] [F]　　10. [A] [B] [C] [D] [E] [F]

11. [✓] [✗]　　16. [✓] [✗]　　21. [A] [B] [C]
12. [✓] [✗]　　17. [✓] [✗]　　22. [A] [B] [C]
13. [✓] [✗]　　18. [✓] [✗]　　23. [A] [B] [C]
14. [✓] [✗]　　19. [✓] [✗]　　24. [A] [B] [C]
15. [✓] [✗]　　20. [✓] [✗]　　25. [A] [B] [C]

26. [A] [B] [C]　　31. [A] [B] [C]　　36. [A] [B] [C]
27. [A] [B] [C]　　32. [A] [B] [C]　　37. [A] [B] [C]
28. [A] [B] [C]　　33. [A] [B] [C]　　38. [A] [B] [C]
29. [A] [B] [C]　　34. [A] [B] [C]　　39. [A] [B] [C]
30. [A] [B] [C]　　35. [A] [B] [C]　　40. [A] [B] [C]

二、阅读

41. [A] [B] [C] [D] [E] [F]　　46. [A] [B] [C] [D] [E] [F]
42. [A] [B] [C] [D] [E] [F]　　47. [A] [B] [C] [D] [E] [F]
43. [A] [B] [C] [D] [E] [F]　　48. [A] [B] [C] [D] [E] [F]
44. [A] [B] [C] [D] [E] [F]　　49. [A] [B] [C] [D] [E] [F]
45. [A] [B] [C] [D] [E] [F]　　50. [A] [B] [C] [D] [E] [F]

51. [A] [B] [C] [D] [E] [F]　　56. [A] [B] [C] [D] [E] [F]
52. [A] [B] [C] [D] [E] [F]　　57. [A] [B] [C] [D] [E] [F]
53. [A] [B] [C] [D] [E] [F]　　58. [A] [B] [C] [D] [E] [F]
54. [A] [B] [C] [D] [E] [F]　　59. [A] [B] [C] [D] [E] [F]
55. [A] [B] [C] [D] [E] [F]　　60. [A] [B] [C] [D] [E] [F]

61. [A] [B] [C]　　66. [A] [B] [C]
62. [A] [B] [C]　　67. [A] [B] [C]
63. [A] [B] [C]　　68. [A] [B] [C]
64. [A] [B] [C]　　69. [A] [B] [C]
65. [A] [B] [C]　　70. [A] [B] [C]

三、书写

71.

72.

73.

74.

75.

76.　　77.　　78.　　79.　　80.

请不要写到框线以外！

실전모의고사 3 답안지

汉语水平考试 HSK（三级）答题卡

请按照考试证件上的姓名填写：

姓名

如果有中文姓名，请填写：

中文姓名

考生序号	[0] [1] [2] [3] [4] [5] [6] [7] [8] [9]
	[0] [1] [2] [3] [4] [5] [6] [7] [8] [9]
	[0] [1] [2] [3] [4] [5] [6] [7] [8] [9]
	[0] [1] [2] [3] [4] [5] [6] [7] [8] [9]
	[0] [1] [2] [3] [4] [5] [6] [7] [8] [9]

考点序号	[0] [1] [2] [3] [4] [5] [6] [7] [8] [9]
	[0] [1] [2] [3] [4] [5] [6] [7] [8] [9]
	[0] [1] [2] [3] [4] [5] [6] [7] [8] [9]
	[0] [1] [2] [3] [4] [5] [6] [7] [8] [9]
	[0] [1] [2] [3] [4] [5] [6] [7] [8] [9]
	[0] [1] [2] [3] [4] [5] [6] [7] [8] [9]
	[0] [1] [2] [3] [4] [5] [6] [7] [8] [9]

国籍	[0] [1] [2] [3] [4] [5] [6] [7] [8] [9]
	[0] [1] [2] [3] [4] [5] [6] [7] [8] [9]
	[0] [1] [2] [3] [4] [5] [6] [7] [8] [9]

| 年龄 | [0] [1] [2] [3] [4] [5] [6] [7] [8] [9] |
| | [0] [1] [2] [3] [4] [5] [6] [7] [8] [9] |

| 性别 | 男 [1] | 女 [2] |

注意 请用2B铅笔这样写：▬

一、听力

1. [A] [B] [C] [D] [E] [F]　　6. [A] [B] [C] [D] [E] [F]
2. [A] [B] [C] [D] [E] [F]　　7. [A] [B] [C] [D] [E] [F]
3. [A] [B] [C] [D] [E] [F]　　8. [A] [B] [C] [D] [E] [F]
4. [A] [B] [C] [D] [E] [F]　　9. [A] [B] [C] [D] [E] [F]
5. [A] [B] [C] [D] [E] [F]　　10. [A] [B] [C] [D] [E] [F]

11. [✓] [✗]　　16. [✓] [✗]　　21. [A] [B] [C]
12. [✓] [✗]　　17. [✓] [✗]　　22. [A] [B] [C]
13. [✓] [✗]　　18. [✓] [✗]　　23. [A] [B] [C]
14. [✓] [✗]　　19. [✓] [✗]　　24. [A] [B] [C]
15. [✓] [✗]　　20. [✓] [✗]　　25. [A] [B] [C]

26. [A] [B] [C]　　31. [A] [B] [C]　　36. [A] [B] [C]
27. [A] [B] [C]　　32. [A] [B] [C]　　37. [A] [B] [C]
28. [A] [B] [C]　　33. [A] [B] [C]　　38. [A] [B] [C]
29. [A] [B] [C]　　34. [A] [B] [C]　　39. [A] [B] [C]
30. [A] [B] [C]　　35. [A] [B] [C]　　40. [A] [B] [C]

二、阅读

41. [A] [B] [C] [D] [E] [F]　　46. [A] [B] [C] [D] [E] [F]
42. [A] [B] [C] [D] [E] [F]　　47. [A] [B] [C] [D] [E] [F]
43. [A] [B] [C] [D] [E] [F]　　48. [A] [B] [C] [D] [E] [F]
44. [A] [B] [C] [D] [E] [F]　　49. [A] [B] [C] [D] [E] [F]
45. [A] [B] [C] [D] [E] [F]　　50. [A] [B] [C] [D] [E] [F]

51. [A] [B] [C] [D] [E] [F]　　56. [A] [B] [C] [D] [E] [F]
52. [A] [B] [C] [D] [E] [F]　　57. [A] [B] [C] [D] [E] [F]
53. [A] [B] [C] [D] [E] [F]　　58. [A] [B] [C] [D] [E] [F]
54. [A] [B] [C] [D] [E] [F]　　59. [A] [B] [C] [D] [E] [F]
55. [A] [B] [C] [D] [E] [F]　　60. [A] [B] [C] [D] [E] [F]

61. [A] [B] [C]　　66. [A] [B] [C]
62. [A] [B] [C]　　67. [A] [B] [C]
63. [A] [B] [C]　　68. [A] [B] [C]
64. [A] [B] [C]　　69. [A] [B] [C]
65. [A] [B] [C]　　70. [A] [B] [C]

三、书写

71.

72.

73.

74.

75.

76.　　77.　　78.　　79.　　80.

请不要写到框线以外！

기본에서 실전까지 **3주 완성**

해커스 중국어

HSK3급

한 권으로 합격

개정 2판 6쇄 발행 2024년 12월 2일

개정 2판 1쇄 발행 2022년 6월 14일

지은이	前 HSK 채점위원 리우윈(刘云), 해커스 HSK연구소 공저
펴낸곳	㈜해커스
펴낸이	해커스 출판팀

주소	서울특별시 서초구 강남대로61길 23 ㈜해커스
고객센터	02-537-5000
교재 관련 문의	publishing@hackers.com
	해커스중국어 사이트(china.Hackers.com) 교재Q&A 게시판
동영상강의	china.Hackers.com

ISBN	979-11-379-0437-8 (13720)
Serial Number	02-06-01

중국어인강 1위
해커스중국어 china.Hackers.com

해커스중국어

- 어려운 중국어 듣기를 완전 정복할 수 있는 **다양한 버전의 교재 무료 MP3**
- HSK 1-3급 필수어휘 600 및 듣기 예제 병음북 PDF
- 하루 10분으로 직청직해 실력 완성! **무료 받아쓰기&쉐도잉 프로그램**
- 해커스 스타강사의 본 **교재 인강**(교재 내 할인쿠폰 수록)

중국어도 역시 **1위 해커스중국어**
약 900여 개의 체계적인 무료 학습자료

분야 / 레벨	공통	회화	HSK	HSKK/TSC
공통	철저한 성적분석 **무료 레벨테스트** 	빠르게 궁금증 해결 **1:1 학습 케어** 	HSK 전 급수 **프리미엄 모의고사** 	TSC 급수별 **발음 완성 트레이너** 
초급	초보자가 꼭 알아야 할 **초보 중국어 단어** 	기초 무료 강의 제공 **초보 중국어 회화** 	HSK 4급 쓰기+어휘 완벽 대비 **쓰기 핵심 문장 연습** 	TSC 급수별 **만능 표현** **& 필수 암기 학습자료**
중급	매일 들어보는 **사자성어 & 한자상식** 	입이 트이는 자동발사 **중국어 팟캐스트** 	기본에서 실전까지 마무리 **HSK 무료 강의** 	HSKK/TSC 실전 정복! **고사장 소음 버전 MP3**
고급	실생활 고급 중국어 완성! **중국어 무료 강의** 	상황별 다양한 표현 학습 **여행/비즈니스 중국어** 	HSK 고득점을 위한 **무료 쉐도잉 프로그램** 	고급 레벨을 위한 **TSC 무료 학습자료**

[중국어인강 1위] 주간동아 선정 2019 한국 브랜드 만족지수 교육(중국어인강) 부문 1위
[900개] 해커스중국어 사이트 제공 총 무료 콘텐츠 수(~2021.02.19)

중국어 인강 **1위 해커스중국어** china.Hackers.com 검색

무료 학습자료
확인하기 ▶

해커스 <u>중국어</u>

HSK 3급

한 권으로 합격

해설집

정답 · 해석 · 해설

해커스 중국어

HSK 3급

한 권으로 합격

해설집

해커스

듣기

제1부분

제1부분

문제풀이 방법 해석 p.34

女：你最近每天都看报纸，关心什么呢？ 男：没什么，我就想了解一下这几天的天气。	여: 당신 요즘 매일 신문을 보는데, 무엇에 관심을 갖고 있나요? 남: 별것 아니에요. 저는 요 며칠의 날씨를 알아보려고요.

어휘 **最近** zuìjìn 圆 요즘, 최근 **每天** měi tiān 매일, 날마다 **看** kàn 통 보다 **报纸** bàozhǐ 圆 신문 **关心** guānxīn 圆 관심을 갖다 **没什么** méi shénme 별것 아니다 **想** xiǎng 조동 ~하려고 하다, ~하고 싶다 **了解** liǎojiě 圆 알아보다 **这几天** zhè jǐ tiān 요 며칠, 요즘 **天气** tiānqì 圆 날씨

합격비책 01 | 사물·동물 표현 듣고 사진 선택하기

따라 읽으며 학습하기 ▶

확인학습 p.38

1. 她新买的帽子漂亮极了。 그녀가 새로 산 모자는 정말 예쁘다.
2. 这个蛋糕是我自己做的，你快来尝一尝吧。 이 케이크는 제가 직접 만든 거예요. 빨리 와서 한번 먹어봐요.
3. 我想去买汉语词典，你要一起去吗？ 중국어 사전을 사러 가려고 하는데, 같이 갈래요?

실전연습문제 p.39

1 E	**2** C	**3** A	**4** F	**5** B

1-5

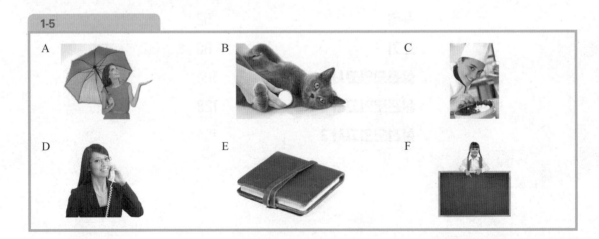

1

女：这个笔记本真漂亮。

男：昨天开会时王经理给的，我觉得小了点儿。

여: 이 노트는 정말 예쁘네요.

남: 어제 회의할 때 왕 매니저님이 주신 거예요. 저는 좀 작다고 생각해요.

해설　음성에서 笔记本(노트)이 언급되었으므로 노트가 부각된 사진 E를 고른다.

어휘　笔记本 bǐjìběn 圆 노트　开会 kāihuì 회의를 하다　经理 jīnglǐ 圆 매니저
　　　觉得 juéde 園 ～라고 생각하다, ～라고 느끼다

2

男：你还会做蛋糕？我以前怎么不知道。

女：我才开始学，现在还只会做鸡蛋的或者是牛奶的。

남: 당신 케이크도 만들 수 있어요? 제가 예전에는 왜 몰랐죠.

여: 저도 이제 막 배우기 시작했어요. 지금은 아직 달걀 아니면 우유로 된 것만 만들 수 있어요.

해설　음성에서 做蛋糕(케이크를 만들다)가 언급되었으므로 케이크를 만들고 있는 사진 C를 고른다.

어휘　还 hái 圓 ～도, ～조차　蛋糕 dàngāo 圆 케이크　以前 yǐqián 圆 예전, 이전　才 cái 圓 이제 막, 지금 막
　　　开始 kāishǐ 園 시작하다, 착수하다　只 zhǐ 圓 ～만, 다만　鸡蛋 jīdàn 圆 달걀
　　　或者 huòzhě 圓 ～아니면 ～이다 [선택 관계를 나타냄]　牛奶 niúnǎi 圆 우유

3

女：天气怎么说变就变，刚还下雨，这会儿又出太阳了。

男：你还是快把伞放下来吧。

여: 날씨가 어떻게 변한다는 말이 떨어지기가 무섭게 변하네요. 방금 비가 왔는데 지금은 다시 태양이 나왔어요.

남: 당신은 빨리 우산을 내려놓는 것이. 좋겠어요.

해설　음성에서 把伞放下来(우산을 내려놓다)가 언급되었으므로 우산을 들고 있는 사진 A를 고른다.

어휘　天气 tiānqì 圆 날씨　说变就变 shuō biàn jiù biàn 변한다는 말이 떨어지기 무섭게 변하다　刚 gāng 圓 방금, 막
　　　下雨 xiàyǔ 비가 오다(내리다)　这会儿 zhèhuìr 圆 지금, 현재　太阳 tàiyáng 圆 태양
　　　还是 háishi 圓 ～하는 편이 좋다　快 kuài 圓 빨리　伞 sǎn 圆 우산　放 fàng 園 놓다, 두다

4

女：老师，我能在这块黑板上练习中文吗？

男：可以的，写完以后再大声读出来。

여: 선생님, 저 이 칠판에 중국어 연습을 해도 되나요?

남: 해도 된단다. 쓰고 난 후에 다시 큰 소리로 읽어보렴.

해설　음성에서 黑板(칠판)이 언급되었으므로 칠판이 부각된 사진 F를 고른다.

어휘　块 kuài 圆 [조각이나 납작한 물건을 세는 단위]　黑板 hēibǎn 圆 칠판　练习 liànxí 園 연습하다, 익히다
　　　中文 Zhōngwén 교유 중국어　写 xiě 園 (글씨를) 쓰다　完 wán 園 마치다, 끝나다　以后 yǐhòu 圆 이후, 금후
　　　大声 dàshēng 圆 큰 소리　读 dú 園 읽다, 보다

5

男：夏医生，我的小猫怎么回事？

女：没什么大问题，下次注意点儿，别给它吃得太饱了。

남: 샤 의사 선생님. 제 고양이가 어떻게 된 건가요?

여: 별로 큰 문제는 아닌데, 다음번에는 주의하세요. 고양이를 너무 배불리 먹이지 마세요.

해설　음성에서 小猫(고양이)가 언급되었으므로 고양이가 부각된 사진 B를 고른다.

어휘　医生 yīshēng 圆 의사　猫 māo 圆 고양이 [小猫 새끼 고양이]　怎么回事 zěnme huí shì 어떻게 된 거야?
　　　没什么 méi shénme 별로 ～는 아니다　问题 wèntí 圆 문제　下次 xiàcì 圆 다음번　注意 zhùyì 園 주의하다, 조심하다
　　　别 bié 圓 ～하지 마라　它 tā 園 그(것), 저(것) [사람 이외의 것을 가리킴]　饱 bǎo 圆 배부르다

확인학습　　　p.42

1. 房间里太热了，我们还是开空调吧。 방 안이 너무 더우니, 우리 그냥 에어컨을 켜는 것이 좋겠어요.

2. 我弟弟在公园打篮球呢。 제 남동생은 공원에서 농구하고 있어요.

3. 电梯坏了，我们只能走楼梯上去了。 엘리베이터가 고장 났네요, 우리는 계단으로 걸어 올라갈 수밖에 없겠어요.

실전연습문제　　p.43

| **1** F | **2** A | **3** E | **4** B | **5** C |

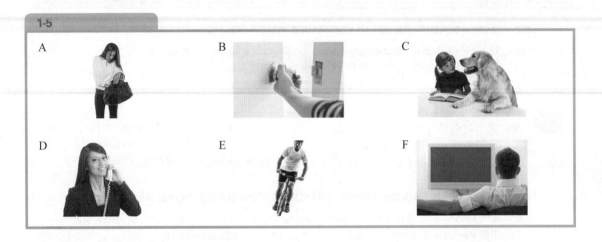

1

女：这么晚了，你怎么还不睡觉？
男：我再看一会儿电视，马上就睡。

여: 이렇게 늦었는데, 당신 왜 아직도 안 자요?
남: 저는 텔레비전을 잠시만 더 보고, 금방 잘게요.

해설　음성에서 看……电视(텔레비전을 보다)가 언급되었으므로 남자가 텔레비전을 보고 있는 사진 F를 고른다.

어휘　**晚** wǎn 톙 늦다　**还** hái 튄 아직도　**睡觉** shuìjiào 툉 (잠을) 자다　**一会儿** yíhuìr 잠시, 잠깐 동안
　　　电视 diànshì 뎽 텔레비전, TV　**马上** mǎshàng 튄 금방, 곧

2

女：我的护照找不到了，我记得刚刚放在包里的。
男：我十分钟前还在桌子上看到的，你是不是忘记拿了？

여: 제 여권을 못 찾겠어요. 제 기억엔 방금 가방 안에 넣은 것 같은데요.
남: 제가 10분 전에 탁자에 있는 것을 봤어요, 당신이 가져오는 것을 잊어버린 것 아니에요?

해설　음성에서 找(찾다), 包里(가방 안)가 언급되었으므로 여자가 가방 안에서 무언가를 찾고 있는 사진 A를 고른다. 참고로, 위 지문에서 '护照找不到了'는 '동사＋不到(~하지 못하다)' 구문이 사용되어, '여권을 못 찾겠어요'로 해석된다는 것을 알아 두자.

어휘　**护照** hùzhào 뎽 여권　**找** zhǎo 툉 찾다　**记得** jìde 툉 기억하고 있다　**刚刚** gānggāng 튄 방금, 지금 막
　　　放 fàng 툉 놓다, 두다　**包** bāo 뎽 가방　**分钟** fēnzhōng 뎽 분　**桌子** zhuōzi 뎽 탁자, 테이블
　　　是不是 shì bu shì ~인가 아닌가?　**忘记** wàngjì 툉 잊어버리다　**拿** ná 툉 가지다, 잡다

| 3 | 女: 今天天气这么好，我们去世界公园看看吧。
男: 太好了，我要骑那辆新买的自行车去。 | 여: 오늘 날씨가 이렇게 좋은데, 우리 세계 공원에 가봐요.
남: 너무 좋아요. 저는 새로 산 그 자전거를 타고 가야겠어요. |

해설 음성에서 骑……自行车(자전거를 타다)가 언급되었으므로 남자가 자전거를 타고 있는 사진 E를 고른다.

어휘 天气 tiānqì 몡 날씨 世界 shìjiè 몡 세계 公园 gōngyuán 몡 공원 骑 qí 동 (동물이나 자전거 등에) 타다
　　辆 liàng 양 대, 량 [차량을 세는 단위] 自行车 zìxíngchē 몡 자전거

| 4 | 女: 等一下再关门，我的手机忘记拿了。
男: 快一些，已经八点一刻了，上班就要迟到了。 | 여: 잠시 기다렸다가 문을 닫아요. 제 휴대폰 가져오는 것을 잊어버렸어요.
남: 좀 빨리요. 벌써 8시 15분이에요. 출근하는데 지각하겠어요. |

해설 음성에서 关门(문을 닫다)이 언급되었으므로 누군가 문을 닫고 있는 사진 B를 고른다.

어휘 等一下 děng yíxià 잠시 기다리다 关门 guānmén 동 문을 닫다 手机 shǒujī 몡 휴대폰 忘记 wàngjì 동 잊어버리다
　　拿 ná 동 가지다, 잡다 快 kuài 뷔 빨리 一些 yìxiē (형용사·동사(구) 뒤에서) 조금, 약간 已经 yǐjīng 뷔 벌써
　　一刻 yíkè 15분 上班 shàngbān 동 출근하다 迟到 chídào 동 지각하다

| 5 | 男: 小雪怎么没出去玩？
女: 她边看书边照顾小狗呢，小狗特别喜欢小雪。 | 남: 샤오쉐는 왜 나가서 놀지 않나요?
여: 그녀는 책을 보며 강아지를 돌보고 있어요. 강아지가 샤오쉐를 정말 좋아해요. |

해설 음성에서 小狗(강아지)가 언급되었으므로 강아지가 부각된 사진 C를 고른다. 참고로, 小雪(샤오쉐)는 사람의 이름을 나타내는 말이다.

어휘 出去 chūqu 동 나가다 玩 wán 동 놀다, 장난하다 看书 kànshū 동 책을 보다 照顾 zhàogù 동 돌보다
　　小狗 xiǎogǒu 몡 강아지 特别 tèbié 뷔 정말, 아주

합격비책 03 | 상태·상황 표현 듣고 사진 선택하기

따라 읽으며 학습하기 ▶

확인학습　　　　　　　　　　　　　　　　　　　　　　　　　　　　　　　　p.46

1. 你别着急，我们还有30分钟。 조급해하지 말아요, 우리에겐 아직 30분이 남았어요.

2. 这张照片是昨天拍的，中间那个是我妹妹。 이 사진은 어제 찍은 거예요, 중간에 있는 사람이 제 여동생이에요.

3. 雨下得越来越大了，我们快回家吧。 비가 점점 많이 오네요. 우리 빨리 집에 갑시다.

실전연습문제　　　　　　　　　　　　　　　　　　　　　　　　　　　　　　p.47

| 1 F | 2 A | 3 B | 4 C | 5 E |

A	B	C

D	E	F

1

男：怎么不吃了？苹果不甜吗？ 女：不关苹果的事，是我左边的牙又疼了。	남: 왜 안 드세요? 사과가 달지 않나요? 여: 사과는 관계없어요. 제 왼쪽 이가 또 아파서요.

해설　음성에서 牙……疼(이가 아프다)이 언급되었으므로 여자가 왼쪽 턱을 잡으며 아파하고 있는 사진 F를 고른다.

어휘　**苹果** píngguǒ 몡 사과　**甜** tián 톙 달다, 달콤하다　**不关……的事** bù guān……de shì ～는 관계 없다
　　　左边 zuǒbian 몡 왼쪽, 좌(측)　**牙** yá 몡 이　**疼** téng 톙 아프다

2

女：好渴，给我一杯水！ 男：慢点儿喝，跑步后马上喝水对身体不好。	여: 너무 목이 말라요. 저에게 물 한 잔 주세요! 남: 천천히 마셔요. 달린 후에 바로 물을 마시는 것은 몸에 　　좋지 않아요.

해설　음성에서 好渴, 给我一杯水!(너무 목이 말라요. 저에게 물 한 잔 주세요!)가 언급되었으므로 여자가 물이 담긴 컵을 들고
　　　있는 사진 A를 고른다.

어휘　**渴** kě 톙 목마르다, 목이 타다　**杯** bēi 몡 잔, 컵　**水** shuǐ 몡 물　**慢** màn 톙 느리다　**喝** hē 동 마시다
　　　跑步 pǎobù 동 달리다　**马上** mǎshàng 閉 바로, 금방　**对** duì 게 ～에(게)　**身体** shēntǐ 몡 몸, 건강

3

女：你脸色不好，身体不舒服吗？ 男：我有点头疼，可能昨天睡得太晚了。	여: 당신 안색이 좋지 않아요. 몸이 불편하세요? 남: 저는 머리가 좀 아파요. 아마 어제 너무 늦게 잤나 봐요.

해설　음성에서 有点头疼(머리가 좀 아파요)이 언급되었으므로 남자가 머리를 잡으며 아파하고 있는 사진 B를 고른다.

어휘　**脸色** liǎnsè 몡 안색, 낯빛　**身体** shēntǐ 몡 몸, 건강　**不舒服** bù shūfu (몸이) 불편하다, 아프다
　　　有点 yǒudiǎn 閉 조금, 약간　**头疼** tóuténg 몡 머리가 아프다　**可能** kěnéng 閉 아마, 어쩌면　**睡** shuì 동 (잠을) 자다
　　　晚 wǎn 톙 늦다

4

女：爸爸，你看我画的爱心怎么样？ 男：可爱极了，可以送给我吗？	여: 아빠, 제가 그린 하트 보세요. 어때요? 남: 몹시 귀엽구나, 나에게 줄 수 있겠니?

해설　음성에서 你看我画的爱心怎么样?(제가 그린 하트 보세요. 어때요?)이 언급되었으므로 여자아이가 하트가 그려진 그림을
　　　들고 있는 사진 C를 고른다.

어휘　**画** huà 동 (그림을) 그리다　**爱心** àixīn 몡 하트, 사랑하는 마음　**可爱** kě'ài 톙 귀엽다, 사랑스럽다
　　　……极了 ……jí le 매우 ～하다　**可以** kěyǐ 조동 ～할 수 있다, ～해도 좋다　**送** sòng 동 주다, 증정하다

5

女: 先生，欢迎来到中国银行，请问您需要
什么服务？

男: 是这样的，我刚才把信用卡忘在这里
了，有谁见过吗？

여: 선생님, 중국 은행에 오신 것을 환영합니다. 어떤 서비스가 필요하신가요?

남: 실은 이렇습니다. 제가 방금 신용 카드를 이곳에 두고 갔는데요. 누구 본 사람 있을까요?

해설 음성에서 欢迎来到中国银行，请问您需要什么服务？(중국 은행에 오신 것을 환영합니다. 어떤 서비스가 필요하신가요?)가 언급되었으므로 여자가 안내 데스크에서 고객을 맞이하고 있는 듯한 사진 E를 고른다.

어휘 先生 xiānsheng 圆 선생님 [성인 남성에 대한 경칭] 欢迎 huānyíng 圄 환영하다 中国 Zhōngguó 교유 중국
银行 yínháng 圆 은행 需要 xūyào 圄 필요하다, 요구되다 服务 fúwù 圄 서비스하다 刚才 gāngcái 圄 방금, 지금 막
信用卡 xìnyòngkǎ 圆 신용 카드 忘 wàng 圄 (잊고) 두다, 잊다 谁 shéi 団 누구, 누가

실전테스트 p.48

따라 읽으며 학습하기 ▶

1 C　　**2** B　　**3** F　　**4** A　　**5** E　　**6** C　　**7** A　　**8** B　　**9** E　　**10** D

1-5

A　　　　　　　B　　　　　　　C

D　　　　　　　E　　　　　　　F

1

男: 你比上次见面瘦多了。

女: 那当然，我每周都来这里锻炼，最少两
次，是这个体育馆的常客了。

남: 당신은 지난번에 만났을 때보다 살이 많이 빠졌네요.

여: 그야 당연하죠. 저는 매주 여기에 와서 단련을 했어요. 최소한 두 번은요. 이 체육관의 단골손님이죠.

해설 음성에서 锻炼(단련하다)이 언급되었으므로 여자가 운동 기구를 이용해 단련하고 있는 사진 C를 고른다.

어휘 比 bǐ 团 ~보다, ~에 비해 上次 shàngcì 지난번, 저번 见面 jiànmiàn 圄 만나다, 대면하다 瘦 shòu 圄 마르다
当然 dāngrán 당연하다, 물론이다 每周 měi zhōu 매주 锻炼 duànliàn 圄 (몸을) 단련하다
最少 zuìshǎo 圄 최소한, 적어도 体育馆 tǐyùguǎn 圆 체육관 常客 chángkè 圆 단골손님

2

女: 你先把面包放好，我马上来做饭。

男: 放不进去了，你看，冰箱里都是东西。

여: 당신은 먼저 빵을 잘 넣어놔요. 제가 곧 밥을 할게요.

남: 안 들어가네요. 봐요. 냉장고 안이 온통 물건이에요.

해설 남자의 말 중 冰箱(냉장고)이 언급되었으므로 냉장고가 부각된 사진 B를 고른다.

어휘 面包 miànbāo 圆 빵 放 fàng 圄 넣다, 놓다 进去 jìnqu 圄 들어가다 马上 mǎshàng 团 곧, 금방

做饭 zuòfàn [동] 밥을 하다　冰箱 bīngxiāng [명] 냉장고　东西 dōngxi [명] 물건, 물품

3

男：站到树的中间，好，就这样，笑一笑。 女：好了吗？照相机给我，你也来照一张。	남: 나무 중앙에 서 보세요. 좋아요. 이렇게요. 웃어보세요. 여: 다 됐나요? 사진기를 저에게 주세요. 당신도 한 장 찍으세요.

해설　음성에서 照相机(사진기), 照(찍다)가 언급되었으므로 남자가 사진기를 들고 사진을 찍고 있는 사진 F를 고른다.

어휘　站 zhàn [동] 서다, 바로 서다　树 shù [명] 나무　中间 zhōngjiān [명] 중앙, 중간　笑 xiào [동] 웃다, 웃음을 짓다
照相机 zhàoxiàngjī [명] 사진기, 카메라　照 zhào [동] (사진, 영화를) 찍다　张 zhāng [양] 장 [종이나 가죽 등을 세는 단위]

4

男：我有点儿担心明天的考试，听说会问不少问题呢。 女：别着急，我先帮你练习一下。	남: 나 내일 시험이 조금 걱정돼. 듣자 하니 많은 문제를 묻는다고 하던데. 여: 조급해하지 마. 내가 우선 연습을 도와줄게.

해설　음성에서 언급된 担心明天的考试(내일 시험이 걱정된다), 帮你练习一下(연습을 도와주겠다)를 통해 두 사람이 진지하게 이야기를 나누는 상황임을 알 수 있다. 따라서 두 사람이 종이를 손에 들고 앉아서 얘기를 나누는 사진 A를 고른다.

어휘　有点儿 yǒudiǎnr [부] 조금, 약간　担心 dānxīn [동] 걱정하다　考试 kǎoshì [명] 시험
听说 tīngshuō [동] 듣자 하니, 들은 바로는　问 wèn [동] 묻다　不少 bùshǎo [형] 많다　问题 wèntí [명] 문제
着急 zháojí [형] 조급해하다　先 xiān [부] 우선, 먼저　帮 bāng [동] 돕다, 거들다　练习 liànxí [동] 연습하다

5

男：小朋友，别害怕，我给你做一次简单的身体检查。 女：我不害怕，妈妈说要相信医生。	남: 꼬마야, 무서워하지 말렴. 나는 너에게 간단한 신체검사를 한 번 할 거야. 여: 저는 안 무서워요. 엄마가 의사 선생님을 믿으라고 하셨어요.

해설　음성에서 做一次简单的身体检查(간단한 신체검사를 한 번 하다), 医生(의사 선생님)이 언급되었으므로 의사 선생님이 진찰해 주고 있는 사진 E를 고른다.

어휘　小朋友 xiǎopéngyou [명] 꼬마, 아가　害怕 hàipà [동] 무서워하다, 겁내다　次 cì [양] 번, 차례
简单 jiǎndān [형] 간단하다, 단순하다　身体检查 shēntǐ jiǎnchá 신체검사　妈妈 māma [명] 엄마, 어머니
相信 xiāngxìn [동] 믿다, 신임하다　医生 yīshēng [명] 의사 선생님

6-10

A
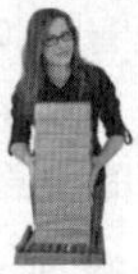

B
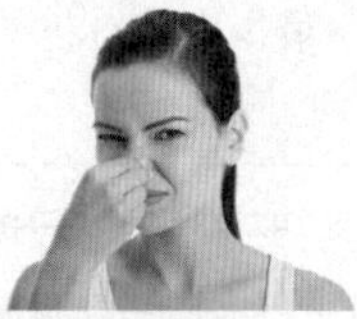

C
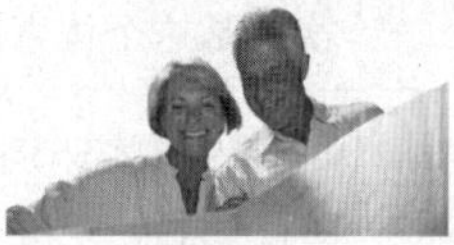

D
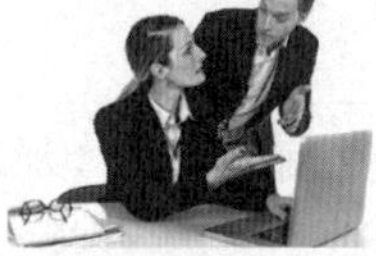

E
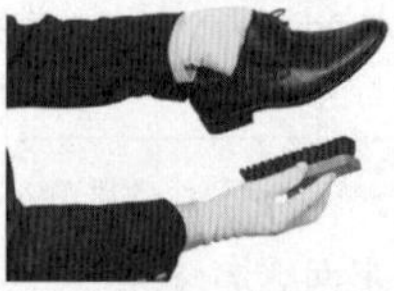

6

女: 世界公园离这儿还有多远？ 男: 你看地图，应该不远了，一直向西走， 再经过两条街就到了。	여: 세계 공원은 여기에서 얼마나 더 멀죠？ 남: 지도를 보세요. 분명 멀지 않을 거예요. 계속 서쪽으로 가다가, 다시 거리 두 개만 지나면 도착이에요.

해설 음성에서 언급된 **世界公园离这儿还有多远?** (세계 공원은 여기에서 얼마나 더 멀죠?)을 통해 대화자들이 길을 찾고 있음을 알 수 있으므로, 남녀가 함께 지도를 보고 있는 사진 C를 고른다.

어휘 **世界** shìjiè 몡 세계 **公园** gōngyuán 몡 공원 **离** lí 께 ~에서 **地图** dìtú 몡 지도 **应该** yīnggāi 조동 분명 ~할 것이다
一直 yìzhí 뿐 계속, 줄곧 **经过** jīngguò 동 지나다, 거치다 **条** tiáo 얭 [가늘고 긴 것을 세는 단위] **街** jiē 몡 거리

7

男: 这么多书你打算放哪儿？ 女: 一共十本，我决定每个朋友送一本。	남: 이렇게 많은 책을 어디에 놓아둘 계획이에요？ 여: 모두 열 권이에요. 저는 모든 친구들에게 한 권씩 주기 로 결정했어요.

해설 음성에서 **多书** (많은 책)가 언급되었으므로 여자가 여러 권의 책을 잡고 있는 사진 A를 고른다.

어휘 **打算** dǎsuan 동 ~할 계획이다, ~할 생각이다 **放** fàng 동 놓다, 두다 **一共** yígòng 뿐 모두, 합계 **本** běn 얭 권
决定 juédìng 동 결정하다 **每个** měi ge 모든 **送** sòng 동 주다, 증정하다

8

女: 不知道怎么了，我今天鼻子特别不舒 服。 男: 这个季节很容易感冒，你要注意点儿。	여: 어떻게 된 건지 모르겠어요. 저는 오늘 코가 아주 불 편해요. 남: 이런 계절에는 감기에 걸리기 쉬워요. 조심하세요.

해설 음성에서 **鼻子特别不舒服** (코가 아주 불편하다)가 언급되었으므로 여자가 코를 잡으며 아파하고 있는 사진 B를 고른다.

어휘 **鼻子** bízi 몡 코 **特别** tèbié 뿐 아주, 특히 **不舒服** bù shūfu (몸이) 불편하다, 아프다 **季节** jìjié 몡 계절
容易 róngyì 동 ~하기 쉽다, 쉽다 **感冒** gǎnmào 동 감기에 걸리다 **注意** zhùyì 동 조심하다, 주의하다

9

男: 如果用这种办法，皮鞋不但不容易坏， 而且看起来像新的一样。 女: 你真聪明，让我也来刷一下。	남: 만약 이와 같은 방법을 사용한다면, 가죽 구두는 쉽게 손 상되지 않을 뿐 아니라 새것처럼 보일 거예요. 여: 당신은 정말 똑똑하네요. 저도 닦아 보게 해주세요.

해설 음성에서 **皮鞋** (가죽 구두)가 언급되었으므로 가죽 구두가 부각된 사진 E를 고른다. 참고로, 위 지문에서 '**像新的一样**'은 '**像……一样**(~과 같다)' 구문이 사용되어, '새것과 같다'로 해석된다는 것을 알아 두자.

어휘 **如果** rúguǒ 쩝 만약, 만일 **办法** bànfǎ 몡 방법, 수단 **皮鞋** píxié 몡 가죽 구두
不但……而且…… búdàn……érqiě…… 쩝 ~뿐만 아니라 **看起来** kàn qǐlai 보기에 ~하다
像……一样 xiàng……yíyàng ~과 같다 **聪明** cōngming 혱 똑똑하다 **让** ràng 동 ~하게 하다 **刷** shuā 동 닦다, 씻다

10

女: 我让你做的事情都做完了吗？这件事今 天必须做完。 男: 经理，你别着急，我一定会完成的。	여: 제가 당신에게 하라고 한 일 다 했나요？ 이 일은 오늘 반드시 끝내야 해요. 남: 매니저님, 조급해 마세요. 제가 꼭 완성하겠습니다.

해설 음성에서 **这件事今天必须做完.** (이 일은 오늘 반드시 끝내야 해요.), **我一定会完成的** (제가 꼭 완성하겠습니다)가 언급되었으므로 직장인으로 보이는 남녀가 이야기 나누고 있는 사진 D를 고른다.

어휘 **事情** shìqing 몡 일, 사건 **今天** jīntiān 몡 오늘 **必须** bìxū 뿐 반드시 ~해야 한다 **做完** zuòwán (일을) 끝내다
经理 jīnglǐ 몡 매니저 **着急** zháojí 동 조급해하다 **一定** yídìng 뿐 꼭, 반드시
完成 wánchéng 동 완성하다, (예정대로) 끝내다

제 2 부분

문제풀이 방법 해석 p.50

★ 孩子们打坏了东西。(　)	★ 아이들이 물건을 깨뜨렸다. (✓)
孩子们把妈妈从别人那里借来的盘子、瓶子和杯子都打坏了，她很生气。	아이들이 엄마가 다른 사람에게서 빌려 온 쟁반, 병 그리고 컵을 모두 깨뜨려서, 그녀는 매우 화가 났다.

어휘 **孩子们** háizimen 아이들 **打坏** dǎhuài [동] 깨뜨리다, 부수다 **东西** dōngxi [명] 물건 **把** bǎ [개] ~을 **别人** biérén [대] 다른 사람, 타인 **借来** jièlai 빌려 오다 **盘子** pánzi [명] 쟁반 **瓶子** píngzi [명] 병 **杯子** bēizi [명] 컵 **生气** shēngqì [동] 화가 나다

합격비책 01 | 시적·가격 표현으로 일치·불일치 판단하기

따라 읽으며 학습하기 ▶

확인학습 p.54

1. 现在是差五分两点，我们要迟到了。지금은 2시 5분 전이에요. 우리 지각하겠어요.
2. 我今天去北京，下周一才回来。저는 오늘 베이징에 가서, 다음 주 월요일이나 되어야 돌아와요.
3. 先生，这些面包一共十八块钱。선생님, 이 빵들은 모두 18위안입니다.

실전연습문제 p.55

1 × 2 × 3 × 4 ✓ 5 ✓

1

★ 比赛八点十五分开始。(　)	★ 경기는 8시 15분에 시작한다. (×)
现在是晚上八点一刻，比赛还有十五分钟就开始了，如果我们坐地铁去，会迟到的，还是坐出租车吧。	지금은 저녁 8시 15분이에요. 경기는 15분 더 있으면 시작해요. 만약 우리가 지하철을 타고 가면 지각할 거예요. 택시를 타고 가는 것이 좋겠어요.

해설 문장에서는 경기 시작 시간이 **八点十五分**(8시 15분)으로 언급되었는데, 음성에서는 지금이 **八点一刻**(8시 15분)이고 경기는 **还有十五分钟**(15분 더 있으면)이어야 시작한다고 언급되었으므로 불일치로 판단한다.

어휘 **比赛** bǐsài [명] 경기, 시합 **开始** kāishǐ [동] 시작하다 **现在** xiànzài [명] 지금, 현재 **晚上** wǎnshang [명] 저녁 **一刻** yíkè 15분 **分钟** fēnzhōng [명] 분 **如果** rúguǒ [접] 만약 **地铁** dìtiě [명] 지하철 **迟到** chídào [동] 지각하다 **还是** háishi [부] ~하는 편이 좋다 **出租车** chūzūchē [명] 택시

2

★ 叔叔九月二号回的家。(　)	★ 삼촌은 9월 2일에 집에 돌아왔다. (×)
九月二号会议就已经结束了，但是叔叔过了两个星期才从北京回来，爷爷很不放心他。	9월 2일에 회의는 이미 끝났지만 삼촌은 2주가 지나서야 베이징에서 돌아와서 할아버지가 삼촌을 걱정했어요.

해설 문장에서는 삼촌이 집에 돌아온 것은 **九月二号**(9월 2일)로 언급되었는데, 음성에서는 **九月二号**(9월 2일)에 회의가 끝났고 삼촌이 돌아온 것은 **过了两个星期**(2주가 지나서야)라고 언급되었으므로 불일치로 판단한다.

어휘 **叔叔** shūshu [명] 삼촌 **号** hào [명] 일 [날짜를 가리킴] **会议** huìyì [명] 회의 **已经** yǐjīng [부] 이미, 벌써 **结束** jiéshù [동] 끝나다, 마치다 **但是** dànshì [접] 하지만, 그러나 **星期** xīngqī [명] 주

北京 Běijīng [고유] 베이징 [중국의 수도]　**爷爷** yéye [명] 할아버지　**不放心** bú fàngxīn 걱정하다

3

★ 飞机一点半起飞。 ( )	★ 비행기는 1시 30분에 이륙한다. (X)
还有一个半小时飞机就要起飞了，但是马经理现在还在公司，你让我怎么不着急?	1시간 30분 더 있으면 비행기는 곧 이륙해요. 그런데 마 매니저는 현재 아직 회사에 계시니 제가 어떻게 조급해하지 않을 수 있겠어요?

해설　문장에서 一点半(1시 30분)이라는 시점이 언급되었는데, 음성에서는 还有一个半小时(1시간 30분 더 있으면)라는 기간이 언급되었으므로 불일치로 판단한다. 참고로, 위 지문에서 '飞机就要起飞了'는 '就要……了(곧 ~할 것이다)' 구문이 사용되어, '비행기는 곧 이륙할 것이다'로 해석된다는 것을 알아 두자.

어휘　**飞机** fēijī [명] 비행기　**起飞** qǐfēi [동] 이륙하다　**小时** xiǎoshí [명] 시간　**但是** dànshì [접] 그런데, 그러나
　　　经理 jīnglǐ [명] 매니저　**现在** xiànzài [명] 현재　**公司** gōngsī [명] 회사　**让** ràng [동] ~하게 하다　**着急** zháojí [형] 조급해하다

4

★ 裤子在网上卖200块钱。 ( )	★ 바지는 인터넷에서 200위안에 판다. (✓)
这条裤子是我在网上买来爬山的时候穿的，才200块钱，比超市里便宜了几十块呢。	이 바지는 제가 인터넷에서 사서 등산할 때 입은 것인데, 겨우 200위안이에요. 슈퍼마켓보다 몇 십 위안이나 싸요.

해설　문장에서 바지의 가격이 200块钱(200위안)으로 언급되었고, 음성에서도 200块钱(200위안)으로 언급되었으므로 일치로 판단한다.

어휘　**裤子** kùzi [명] 바지　**在网上** zài wǎngshàng 인터넷에서　**卖** mài [동] 팔다, 판매하다　**买** mǎi [동] 사다, 구매하다
　　　爬山 páshān [동] 등산하다　**穿** chuān [동] 입다　**才** cái [부] 겨우　**比** bǐ [개] ~보다　**便宜** piányi [형] (값이) 싸다
　　　块 kuài [양] 위안(元)

5

★ 客人30分钟后到。 ( )	★ 손님은 30분 후에 도착한다. (✓)
妈妈让我帮助她把房间和洗手间打扫干净，说客人半个小时后就来了。	엄마가 저에게 그녀를 도와 방과 화장실을 깨끗하게 청소하라셔요. 손님이 30분 후면 오신대요.

해설　문장에서 손님이 도착하는 시점이 30分钟后(30분 후)로 언급되었고, 음성에서도 半个小时后(30분 후)로 언급되었으므로 일치로 판단한다.

어휘　**客人** kèrén [명] 손님　**分钟** fēnzhōng [명] 분　**妈妈** māma [명] 엄마　**让** ràng [동] ~하게 하다
　　　帮助 bāngzhù [동] 돕다　**房间** fángjiān [명] 방　**洗手间** xǐshǒujiān [명] 화장실　**打扫** dǎsǎo [동] 청소하다
　　　干净 gānjìng [형] 깨끗하다　**半个小时** bàn ge xiǎoshí 30분

합격비책 02 | 부정·반의 표현으로 불일치 판단하기

따라 읽으며 학습하기 ▶

확인학습　　　　　　　　　　　　　　　　　　　　　　　　　　　　　　　　　　　　　　　p.58

1. 这个超市的鸡蛋很便宜。 이 슈퍼마켓의 달걀은 싸요.
　≠ 这个超市的鸡蛋有点儿贵。 이 슈퍼마켓의 달걀은 좀 비싸요.

2. 这条裤子虽然有点短，但价格不错。 이 바지는 비록 조금 짧지만, 그러나 가격이 괜찮아요.
　≠ 这条裤子虽然有点长，但价格不错。 이 바지는 비록 조금 길지만, 그러나 가격이 괜찮아요.

3. 跟同事们一起吃饭时，他总是吃得太快了。 회사 동료들과 같이 밥을 먹을 때, 그는 늘 너무 빨리 먹는다.
　≠ 跟同事们一起吃饭时，他总是吃得太慢了。 회사 동료들과 같이 밥을 먹을 때, 그는 늘 너무 느리게 먹는다.

1 ×   **2** ×   **3** ×   **4** ×   **5** ×

1

★ 说话人没有去过中国。( )	★ 화자는 중국에 가본 적이 없다. (×)
北京的环境很不错，人也很热情，那里还有很多非常有意思的节日，我在那儿留过学，学的是中文。	베이징의 환경은 좋아요. 사람들도 친절하고, 그곳에는 매우 재미있는 명절도 많아요. 저는 그곳에서 유학을 한 적이 있고 중국어를 배웠어요.

해설　문장에서는 没有去过中国(중국에 가본 적이 없다)가 언급되었는데 음성에서는 在那儿[北京]留过学(그곳[베이징]에서 유학을 한 적이 있다)라고 반대로 언급되었으므로 불일치로 판단한다.

어휘　**中国** Zhōngguó 교유 중국　**北京** Běijīng 교유 베이징 [중국의 수도]　**环境** huánjìng 명 환경　**不错** búcuò 형 좋다, 괜찮다
热情 rèqíng 친절하다, 열정적이다　**非常** feicháng 부 매우, 아주　**有意思** yǒu yìsi 재미있다, 흥미있다
节日 jiérì 명 명절, 기념일　**留学** liúxué 동 유학하다　**中文** Zhōngwén 교유 중국어

2

★ 说话人忘记带伞了。( )	★ 화자는 우산 가져오는 것을 잊어버렸다. (×)
这个季节的天气真奇怪，你看，中午的时候太阳特别大，下午就下起大雨来了，还好我记得带伞了。	이 계절의 날씨는 정말 이상해요. 보세요, 점심때는 햇빛이 아주 강했는데, 오후에는 큰 비가 오잖아요. 다행히 저는 우산 가져오는 것을 기억했어요.

해설　문장에서는 忘记带伞了(우산 가져오는 것을 잊어버렸다)가 언급되었는데 음성에서는 记得带伞了(우산 가져오는 것을 기억했다)라고 반대로 언급되었으므로 불일치로 판단한다. 반의어 표현 忘记(잊어버리다)와 记(기억하다)를 이해할 수 있어야 한다.

어휘　**忘记** wàngjì 동 잊어버리다, 까먹다　**带** dài 동 (몸에) 가지다, 휴대하다　**伞** sǎn 명 우산　**季节** jìjié 명 계절
天气 tiānqì 명 날씨, 일기　**奇怪** qíguài 형 이상하다, 괴이하다　**中午** zhōngwǔ 명 점심, 정오　**太阳** tàiyáng 명 햇빛, 태양
特别 tèbié 부 아주, 특별히　**下午** xiàwǔ 명 오후　**下雨** xiàyǔ 동 비가 오다　**还好** hái hǎo 다행히
记得 jìde 동 기억하다

3

★ 护照没有被找到。( )	★ 여권은 발견되지 않았다. (×)
小红找了好久都没找到她的护照，最后还是阿姨在那个绿色的旧行李箱里发现了护照。	샤오훙은 오랫동안 찾았지만 그녀의 여권을 찾지 못했어요. 마지막에는 역시 아주머니께서 그 녹색의 낡은 여행 가방에서 여권을 발견하셨어요.

해설　문장에서는 护照没有被找到。(여권은 발견되지 않았다.)가 언급되었는데 음성에서는 发现了护照(여권을 발견하셨다)라고 반대로 언급되었으므로 불일치로 판단한다.

어휘　**护照** hùzhào 명 여권　**找** zhǎo 동 찾다, 구하다　**好久** hǎojiǔ 명 (시간이) 오래다　**最后** zuìhòu 명 마지막, 최후
阿姨 āyí 명 아주머니, 이모　**绿色** lǜsè 명 녹색　**旧** jiù 형 낡다, 옛날의　**行李箱** xínglǐxiāng 명 여행 가방, 트렁크
发现 fāxiàn 동 발견하다, 알아차리다

4

★ 小张今天不上班。( )	★ 샤오장은 오늘 출근하지 않는다. (×)
今天只有小张一个人上班帮我的忙，其他的同事都去机场接新来的经理了。	오늘은 샤오장 한 명만이 출근해서 나를 도와줬어요. 다른 동료들은 모두 공항에 새로 오신 매니저님을 마중 나갔어요.

문장의 小张今天不上班.(샤오장은 오늘 출근하지 않는다.)이 언급되었는데 음성에서는 今天只有小张一个人上班(오늘은 샤오장 한 명만이 출근했다)이라고 반대로 언급되었으므로 불일치로 판단한다.

어휘 **今天** jīntiān 圆 오늘　**上班** shàngbān 圄 출근하다　**只** zhǐ 園 ~만, ~밖에　**帮忙** bāngmáng 圄 도움을 주다
其他 qítā 덴 다른 사람, 기타　**同事** tóngshì 圆 동료, 동업자　**机场** jīchǎng 圆 공항　**接** jiē 圄 마중하다
经理 jīnglǐ 圆 매니저

5

★ 黑板上的问题很难。(　)	★ 칠판의 문제는 매우 어렵다. (✕)
黑板上的这几个问题都很容易，大家先看几分钟，一会儿找几个同学来回答。	칠판의 이 몇 개의 문제는 모두 매우 쉬워요. 여러분은 우선 몇 분간 보도록 하세요. 잠시 후에 대답할 학생 몇 명을 찾을 거예요.

해설 문장에서는 칠판의 문제가 难(어렵다)이라고 언급되었는데 음성에서는 容易(쉽다)라고 반대로 언급되었으므로 불일치로 판단한다. 반의어 표현 难(어렵다)과 容易(쉽다)를 이해할 수 있어야 한다.

어휘 **黑板** hēibǎn 圆 칠판　**问题** wèntí 圆 문제　**难** nán 圆 어렵다　**几** jǐ 囹 몇　**容易** róngyì 圆 쉽다, 용이하다
大家 dàjiā 덴 여러분, 다들　**分钟** fēnzhōng 圆 분　**一会儿** yíhuìr 잠시, 곧　**找** zhǎo 圄 찾다, 구하다
同学 tóngxué 圆 학생, 동창 [학생에 대한 호칭]　**回答** huídá 圄 대답하다, 회답하다

합격비책 03 | 다른 단어 하나로 불일치 판단하기

따라 읽으며 학습하기 ▶

확인학습　　　　　　　　　　　　　　　　　　　　　　　　　　　　　　p.62

1. 我去中国留学时，忘了带护照了。　저는 중국으로 유학 갈 때, 여권을 챙기는 것을 까먹었어요.
 ≠ 我去中国旅游时，忘了带护照了。　저는 중국으로 여행 갈 때, 여권을 챙기는 것을 까먹었어요.

2. 小李要准备参加唱歌比赛。샤오리는 노래 부르기 대회에 참가하려고 해요.
 ≠ 小李要准备参加跳舞比赛。샤오리는 춤추기 대회에 참가하려고 해요.

3. 爷爷正在看电影。할아버지는 영화를 보고 계세요.
 ≠ 爷爷正在看电视。할아버지는 텔레비전을 보고 계세요.

실전연습문제　　　　　　　　　　　　　　　　　　　　　　　　　　　　p.63

1 ✕	2 ✕	3 ✕	4 ✕	5 ✕

1

★ 女儿站在最后面。(　)	★ 딸은 제일 뒤쪽에 서 있다. (✕)
我女儿参加今天的篮球比赛。你看，站在最前面的短头发的就是我女儿。	제 딸은 오늘 농구 경기에 참가해요. 보세요. 제일 앞쪽에 서 있는 짧은 머리가 제 딸이에요.

해설 문장에서는 딸이 서 있는 곳이 后面(뒤쪽)이라고 했는데 음성에서는 前面(앞쪽)이라고 단어 하나가 다르게 언급되었으므로 불일치로 판단한다.

어휘 **站** zhàn 圄 서다　**后面** hòumian 圆 뒤쪽, 뒤　**参加** cānjiā 圄 참가하다　**今天** jīntiān 圆 오늘　**篮球** lánqiú 圆 농구
比赛 bǐsài 圆 경기, 시합　**前面** qiánmian 圆 앞　**短** duǎn 圆 짧다　**头发** tóufa 圆 머리카락

듣기

제2부분 해커스 HSK 3급 한 권으로 합격

2		
★ 南方的冬天刮风下雪。（　）		★ 남방의 겨울은 바람이 불고 눈이 온다. (×)
北方的冬天又刮风又下雪的，太冷了，还是南方的冬天好，一点儿也不冷。		북방의 겨울은 바람이 불고 눈도 와서 너무 추워요. 역시 남방의 겨울이 좋아요. 조금도 춥지가 않아요.

해설　문장에서는 겨울에 바람이 불고 눈이 오는 곳이 南方(남방)이라고 했는데, 음성에서는 北方(북방)이라고 단어 하나가 다르게 언급되었으므로 불일치로 판단한다. 참고로, 위 지문에서 '又刮风又下雪'는 '又……又……(~하고 ~하다)' 구문이 사용되어, '바람이 불고 눈도 온다'로 해석된다는 것을 알아 두자.

어휘　**南方** nánfāng 圆 남방, 남쪽　**冬天** dōngtiān 圆 겨울　**刮风** guāfēng 圆 바람이 불다　**下雪** xiàxuě 圆 눈이 오다
　　　北方 běifāng 圆 북방, 북쪽　**冷** lěng 圆 춥다, 차다　**一点儿也不** yìdiǎnr yě bù 조금도 ~아닌

3		
★ 夏天黄河水很小。（　）		★ 여름에 황허 강의 물은 매우 적다. (×)
我们决定今年夏天去看黄河，秋天去水太小了，没意思。		우리는 올해 여름에 황허 강을 보러 가기로 결정했어요. 가을에 가면 물이 너무 적어서 재미없어요.

해설　문장에서 황허 강의 물이 적은 시기가 夏天(여름)이라고 했는데, 음성에서는 秋天(가을)이라고 단어 하나가 다르게 언급되었으므로 불일치로 판단한다.

어휘　**夏天** xiàtiān 圆 여름　**黄河** Huánghé 교유 황허 강　**决定** juédìng 圆 결정하다　**今年** jīnnián 圆 올해, 금년
　　　秋天 qiūtiān 圆 가을　**没意思** méi yìsi 재미가 없다, 단조롭다

4		
★ 弟弟睡觉要关门。（　）		★ 남동생은 잠을 잘 때 문을 닫는다. (×)
弟弟晚上睡觉的时候一定要关灯，太亮了他睡不着。		남동생은 저녁에 잠을 잘 때 반드시 불을 꺼요. 너무 밝으면 남동생은 잠들지 못해요.

해설　문장에서는 남동생이 잘 때 하는 행동이 关门(문을 닫다)이라고 했는데, 음성에서는 关灯(불을 끄다)이라고 단어 하나가 다르게 언급되었으므로 불일치로 판단한다.

어휘　**睡觉** shuìjiào 圆 (잠을) 자다　**关门** guānmén 圆 문을 닫다　**晚上** wǎnshang 圆 저녁　**关灯** guān dēng 불을 끄다
　　　亮 liàng 圆 밝다, 밝게 빛나다　**……不着** ……bu zháo ~하지 못하다

5		
★ 爷爷看得清照片上的字。（　）		★ 할아버지는 사진의 글자를 또렷하게 볼 수 있다. (×)
爷爷眼睛不太好，他只能看得清照片上的花和树。但是其他的他看不清楚。		할아버지께서는 눈이 별로 안 좋으세요. 그는 사진의 꽃과 나무만 잘 볼 수 있어요. 그러나 다른 것은 분명하게 보지 못하세요.

해설　문장에서는 할아버지가 사진에서 잘 볼 수 있는 것이 字(글자)라고 했는데, 음성에서는 花和树(꽃과 나무)라고 단어 하나가 다르게 언급되었으므로 불일치로 판단한다. 참고로, 위 지문에서 '他看不清楚'는 '동사+清楚(분명히 ~하다)' 구문이 사용되어, '그는 분명히 보지 못한다'로 해석된다는 것을 알아 두자.

어휘　**爷爷** yéye 圆 할아버지　**看得清** kàn de qīng 또렷하게 볼 수 있다　**照片** zhàopiàn 圆 사진　**字** zì 圆 글자, 문자
　　　眼睛 yǎnjing 圆 눈　**花** huā 圆 꽃　**树** shù 圆 나무, 수목　**但是** dànshì 圆 그러나, 그렇지만
　　　其他 qítā 圆 다른 것, 사람　**清楚** qīngchu 圆 분명하다, 명백하다

확인학습 p.66

1. 姐姐打算这周末搬家。 언니는 이번 주말에 이사할 계획이다.
   → 姐姐准备这周末搬家。 언니는 이번 주말에 이사를 가려고 한다.

2. 他不知道图书馆怎么走。 그는 도서관에 어떻게 가는지 모른다.
   → 他不认识去图书馆的路。 그는 도서관 가는 길을 알지 못한다.

3. 不好意思，我可能会晚到半个小时。 죄송합니다. 제가 30분 늦을 것 같습니다.
   → 不好意思，我可能会迟到。 죄송합니다. 제가 지각할 것 같습니다.

실전연습문제 p.67

1 ✓   2 ✓   3 ✓   4 ✓   5 ✓

1	★ 姐姐对旅游很感兴趣。 ( )	★ 언니는 여행하는 것을 좋아한다. (✓)
	姐姐最大的爱好是旅游，上大学的时候她就自己一个人去过好几个国家。	언니의 가장 큰 취미는 여행하는 거예요. 대학에 다닐 때 혼자서 아주 많은 나라를 가 보았어요.

해설　문장의 对旅游很感兴趣(여행하는 것을 좋아한다)가 음성의 爱好是旅游(취미는 여행하는 것이다)를 바꿔 표현한 경우이므로 일치로 판단한다. 참고로, 위 지문에서 '去过好几个国家'는 '동사+过(~한 적 있다, ~해 보았다)' 구문이 사용되어, '아주 많은 나라를 가 보았다'로 해석된다는 것을 알아 두자.

어휘　姐姐 jiějie 명 언니, 누나　旅游 lǚyóu 통 여행하다　感兴趣 gǎn xìngqù 좋아하다, 흥미를 느끼다　最 zuì 부 가장
　　　爱好 àihào 명 취미　上大学 shàng dàxué 대학에 다니다　……的时候 ……de shíhou ~할 때
　　　自己 zìjǐ 때 혼자서, 자기 자신　过 guo 조 ~한 적이 있다, ~하곤 하였다　国家 guójiā 명 나라, 국가

2	★ 做面条很简单。 ( )	★ 국수를 만드는 것은 매우 간단하다. (✓)
	做面条看起来很难，其实很容易。如果你认真学，一个小时就可以学会。	국수를 만드는 것은 어려워 보여도 사실 매우 쉬워요. 만약 당신이 성실히 배운다면, 한 시간이면 배워서 할 수 있어요.

해설　문장의 简单(간단하다)이 음성의 容易(쉽다)를 바꿔 표현한 경우이므로 일치로 판단한다.

어휘　做 zuò 통 만들다, 하다　面条 miàntiáo 명 국수　简单 jiǎndān 형 간단하다　看起来 kàn qǐlai ~하게 보이다
　　　难 nán 형 어렵다　其实 qíshí 부 사실　容易 róngyì 형 쉽다　如果 rúguǒ 접 만약, 만일
　　　认真 rènzhēn 형 성실하다, 착실하다　小时 xiǎoshí 명 시간　学会 xuéhuì 통 배워서 할 수 있다, 습득하다

3	★ 妈妈对椅子很满意。 ( )	★ 엄마는 의자에 대해 매우 만족하신다. (✓)
	妈妈说我刚才让人搬来的椅子，坐起来很舒服，她喜欢极了。	엄마가 방금 제가 사람을 시켜 옮겨 온 의자가 앉기에 매우 편해서, 몹시 좋다고 말씀하셨어요.

해설　문장의 满意(만족하다)가 음성의 喜欢极了(몹시 좋다)를 바꿔 표현한 경우이므로 일치로 판단한다.

어휘　对 duì 개 ~에 대해　椅子 yǐzi 명 의자　满意 mǎnyì 형 만족하다　刚才 gāngcái 명 방금, 막　让 ràng 통 ~하게 하다
　　　搬 bān 통 옮기다, 운반하다　坐 zuò 통 앉다　舒服 shūfu 형 편안하다　……极了 ……jí le 몹시 ~하다

4 ★ 哥哥又爱唱歌又爱跳舞。( )	★ 오빠는 노래 부르는 것도 좋아하고, 춤을 추는 것도 좋아한다. (✓)
哥哥除了爱唱歌儿，还特别喜欢跳舞，而且跳得非常好。	오빠는 노래 부르는 것을 좋아하는 것 외에 춤을 추는 것도 매우 좋아해요. 게다가 매우 잘 춰요.

해설   문장의 又爱唱歌又爱跳舞(노래 부르는 것도 좋아하고, 춤을 추는 것도 좋아한다)가 음성의 除了爱唱歌儿，还特别喜欢跳舞(노래 부르는 것을 좋아하는 것 외에 춤을 추는 것도 매우 좋아한다)를 바꿔 표현한 경우이므로 일치로 판단한다. 참고로, 위 지문에서 '又爱唱歌又爱跳舞'는 '又……又……(~하고 ~하다)' 구문이 사용되어, '노래 부르는 것도 좋아하고, 춤을 추는 것도 좋아한다'로 해석된다는 것을 알아 두자.

어휘   **哥哥** gēge 圈 오빠, 형   **又……又……** yòu……yòu…… ~하고 ~하다   **爱** ài 圄 좋아하다, 애호하다
       唱歌 chànggē 圄 노래 부르다   **跳舞** tiàowǔ 圄 춤을 추다   **除了** chúle 꽤 ~외에, ~를 제외하고
       特别 tèbié 囝 매우, 특히   **喜欢** xǐhuan 圄 좋아하다   **而且** érqiě 圙 게다가, 또한   **非常** fēicháng 囝 매우, 대단히

5 ★ 小西长胖了。( )	★ 샤오시는 살이 쪘다. (✓)
小西以前很瘦，但是她结婚后长了20公斤，变化很大，我都有点儿认不出她了。	샤오시는 예전에는 말랐지만, 결혼한 후 20킬로그램이 늘었어요. 변화가 커서 저마저도 그녀를 못 알아볼 뻔했어요.

해설   문장의 长胖了(살이 쪘다)가 음성의 长了20公斤(20킬로그램이 늘었다)을 바꿔 표현한 경우이므로 일치로 판단한다.

어휘   **长胖** zhǎngpàng 圄 살찌다, 뚱뚱해지다   **以前** yǐqián 圕 예전, 이전   **瘦** shòu 圄 마르다, 여위다
       但是 dànshì 圙 그렇지만   **结婚** jiéhūn 圄 결혼하다   **长** zhǎng 圄 늘다, 자라다   **公斤** gōngjīn 圀 킬로그램(kg)
       变化 biànhuà 圕 변화   **认不出** rèn bu chu 알아보지 못하다

합격비책 05 | 추론으로 일치·불일치 판단하기

따라 읽으며 학습하기 ▶

확인학습   p.70

1. 这种咖啡非常有名，很多人去国外旅游的时候，都会买一些带回来。
   이 커피는 매우 유명해서, 많은 사람들이 외국으로 여행 갔을 때, 좀 사서 온다.

2. 为了学好汉语，我高中毕业后就出国留学了。我以后想当一名汉语老师。
   중국어를 배우기 위해, 나는 고등학교를 졸업한 후에 바로 외국으로 유학을 갔다. 나는 나중에 중국어 선생님이 되고 싶다.

3. 我现在不方便接电话，飞机马上就要起飞了，我到家了给你打电话吧。
   제가 지금 전화 받는 게 좀 어려워요, 비행기가 곧 이륙해서요. 제가 집에 도착해서 전화 드릴게요.

실전연습문제   p.71

1 ✕   2 ✓   3 ✓   4 ✕   5 ✓

1 ★ 说话人在帮朋友的作业。( )	★ 화자는 친구의 숙제를 도와주고 있다. (✕)
我们被要求用黑板上的几个句子来回答问题，这对我们来说太难了。	우리는 칠판에 있는 문장 몇 개를 사용해서 문제에 대답하기를 요구받았는데, 이것은 우리에게 너무 어렵다.

해설 문장의 '说话人在帮朋友的作业.'에서 화자는 친구의 숙제를 도와주고 있다고 했다. 음성은 문제에 대답해야 하는데, 문제가 너무 어렵다는 내용이고, 문장의 내용과 무관하므로 불일치로 판단한다.

어휘 **帮** bāng [동] 돕다 **作业** zuòyè [명] 숙제 **被要求** bèi yāoqiú ~하기를 요구받다 **用** yòng [동] 사용하다
黑板 hēibǎn [명] 칠판 **句子** jùzi [명] 문장 **回答** huídá [동] 대답하다 **问题** wèntí [명] 질문, 문제
对……来说 duì……lái shuō ~에게 있어서 **难** nán [형] 어렵다

2

★ 说话人在叫人打扫。(　)	★ 화자는 다른 사람에게 청소를 시키고 있다. (✓)
同学们，把这些瓶子都拿出去，再把教室的地擦一下，特别是桌子下面，一定要擦干净了。	학생 여러분, 이 병들을 모두 가지고 나가고 나서 교실 바닥을 닦도록 해요. 특히 탁자 아래는 꼭 깨끗하게 닦아야 해요.

해설 문장의 '说话人在叫人打扫.'에서 화자는 다른 사람에게 청소를 시키고 있다고 했다. 음성에서 화자가 '同学们……把教室的地擦一下'라며 학생들에게 교실 바닥을 닦으라고 했으므로, 화자는 학생들에게 청소를 시키고 있는 상황임을 추론할 수 있다. 따라서 문장과 음성의 내용을 일치로 판단한다.

어휘 **叫** jiào [동] ~시키다, ~하게 하다 **打扫** dǎsǎo [동] 청소하다 **把** bǎ [개] ~을 **瓶子** píngzi [명] 병
拿出去 ná chūqu 가지고 나가다, 내가다 **再** zài [부] ~하고 나서, ~한 뒤에 **地** dì [명] 바닥 **擦** cā [동] 닦다, 문지르다
一下 yíxià 좀 ~하다 **特别** tèbié [부] 특히 **桌子** zhuōzi [명] 탁자 **下面** xiàmian [명] 아래, 밑 **一定** yídìng [부] 꼭, 반드시
要 yào [조동] ~해야 한다 **干净** gānjìng [형] 깨끗하다

3

★ 老李身体健康。(　)	★ 라오리는 몸이 건강하다. (✓)
老李几乎不生病，他很注意锻炼身体，喜欢骑自行车或者跑步去上班，还经常和他朋友去爬山。	라오리는 아픈 일이 거의 없어요. 그는 신체를 단련하는데 신경을 써서 자전거를 타거나 달리기로 출근하는 것을 좋아하고, 친구와 자주 등산을 하러 가요.

해설 문장의 '老李身体健康.'에서 라오리는 몸이 건강하다고 했다. 음성에서 '老李几乎不生病，他很注意锻炼身体'라며 라오리는 아픈 일이 거의 없고 신체를 단련하는데 신경을 쓴다고 했으므로, 라오리가 건강하다는 것을 추론할 수 있다. 따라서 문장과 음성의 내용을 일치로 판단한다.

어휘 **身体** shēntǐ [명] 몸, 신체 **健康** jiànkāng [형] 건강하다 **几乎** jīhū [부] 거의 **生病** shēngbìng [동] 아프다, 병이 나다
注意 zhùyì [동] 신경 쓰다, 주의하다 **锻炼** duànliàn [동] 단련하다 **喜欢** xǐhuan [동] 좋아하다
骑自行车 qí zìxíngchē 자전거를 타다 **或者** huòzhě [접] ~이거나 ~이다 **跑步** pǎobù [동] 달리다
上班 shàngbān [동] 출근하다 **经常** jīngcháng [부] 자주, 항상 **爬山** páshān [동] 등산하다

4

★ 现在地上有很多雪。(　)	★ 지금 땅에는 눈이 많이 있다. (X)
早上跑步的时候要小心，昨天下了一晚上的雨，现在地上还有很多水呢。	아침에 달리기 할 때 조심해야 해요. 어제 밤새 비가 내려서, 지금 땅에 아직 물이 많거든요.

해설 문장의 '现在地上有很多雪.'에서 지금 땅에는 눈이 많이 있다고 했다. 문장의 내용이 음성의 '现在地上还有很多水(지금 땅에 아직 물이 많다)'와 완전히 다른 사실을 언급하고 있으므로 불일치로 판단한다.

어휘 **现在** xiànzài [명] 지금, 현재 **雪** xuě [명] 눈 **早上** zǎoshang [명] 아침 **跑步** pǎobù [동] 달리다, 뛰다
小心 xiǎoxīn [동] 조심하다, 주의하다 **昨天** zuótiān [명] 어제 **一晚上** yì wǎnshang 밤새, 저녁 내내

5	★ 说话人需要多说多练。(　　)	★ 화자는 많이 말하고 많이 연습하는 것이 필요하다. (✓)
	老师告诉我口语不好是因为我上课的时候总是不说话，练得太少。他说如果我们总是这样，就很难提高口语水平。	선생님이 제게 회화가 부족한 것은 수업 때 줄곧 말을 하지 않아 너무 적게 연습하기 때문이라고 말씀하셨어요. 만약 우리가 늘 이렇다면, 회화 실력을 향상시키기 어려울 것이라고 하셨어요.

해설　문장의 '说话人需要多说多练.'에서 화자는 많이 말하고 많이 연습하는 것이 필요하다고 했다. 음성에서 화자가 '口语不好是因为我上课的时候总是不说话，练得太少'라며 회화 실력이 부족한 것은 수업 때 말을 하지 않아 너무 적게 연습하기 때문이라고 했으므로, 화자는 많이 말하고 연습해야 함을 추론할 수 있다. 따라서 문장과 음성의 내용을 일치로 판단한다.

어휘　需要 xūyào 圄 필요하다　练 liàn 圄 연습하다, 훈련하다　老师 lǎoshī 圀 선생님　告诉 gàosu 圄 말씀하다, 알리다
口语 kǒuyǔ 圀 회화　因为 yīnwèi 젭 ~때문에　上课 shàngkè 수업하다　……的时候 ……de shíhou ~할 때
总是 zǒngshì 늘, 줄곧　说话 shuōhuà 圄 말하다　如果 rúguǒ 젭 만약　这样 zhèyàng 뎨 이렇다, 이와 같다
提高 tígāo 圄 향상시키다, 높이다　水平 shuǐpíng 圀 실력, 수준

테스트1　　　　　　　　　　　　　　　　　　　　　　　　　　　　　　　p.72

1 ✓　**2** ✕　**3** ✕　**4** ✓　**5** ✕　**6** ✓　**7** ✕　**8** ✕　**9** ✓　**10** ✓

1	★ 他们在看照片。(　　)	★ 그들은 사진을 보고 있다. (✓)
	这是二十年前的老照片了，那时候爸爸妈妈很年轻，还没结婚，站在妈妈旁边的是他们的老师。	이것은 이십 년 전의 오래된 사진인데, 그때 아빠, 엄마는 매우 젊고, 아직 결혼을 하지 않으셨을 때예요. 엄마 옆에 서 계신 분은 그들의 선생님이세요.

해설　문장의 '他们在看照片.'에서 그들이 사진을 보고 있다고 했다. 음성에서 화자가 '这是二十年前的老照片了'라며 이것은 이십 년 전의 오래된 사진이라고 했으므로, 화자 즉, 그는 다른 사람과 함께 사진을 보고 있음을 추론할 수 있다. 따라서 문장과 음성의 내용을 일치로 판단한다.

어휘　照片 zhàopiàn 圀 사진　老 lǎo 圀 오래된, 예부터의　那时候 nà shíhou 그때　年轻 niánqīng 젊다
还没 hái méi 아직 ~않다　结婚 jiéhūn 圄 결혼하다　站 zhàn 圄 서다. 멈추다　旁边 pángbiān 圀 옆, 곁

2	★ 啤酒卖五块钱。(　　)	★ 맥주는 5위안에 판다. (✕)
	我家旁边有一家超市。因为这家的大米和啤酒便宜，我常常在那里买东西。大米卖一块三，啤酒卖三块钱。	우리 집 옆에는 슈퍼마켓이 하나 있어요. 이 슈퍼마켓의 쌀과 맥주가 싸서 저는 항상 거기에서 물건을 사요. 쌀은 1위안 3쟈오에 팔고, 맥주는 3위안에 팔아요.

해설　문장에서는 맥주의 가격이 五块钱(5위안)으로 언급되었는데, 음성에서는 三块钱(3위안)으로 언급되었으므로 불일치로 판단한다.

어휘　啤酒 píjiǔ 圀 맥주　块 kuài 圀 [중국의 화폐 단위. 元(위안)과 동일]　旁边 pángbiān 圀 옆, 근처
超市 chāoshì 圀 슈퍼마켓　大米 dàmǐ 圀 쌀　便宜 piányi 圀 싸다　常常 chángcháng 圉 항상, 늘

3

★ 他们还没有点菜。（　　）	★ 그들은 아직 요리를 주문하지 않았다. (✗)
服务员，我们刚才点的菜为什么还没有来？你帮我们去问问，然后再拿一双筷子过来。	종업원, 저희가 방금 주문한 요리는 왜 아직 나오지 않나요? 가서 한번 물어봐 주시고, 그런 후에 젓가락 한 쌍만 더 가져다주세요.

해설　문장에서는 还没有点(아직 주문하지 않았다)가 언급되었는데 음성에서는 刚才点(방금 주문했다)라고 반대로 언급되었으므로 불일치로 판단한다.

어휘　点菜 diǎncài 통 요리를 주문하다　服务员 fúwùyuán 몡 종업원　刚才 gāngcái 몡 방금, 막
为什么 wèishénme 때 왜, 어째서　然后 ránhòu 젭 그런 후에　双 shuāng 양 쌍, 짝　筷子 kuàizi 몡 젓가락

4

★ 说话人足球踢得不错。（　　）	★ 화자는 축구를 잘한다. (✓)
虽然我不能经常运动，但是我还是非常喜欢踢足球，而且踢得比很多人都好。	비록 나는 운동을 자주 할 수 없지만, 그러나 나는 축구하는 것을 여전히 매우 좋아하고, 게다가 많은 사람들보다도 더 잘한다.

해설　문장의 说话人足球踢得不错.(화자는 축구를 잘한다.)가 음성의 我……踢足球……踢得比很多人都好(나는 축구하는 것……많은 사람들보다도 더 잘한다)를 바꿔 표현한 경우이므로 일치로 판단한다.

어휘　踢足球 tī zúqiú 축구를 하다　不错 búcuò 톙 잘하다, 좋다
虽然……但是…… suīrán……dànshì…… 젭 비록 ～이지만, (그러나) ～하다　经常 jīngcháng 틧 자주, 항상
运动 yùndòng 통 운동하다　还是 háishi 여전히　非常 fēicháng 틧 매우　喜欢 xǐhuan 통 좋아하다
而且 érqiě 젭 게다가, 또한　比 bǐ 개 ～보다

5

★ 这位妻子很漂亮。（　　）	★ 아내 분은 예쁘다. (✗)
你妻子看起来真年轻，站在你女儿身边，就像两姐妹一样，她今年应该48岁了吧？	당신의 아내는 매우 젊어 보이시네요, 당신 딸 곁에 서있으니 자매 같아요. 올해 분명히 48살이시죠?

해설　문장에서는 아내에 대해 漂亮(예쁘다)이라고 언급되었는데, 음성에서는 看起来真年轻(매우 젊어 보인다)이라고 단어 하나가 다르게 언급되었으므로 불일치로 판단한다. 참고로, 위 지문에서 '像两姐妹一样'은 '像……一样(～과 같다)' 구문이 사용되어, '자매 같다'로 해석된다는 것을 알아 두자.

어휘　位 wèi 양 분　妻子 qīzi 몡 아내　漂亮 piàoliang 톙 예쁘다　看起来 kàn qǐlai ～하게 보이다
年轻 niánqīng 톙 젊다, 어리다　站 zhàn 통 서다　女儿 nǚ'ér 몡 딸　身边 shēnbiān 몡 곁, 신변
像……一样 xiàng……yíyàng ～과 같다　姐妹 jiěmèi 몡 자매　岁 suì 양 살, 세 [연령을 세는 단위]

6

★ 说话人要去见男朋友。（　　）	★ 화자는 남자친구를 만나러 가려 한다. (✓)
我男朋友让我这周末去他们学校跟他见面，他下周可能没时间。	남자친구가 나에게 이번 주말에 그를 만나러 그의 학교로 오라고 했어요. 다음 주에는 아마 시간이 없나 봐요.

해설　문장의 '说话人要去见男朋友.'에서 화자는 남자친구를 만나러 가려한다고 했다. 음성에서 화자가 '我男朋友让我这周末去……跟他见面'이라며 남자친구가 이번 주말에 보러 오라고 했다고 했으므로, 화자는 남자친구를 보러 갈 것임을 추론할 수 있다. 따라서 문장과 음성의 내용을 일치로 판단한다.

어휘　见 jiàn 통 만나다　男朋友 nánpéngyou 몡 남자친구　让 ràng 통 ～하게 하다　周末 zhōumò 몡 주말
跟……见面 gēn……jiànmiàn ～와 만나다　下周 xiàzhōu 몡 다음 주　可能 kěnéng 틧 아마
没时间 méi shíjiān 시간이 없다

7 ★ 香蕉要放在冰箱里。（　）	★ 바나나는 냉장고 안에 두어야 한다. (✕)
如果把新鲜的香蕉放在冰箱里，很容易变黑变坏，所以不要把香蕉放在冰箱里。	만약 신선한 바나나를 냉장고 안에 두면, 쉽게 검게 변하고 상할 수 있어요. 그러니 바나나를 냉장고 안에 두면 안 돼요.

해설　문장의 香蕉要放在冰箱里。(바나나는 냉장고 안에 두어야 한다.)가 음성에서는 **不要把香蕉放在冰箱里**(바나나를 냉장고 안에 두면 안 된다)라고 반대로 언급되었으므로 불일치로 판단한다.

어휘　**香蕉** xiāngjiāo 圆 바나나　**放** fàng 圄 두다, 놓다　**冰箱** bīngxiāng 圆 냉장고　**如果** rúguǒ 圃 만약　**把** bǎ 囸 ~를
　　　新鲜 xīnxiān 圈 신선하다　**容易** róngyì 圈 쉽다　**变** biàn 圄 (상태가) 변하다, 바뀌다　**黑** hēi 圈 검다
　　　坏 huài 圈 상하다, 망가지다　**所以** suǒyǐ 圃 그러니, 그래서　**不要** búyào 囸 ~해서는 안 된다

8 ★ 老师现在还很年轻。（　）	★ 선생님은 현재 여전히 젊으시다. (✕)
照片上的男人是我们数学老师，那时候他还年轻，现在十多年过去了，我几乎认不出他了。	사진의 남자는 우리 수학 선생님이에요. 그 당시에는 아직 젊으셨는데 지금은 십여 년이 흘러서, 저는 그를 거의 못 알아볼 뻔했어요.

해설　문장에서는 선생님이 现在(현재)에 여전히 젊으시다고 했는데, 음성에서는 那时候(그 당시에는)에 아직 젊으셨다고 하여 단어 하나가 다르게 언급되었으므로 불일치로 판단한다.

어휘　**还** hái 囘 여전히　**年轻** niánqīng 圈 젊다　**照片** zhàopiàn 圆 사진　**数学** shùxué 圆 수학　**老** lǎo 圈 늙다
　　　几乎 jīhū 囘 거의, 하마터면

9 ★ 说话人的妻子生病了。（　）	★ 화자의 아내는 병이 났다. (✓)
我妻子感冒了。医生让她不要喝饮料，这会影响她的身体，等药吃完了再来医院检查。	제 아내는 감기에 걸렸어요. 의사 선생님이 그녀에게 건강에 영향을 주는 음료를 마시지 말라고 했고, 약을 다 먹고 나서 다시 병원에 검사하러 오라고 했어요.

해설　문장의 生病了(병이 났다)가 음성의 感冒了(감기에 걸렸다)를 바꿔 표현한 경우이므로 일치로 판단한다.

어휘　**妻子** qīzi 圆 아내　**生病** shēngbìng 圄 병이 나다, 아프다　**感冒** gǎnmào 圄 감기에 걸리다　**让** ràng 圄 ~하게 하다
　　　喝 hē 圄 마시다　**饮料** yǐnliào 圆 음료　**影响** yǐngxiǎng 圄 영향을 미치다　**身体** shēntǐ 圆 건강, 신체
　　　等 děng 圄 ~까지 기다리다　**药** yào 圆 약　**医院** yīyuàn 圆 병원　**检查** jiǎnchá 圄 검사하다

10 ★ 看报纸是一个很好的习惯。（　）	★ 신문을 보는 것은 매우 좋은 습관이다. (✓)
虽然看报纸是好习惯，但一边走路一边看报纸对眼睛不好。	비록 신문을 보는 것은 좋은 습관이지만 길을 걸으면서 신문을 보는 것은 눈에 좋지 않아요.

해설　문장에서 신문을 보는 것이 一个很好的习惯(매우 좋은 습관)이라고 했고, 음성에서도 好习惯(좋은 습관이다)이라고 언급되었으므로 일치로 판단한다. 참고로, 위 지문에서 '一边走路一边看报纸'는 '一边……一边……(~하면서 ~하다)' 구문이 사용되어, '길을 걸으면서 신문을 보다'로 해석된다는 것을 알아 두자.

어휘　**报纸** bàozhǐ 圆 신문　**习惯** xíguàn 圆 습관　**一边……一边……** yìbiān……yìbiān…… ~하면서 ~하다
　　　对 duì 囸 ~에, ~에 대해　**眼睛** yǎnjing 圆 눈

1 ✕	2 ✕	3 ✓	4 ✓	5 ✕	6 ✓	7 ✓	8 ✕	9 ✕	10 ✓

1

★ 啤酒要二十七元三角。（　　）	★ 맥주는 27위안 3쟈오이다. (✕)
小姐，这是您的米、面包、啤酒和香蕉，一共是二十七块三角。	아가씨, 이건 쌀, 빵, 맥주와 바나나예요. 총 합해서 27위안 3쟈오예요.

해설 　문장의 啤酒(맥주)가 27위안 3쟈오라고 언급되었는데 음성에서는 一共是(총 합해서 ~이에요)라고 단어 하나가 다르게 언급되었으므로 불일치로 판단한다.

어휘 　**啤酒** píjiǔ 명 맥주　**元** yuán 명 위안 [중국의 화폐 단위]　**角** jiǎo 명 쟈오 [중국의 화폐 단위. 1위안(元)의 10분의 1]
　　　面包 miànbāo 명 빵　**香蕉** xiāngjiāo 명 바나나　**一共** yígòng 명 총, 모두　**块** kuài 양 [중국의 화폐 단위. 위안(元)과 동일]

2

★ 小万习惯用筷子吃米饭。（　　）	★ 샤오완은 젓가락을 사용해서 쌀밥을 먹는 것이 익숙하다. (✕)
来这个城市四年多了，小万学会了说汉语，也能看菜单点菜，还学会了用筷子吃面条。	이 도시에 온 지 4년 정도 되었는데, 샤오완은 중국어를 말하고 메뉴를 보고 요리를 주문하는 것을 배워서 할 수 있게 되었을 뿐만 아니라 젓가락을 사용해서 국수를 먹는 것도 배워서 할 수 있게 되었다.

해설 　문장에서는 젓가락으로 米饭(쌀밥)을 먹는 것이 익숙하다고 했는데, 음성에서는 面条(국수)라고 단어 하나가 다르게 언급되었으므로 불일치로 판단한다.

어휘 　**习惯** xíguàn 동 익숙해지다, 습관이 되다　**筷子** kuàizi 명 젓가락　**城市** chéngshì 명 도시
　　　学会 xuéhuì 동 배워서 할 수 있게 되다　**汉语** Hànyǔ 고유 중국어, 한어　**菜单** càidān 명 메뉴, 식단
　　　点菜 diǎncài 동 요리를 주문하다　**面条** miàntiáo 명 국수

3

★ 饭店在银行旁边。（　　）	★ 호텔은 은행 옆에 있다. (✓)
你一直往前走，就会看到一家水果商店和一家中国银行，你找的那家饭店就在它们中间。	곧장 앞으로 걸어가시면 과일 가게와 중국 은행이 보일 거예요. 찾으시는 그 호텔은 바로 그것들 사이에 있어요.

해설 　문장의 '饭店在银行旁边。'에서는 호텔이 은행 옆에 있다고 했다. 음성에서는 '一家水果商店和一家中国银行', '那家饭店就在它们中间'이라며 과일 가게와 중국 은행의 사이에 호텔이 있다고 했으므로, 호텔이 은행 옆에 있음을 추론할 수 있다. 따라서 문장과 음성의 내용을 일치로 판단한다.

어휘 　**饭店** fàndiàn 명 호텔, 식당　**银行** yínháng 명 은행　**旁边** pángbiān 명 옆, 근처, 부근　**一直** yìzhí 부 곧장, 계속
　　　往前 wǎng qián 앞(쪽)으로　**商店** shāngdiàn 명 가게, 상점　**找** zhǎo 동 찾다, 구하다　**中间** zhōngjiān 명 사이, 중간

4

★ 说话人不明白故事的意思。（　　）	★ 화자는 이야기의 의미를 이해하지 못했다. (✓)
您能再给我讲一次这个故事吗？我刚才没听懂它的意思。	이 이야기를 제게 한 번만 더 말해주실 수 있나요? 저는 방금 그 뜻을 알아듣지 못했어요.

해설 　문장의 不明白(이해하지 못했다)가 음성의 没听懂(알아듣지 못했다)을 바꿔 표현한 경우이므로 일치로 판단한다.

어휘 　**明白** míngbai 동 이해하다, 알다　**故事** gùshi 명 이야기　**意思** yìsi 명 의미, 뜻　**讲** jiǎng 동 말하다, 설명하다
　　　次 cì 양 번, 회　**刚才** gāngcái 명 방금, 지금 막　**听懂** tīngdǒng 동 알아듣다

5	★ 他们马上要考试。（　）	★ 그들은 곧 시험을 볼 것이다. (✕)
	你们马上就能知道考试成绩了，我会给你们的爸爸妈妈发电子邮件，告诉他们你们的成绩。	여러분은 곧 시험 성적을 알 수 있을 거예요. 제가 여러분 부모님께 이메일을 보내서 여러분의 성적을 말씀드릴 거예요.

해설　문장의 단어 考试(시험을 보다)가 음성에서는 能知道考试成绩(시험 성적을 알 수 있다)로 다르게 언급되었으므로 불일치로 판단한다.

어휘　考试 kǎoshì 통 시험을 보다　知道 zhīdào 통 알다, 이해하다　成绩 chéngjì 명 성적, 결과　发 fā 통 보내다, 발생하다
电子邮件 diànzǐ yóujiàn 명 이메일, 전자 우편　告诉 gàosu 통 말씀하다, 알리다

6	★ 小蓝的丈夫是一位司机。（　）	★ 샤오란의 남편은 기사이다. (✓)
	小蓝的丈夫是一个出租车司机，很喜欢运动。他不但会打篮球，而且踢足球也踢得很好。	샤오란의 남편은 택시 기사인데, 운동을 좋아해요. 그는 농구를 할 수 있을 뿐만 아니라 축구도 매우 잘해요.

해설　문장의 一位司机(기사)가 음성의 一个出租车司机(택시 기사)를 바꿔 표현한 경우이므로 일치로 판단한다.

어휘　丈夫 zhàngfu 명 남편　位 wèi 양 분, 명　司机 sījī 명 기사, 운전사　出租车 chūzūchē 명 택시
运动 yùndòng 통 운동하다　不但……而且…… búdàn……érqiě…… 접 ~할 뿐만 아니라 또한
打篮球 dǎ lánqiú 농구를 하다　踢足球 tī zúqiú 축구를 하다

7	★ 说话人的儿子很聪明。（　）	★ 화자의 아들은 매우 총명하다. (✓)
	我儿子的学习特别好，他喜欢解决难题，还经常帮助他姐姐呢。	제 아들은 공부를 유달리 잘해요. 그 아이는 어려운 문제를 푸는 걸 좋아해서, 자주 그의 누나를 도와주기도 해요.

해설　문장의 聪明(총명하다)이 음성의 学习特别好(공부를 유달리 잘한다)를 바꿔 표현한 경우이므로 일치로 판단한다.

어휘　儿子 érzi 명 아들　聪明 cōngming 형 총명하다, 똑똑하다　学习 xuéxí 통 공부하다, 배우다
特别 tèbié 부 유달리, 특별히　解决 jiějué 통 풀다, 해결하다　难题 nántí 명 어려운 문제, 난제
经常 jīngcháng 부 자주, 항상　帮助 bāngzhù 통 도와주다, 원조하다　姐姐 jiějie 명 누나, 언니

8	★ 孩子没有生病。（　）	★ 아이는 아프지 않다. (✕)
	你今天要早点下班。刚才学校的老师打电话告诉我，孩子生病去医院了。	당신 오늘 좀 일찍 퇴근해요. 방금 학교 선생님이 전화하셔서 아이가 아파서 병원에 갔대요.

해설　문장에서는 아이에 대해 没有生病(아프지 않다)이라고 언급되었는데 음성에서는 生病(아프다)이라고 반대로 언급되었으므로 불일치로 판단한다.

어휘　孩子 háizi 명 아이　生病 shēngbìng 통 아프다, 병이 나다　早点 zǎo diǎn 좀 일찍　下班 xiàbān 통 퇴근하다
刚才 gāngcái 명 방금, 막　学校 xuéxiào 명 학교　老师 lǎoshī 명 선생님　打电话 dǎ diànhuà 전화를 걸다

9	★ 他们正在买皮鞋。（　）	★ 그들은 지금 가죽 구두를 사고 있다. (✕)
	我们先认真复习，等考试结束了，我们再去试试那双你喜欢的皮鞋吧。	우리는 먼저 착실하게 복습하고 시험이 끝나면 당신이 좋아하는 그 가죽 구두를 신어 보러 다시 가요.

해설   문장에서는 가죽 구두를 사는 시점이 正在(지금)라고 언급되었는데, 음성에서는 等考试结束了(시험이 끝나다)로 언급되었으므로 불일치로 판단한다.

어휘   **正在** zhèngzài 🖹 지금 ~하고 있다   **买** mǎi 🖹 사다, 매입하다   **皮鞋** píxié 🖹 가죽 구두
          认真 rènzhēn 🖹 착실하다, 성실하다   **复习** fùxí 🖹 복습하다   **等** děng 🖹 ~까지 기다리다   **考试** kǎoshì 🖹 시험
          结束 jiéshù 🖹 끝나다, 마치다   **试试** shìshi (시험 삼아) 한번 해 보다
          双 shuāng 🖹 쌍, 켤레 [짝을 이룬 물건을 셀 때 쓰임]   **喜欢** xǐhuan 🖹 좋아하다

10

★ 奶茶影响健康。( )	★ 밀크티는 건강에 영향을 미친다. (✓)
很多学生都喜欢喝奶茶，其实这种习惯很不好，奶茶一般都很甜，又容易胖，不是一种健康的饮料。	많은 학생들이 밀크티 마시는 것을 좋아해요. 사실 이와 같은 습관은 좋지 않아요. 밀크티는 보통 매우 달고 살찌기 쉬워서, 건강 음료가 아니에요.

해설   문장에서는 '奶茶影响健康.'이라며 밀크티가 건강에 영향을 미친다고 했다. 음성에서 '奶茶……不是一种健康的饮料'라며 밀크티가 건강 음료가 아니라고 했으므로, 밀크티가 건강에 영향을 미친다는 것을 추론할 수 있다. 따라서 문장과 음성의 내용을 일치로 판단한다.

어휘   **奶茶** nǎichá 🖹 밀크티   **影响** yǐngxiǎng 🖹 영향을 미치다   **健康** jiànkāng 🖹 건강   **学生** xuésheng 🖹 학생
          喜欢 xǐhuan 🖹 좋아하다   **喝** hē 🖹 마시다   **其实** qíshí 🖭 사실은, 실은   **这种** zhè zhǒng 이와 같은, 이런 종류의
          习惯 xíguàn 🖹 습관   **一般** yìbān 🖹 보통이다, 일반적이다   **容易** róngyì 🖹 쉽다, 용이하다
          胖 pàng 🖹 살찌다, 뚱뚱하다   **饮料** yǐnliào 🖹 음료

문제풀이 방법 해석   p.74

A 学校 B 饭店 C 动物园	A 학교 B 호텔 C 동물원
女：我们先去看熊猫然后再去看别的吧？ 男：没问题，熊猫在东边，离动物园大门不远。	여: 우리 먼저 판다를 보러 간 다음에 다른 것을 보러 갈까 요? 남: 좋아요, 판다는 동쪽에 있고, 동물원 정문에서 멀지 않 아요.
问：他们在哪儿？	질문: 그들은 어디에 있는가?

어휘 **学校** xuéxiào 몡 학교 **饭店** fàndiàn 몡 호텔 **动物园** dòngwùyuán 몡 동물원
先 xiān 뛴 먼저, 우선 **熊猫** xióngmāo 몡 판다 **再** zài 뛴 ～한 다음에 **别的** biéde 덴 다른 것
吧 ba 조 [문장 끝에 쓰여 제의·청유·명령을 나타냄] **没问题** méi wèntí 좋다, 문제 없다 **大门** dàmén 몡 정문, 대문

합격비책 01 | 장소 문제 공략하기

따라 읽으며 학습하기 ▶

확인학습   p.78

1. 我经常去图书馆看历史书。 나는 자주 도서관에 가서 역사책을 본다.
2. 李经理总是第一个到公司。 리 매니저는 회사에 늘 1등으로 도착한다.
3. 房间里一个人都没有。 방 안에는 사람이 한 명도 없다.

실전연습문제   p.79

1 A	**2** B	**3** A	**4** A	**5** C	**6** A	**7** B	**8** A

1		
A 超市 B 公园 C 公司	A 슈퍼마켓 B 공원 C 회사
女：晚上出去吃吧，同事介绍了一家不错的 饭馆。 男：我想吃你做的鱼和羊肉，还是去超市买 点儿菜，回家做吧。	여: 저녁은 나가서 먹어요, 동료가 괜찮은 식당을 한 곳 소 개해 줬어요. 남: 저는 당신이 요리한 생선과 양고기가 먹고 싶어요. 슈 퍼마켓에 가서 채소 좀 사고 집으로 가서 요리하는 편 이 좋을 것 같아요.
问：他们准备去哪儿？	질문: 그들은 어디에 가려고 하는가?

해설 선택지를 통해 장소를 묻는 질문이 나올 것을 예상한다. 남자가 여자에게 **超市**(슈퍼마켓)에 가는 편이 좋겠다고 했다.
질문에서 그들이 가려는 장소를 물었으므로 A **超市**(슈퍼마켓)이 정답이다.

어휘 **超市** chāoshì 몡 슈퍼마켓 **公园** gōngyuán 몡 공원 **公司** gōngsī 몡 회사
晚上 wǎnshang 몡 저녁 **吧** ba 조 [문장 끝에 쓰여 청유·명령을 나타냄] **同事** tóngshì 몡 동료
介绍 jièshào 동 소개하다 **家** jiā 양 [집·점포·공장 등을 세는 단위] **不错** búcuò 톙 괜찮다 **饭馆** fànguǎn 몡 식당
鱼 yú 몡 생선, 물고기 **羊肉** yángròu 몡 양고기 **还是** háishi 뛴 ～하는 편이 낫다 **菜** cài 몡 채소, 반찬

2	A 公司　　　**B 饭馆儿**　　　C 图书馆	A 회사　　　**B 식당**　　　C 도서관
	男: 喂, 你在哪儿呢? 怎么还不来? 我现在很饿。 女: 我洗完澡就来找你, 你先点菜。 问: 男的可能在哪儿?	남: 여보세요, 당신 어디에 있어요? 어째서 아직 안 오나요? 저 지금 배고파요. 여: 저 다 씻고 나면 찾아갈게요. 당신이 먼저 요리를 주문하세요. 질문: 남자는 어디에 있을 가능성이 큰가?

해설　선택지를 통해 장소를 묻는 질문이 나올 것을 예상한다. 여자가 남자에게 你先点菜(당신이 먼저 요리를 주문하세요)라고 했다. 질문에서 남자가 있는 장소를 물었으므로 B 饭馆儿(식당)이 정답이다.

어휘　公司 gōngsī 명 회사　饭馆儿 fànguǎnr 명 식당, 음식점　图书馆 túshūguǎn 명 도서관　喂 wéi 감 여보세요
怎么 zěnme 대 어째서, 왜　还 hái 부 아직, 여전히　现在 xiànzài 명 지금, 현재　饿 è 형 배고프다
洗澡 xǐzǎo 동 목욕하다　找 zhǎo 동 찾다　先 xiān 부 먼저, 우선　点菜 diǎncài 동 요리를 주문하다

3	A 宾馆　　　B 医院　　　C 办公室	A 호텔　　　B 병원　　　C 사무실
	女: 服务员, 我们房间的电视和电脑都打不开。 男: 对不起, 我马上让人上楼去给你们看看。 问: 他们最可能在哪儿?	여: 종업원, 우리 객실의 텔레비전과 컴퓨터가 모두 켜지질 않네요. 남: 죄송합니다. 제가 곧 사람을 올려보내 확인할 수 있도록 하겠습니다. 질문: 그들은 어디에 있을 가능성이 가장 큰가?

해설　선택지를 통해 장소를 묻는 질문이 나올 것을 예상한다. 여자의 말에서 服务员(종업원), 我们房间(우리 객실)이 언급되었다. 질문에서 그들이 어디에 있을 가능성이 가장 큰지 물었으므로, 언급된 표현을 통해 알 수 있는 A 宾馆(호텔)이 정답이다.

어휘　宾馆 bīnguǎn 명 호텔　医院 yīyuàn 명 병원　办公室 bàngōngshì 명 사무실　服务员 fúwùyuán 명 종업원
房间 fángjiān 명 객실, 방　电视 diànshì 명 텔레비전　电脑 diànnǎo 명 컴퓨터
打不开 dǎ bu kāi 켜지지 않다, 열리지 않다　对不起 duìbuqǐ 죄송합니다, 미안합니다　马上 mǎshàng 부 곧, 금방
让 ràng 동 ~하게 하다　上楼 shànglóu 동 위층으로 올라가다

4	A 商店　　　B 学校　　　C 动物园	A 상점　　　B 학교　　　C 동물원
	女: 我在前面那家商店门口下车。 男: 好的, 一共是十五元。 问: 女的最可能要去哪儿?	여: 저는 앞쪽의 저 상점 입구에서 내릴게요. 남: 네, 모두 15위안입니다. 질문: 여자는 어디에 가려고 할 가능성이 가장 큰가?

해설　선택지를 통해 장소를 묻는 질문이 나올 것을 예상한다. 여자가 商店(상점) 입구에서 내리겠다고 했고, 질문에서 여자가 어디에 가려고 할 가능성이 큰지 물었으므로 A 商店(상점)이 정답이다.

어휘　商店 shāngdiàn 명 상점　学校 xuéxiào 명 학교　动物园 dòngwùyuán 명 동물원　前面 qiánmian 명 앞
家 jiā 양 [집·점포·공장 등을 세는 단위]　门口 ménkǒu 명 입구　下车 xiàchē 동 차에서 내리다, 하차하다
一共 yígòng 부 모두, 합계　元 yuán 양 위안 [중국의 화폐 단위]

A 一楼	B 三楼	C 六楼	A 1층	B 3층	C 6층

男: 您在网上买的笔记本电脑到了，您住三楼是吧?

女: 不，我家在六楼，601号，在电梯左边。但是现在家里没人。

男: 那我把笔记本电脑放在门口吧?

女: 好的，放在蓝色箱子的下面就可以了。

问: 女的的家在几楼?

남: 당신이 인터넷으로 구매한 노트북이 도착했어요, 3층에 사시죠?

여: 아니요, 제 집은 6층이에요. 601호. 엘리베이터 왼쪽에 있어요. 근데 지금 집에 사람이 없어요.

남: 그럼 노트북을 현관에 두면 될까요?

여: 네, 파란색 상자 아래쪽에 두시면 돼요.

질문: 여자의 집은 몇 층인가?

해설　선택지를 통해 장소를 묻는 질문이 나올 것을 예상한다. 여자가 남자에게 我家在六楼(제 집은 6층이에요)라고 했고, 질문에서 여자의 집은 몇 층인지를 물었으므로 C 六楼(6층)가 정답이다. 남자의 말에서 언급된 三楼(3층)를 듣고 B 三楼(3층)를 고르지 않도록 주의한다.

어휘　楼 lóu 圆 층
您 nín 떼 당신 [你의 존칭]　在网上 zài wǎngshàng 인터넷으로　笔记本电脑 bǐjìběn diànnǎo 노트북
到 dào 图 도착하다, 도달하다　住 zhù 图 살다　号 hào 圆 호　电梯 diàntī 엘리베이터　左边 zuǒbian 圆 왼쪽
放 fàng 图 두다　门口 ménkǒu 圆 현관, 입구　蓝色 lánsè 圆 파란색　箱子 xiāngzi 圆 상자

A 桌子上	B 椅子上	C 洗手间里	A 책상 위	B 의자 위	C 화장실 안

男: 我的手机不见了，我忘记我把它放在哪儿了。

女: 这个是你的手机吗?

男: 对，是我的，你在哪儿发现它的?

女: 我早上吃饭的时候在桌子上看见的。

问: 女的是在哪儿看见手机的?

남: 제 휴대폰이 보이지 않네요, 제가 그것을 어디에 놓아두었는지 잊어버렸어요.

여: 이게 당신 휴대폰이에요?

남: 맞아요, 제 거예요. 어디서 그것을 발견했어요?

여: 제가 아침에 밥 먹을 때 책상 위에서 봤어요.

질문: 여자는 어디에서 휴대폰을 보았는가?

해설　선택지를 통해 장소를 묻는 질문이 나올 것을 예상한다. 여자가 휴대폰을 桌子上(책상 위)에서 봤다고 했고, 질문에서 여자가 휴대폰을 본 장소를 물었으므로 A 桌子上(책상 위)이 정답이다.

어휘　桌子 zhuōzi 圆 책상, 탁자　椅子 yǐzi 圆 의자　洗手间 xǐshǒujiān 圆 화장실
手机 shǒujī 휴대폰　忘记 wàngjì 图 잊어버리다　把 bǎ ~을　它 tā 떼 그것, 그　放 fàng 图 놓아두다
发现 fāxiàn 图 발견하다　……的时候 ……de shíhou ~할 때

A 家里	B 公园里	C 教室里	A 집 안	B 공원 안	C 교실 안

女: 你这么着急去哪儿啊?

男: 我的小狗不在家里，可能是门没关好，自己跑出去了。

女: 我刚才看见你妈妈带小狗去公园了。

男: 是吗? 我去那儿看看。谢谢你。

问: 男的的小狗现在可能在哪儿?

여: 너 이렇게 조급하게 어딜 가는 거니?

남: 내 강아지가 집 안에 없어, 아마도 문을 제대로 안 닫았더니 혼자 뛰쳐나간 것 같아.

여: 내가 방금 너희 어머니가 강아지를 데리고 공원에 가시는 걸 봤어.

남: 그래? 거기 가봐야겠다. 고마워.

질문: 남자의 강아지는 지금 아마도 어디에 있는가?

해설　선택지를 통해 장소를 묻는 질문이 나올 것을 예상한다. 여자가 남자에게 너희 어머니가 강아지를 데리고 公园(공원)에 가는 것을 봤다고 했고, 질문에서 남자의 강아지는 지금 아마도 어디에 있는지를 물었으므로, B 公园里(공원 안)가 정답이다.

어휘 **公园** gōngyuán 몡 공원

着急 zháojí 톙 조급하다, 초조하다 **可能** kěnéng 틧 아마도

门 mén 몡 문, 현관 **关** guān 툉 닫다, 끄다 **自己** zìjǐ 떼 스스로, 자신 **跑出去** pǎo chūqu 뛰쳐나가다

刚才 gāngcái 몡 방금, 지금 **看见** kànjiàn 툉 보다, 보이다 **带** dài 툉 데리다, 가지다

8

A 教室	B 家里	C 办公室	A 교실	B 집 안	C 사무실

男: 这本书是谁的? 怎么放在我桌子上?
女: 你看看上面有没有写名字。
男: 是李东的。他去哪儿了?
女: 我刚才看见他去老师办公室了。

问: 他们最可能在哪儿?

남: 이 책은 누구의 것이지? 어째서 내 책상 위에 놓여 있지?
여: 위에 이름이 쓰여 있는지 봐봐.
남: 리둥 것이네. 그는 어디에 갔어?
여: 나 방금 전에 그가 선생님의 사무실로 가는 것을 봤어.

질문: 그들은 어디에 있을 가능성이 가장 큰가?

해설 선택지를 통해 장소를 묻는 질문이 나올 것을 예상한다. 대화에서 书(책), 桌子(책상), 老师办公室(선생님의 사무실)이라는 표현이 언급되었다. 질문에서 그들이 있는 장소를 물었으므로, 언급된 표현을 통해 알 수 있는 A 教室(교실)이 정답이다. 여자의 말에서 언급된 办公室(사무실)을 듣고 C 办公室(사무실)을 고르지 않도록 주의한다.

어휘 **教室** jiàoshì 몡 교실 **办公室** bàngōngshì 몡 사무실

怎么 zěnme 떼 어째서, 왜 **放** fàng 툉 놓아두다 **桌子** zhuōzi 몡 책상, 탁자 **上面** shàngmian 몡 위, 겉

有没有 yǒu méi yǒu ~인지 **名字** míngzi 몡 이름 **刚才** gāngcái 몡 방금 전, 막

합격비책 02 | 직업·신분·관계 문제 공략하기

따라 읽으며 학습하기 ▶

확인학습   p.82

1. 我们学校有很多留学生。 우리 학교에는 많은 유학생이 있다.
2. 王阿姨做的菜好吃极了。 왕 아주머니가 만든 요리는 정말 맛있다.
3. 他们两个人是师生关系。 그 두 사람은 선생님과 학생 관계이다.

실전연습문제   p.83

1 A **2** A **3** C **4** B **5** C **6** B **7** A **8** C

1

A 医生	B 老师	C 服务员	A 의사	B 선생님	C 종업원

男: 这种药每天吃一包, 药吃完了再来医院检查一次鼻子。
女: 好的, 谢谢周医生。

问: 男的是做什么的?

남: 이 약을 매일 한 봉지씩 드세요. 약을 다 드시면 다시 병원에 오셔서 코 검사 한 번 하시고요.
여: 네, 감사합니다. 조우 의사 선생님.

질문: 남자의 직업은 무엇인가?

해설 선택지를 통해 직업을 묻는 질문이 나올 것을 예상한다. 여자가 医生(의사 선생님)이라고 남자를 불렀고, 질문에서 남자의 직업을 물었으므로 A 医生(의사)이 정답이다.

어휘 **医生** yīshēng 몡 의사 **老师** lǎoshī 몡 선생님 **服务员** fúwùyuán 몡 종업원

种 zhǒng 떙 종류, 가지 **药** yào 몡 약 **包** bāo 떙 봉지, 갑 **再** zài 틧 다시, 또 **医院** yīyuàn 몡 병원

检查 jiǎnchá 통 검사하다, 점검하다　一次 yí cì 한 번　鼻子 bízi 명 코　谢谢 xièxie 통 감사합니다, 고맙습니다

2

A 司机　　　B 医生　　　C 校长	A 기사　　　B 의사　　　C 교장
男: 司机大姐，我在学校门外下车就可以 　　了，多少钱？ 女: 六十一块，给我六十就可以了。	남: 기사 아가씨, 저는 학교 문밖에서 내리면 됩니다. 얼마 　　인가요？ 여: 61위안이에요. 제게 60위안만 주시면 돼요.
问: 女的是做什么的？	질문: 여자의 직업은 무엇인가？

해설　선택지를 통해 직업을 묻는 질문이 나올 것을 예상한다. 남자가 司机大姐(기사 아가씨)라며 여자를 불렀고, 질문에서 여
　　　자의 직업을 물었으므로 A 司机(기사)가 정답이다.

어휘　司机 sījī 명 기사　医生 yīshēng 명 의사　校长 xiàozhǎng 명 교장
　　　大姐 dàjiě 명 [자기와 나이가 비슷한 여성에 대한 존칭]　门外 mén wài 문밖　下车 xiàchē 통 (차에서) 내리다, 하차하다
　　　就可以了 jiù kěyǐ le ～하면 된다　多少钱 duōshao qián (가격이) 얼마예요？　块 kuài 양 위안 [중국의 화폐 단위]

3

A 朋友　　　B 爷爷　　　**C 爸爸**	A 친구　　　B 할아버지　　　**C 아빠**
女: 爸爸，我终于完成作业了，您就让我出 　　去玩儿一会儿吧。 男: 行，但是八点要回来睡觉，明天还要去 　　爷爷家呢。	여: 아빠, 저 마침내 숙제를 끝냈는데, 잠시 나가서 놀게 해 　　주세요. 남: 좋아, 하지만 8시에는 집에 돌아와서 자야 해. 내일 할아 　　버지 댁에 가야 하거든.
问: 男的是女的的什么人？	질문: 남자는 여자에게 어떤 사람인가？

해설　선택지를 통해 신분을 묻는 질문이 나올 것을 예상한다. 여자가 爸爸(아빠)라며 남자를 불렀고, 질문에서 남자가 여자
　　　에게 어떤 사람인지 물었으므로 C 爸爸(아빠)가 정답이다. 남자의 말에서 언급된 爷爷(할아버지)를 듣고 B 爷爷(할아버
　　　지)를 고르지 않도록 주의한다.

어휘　朋友 péngyou 명 친구　爷爷 yéye 명 할아버지　爸爸 bàba 명 아빠
　　　终于 zhōngyú 부 마침내, 결국　完成 wánchéng 통 끝내다, 완성하다　作业 zuòyè 명 숙제, 과제
　　　让 ràng 통 ～하게 하다　玩 wán 통 놀다　一会儿 yíhuìr 잠시, 잠깐 동안
　　　吧 ba 조 [문장 끝에 쓰여 청유·명령을 나타냄]　行 xíng 통 좋다, 괜찮다　但是 dànshì 접 하지만, 그러나
　　　点 diǎn 양 시 [시간의 단위]　睡觉 shuìjiào 통 자다　呢 ne 조 [문장 뒤에 쓰여 사실을 확인하는 어투를 나타냄]

4

A 夫妻　　　**B 邻居**　　　C 医生和病人	A 부부　　　**B 이웃**　　　C 의사와 환자
女: 我和丈夫要出去旅游，你能帮我们照顾 　　一下我们家的鸟吗？ 男: 当然可以，我们住得这么近，照顾起来 　　很方便的。	여: 저와 남편은 여행을 가려고 하는데, 저희를 도와 저희 집 　　의 새를 좀 돌봐주실 수 있나요？ 남: 당연히 가능하죠. 이렇게 가까운 곳에 사니까, 돌봐주 　　기에 편해요.
问: 他们最可能是什么关系？	질문: 그들은 어떤 관계일 가능성이 가장 큰가？

해설　선택지를 통해 관계를 묻는 질문이 나올 것을 예상한다. 남자의 말에서 住得这么近(이렇게 가까운 곳에 산다)이라는 표
　　　현이 언급되었다. 질문에서 그들이 어떤 관계일 가능성이 큰지 물었으므로, 언급된 표현을 통해 알 수 있는 B 邻居(이
　　　웃)가 정답이다. 참고로, 위 지문에서 '帮我们照顾一下'는 '帮+사람+동사(～를 도와서 ～해주다)' 구문이 사용되어, '저
　　　희를 도와 돌봐주세요'로 해석된다는 것을 알아 두자.

어휘   **夫妻** fūqī 몡 부부   **邻居** línjū 몡 이웃   **医生** yīshēng 몡 의사   **和** hé 꽤 ~와   **病人** bìngrén 몡 환자
     丈夫 zhàngfu 몡 남편   **旅游** lǚyóu 통 여행하다   **帮** bāng 통 돕다   **照顾** zhàogù 통 돌보다. 보살피다   **鸟** niǎo 몡 새
     当然 dāngrán 뮈 당연히   **可以** kěyǐ 조동 가능하다. ~할 수 있다   **住** zhù 통 살다. 거주하다   **这么** zhème 때 이렇게
     近 jìn 웽 가깝다   **方便** fāngbiàn 웽 편하다   **关系** guānxi 몡 관계

5

A 妻子	B 阿姨	**C 同学**	A 아내	B 이모	**C 동창**

男：老同学，好久不见，你还是像以前一样 漂亮。 女：谢谢！我们有十几年没见面了吧？ 男：对啊。听说你结婚了？ 女：是的，我去年结的婚。 问：女的是男的的什么人？	남: 옛 동창아, 오랜만이야. 너는 여전히 예전처럼 예쁘구나. 여: 고마워! 우리 십여 년 동안 보지 못했지? 남: 맞아. 듣자 하니 너 결혼했다며? 여: 응, 나 작년에 결혼했어. 질문: 여자는 남자에게 어떤 사람인가?

해설   선택지를 통해 신분을 묻는 질문이 나올 것을 예상한다. 남자가 老同学(옛 동창)라며 여자를 불렀고, 질문에서 여자가
     남자에게 어떤 사람인지 물었으므로 C 同学(동창)가 정답이다. 참고로, 위 지문에서 '像以前一样漂亮'은 '像……一样
     (~처럼)' 구문이 사용되어, '예전처럼 예쁘다'로 해석된다는 것을 알아 두자.

어휘   **妻子** qīzi 몡 아내   **阿姨** āyí 몡 이모. 아주머니   **同学** tóngxué 몡 동창. 학우
     好久不见 hǎojiǔ bújiàn 오랜만이다   **还是** háishi 여전히, 변함없이   **像……一样** xiàng…… yíyàng ~처럼, ~와 같이
     以前 yǐqián 몡 예전, 과거   **谢谢** xièxie 통 고맙습니다, 감사합니다   **结婚** jiéhūn 통 결혼하다

6

A 经理	**B 老师**	C 司机	A 매니저	**B 선생님**	C 기사

男：我刚才在楼下遇到你爸爸了。 女：他应该是刚从学校回来。 男：你爸爸是老师吗？以前没听你说过。 女：他是教体育的。 问：女的的爸爸是做什么的？	남: 저 방금 건물 아래에서 당신 아버지를 만났어요. 여: 그는 분명 학교에서 막 돌아오는 길이실 거예요. 남: 당신 아버지는 선생님이신가요? 이전에 당신이 말한 적 없어서요. 여: 그는 체육을 가르치세요. 질문: 여자의 아버지는 무엇을 하는가?

해설   선택지를 통해 직업을 묻는 질문이 나올 것을 예상한다. 대화에서 여자의 아버지에 대해 老师(선생님), 教体育(체육을
     가르치다)라는 표현이 언급되었다. 질문에서 여자 아버지의 직업을 물었으므로 B 老师(선생님)이 정답이다.

어휘   **经理** jīnglǐ 몡 매니저   **老师** lǎoshī 몡 선생님   **司机** sījī 몡 기사
     刚才 gāngcái 몡 방금   **楼下** lóuxia 건물 아래. 아래층   **遇到** yùdào 통 만나다   **刚** gāng 뮈 막. 방금
     从 cóng 꽤 ~에서. ~부터   **回来** huílai 통 돌아오다   **以前** yǐqián 몡 이전, 예전   **教** jiāo 통 가르치다   **体育** tǐyù 몡 체육

7

A 同事	B 邻居	C 师生	**A 동료**	B 이웃	C 선생님과 학생

男：今天上班有人迟到了吗？
女：没有，只有小张打电话请了病假。今天
    的报纸您看了吗？
男：还没有，有什么新鲜的新闻吗？
女：有几条比较有意思，我这就读给您听。
 	
问：他们是什么关系？
	남: 오늘 출근할 때 지각한 사람 있나요?
	여: 아뇨, 샤오장이 전화로 병가 신청한 것밖에 없어요. 오
	    늘 신문은 보셨나요?
	남: 아직이요, 무슨 새로운 소식이 있나요?
	여: 몇 가지 비교적 재미있는 게 있네요. 제가 지금 바로 읽
	    어 드릴게요.
	
	질문: 그들은 어떤 관계인가?

해설　선택지를 통해 관계를 묻는 질문이 나올 것을 예상한다. 대화에서 上班(출근하다), 请了病假(병가를 신청했다)라는 표현
이 언급되었다. 질문에서 그들의 관계를 물었으므로, 언급된 표현을 통해 알 수 있는 A 同事(동료)이 정답이다.

어휘　**同事** tóngshì 몡 동료　**邻居** línjū 몡 이웃　**师生** shīshēng 몡 선생과 학생, 스승과 제자
　　　上班 shàngbān 툉 출근하다　**有人** yǒu rén 사람이 있다　**迟到** chídào 툉 지각하다, 늦다
　　　只 zhǐ 뷔 ~밖에 없다　**打电话** dǎ diànhuà 전화하다　**请** qǐng 툉 신청하다, 부탁하다　**病假** bìngjià 몡 병가, 병결
　　　报纸 bàozhǐ 몡 신문　**新鲜** xīnxiān 혱 새롭다, 신선하다　**新闻** xīnwén 몡 새 소식, 뉴스
　　　条 tiáo 몡 [항목으로 나누어진 것을 세는 단위]　**比较** bǐjiào 뷔 비교적　**有意思** yǒu yìsi 재미있다
　　　这就 zhèjiù 지금 바로　**读** dú 툉 읽다, 낭독하다

8	A 同事　　　　B 同学　　　　C 不认识	A 동료　　　　B 학우　　　　C 안면 없다
	男: 请问, 北京大学怎么走?	남: 말씀 좀 여쭙겠습니다, 베이징 대학에 어떻게 가나요?
	女: 你向前走, 会经过一个银行, 北京大学就在银行石边。	여: 앞으로 쭉 가시면 은행을 지나게 되는데, 베이징 대학은 은행 오른쪽에 있어요.
	男: 从这儿到那儿要花多长时间?	남: 여기서 거기까지 시간이 얼마나 걸릴까요?
	女: 走路也就十几分钟吧。	여: 걸어가셔도 십여 분이에요.
	问: 他们是什么关系?	질문: 그들은 어떤 관계인가?

해설　선택지를 통해 관계를 묻는 질문이 나올 것을 예상한다. 남자가 여자에게 请问, 北京大学怎么走? (말씀 좀 여쭙겠습니
다, 베이징 대학에 어떻게 가나요?)라고 물었다. 질문에서 그들이 무슨 관계인지 물었으므로, 정중하게 길을 묻는 내용을
통해 유추할 수 있는 C 不认识(안면 없다)이 정답이다.

어휘　**同事** tóngshì 몡 동료　**同学** tóngxué 몡 학우, 동창　**不认识** bú rènshi 안면 없다　**请问** qǐngwèn 말씀 좀 여쭙겠습니다
　　　北京大学 Běijīng Dàxué 고유 베이징 대학　**走** zǒu 툉 가다, 걷다　**向前** xiàng qián 앞으로, 나아가다
　　　经过 jīngguò 툉 지나다　**银行** yínháng 몡 은행　**右边** yòubian 몡 오른쪽　**从** cóng 개 ~에서, ~부터
　　　到 dào 개 ~까지, ~에　**花** huā 툉 (시간이) 들다, 쓰다　**走路** zǒulù 툉 걷다　**分钟** fēnzhōng 몡 분　**关系** guānxi 몡 관계

합격비책 03 | 숫자 관련 문제 공략하기

따라 읽으며 학습하기 ▶

확인학습　　　　　　　　　　　　　　　　　　　　　　　　　　　　　　　　　　p.86

1. 明天晚上我们一起去看电影怎么样? 내일 저녁에 우리 같이 영화 보러 가는 거 어때요?
2. 她半个月后就要去国外工作了。 그녀는 보름 후에 외국으로 일하러 갈 것이다.
3. 我弟弟才小学三年级, 但他现在都一米六了。 내 남동생은 겨우 초등학교 3학년이지만, 그는 지금 벌써 1미터 60센티미터
이다.

실전연습문제　　　　　　　　　　　　　　　　　　　　　　　　　　　　　　　p.87

1 C　　2 B　　3 A　　4 C　　5 B　　6 C　　7 A　　8 B

1	A 昨天上午　　B 今天上午　　C 今天下午	A 어제 오전　　B 오늘 오전　　C 오늘 오후
	女: 昨天上午你们年级的足球比赛怎么样?	여: 어제 오전 너네 학년의 축구 경기는 어땠어?
	男: 因为昨天下雨, 所以比赛换到今天下午了。	남: 어제 비가 와서 경기는 오늘 오후로 바뀌었어.

问: 足球比赛是什么时候?	질문: 축구 경기는 언제인가?

해설　선택지를 통해 시간을 묻는 질문이 나올 것을 예상한다. 남자가 경기는 今天下午(오늘 오후)로 바뀌었다고 했다. 질문에서 축구 경기가 언제인지 물었으므로 C 今天下午(오늘 오후)가 정답이다. 여자의 말에서 언급된 昨天上午(어제 오전)를 듣고 A 昨天上午(어제 오전)를 고르지 않도록 주의한다.

어휘　昨天 zuótiān 명 어제　今天 jīntiān 명 오늘　上午 shàngwǔ 명 오전　下午 xiàwǔ 명 오후
　　　年级 niánjí 명 학년　足球 zúqiú 명 축구　比赛 bǐsài 명 경기, 시합　怎么样 zěnmeyàng 떼 어떠하다, 어떻다
　　　因为……所以…… yīnwèi……suǒyǐ…… ~해서 ~하다　下雨 xiàyǔ 통 비가 오다　换 huàn 통 바꾸다

2

A 周末　　　B 今天　　　C 明天	A 주말　　　B 오늘　　　C 내일
女: 你的耳朵还是疼吗? 去医院看看。 男: 我今天突然有工作要做, 所以我打算中午做完后就去。	여: 당신 귀는 아직도 아픈가요? 병원에 가 보세요. 남: 제가 오늘 갑자기 해야 할 일이 생겨서, 정오에 다 하고 나서 갈 계획이에요.
问: 男的打算什么时候去检查耳朵?	질문: 남자는 언제 귀를 검사하러 갈 계획인가?

해설　선택지를 통해 시간을 묻는 질문이 나올 것을 예상한다. 여자가 귀가 아프면 병원에 가 보라고 하자, 남자가 今天打算中午做完后就去(오늘 정오에 다 하고 나서 갈 계획이다)라고 했다. 질문에서 남자가 언제 귀를 검사하러 갈 것인지 물었으므로 B 今天(오늘)이 정답이다.

어휘　周末 zhōumò 명 주말　今天 jīntiān 명 오늘　明天 míngtiān 명 내일
　　　耳朵 ěrduo 명 귀　突然 tūrán 부 갑자기　工作 gōngzuò 명 일, 작업　所以 suǒyǐ 접 그래서, 그러므로
　　　打算 dǎsuan 통 ~할 계획이다, ~하려고 하다

3

A 7:40　　　B 8:00　　　C 8:20	A 7시 40분　　　B 8시　　　C 8시 20분
女: 快八点了, 你还不快点儿? 男: 不是还差二十分钟吗? 你让我把这碗米饭吃完。	여: 곧 8시예요, 아직도 서두르지 않고 있어요? 남: 아직 20분 전이지 않아요? 이 밥은 다 먹게 해줘요.
问: 现在几点?	질문: 지금은 몇 시인가?

해설　선택지를 통해 시간을 묻는 질문이 나올 것을 예상한다. 대화에서 快八点了(곧 8시이다), 还差二十分钟(아직 20분 전이다)이라는 표현이 언급되었고, 질문에서 지금 시각을 물었으므로, 8시 20분 전인 A 7:40이 정답이다. 八点(8시), 二十分钟(20분)을 듣고 B 8:00이나 C 8:20을 고르지 않도록 주의한다.

어휘　快……了 kuài……le 곧 ~이다　点 diǎn 양 시 [시간의 단위]　还 hái 부 아직도, 여전히　快点儿 kuài diǎnr 서둘러, 빨리 ~해라　差……分钟 chà……fēnzhōng ~분 전　让 ràng 통 ~하게 하다　把 bǎ 개 ~를　碗 wǎn 명 그릇, 공기

4

A 1500元　　　B 1900元　　　C 2100元	A 1500위안　　　B 1900위안　　　C 2100위안
男: 你小心点儿, 为了买这画儿, 我花了两千多块钱呢。 女: 这么贵? 画这画儿的人很有名吗?	남: 조심하세요. 이 그림을 사려고 제가 2000위안 남짓 썼어요. 여: 그렇게 비싸다고요? 이 그림을 그린 사람이 유명한가요?
问: 画儿最可能是多少钱?	질문: 그림은 얼마일 가능성이 큰가?

해설　선택지를 통해 가격을 묻는 질문이 나올 것을 예상한다. 남자가 그림을 사려고 两千多块钱(2000위안 남짓)을 썼다고 했

고, 질문에서 그림의 가격이 얼마일 가능성이 큰지 물었으므로 C 2100元(2100위안)이 정답이다.

어휘 　**元 yuán** 圆 위안 [중국의 화폐 단위]
　小心点儿 xiǎoxīn diǎnr 조심하세요　**为了 wèile** 刑 ～를 하기 위하여　**画儿 huàr** 圆 그림　**花 huā** 圆 쓰다, 소비하다
　多 duō 囝 ～여, ～남짓　**块 kuài** 圆 위안 [중국의 화폐 단위]　**贵 guì** 圈 비싸다　**画 huà** 圄 그리다
　有名 yǒumíng 圈 유명하다

5	A 5月1日　　B 5月2日　　C 5月5日	A 5월 1일　　B 5월 2일　　C 5월 5일
	男：你穿的这件裙子看起来很可爱，我也想 　　为我妻子买一件，马上她要过生日了。 女：你妻子的生日是哪天？ 男：她的生日是五月一号。 女：真的？她跟我差一天。我是二号。	남：당신이 입은 그 치마 보기에 정말 귀엽네요. 저도 제 아 　　내에게 하나 사주고 싶어요. 곧 그녀의 생일이거든요. 여：아내의 생일이 언제인가요? 남：그녀의 생일은 5월 1일이에요. 여：정말요? 그녀는 저와 하루 차이 나네요. 저는 2일이에 　　요.
	问：女的生日是哪天？	질문: 여자의 생일은 언제인가?

해설 　선택지를 통해 날짜를 묻는 질문이 나올 것을 예상한다. 남자가 아내의 생일이 五月一号(5월 1일)라고 하자, 여자가 자
　신은 二号(2일)라고 했다. 질문에서 여자의 생일이 언제인지 물었으므로 B 5月2日(5월 2일)이 정답이다. 남자의 말에서
　언급된 五月一号(5월 1일)를 듣고 A 5月1日(5월 1일)을 고르지 않도록 주의한다.

어휘 　**穿 chuān** 圄 입다　**裙子 qúnzi** 圆 치마　**看起来 kàn qǐlai** 보기에 ～하다, 보아하니 ～하다
　可爱 kě'ài 圈 귀엽다, 사랑스럽다　**为 wèi** 刑 ～에게, ～를 위해　**妻子 qīzi** 圆 아내　**马上 mǎshàng** 囝 곧, 바로
　生日 shēngrì 圆 생일　**跟 gēn** 刑 ～와　**差 chà** 圄 차이가 나다

6	A 10:15　　B 11:15　　C 11:30	A 10시 15분　　B 11시 15분　　C 11시 30분
	女：根据船票上说的，船应该十点一刻就开 　　了的，怎么现在还不走？ 男：对不起，现在还有一些问题没有解决， 　　所以还不能走。 女：那最快几点能走？ 男：十一点半吧。	여：배표에 따르면 배가 10시 15분에 출발해야 하는데, 어째 　　서 지금도 안 가고 있나요? 남：죄송합니다. 지금은 아직 해결되지 않은 문제가 조금 있 　　어서, 갈 수가 없어요. 여：그럼 가장 빠르면 몇 시에 갈 수 있어요? 남：11시 반이요.
	问：船什么时候开？	질문: 배는 언제 출발하는가?

해설 　선택지를 통해 시간을 묻는 질문이 나올 것을 예상한다. 여자가 배는 몇 시에 갈 수 있냐고 묻자, 남자가 十一点半(11시
　반)이라고 했다. 질문에서 배가 출발하는 시간을 물었으므로 C 11:30이 정답이다. 여자의 말에서 언급된 十点一刻
　를 듣고 A 10:15을 고르지 않도록 주의한다.

어휘 　**根据 gēnjù** 刑 ～에 따라, ～에 의거하여　**船票 chuánpiào** 圆 배표　**应该 yīnggāi** 歪圄 ～해야 한다
　点 diǎn 圝 시 [시간의 단위]　**一刻 yíkè** 15분　**怎么 zěnme** 唔 어째서, 어떻게　**现在 xiànzài** 圆 지금
　对不起 duìbuqǐ 圄 죄송합니다, 미안합니다　**问题 wèntí** 圆 문제　**解决 jiějué** 圄 해결하다, 풀다
　所以 suǒyǐ 圙 그래서, 그러므로　**能 néng** 歪圄 ～할 수 있다　**最 zuì** 囝 가장, 제일　**快 kuài** 圈 빠르다
　几点 jǐ diǎn 몇 시　**半 bàn** 囹 반, 절반

7

A 上个月	B 上星期	C 半年前	A 지난달	B 지난주	C 반년 전

女：这瓶牛奶喝起来怎么这么奇怪？
男：是不是天气太热了，牛奶坏了？
女：你是什么时候买的这些牛奶？
男：这不是我买的，是上个月高校长来我家的时候买来的。

问：牛奶是什么时候买的？

여: 이 우유는 마셔보니 왜 이렇게 이상하지요?
남: 날씨가 너무 더워서 우유가 상한 게 아닐까요?
여: 당신은 이 우유들을 언제 샀어요?
남: 이건 제가 산 게 아니에요. 지난달에 까오 교장 선생님이 우리 집에 올 때 사 오신 거예요.

질문: 우유는 언제 샀는가?

해설 선택지를 통해 시간을 묻는 질문이 나올 것을 예상한다. 남자가 우유는 上个月(지난달)에 까오 교장 선생님이 사오신 것이라고 했다. 질문에서 우유를 언제 샀는지 물었으므로 A 上个月(지난달)가 정답이다.

어휘 上个月 shàng ge yuè 지난달　上星期 shàng xīngqī 지난주　半年 bànnián 반년　前 qián 圐 전, 앞
瓶 píng 圐 병　牛奶 niúnǎi 圐 우유　喝 hē 圐 마시다　怎么 zěnme 떼 왜, 어째서　这么 zhème 떼 이렇게
奇怪 qíguài 圐 이상하다, 의아하다　天气 tiānqì 圐 날씨　热 rè 圐 덥다, 뜨겁다　坏 huài 圐 상하다, 탈나다
买 mǎi 圐 사다　校长 xiàozhǎng 圐 교장 선생님　……的时候 ……de shíhou ～할 때

8

A 17岁	B 18岁	C 19岁	A 17살	B 18살	C 19살

女：我好想学游泳，你看他们，游得多么快乐。
男：我来教你，怎么样？
女：你比我还小，我才不想让你教我呢。
男：我都十八岁了，而且我在我们班游泳是第一名。

问：男的多少岁？

여: 저는 수영을 정말 배우고 싶어요. 저들을 봐요. 얼마나 즐겁게 수영하는지.
남: 제가 가르쳐 줄게요. 어때요?
여: 당신이 저보다 더 어린데, 절 가르치게 하고 싶지는 않아요.
남: 저는 벌써 18살이 되었고, 게다가 저는 우리 반에서 수영으로 일등이에요.

질문: 남자는 몇 살인가?

해설 선택지를 통해 나이를 묻는 질문이 나올 것을 예상한다. 남자가 자신이 十八岁(18살)가 되었다고 했다. 질문에서 남자의 나이를 물었으므로 B 18岁(18살)가 정답이다.

어휘 岁 suì 圐 살, 세 [연령을 세는 단위]
想 xiǎng 圐 ～하고 싶다, ～하려 한다　学 xué 圐 배우다, 익히다　游泳 yóuyǒng 圐 수영하다　多么 duōme 圐 얼마나
快乐 kuàilè 圐 즐겁다, 행복하다　教 jiāo 圐 가르치다　怎么样 zěnmeyàng 떼 어떠하다　比 bǐ 圐 ～보다, ～에 비해
还 hái 圐 더, 더욱　才 cái 圐 [강조를 나타냄]　让 ràng 圐 ～하게 하다　而且 érqiě 圐 게다가, 뿐만 아니라
班 bān 圐 반　第一名 dìyī míng 일등, 제1위　多少 duōshǎo 떼 몇, 얼마

합격비책 04 | 행동 문제 공략하기

따라 읽으며 학습하기 ▶

확인학습　　　　　　　　　　　　　　　　　　　　　　　　　　　　　　　　　　　　　p.90

1. 我们下课后去打球吧。 우리 수업 끝나고 공놀이를 하러 가자.

2. 我下午得去机场接客人。 저는 오후에 공항에 손님을 마중하러 가야 해요.

3. 从这儿往前走50米，就能看到那家面包店了。 여기에서 앞으로 50미터를 가면, 그 빵집을 볼 수 있을 겁니다.

1 C   **2** A   **3** A   **4** B   **5** B   **6** C   **7** A   **8** B

1

A 写信	A 편지를 쓰다
B 接客人	B 손님을 마중하다
C 还东西	**C 물건을 돌려주다**

女：你一会儿帮我把这张世界地图还给那位姓李的老师吧。	여: 당신 잠시 후에 이 세계 지도를 성이 리 씨인 그 선생님께 돌려주세요.
男：好的，我就帮你拿去还。	남: 좋아요, 제가 바로 가져가서 돌려줄게요.
问：女的让男的做什么？	질문: 여자는 남자에게 무엇을 하게 하는가?

해설 선택지를 통해 행동을 묻는 질문이 나올 것을 예상한다. 여자가 남자에게 **帮我把这张世界地图还给……吧**(이 세계 지도를 ~에게 돌려주다)라고 했다. 질문에서 여자가 남자에게 하게 한 행동을 물었으므로 C 还东西(물건을 돌려주다)가 정답이다. 참고로, 위 지문에서 '**帮我把这张世界地图还给……吧**'는 '帮+사람+동사(~를 도와서 ~해주다)' 구문이 사용되어, '(저를 도와) 이 세계 지도를 ~에게 돌려주세요'로 해석된다는 것을 알아 두자.

어휘 **写信 xiě xìn** 편지를 쓰다   **接 jiē** 图 마중하다   **客人 kèrén** 图 손님   **还 huán** 图 돌려주다, 반납하다
东西 dōngxi 图 물건, 것   **一会儿 yíhuìr** 잠시 후, 잠깐   **把 bǎ** 刊 ~를   **张 zhāng** 图 장[종이나 가죽 등을 세는 단위]
世界 shìjiè 图 세계   **地图 dìtú** 图 지도   **位 wèi** 图 분, 명   **姓 xìng** 图 성이 ~이다   **老师 lǎoshī** 图 선생님
拿 ná 图 가지다, 쥐다

2

A 休息 B 去医院 C 买帽子	**A 쉬다** B 병원에 가다 C 모자를 사다

女：天气越来越冷了，下午我们去买个帽子吧。	여: 날씨가 점점 추워지네요. 오후에 우리 모자를 사러 가요.
男：我脚有点儿疼，想在家休息，我们明天再去吧。	남: 저는 발이 좀 아파서 집에서 쉬려고요. 우리 내일 갑시다.
问：男的下午想做什么？	질문: 남자는 오후에 무엇을 하려고 하는가?

해설 선택지를 통해 행동을 묻는 질문이 나올 것을 예상한다. 남자가 오후에는 **想在家休息**(집에서 쉬려고 한다)라고 했다. 질문에서 남자가 오후에 하려는 행동을 물었으므로 A 休息(쉬다)가 정답이다. 여자의 말에서 언급된 买个帽子(모자를 사다)를 듣고 C 买帽子(모자를 사다)를 고르지 않도록 주의한다. 참고로, 위 지문에서 '**天气越来越冷了**'는 '越来越……了(점점 ~해지다)' 구문이 사용되어, '날씨가 점점 추워진다'로 해석된다는 것을 알아 두자.

어휘 **休息 xiūxi** 쉬다, 휴식을 취하다   **医院 yīyuàn** 图 병원   **买 mǎi** 图 사다   **帽子 màozi** 图 모자
天气 tiānqì 图 날씨   **越来越 yuèláiyuè** 图 점점, 갈수록   **冷 lěng** 图 춥다   **下午 xiàwǔ** 图 오후   **脚 jiǎo** 图 발
有点儿 yǒudiǎnr 图 좀, 약간   **疼 téng** 图 아프다   **明天 míngtiān** 图 내일   **吧 ba** 图 [문장 끝에 쓰여 청유·명령을 나타냄]

3

A 买车 B 看动物 C 试衣服	**A 차를 사다** B 동물을 보다 C 옷을 입어보다

男：买这种颜色的车的人很少，我们还是买刚才看的那一辆吧。	남: 이런 색의 차를 사는 사람은 거의 없어요. 우리 방금 전에 본 그 차를 사는 편이 좋겠어요.
女：我不这样认为，我觉得这辆最可爱。	여: 전 그렇게 생각하지 않아요. 저는 이 차가 가장 귀엽다고 생각해요.

问: 他们在做什么？	질문: 그들은 지금 무엇을 하고 있는가？

해설 선택지를 통해 행동을 묻는 질문이 나올 것을 예상한다. 대화에서 买……车(차를 사다), 买……那一辆(그 차를 사다)이라는 표현이 언급되었다. 질문에서 그들이 지금 무엇을 하고 있는지 물었으므로, 언급된 표현을 통해 알 수 있는 A 买车(차를 사다)가 정답이다.

어휘 买 mǎi 图 사다 车 chē 图 차 动物 dòngwù 图 동물 试 shì 图 시험 삼아 ~해 보다 衣服 yīfu 图 옷
种 zhǒng 图 종류 颜色 yánsè 图 색, 색깔 少 shǎo 图 거의 없다, 적다 还是 háishi 图 ~하는 편이 좋다
刚才 gāngcái 图 방금 전, 막 辆 liàng 图 대, 량 [차량을 세는 단위] 吧 ba [문장 끝에 쓰여 제의·청유를 나타냄]
认为 rènwéi 图 생각하다, 여기다 觉得 juéde 图 ~라고 생각하다, ~라고 여기다 可爱 kě'ài 图 귀엽다, 사랑스럽다

4

A 点菜	A 요리를 주문하다
B 看鱼	**B 물고기를 보다**
C 选择颜色	C 색깔을 고르다

女: 儿子，你认真地看一看，哪种颜色的鱼最少？	여: 아들아, 꼼꼼하게 한번 보렴. 어떤 색의 물고기가 제일 적니？
男: 妈妈，蓝色的鱼最少了，红色的最多。	남: 엄마, 파란색의 물고기가 제일 적고, 빨간색이 제일 많아요.
问: 妈妈让儿子做什么？	질문: 엄마는 아들에게 무엇을 하게 하는가？

해설 선택지를 통해 행동을 묻는 질문이 나올 것을 예상한다. 여자의 말에서 看一看(한번 보다), 鱼(물고기)라는 표현이 언급되었다. 질문에서 엄마가 아들에게 무엇을 하게 하는지 물었으므로, 언급된 표현을 통해 알 수 있는 B 看鱼(물고기를 보다)가 정답이다.

어휘 点菜 diǎncài 图 요리를 주문하다 鱼 yú 图 물고기, 생선 选择 xuǎnzé 图 고르다, 선택하다 颜色 yánsè 图 색깔, 색
儿子 érzi 图 아들 认真 rènzhēn 图 꼼꼼하다, 성실하다 种 zhǒng 图 종류 最 zuì 图 제일, 가장 少 shǎo 图 적다
蓝色 lánsè 图 파란색, 남색 红色 hóngsè 图 빨간색, 붉은색 让 ràng 图 ~하게 하다

5

A 洗澡	A 목욕하다
B 发邮件	**B 이메일을 보내다**
C 听音乐	C 음악을 듣다

男: 这张报纸上的新闻，我有几个句子不明白。	남: 이 신문에 있는 뉴스에서 문장 몇 개를 잘 이해하지 못하겠어요.
女: 哪几个句子？	여: 어떤 문장들이요？
男: 我把它们写在笔记本里了，我给你看。	남: 제가 그것들을 노트에 썼는데, 보여드릴게요.
女: 太难了，我发电子邮件问问老师。	여: 너무 어렵네요. 제가 이메일을 보내서 선생님께 여쭤볼게요.
问: 女的要做什么？	질문: 여자는 무엇을 하려 하는가？

해설 선택지를 통해 행동을 묻는 질문이 나올 것을 예상한다. 여자가 发电子邮件(이메일을 보내다)이라고 했다. 질문에서 여자가 하려는 행동을 물었으므로 B 发邮件(이메일을 보내다)이 정답이다.

어휘 洗澡 xǐzǎo 图 목욕하다, 몸을 씻다 发 fā 图 보내다, 발송하다 邮件 yóujiàn 图 이메일, 우편물 音乐 yīnyuè 图 음악
张 zhāng 图 장 [종이나 가죽 등을 세는 단위] 报纸 bàozhǐ 图 신문 新闻 xīnwén 图 뉴스, 새 소식 句子 jùzi 图 문장
明白 míngbai 图 이해하다, 알다 把 bǎ 图 ~을/를 写 xiě 图 쓰다 笔记本 bǐjìběn 图 노트 难 nán 图 어렵다
电子邮件 diànzǐ yóujiàn 图 이메일, 전자 우편 老师 lǎoshī 图 선생님

6

A 看报纸	B 吃水果	C 买东西	A 신문을 보다	B 과일을 먹다	C 물건을 사다

男：你在看什么呢，笑起来声音这么大？
女：这个电影太有意思了，你要不要一起看？
男：我马上要出去跑步，你自己看吧。
女：那你回来的时候去超市买点儿苹果吧，家里没有了。

问：女的让男的做什么？

남: 당신 지금 무엇을 보고 있길래 웃는 소리가 이렇게 커요?
여: 이 영화 너무 재미있어요, 당신도 함께 보지 않을래요?
남: 저는 곧 달리기하러 나가야 해요, 혼자 보세요.
여: 그러면 돌아올 때 슈퍼마켓에 들러서 사과 좀 사다 주세요. 집에 없더라고요.

질문: 여자는 남자에게 무엇을 하게 하는가?

해설　선택지를 통해 행동을 묻는 질문이 나올 것을 예상한다. 여자가 남자에게 买点儿苹果吧(사과 좀 사다 주세요)라고 했다. 질문에서 여자가 남자에게 무엇을 하게 했는지 물었으므로 C 买东西(물건을 사다)가 정답이다.

어휘　**报纸** bàozhǐ 圏 신문　**水果** shuǐguǒ 圏 과일
笑 xiào 图 웃다　**声音** shēngyīn 圏 소리　**这么** zhème 때 이렇게　**电影** diànyǐng 圏 영화
有意思 yǒu yìsi 재미있다　**要不要** yào bu yào ~하지 않을래?　**马上** mǎshàng 圉 곧　**自己** zìjǐ 때 혼자, 자기
回来 huílai 돌아오다　**……的时候** ……de shíhou ~할 때　**超市** chāoshì 슈퍼마켓　**苹果** píngguǒ 圏 사과

7

A 吃羊肉	B 去玩儿	C 见朋友	A 양고기를 먹다	B 놀러 가다	C 친구를 만나다

女：晚上我们去吃什么？
男：去吃羊肉吧，朋友给我介绍了一家叫"世界饭店"的地方。
女：他们家的羊肉很有名很好吃！
男：我晚上一定要吃得饱饱的。

问：他们晚上要做什么？

여: 저녁에 우리 무엇을 먹으러 갈까요?
남: 양고기를 먹으러 가요. 친구가 제게 '세계식당'이라는 곳을 소개해줬어요.
여: 그 집의 양고기는 정말 유명하고 맛있죠!
남: 전 저녁에 꼭 배불리 먹을 거예요.

질문: 그들은 저녁에 무엇을 하려고 하는가?

해설　선택지를 통해 행동을 묻는 질문이 나올 것을 예상한다. 남자가 여자에게 去吃羊肉吧(양고기를 먹으러 가요)라고 했다. 질문에서 그들이 저녁에 무엇을 하려고 하는지 물었으므로 A 吃羊肉(양고기를 먹다)가 정답이다.

어휘　**羊肉** yángròu 양고기　**玩儿** wánr 图 놀다
晚上 wǎnshang 圏 저녁, 밤　**吧** ba 图 [문장 끝에 쓰여 제의·청유를 나타냄]　**介绍** jièshào 图 소개하다
叫 jiào ~라고 하다, 불리다　**世界** shìjiè 圏 세계　**饭店** fàndiàn 圏 식당, 호텔　**地方** dìfang 圏 곳, 장소
有名 yǒumíng 유명하다　**好吃** hǎochī 맛있다　**一定** yídìng 圉 꼭, 반드시　**饱** bǎo 배부르다

8

A 买椅子	B 搬桌子	C 打扫房间	A 의자를 사다	B 책상을 옮기다	C 방을 청소하다

男：你怎么买了这么多东西？
女：房间里的桌子和椅子太旧了，我想换一些新的。
男：我来帮你搬这些桌子吧。
女：不用了，我一个人可以的。

问：男的想帮女的做什么？

남: 당신 왜 이렇게 물건을 많이 샀어요?
여: 방의 책상과 의자가 너무 낡아서, 새것들로 바꾸려고요.
남: 제가 이 책상들 옮기는 것을 도와드릴게요.
여: 괜찮아요, 저 혼자 할 수 있어요.

질문: 남자는 여자를 도와 무엇을 하려고 하는가?

해설　선택지를 통해 행동을 묻는 질문이 나올 것을 예상한다. 남자가 여자에게 帮你搬这些桌子吧(이 책상들 옮기는 것을 도와드릴게요)라고 했다. 질문에서 남자가 여자를 도와 무엇을 하려는지 물었으므로 B 搬桌子(책상을 옮기다)가 정답이다.

여자의 말에서 언급된 椅子(의자)를 듣고 A 买椅子(의자를 사다)를 고르지 않도록 주의한다.

어휘　椅子 yǐzi 몡 의자　搬 bān 통 옮기다, 운반하다　桌子 zhuōzi 몡 책상, 탁자　打扫 dǎsǎo 통 청소하다　房间 fángjiān 몡 방
　　　怎么 zěnme 떼 왜　这么 zhème 떼 이렇게　东西 dōngxi 몡 물건, 것　换 huàn 통 바꾸다, 교환하다
　　　新 xīn 톙 새것의, 새로운　帮 bāng 통 돕다　不用了 búyòng le 괜찮아요　可以 kěyǐ 조동 ~할 수 있다, 가능하다

합격비책 05 | 상태·상황 문제 공략하기

따라 읽으며 학습하기 ▶

확인학습　　　　　　　　　　　　　　　　　　　　　　　　　　　　p.94

1. 小红每天都努力学习，所以成绩很好。 샤오훙은 매일 열심히 공부한다. 그래서 성적이 좋다.

2. 他害怕晚上一个人睡觉。 그는 저녁에 혼자 잠자는 것을 두려워한다.

3. 先生，您没带护照的话，不能上飞机。 선생님, 여권을 안 가져오셨다면, 비행기를 타실 수 없습니다.

실전연습문제　　　　　　　　　　　　　　　　　　　　　　　　　p.95

1 A	2 C	3 A	4 A	5 A	6 C	7 B	8 B

1

A 要求高　　B 太忙了　　C 特别简单	A 요구가 높다　　B 너무 바쁘다　　C 몹시 간단하다
女：今天你第一天上班，新工作怎么样？ 男：这个工作不但要画画儿画得好，而且要 　　求会说外语，太难了。 问：男的觉得新工作怎么样？	여: 오늘은 당신의 출근 첫날이네요. 새 직장은 어떤가요? 남: 이 직장은 그림을 잘 그려야 할 뿐만 아니라, 외국어를 　　하는 것도 요구해요. 너무 어려워요. 질문: 남자가 생각하기에 새 직장은 어떠한가?

해설　선택지를 통해 상태·상황과 관련된 질문이 나올 것을 예상한다. 남자가 새 직장에 대해 不但要……而且要求……(~
　　　뿐만 아니라 ~도 요구한다), 太难了(너무 어렵다)라고 했다. 질문에서 남자가 생각하기에 새 직장이 어떠한지 물었으므로
　　　A 要求高(요구가 높다)가 정답이다.

어휘　要求 yāoqiú 몡 요구　忙 máng 톙 바쁘다　特别 tèbié 뷔 몹시, 특히　简单 jiǎndān 톙 간단하다, 단순하다
　　　今天 jīntiān 몡 오늘　第一天 dìyī tiān 첫날　上班 shàngbān 통 출근하다　新 xīn 톙 새로운　工作 gōngzuò 몡 직장, 직업
　　　怎么样 zěnmeyàng 떼 어떠하다　不但……而且…… búdàn…… érqiě…… 젭 ~뿐만 아니라, (게다가) ~하다
　　　画画儿 huàhuàr 통 그림을 그리다　外语 wàiyǔ 몡 외국어　难 nán 톙 어렵다

2

A 要去旅游 B 想换个工作 C 她孩子病了	A 여행을 가려고 한다 B 직업을 바꾸려고 한다 C 그녀의 아이가 아프다
女：经理，我要请假。孩子突然发烧了，没 　　人照顾。 男：好的，快去吧。 问：女的怎么了？	여: 매니저님, 저 휴가를 신청해야겠습니다. 아이가 갑자기 　　열이 나는데, 돌봐줄 사람이 없어요. 남: 그래요, 빨리 가 보세요. 질문: 여자는 어떠한가?

해설　선택지를 통해 상태·상황과 관련된 질문이 나올 것을 예상한다. 여자가 孩子突然发烧了(아이가 갑자기 열이 난다)라고
　　　했다. 질문에서 여자의 상황을 물었으므로 C 她孩子病了(그녀의 아이가 아프다)가 정답이다.

어휘　旅游 lǚyóu 통 여행하다　想 xiǎng 조동 ~하려고 하다　换 huàn 통 바꾸다　工作 gōngzuò 명 직업, 일자리
　　　孩子 háizi 명 아이　病 bìng 통 아프다, 앓다
　　　经理 jīnglǐ 명 매니저　请假 qǐngjià 통 휴가를 신청하다　突然 tūrán 튀 갑자기, 문득　发烧 fāshāo 통 열이 나다
　　　照顾 zhàogù 통 돌보다, 보살피다　快 kuài 튀 빨리　吧 ba [문장 끝에 쓰여 청유·명령을 나타냄]

3

A 胖　　　B 矮　　　C 瘦	A 통통하다　　B 작다　　C 말랐다
男：前面看见的那些动物里，你最喜欢哪种？ 女：我最喜欢的动物是猫，长得胖胖的，非常可爱。 问：女的觉得猫怎么样？	남: 앞에 보이는 저 동물 중에 당신은 어떤 동물이 가장 마음에 드세요? 여: 제가 가장 마음에 드는 것은 고양이예요. 통통하게 생겨서 매우 사랑스러워요. 질문: 여자가 생각하기에 고양이는 어떠한가?

해설　선택지를 통해 상태·상황과 관련된 질문이 나올 것을 예상한다. 여자가 고양이에 대해 长得胖胖的(통통하게 생겼다)라고 했다. 질문에서 여자가 생각하기에 고양이가 어떠한지 물었으므로 A 胖(통통하다)이 정답이다.

어휘　胖 pàng 형 통통하다, 뚱뚱하다　矮 ǎi 형 작다, 낮다　瘦 shòu 형 말랐다
　　　前面 qiánmian 명 앞　动物 dòngwù 명 동물　种 zhǒng 양 종류　猫 māo 명 고양이

4

A 怕黑 B 还没睡 C 想看书	A 어두운 것을 무서워한다 B 아직 잠들지 않았다 C 책을 보려고 한다
男：你睡觉怎么不把灯关了？ 女：关了灯会很黑，我晚上一个人害怕。 问：女的为什么不关灯？	남: 당신 자면서 왜 등을 끄지 않아요? 여: 등을 끄면 어두워질 텐데, 저녁에 혼자 무섭잖아요. 질문: 여자는 왜 불을 끄지 않는가?

해설　선택지를 통해 상태·상황과 관련된 질문이 나올 것을 예상한다. 여자가 会很黑……害怕(어두워질 텐데 무섭다)라고 했다. 질문에서 여자가 불을 끄지 않는 이유를 물었으므로 A 怕黑(어두운 것을 무서워한다)가 정답이다.

어휘　怕 pà 통 무서워하다, 두려워하다　黑 hēi 형 어둡다, 검다　睡 shuì 통 자다　看书 kànshū 통 책을 보다
　　　睡觉 shuìjiào 통 자다　怎么 zěnme 대 왜　把 bǎ 개 ~을　灯 dēng 명 등, 램프　关 guān 통 끄다, 닫다
　　　晚上 wǎnshang 명 저녁, 밤　一个人 yí ge rén 혼자, 한 사람　害怕 hàipà 통 무서워하다, 겁내다

5

A 还不错　　B 很一般　　C 有点儿大	A 괜찮다　　B 보통이다　　C 약간 크다
女：这个帽子你是什么时候买的？我以前没见过。 男：我昨天刚买的。 女：你和谁去买的？ 男：我自己。下班的时候经过商店看见了，觉得不错，就买了。 问：男的觉得帽子怎么样？	여: 이 모자는 언제 산 거예요? 제가 예전에 본 적이 없네요. 남: 어제 막 산 것이에요. 여: 누구와 가서 샀어요? 남: 저 혼자요. 퇴근할 때 상점을 지나가다 봤는데 괜찮다고 생각해서 바로 샀어요. 질문: 남자가 생각하기에 모자는 어떠한가?

해설　선택지를 통해 상태·상황과 관련된 질문이 나올 것을 예상한다. 남자가 모자에 대해 觉得不错(괜찮다고 생각하다)라고 했다. 질문에서 남자가 생각하기에 모자가 어떠한지 물었으므로 A 还不错(괜찮다)가 정답이다.

어휘 **不错** búcuò 웹 괜찮다, 좋다 **一般** yìbān 웹 보통이다, 일반적이다 **有点儿** yǒudiǎnr 閔 약간, 조금
帽子 màozi 웹 모자 **以前** yǐqián 웹 예전, 과거 **过** guo 죄 ~한 적이 있다 **刚** gāng 閔 막, 방금 **和** hé 껜 ~와
下班 xiàbān 됭 퇴근하다 **……的时候** ……de shíhou ~할 때 **经过** jīngguò 됭 지나가다, 지나다
商店 shāngdiàn 웹 상점 **觉得** juéde 됭 ~라고 생각하다

6

A 爱听故事	A 이야기 듣는 것을 좋아한다
B 喜欢学生	B 학생을 좋아한다
C 很会讲课	**C 수업을 잘한다**

| 女：我们班最近来了一个新的历史老师，大
家都很喜欢她。
男：是吗？她讲课讲得怎么样？
女：很好，而且她每次课都会给我们讲一个
有意思的历史故事。
男：有这样的老师，我想你一定会越来越喜
欢历史的。 | 여: 우리 반에 최근 새로운 역사 선생님이 오셨는데, 다들
그녀를 좋아해.
남: 그래? 수업하시는 게 어떤데?
여: 잘하셔서, 게다가 그녀는 수업마다 우리에게 재미있는 역
사 이야기를 해주셔.
남: 이런 선생님이 계시니, 내가 생각하기에 너는 분명히 역
사를 점점 좋아하게 될 거야. |
| 问·新来的历史老师怎么样？ | 질문· 새로 오신 역사 선생님은 어떠한가? |

해설 선택지를 통해 상태·상황과 관련된 질문이 나올 것을 예상한다. 남자가 새로 오신 역사 선생님의 수업에 대해 묻자, 여
자가 很好(잘하신다)라며, 선생님은 수업마다 재미있는 역사 이야기를 해 주신다고 했다. 질문에서 새로 오신 역사 선
생님은 어떠한지를 물었으므로 C 很会讲课(수업을 잘한다)가 정답이다.

어휘 **故事** gùshi 웹 이야기 **喜欢** xǐhuan 됭 좋아하다 **会** huì 죄 잘하다, ~할 줄 알다 **讲课** jiǎngkè 됭 수업하다
最近 zuìjìn 웹 최근, 요즘 **新** xīn 웹 새롭다 閔 새로 **历史** lìshǐ 웹 역사 **大家** dàjiā 啯 다들, 모두 **而且** érqiě 웹 게다가
课 kè 웹 수업 **有意思** yǒu yìsi 재미있다 **一定** yídìng 閔 분명히 **越来越** yuèláiyuè 閔 점점

7

A 要考试	A 시험을 쳐야 한다
B 没兴趣	**B 흥미가 없다**
C 不会跳舞	C 춤을 출 줄 모른다

| 女：你怎么不参加这个节目？
男：我对唱歌不感兴趣。
女：没关系，都是同一个年级的。
男：好吧，我听你的。 | 여: 너는 왜 이 프로그램에 참여하지 않는 거니?
남: 나는 노래하는 것에 흥미가 없어.
여: 괜찮아. 모두 같은 학년이잖아.
남: 좋아. 네 말을 들을게. |
| 问：男的为什么不参加节目？ | 질문: 남자는 왜 프로그램에 참여하지 않는가? |

해설 선택지를 통해 상태·상황과 관련된 질문이 나올 것을 예상한다. 여자가 왜 프로그램에 참여하지 않는지 묻자, 남자가
不感兴趣(흥미가 없다)라고 했다. 질문에서 남자가 프로그램에 참여하지 않는 이유를 물었으므로 B 没兴趣(흥미가 없다)
가 정답이다.

어휘 **考试** kǎoshì 됭 시험을 치다 **兴趣** xìngqù 웹 흥미, 흥취 **跳舞** tiàowǔ 됭 춤을 추다
参加 cānjiā 됭 참여하다, 참가하다 **节目** jiémù 웹 프로그램 **对** duì 껜 ~에 대해 **唱歌** chànggē 됭 노래를 부르다
没关系 méi guānxi 괜찮다, 상관없다 **年级** niánjí 웹 학년

8	A 个子矮　　B 很漂亮　　C 成绩不好	A 키가 작다　　B 예쁘다　　C 성적이 좋지 않다
	男：你见过李雪吧？你觉得她怎么样？	남：당신 리쉐를 만난 적이 있나요? 당신이 생각하기에 그 녀는 어때요?
	女：她是一个个子很高，长得很漂亮的女孩 儿。	여：그녀는 키가 크고, 예쁘게 생긴 여자아이예요.
	男：听说她也很聪明，是真的吗？	남：듣자 하니 그녀는 똑똑하다던데, 정말인가요?
	女：真的，每次考试她都是他们班第一。	여：정말이에요. 매번 시험에서 그녀는 항상 반에서 일등 이에요.
	问：女的觉得李雪怎么样？	질문：여자가 생각하기에 리쉐는 어떠한가?

해설　선택지를 통해 상태·상황과 관련된 질문이 나올 것을 예상한다. 여자가 리쉐에 대해 **长得很漂亮**(예쁘게 생겼다)이라 고 했다. 질문에서 여자가 생각하기에 리쉐가 어떠한지 물었으므로 B 很漂亮(예쁘다)이 정답이다. 참고로, 위 지문에서 '见过李雪'는 '동사+过(~한 적 있다)' 구문이 사용되어, '리쉐를 만난 적이 있다'로 해석된다는 것을 알아 두자.

어휘　**个子** gèzi 몡 키　**矮** ǎi 졩 작다　**漂亮** piàoliang 졩 예쁘다　**成绩** chéngjì 몡 성적
　　　见 jiàn 통 만나다　**过** guo 조 ~한 적이 있다　**觉得** juéde 통 ~라고 생각하다　**怎么样** zěnmeyàng 때 어떠하다
　　　长得 zhǎng de ~하게 생기다　**女孩儿** nǚháir 여자아이　**听说** tīngshuō 통 듣자 하니, 듣건대
　　　聪明 cōngming 졩 똑똑하다, 총명하다　**每次** měi cì 매번　**考试** kǎoshì 몡 시험　**班** bān 몡 반
　　　第一 dìyī 졩 일등이다, 제일이다

합격비책 06 | 특정 명사 문제 공략하기

따라 읽으며 학습하기 ▶

확인학습　　　　　　　　　　　　　　　　　　　　　　　　　　　　　　　　　　　　　p.98

1. 奶奶给我买的皮鞋穿着很舒服。 할머니가 내게 사주신 가죽 구두는 신으면 편하다.
2. 医生说姐姐每天要散散步锻炼腿。 의사 선생님은 누나가 매일 산책해서 다리를 단련해야 한다고 말하셨다.
3. 桌子上总是放着一张世界地图。 책상 위에는 늘 세계 지도 한 장이 놓여져 있다.

실전연습문제　　　　　　　　　　　　　　　　　　　　　　　　　　　　　　　　　　　　p.99

1 C	2 A	3 A	4 B	5 C	6 C	7 A	8 B

1	A 地铁　　B 出租车　　C 公共汽车	A 지하철　　B 택시　　C 버스
	男：你今天坐什么来上班的？	남：당신은 오늘 무엇을 타고 출근했나요?
	女：今天天气好，所以我就坐公共汽车来 了，可以看见太阳。	여：오늘 날씨가 좋아서, 저는 버스를 타고 왔어요. 태양을 볼 수 있게요.
	问：女的是坐什么来上班的？	질문：여자는 무엇을 타고 출근했는가?

해설　선택지를 통해 교통수단과 관련된 질문이 나올 것을 예상한다. 남자가 무엇을 타고 출근했는지 묻자 여자가 **公共汽车** (버스)를 타고 왔다고 했다. 질문에서 여자는 무엇을 타고 출근했는지 물었으므로 C 公共汽车(버스)가 정답이다.

어휘　**地铁** dìtiě 몡 지하철　**出租车** chūzūchē 몡 택시　**公共汽车** gōnggòng qìchē 몡 버스
　　　今天 jīntiān 몡 오늘　**上班** shàngbān 통 출근하다　**天气** tiānqì 몡 날씨　**所以** suǒyǐ 졥 그래서
　　　可以 kěyǐ 조통 ~할 수 있다　**太阳** tàiyáng 몡 태양

2	A 菜单　　　　B 作业　　　　C 地图	A 메뉴판　　　　B 숙제　　　　C 지도

女: 可以给我拿一下菜单吗? 我想先看看, 然后再决定点什么。

男: 好的, 请等一下, 我这就去给您拿。

问: 女的想看什么?

여: 메뉴판 좀 가져다주실 수 있나요? 먼저 좀 보고, 그 다음에 무엇을 시킬지 결정하고 싶어요.

남: 네, 기다려 주세요, 제가 바로 가져다드릴게요.

질문: 여자는 무엇이 보고 싶은가?

해설　선택지를 통해 특정 명사와 관련된 질문이 나올 것을 예상한다. 여자가 남자에게 菜单(메뉴판)을 좀 가져다 달라고 했다. 질문에서 여자는 무엇이 보고 싶은지를 물었으므로, A 菜单(메뉴판)이 정답이다.

어휘　菜单 càidān 圈 메뉴판　作业 zuòyè 圈 숙제, 과제　地图 dìtú 圈 지도
可以 kěyǐ 区통 ~할 수 있다, ~해도 좋다　拿 ná 통 가지다　一下 yíxià 좀 ~하다　先 xiān 囝 먼저
然后 ránhòu 圙 그 다음에, 그런 후에　决定 juédìng 통 결정하다　点 diǎn 통 시키다, 주문하다　等 děng 통 기다리다

3	A 票　　　　B 车　　　　C 书	A 표　　　　B 차　　　　C 책

男: 在网上帮我买张去南京的火车票, 七月二号走的。

女: 买好了, 你自己去拿票还是要送票上门?

问: 男的想买什么?

남: 인터넷으로 난징에 가는 기차표를 구매해 주세요. 7월 2일에 가는 것으로요.

여: 구매했습니다. 당신이 직접 가서 표를 받아가시겠어요 아니면 표를 집으로 보내 드릴까요?

질문: 남자는 무엇을 사려고 하는가?

해설　선택지를 통해 특정 명사와 관련된 질문이 나올 것을 예상한다. 남자가 여자에게 火车票(기차표)를 좀 구매해 달라고 했다. 질문에서 남자가 무엇을 사려고 하는지 물었으므로 A 票(표)가 정답이다.

어휘　票 piào 圈 표　车 chē 圈 차　书 shū 圈 책
在网上 zài wǎngshàng 인터넷으로　买 mǎi 통 구매하다, 사다　张 zhāng 엥 장 [종이나 가죽 등을 세는 단위]
南京 Nánjīng 고유 난징　火车票 huǒchēpiào 기차표　月 yuè 圈 월　号 hào 圈 일　拿 ná 통 받다, 가지다
还是 háishi 웹 아니면, 또는　送上门 sòng shàngmén 상품을 집까지 배달하다

4	A 蓝色　　　　**B 红色**　　　　C 黄色	A 파란색　　　　**B 빨간색**　　　　C 노란색

男: 这种蓝色的花怎么样?

女: 太贵了, 就买红的吧, 红的便宜点儿。

问: 女的想买什么颜色的花?

남: 이 파란색 꽃은 어때요?

여: 너무 비싸요, 그러면 빨간 것으로 사죠. 빨간 것이 조금 더 저렴하네요.

질문: 여자는 어떤 색깔의 꽃을 사려고 하는가?

해설　선택지를 통해 색깔과 관련된 질문이 나올 것을 예상한다. 남자가 파란색 꽃이 어떤지 묻자, 여자가 买红的吧(빨간 것으로 사죠)라고 했다. 질문에서 여자는 어떤 색깔의 꽃을 사려고 하는지 물었으므로 B 红色(빨간색)가 정답이다. 남자의 말에서 언급된 蓝色(파란색)를 듣고 A 蓝色(파란색)를 고르지 않도록 주의한다.

어휘　蓝色 lánsè 圈 파란색　红色 hóngsè 圈 빨간색　黄色 huángsè 圈 노란색
种 zhǒng 엥 종류　花 huā 圈 꽃　怎么样 zěnmeyàng 어떠하다　太……了 tài……le 너무 ~하다, 몹시 ~하다
贵 guì 펭 비싸다　便宜 piányi 펭 저렴하다, 싸다　颜色 yánsè 圈 색깔

5	A 猫　　　　B 鸟　　　　C 狗	A 고양이　　　B 새　　　　C 개
	男：这些动物里，你最喜欢哪一种？ 女：我最喜欢猫，最不喜欢的是狗。 男：为什么？狗很可爱的，而且很聪明。 女：狗太大了，我害怕它。 问：女的害怕哪种动物？	남: 이 동물들 중에 당신은 어떤 것을 가장 좋아하나요？ 여: 저는 고양이를 가장 좋아해요, 가장 좋아하지 않는 것은 개예요. 남: 왜요？ 개는 사랑스럽잖아요, 게다가 똑똑해요. 여: 개는 너무 커서, 제가 무서워해요. 질문: 여자는 어떤 동물을 무서워하는가？

해설　선택지를 통해 동물과 관련된 질문이 나올 것을 예상한다. 여자가 狗(개)는 너무 커서 무서워한다고 했다. 질문에서 여자가 어떤 동물을 무서워하는지 물었으므로 C 狗(개)가 정답이다. 여자의 말에서 언급된 猫(고양이)를 듣고 A 猫(고양이)를 고르지 않도록 주의한다.

어휘　**猫** māo 몡 고양이　**鸟** niǎo 몡 새　**狗** gǒu 몡 개
　　　动物 dòngwù 몡 동물　**最** zuì 뷘 가장, 제일　**喜欢** xǐhuan 동 좋아하다　**种** zhǒng 양 종류
　　　为什么 wèishénme 때 왜, 무엇 때문에　**可爱** kě'ài 형 사랑스럽다, 귀엽다　**而且** érqiě 젭 게다가
　　　聪明 cōngming 형 똑똑하다, 총명하다　**太……了** tài……le 너무 ~하다　**害怕** hàipà 동 무서워하다, 두려워하다

6	A 西瓜　　　B 蛋糕　　　C 香蕉	A 수박　　　B 케이크　　　C 바나나
	男：你怎么买了这么多吃的东西？ 女：一会儿有客人要来家里，所以我就去超市买了一些水果和菜。 男：你买了什么水果？ 女：香蕉看起来很新鲜，所以就买香蕉了。 问：女的买了什么？	남: 당신은 왜 이렇게 먹을 것을 많이 샀어요？ 여: 잠시 후에 손님이 집에 올 거라서, 슈퍼마켓에 가서 과일과 채소를 좀 샀어요. 남: 당신은 어떤 과일을 샀어요？ 여: 바나나가 신선해 보여서, 바나나를 샀어요. 질문: 여자는 무엇을 샀는가？

해설　선택지를 통해 음식과 관련된 질문이 나올 것을 예상한다. 여자가 香蕉(바나나)를 샀다고 했고, 질문에서 여자가 무엇을 샀는지 물었으므로 C 香蕉(바나나)가 정답이다.

어휘　**西瓜** xīguā 몡 수박　**蛋糕** dàngāo 몡 케이크　**香蕉** xiāngjiāo 몡 바나나
　　　怎么 zěnme 때 왜, 어째서　**买** mǎi 동 사다　**东西** dōngxi 몡 것, 물건　**一会儿** yíhuir 잠시 후, 곧
　　　客人 kèrén 몡 손님　**所以** suǒyǐ 젭 그래서, 그러므로　**超市** chāoshì 몡 슈퍼마켓
　　　一些 yìxiē 조금, 약간　**水果** shuǐguǒ 몡 과일　**菜** cài 몡 채소, 요리　**新鲜** xīnxiān 형 신선하다

7	A 头　　　　B 腿　　　　C 眼睛	A 머리　　　B 다리　　　C 눈
	女：你昨天下午怎么没来上班？ 男：我感冒了，所以请半天假。 女：你现在觉得怎么样了？ 男：好多了，只是还有点儿头疼。 问：男的现在哪儿不舒服？	여: 당신은 어제 오후에 왜 출근하지 않았어요？ 남: 저는 감기에 걸려서, 한나절 휴가를 신청했어요. 여: 지금은 느끼기에 좀 어떤가요？ 남: 많이 좋아졌어요, 다만 아직 조금 머리가 아프네요. 질문: 남자는 지금 어디가 아픈가？

해설　선택지를 통해 신체와 관련된 질문이 나올 것을 예상한다. 남자의 말에서 头疼(머리가 아프다)이 언급되었고, 남자가 지금 어디가 아픈지 물었으므로 A 头(머리)가 정답이다.

어휘　**头** tóu 몡 머리　**腿** tuǐ 몡 다리　**眼睛** yǎnjing 몡 눈
　　　昨天 zuótiān 몡 어제　**下午** xiàwǔ 몡 오후　**怎么** zěnme 때 왜, 어째서　**上班** shàngbān 동 출근하다

感冒 gǎnmào 동 감기에 걸리다　　**所以** suǒyǐ 접 그래서, 그러므로　　**请** qǐng 동 신청하다　　**半天** bàntiān 명 한나절, 반일

假 jià 명 휴가, 휴일　　**现在** xiànzài 명 지금　　**觉得** juéde 동 ~라고 느끼다　　**怎么样** zěnmeyàng 대 어떠하다

好多了 hǎoduō le 많이 좋아졌다　　**只是** zhǐshì 접 다만, 단지　　**有点儿** yǒudiǎnr 조금, 약간

头疼 tóuténg 동 머리가 아프다　　**不舒服** bù shūfu 아프다, 불편하다

8

A 考试　　　　B 学习　　　　C 体育	A 시험　　　　B 공부　　　　C 체육
女：关于中文课，大家还有问题吗？ 男：老师，学好中文有什么好办法？ 女：我认为只有多练习，才能学好。 男：谢谢老师，我一定会努力的。 问：他们在说什么？	여: 중국어 수업에 관해서, 다들 질문이 더 있나요? 남: 선생님, 중국어를 잘 배우려면 어떤 좋은 방법이 있나요? 여: 제 생각엔 많이 연습해야만 비로소 잘 배울 수 있어요. 남: 감사합니다 선생님. 저 반드시 노력할게요. 질문: 그들은 무엇을 이야기하고 있는가?

해설　선택지를 통해 특정 명사와 관련된 질문이 나올 것을 예상한다. 대화에서 关于中文课(중국어 수업에 관해서), 学好中文 (중국어를 잘 배우다), 只有多练习，才能学好(많이 연습해야만 비로소 잘 배울 수 있다)라는 표현이 언급되었다. 질문에서 그들이 무엇을 이야기하고 있는지 물었으므로, 언급된 표현을 통해 알 수 있는 B 学习(공부)가 정답이다.

어휘　**考试** kǎoshì 명 시험　　**学习** xuéxí 명 공부, 학습　　**体育** tǐyù 명 체육

　　关于 guānyú 개 ~에 관하여　　**中文** Zhōngwén 고유 중국어　　**课** kè 명 수업　　**大家** dàjiā 대 다들, 모두

　　问题 wèntí 명 질문, 문제　　**老师** lǎoshī 명 선생님　　**办法** bànfǎ 명 방법　　**认为** rènwéi 동 ~라고 생각하다

　　只有……才…… zhǐyǒu……cái…… ~해야만 비로소 ~이다　　**练习** liànxí 동 연습하다

　　谢谢 xièxie 동 감사합니다, 고맙습니다　　**一定** yídìng 부 반드시　　**会** huì 조동 ~할 것이다　　**努力** nǔlì 동 노력하다

실전테스트　p.100

따라 읽으며 학습하기 ▶

1 C	2 B	3 A	4 C	5 B	6 C	7 C	8 B	9 C	10 C	11 C	12 A	13 B
14 B	15 A	16 C	17 C	18 B	19 A	20 A						

1

A 方便　　　B 舒服　　　C 干净	A 편리하다　　　B 편안하다　　　C 깨끗하다
女：你觉得住这个宾馆怎么样？ 男：可以，这里不但干净，而且很安静。 问：男的觉得宾馆怎么样？	여: 당신 생각에 이 호텔에 묵는 건 어떤가요? 남: 괜찮아요, 이곳은 깨끗할 뿐만 아니라 조용해요. 질문: 남자가 생각하기에 호텔은 어떠한가?

해설　선택지를 통해 상태·상황과 관련된 질문이 나올 것을 예상한다. 남자가 호텔에 대해 干净(깨끗하다)이라고 했고, 질문에서 남자가 생각하기에 호텔이 어떠한지 물었으므로 C 干净(깨끗하다)이 정답이다.

어휘　**方便** fāngbiàn 형 편리하다　　**舒服** shūfu 형 (몸·마음이) 편안하다, 유쾌하다　　**干净** gānjìng 형 깨끗하다

　　觉得 juéde 동 ~라고 생각하다　　**住** zhù 동 묵다, 숙박하다　　**宾馆** bīnguǎn 명 호텔　　**怎么样** zěnmeyàng 어떠하다

　　可以 kěyǐ 형 괜찮다　　**不但……而且……** búdàn…… érqiě…… 접 ~뿐만 아니라 ~하다

2	A 机场　　　 **B 超市**　　　C 办公室	A 공항　　　 **B 슈퍼마켓**　　　C 사무실
	男：家里的咖啡喝完了，我们买点儿回去吧。 女：好，我看见咖啡在那边，我们再买一点儿面包和啤酒。 问：他们现在最可能在哪儿？	남: 집의 커피를 다 마셨는데, 우리 좀 사서 돌아가요. 여: 좋아요, 커피가 저쪽에 있는 걸 봤어요. 그리고 우리 빵과 맥주도 좀 사요. 질문: 그들은 지금 어디에 있을 가능성이 가장 큰가?

해설　선택지를 통해 장소를 묻는 질문이 나올 것을 예상한다. 여자의 말에서 咖啡在那边(커피가 저쪽에 있다), 买一点儿面包和啤酒(빵과 맥주를 좀 사다)라는 표현이 언급되었다. 질문에서 그들이 지금 어디에 있을 가능성이 가장 큰지 물었으므로, 언급된 표현을 통해 알 수 있는 B 超市(슈퍼마켓)이 정답이다.

어휘　**机场** jīchǎng 圐 공항　**超市** chāoshì 圐 슈퍼마켓　**办公室** bàngōngshì 圐 사무실
咖啡 kāfēi 圐 커피　**回去** huíqu 圐 돌아가다　**吧** ba [문장 끝에 쓰여 제의·청유를 나타냄]
一点儿 yìdiǎnr 조금, 약간　**面包** miànbāo 圐 빵　**和** hé 圐 ~과　**啤酒** píjiǔ 圐 맥주

3	A 刷牙 B 跑步 C 聊天	A 이를 닦다 B 달리다 C 이야기 나누다
	女：你在做什么呢？快下来吃饭！ 男：我刷完牙就来，你们先吃，不用等我。 问：男的正在做什么？	여: 당신 지금 무엇을 하고 있나요? 빨리 내려와서 식사하세요! 남: 저는 이를 다 닦고 갈게요. 먼저들 드세요. 저를 기다리실 필요 없어요. 질문: 남자는 지금 무엇을 하고 있는가?

해설　선택지를 통해 행동을 묻는 질문이 나올 것을 예상한다. 남자가 刷完牙就来(이를 다 닦고 가다)라고 했다. 질문에서 남자가 지금 무엇을 하고 있는지 물었으므로 A 刷牙(이를 닦다)가 정답이다.

어휘　**刷牙** shuāyá 圐 이를 닦다　**跑步** pǎobù 圐 달리다　**聊天** liáotiān 圐 이야기 나누다, 잡담하다
在 zài 凰 ~하고 있다, ~하는 중이다　**快** kuài 凰 빨리　**下来** xiàlai 내려 오다　**完** wán 圐 끝내다, 마치다
先 xiān 凰 먼저　**不用** búyòng ~할 필요가 없다　**等** děng 圐 기다리다　**正在** zhèngzài 凰 지금 ~을 하고 있다

4	A 十点　　　 B 十点半　　　 **C 十一点**	A 10시　　　 B 10시 반　　　 C 11시
	男：你快点儿! 这种重要会议，不能迟到。 女：现在十点半，还有半个小时才开始呢。 问：会议几点开始？	남: 좀 서둘러요! 이런 중요한 회의에 늦어서는 안 돼요. 여: 지금 10시 반이에요. 30분은 더 있어야 시작해요. 질문: 회의는 몇 시에 시작하는가?

헤설　선택지를 통해 시간을 묻는 질문이 니올 것을 예상한다. 여자가 지금 十点半(10시 반)인데 半个小时(30분)은 더 있어야 회의가 시작한다고 했다. 질문에서 회의가 시작하는 시간을 물었으므로, 10시 반의 30분 후인 C 十一点(11시)이 정답이다. 여자의 말에서 十点半(10시 반)만 듣고 B 十点半(10시 반)을 고르지 않도록 주의한다.

어휘　**点** diǎn 圐 시 [시간의 단위]
快点儿 kuài diǎnr 서둘러라, 빨리 ~해라　**种** zhǒng 圐 종류　**重要** zhòngyào 圐 중요하다　**会议** huìyì 圐 회의
迟到 chídào 圐 늦다, 지각하다　**半** bàn 囹 반　**还** hái 凰 더, 아직　**小时** xiǎoshí 圐 시간
才 cái 凰 ~서야, ~서야 비로소　**开始** kāishǐ 圐 시작하다

5

A 旅游	A 여행하다
B 结婚	**B 결혼하다**
C 看爸妈	C 아빠 엄마를 보다

男: 我刚在楼下看见小方了，他不是出国留学了吗？	남: 저 방금 건물 아래에서 샤오팡을 봤어요. 그는 출국하여 유학하러 가지 않았어요?
女: 听他妈说刚回来，准备结了婚再走。	여: 그의 어머니 말씀으로는 방금 돌아왔는데. 결혼하고 다시 간다고 하네요.
问: 小方回来做什么？	질문: 샤오팡은 돌아와서 무엇을 하는가?

해설 선택지를 통해 행동을 묻는 질문이 나올 것을 예상한다. 여자가 샤오팡에 대해 刚回来，准备结了婚再走(방금 돌아왔는데. 결혼하고 다시 간다)라고 했다. 질문에서 샤오팡이 돌아와서 무엇을 하는지 물었으므로 B 结婚(결혼한다)이 정답이다.

어휘 旅游 lǚyóu 图 여행하다, 관광하다   结婚 jiéhūn 图 결혼하다
楼下 lóuxià 图 건물 아래   出国 chūguó 图 출국하다   留学 liúxué 图 유학하다
准备 zhǔnbèi 图 ~하려고 하다, 준비하다   再 zài 图 다시, 또

6

A 1包	B 2包	**C 没有了**
A 1봉지	B 2봉지	C 없다

女: 家里一包感冒药都没有了。	여: 집에 감기약이 한 봉지도 없어요.
男: 那我一会儿去药店给你买两包。	남: 그럼 제가 잠시 후에 약국에 가서 두 봉지 사다 드릴 게요.
问: 家里还有几包感冒药？	질문: 집에 감기약 몇 봉지가 남아있는가?

해설 선택지를 통해 숫자 관련 질문이 나올 것을 예상한다. 여자가 집에 있는 감기약에 대해 都没有了(~도 없다)라고 했다. 질문에서 집에 감기약이 몇 봉지가 남아있는지 물었으므로 C 没有了(없다)가 정답이다. 남자의 말에서 언급된 两包(두 봉지)를 듣고 B 2包(2봉지)를 고르지 않도록 주의한다.

어휘 包 bāo 图 봉지, 포대
感冒 gǎnmào 图 감기에 걸리다   药 yào 图 약   一会儿 yíhuìr 잠시 후, 곧   药店 yàodiàn 图 약국

7

A 饭店	B 超市	**C 教室**
A 호텔	B 슈퍼마켓	C 교실

男: 最后一个离开的同学记得把教室的门关上。	남: 제일 마지막에 떠나는 학우가 잊지 말고 교실의 문을 닫도록 하세요.
女: 知道了，老师，我们会关好的。	여: 알겠습니다. 선생님. 잘 닫을게요.
问: 他们最可能在什么地方？	질문: 그들은 어떤 곳에 있을 가능성이 큰가?

해설 선택지를 통해 장소를 묻는 질문이 나올 것을 예상한다. 남자가 잊지 말고 教室(교실)의 문을 닫으라고 했다. 질문에서 그들이 어떤 곳에 있을 가능성이 큰지 물었으므로 C 教室(교실)이 정답이다.

어휘 饭店 fàndiàn 图 호텔, 식당   超市 chāoshì 图 슈퍼마켓   教室 jiàoshì 图 교실
最后 zuìhòu 图 제일 마지막, 최후   离开 líkāi 图 떠나다, 벗어나다   同学 tóngxué 图 학우, 동창
记得 jìde 图 잊지 않고 있다, 기억하다   关门 guānmén 图 문을 닫다   知道 zhīdào 图 알다, 이해하다
会 huì 조동 ~할 것이다   地方 dìfang 图 곳, 장소

<table>
<tr><td>8</td><td>A 邻居　　　B 夫妻　　　C 姐弟</td><td>A 이웃　　　B 부부　　　C 남매</td></tr>
<tr><td></td><td>女：儿子没在房间里，他去哪儿了？
男：他去邻居家学习去了。

问：他们最可能是什么关系？</td><td>여: 아들이 방에 없어요. 어디 간 거죠?
남: 그는 이웃집에 공부하러 갔어요.

질문: 그들은 어떤 관계일 가능성이 큰가?</td></tr>
</table>

해설　선택지를 통해 관계를 묻는 질문이 나올 것을 예상한다. 여자가 남자에게 儿子没在房间里, 他去哪儿了? (아들이 방에 없어요. 어디 간 거죠?)라고 했다. 질문에서 그들의 관계를 물었으므로, 여자의 말을 통해 유추할 수 있는 B 夫妻(부부)가 정답이다. 남자의 말에서 언급된 邻居(이웃)를 듣고 A 邻居(이웃)를 고르지 않도록 주의한다.

어휘　邻居 línjū 圆 이웃, 이웃집　夫妻 fūqī 圆 부부　姐弟 jiědì 圆 남매
　　　儿子 érzi 圆 아들　房间 fángjiān 圆 방

<table>
<tr><td>9</td><td>A 晴天　　　B 阴天　　　C 下雪天</td><td>A 맑은 날씨　　B 흐린 날씨　　C 눈 오는 날씨</td></tr>
<tr><td></td><td>女：昨天还是晴天，今天怎么突然就下雪了
　　呢？
男：是啊，早知道昨天就洗衣服了。

问：今天天气怎么样？</td><td>여: 어제는 맑은 날씨였는데, 오늘 어째서 갑자기 눈이 오
　　는 거지요?
남: 그러게요, 진작에 알았으면 어제 옷을 빨았을 텐데요.

질문: 오늘 날씨는 어떠한가?</td></tr>
</table>

해설　선택지를 통해 날씨 상태를 묻는 질문이 나올 것을 예상한다. 여자가 오늘 날씨에 대해 突然就下雪了(갑자기 눈이 오다)라고 했다. 질문에서 오늘 날씨 상태를 물었으므로 C 下雪天(눈 오는 날씨)이 정답이다. 여자의 말에서 언급된 晴天(맑은 날씨)을 듣고 A 晴天(맑은 날씨)을 고르지 않도록 주의한다.

어휘　晴天 qíngtiān 圆 맑은 날씨　阴天 yīntiān 圆 흐린 날씨　下雪 xiàxuě 圆 눈이 오다
　　　昨天 zuótiān 圆 어제　今天 jīntiān 圆 오늘　突然 tūrán 圆 갑자기
　　　早 zǎo 圆 진작에, 이미　知道 zhīdào 圆 알다, 이해하다　洗衣服 xǐ yīfu 옷을 빨다, 세탁하다

<table>
<tr><td>10</td><td>A 刚哭过
B 生病了
C 进东西了</td><td>A 방금 울었다
B 병이 났다
C 뭐가 들어갔다</td></tr>
<tr><td></td><td>女：你怎么眼睛红红的？你哭了？遇到什么
　　事了？
男：不是，刚才刮风，有东西进到眼睛里
　　了。

问：男的的眼睛为什么红？</td><td>여: 당신 왜 눈이 붉어요? 울었어요? 무슨 일 있어요?
남: 아니에요, 방금 바람이 불어서, 뭐가 눈 안에 들어갔
　　어요.

질문: 남자의 눈은 왜 붉은가?</td></tr>
</table>

해설　선택지를 통해 상태·상황과 관련된 질문이 나올 것을 예상한다. 여자가 왜 눈이 붉은지 묻자, 남자가 有东西进到眼睛里了(뭐가 눈 안에 들어갔다)라고 했다. 질문에서 남자의 눈이 붉은 이유를 물었으므로 C 进东西了(뭐가 들어갔다)가 정답이다. 여자의 말에서 언급된 哭了(울었다)를 듣고 A 刚哭过(방금 울었다)를 고르지 않도록 주의한다.

어휘　刚 gāng 圆 방금, 막　哭 kū 圆 울다　过 guo 区 [동사 뒤에서 동작의 완료를 나타냄]　生病 shēngbìng 圆 병이 나다
　　　进 jìn 圆 들어가다　东西 dōngxi 圆 것, 물건
　　　怎么 zěnme 떼 왜　眼睛 yǎnjing 圆 눈　红 hóng 圆 붉다　遇到 yùdào 만나다　刚才 gāngcái 圆 방금, 막
　　　刮风 guāfēng 圆 바람이 불다

11

A 要搬家	A 이사하려고 한다
B 没有工作	B 직업이 없다
C 要开花店	**C 꽃집을 열려고 한다**

男：听说你要在学校附近开个花店？	남: 듣자 하니 학교 근처에 꽃집을 여실 거라면서요?
女：是的，我和丈夫一起决定的。	여: 네, 남편과 함께 결정한 거예요.
男：那边不便宜啊。	남: 그쪽이 싸지는 않을 텐데요.
女：没办法，这样才能方便照顾上学的女儿。	여: 어쩔 수 없죠, 이렇게 해야만 학교 다니는 딸을 편하게 돌볼 수 있으니까요.
问：关于女的，可以知道什么？	질문: 여자에 관해, 알 수 있는 것은 무엇인가?

해설　선택지를 통해 상태·상황과 관련된 질문이 나올 것을 예상한다. 남자가 要……开个花店？(꽃집을 여실 거라면서요?)라고 묻자, 여자가 그렇다고 했다. 질문에서 여자에 관해 알 수 있는 것을 물었으므로 C 要开花店(꽃집을 열려고 한다)이 정답이다.

어휘　搬家 bānjiā 图 이사하다　工作 gōngzuò 圆 직업, 일자리　开 kāi 图 열다, 시작하다　花店 huādiàn 圆 꽃집
听说 tīngshuō 图 듣자 하니　要 yào 国 ~하려 한다, ~할 것이다　附近 fùjìn 圆 근처, 부근　和 hé 团 ~과
丈夫 zhàngfu 圆 남편　一起 yìqǐ 里 한께, 같이　决定 juédìng 图 결정하다
没办法 méi bànfǎ 어쩔 수 없다, 방법이 없다　这样 zhèyàng 回 이렇게, 이렇다　才 cái 里 오직 ~해야만, 비로소
方便 fāngbiàn 圆 편하다, 편리하다　照顾 zhàogù 图 돌보다, 보살피다

12

A 照顾妈妈	A 어머니를 간호하다
B 锻炼身体	B 신체를 단련하다
C 准备考试	C 시험을 준비하다

男：你最近在忙什么呢？	남: 당신 최근에 무엇 때문에 바쁜 건가요?
女：我妈妈生病了，我在医院照顾她。	여: 저희 어머니가 아프셔서, 제가 병원에서 그녀를 간호해요.
男：那她现在好点儿了吗？	남: 그러면 지금은 좀 좋아지셨나요?
女：医生说她还需要休息几天。	여: 의사가 그녀에게 며칠 휴식이 더 필요하대요.
问：女的最近在忙什么？	질문: 여자는 최근 무엇 때문에 바쁜가?

해설　선택지를 통해 행동을 묻는 질문이 나올 것을 예상한다. 남자가 여자에게 최근에 무엇 때문에 바쁜지 묻자, 여자가 妈妈生病了(어머니가 아프시다), 照顾她(그녀를 간호한다)라고 했다. 질문에서 여자가 최근에 바쁜 이유를 물었으므로 A 照顾妈妈(어머니를 간호하다)가 정답이다.

어휘　照顾 zhàogù 图 간호하다, 보살피다　锻炼 duànliàn 图 단련하다　身体 shēntǐ 圆 신체, 건강
准备 zhǔnbèi 图 준비하다, ~하려고 하다　考试 kǎoshì 圆 시험
最近 zuìjìn 圆 최근　忙 máng 圆 바쁘다　生病 shēngbìng 图 아프다, 병이 나다　医院 yīyuàn 圆 병원
医生 yīshēng 圆 의사　还 hái 里 더, 아직　需要 xūyào 图 필요하다　休息 xiūxi 图 휴식하다, 쉬다　几天 jǐ tiān 며칠

13	A 在玩游戏	A 게임을 하고 있다
	B 想买冰箱	**B 냉장고를 사고 싶다**
	C 想买手机	C 휴대폰을 사고 싶다

女：你还要用电脑吗？	여: 당신 컴퓨터를 아직 더 사용해야 하나요？
男：我在玩游戏，你需要用吗？	남: 저 게임하는 중인데, 사용이 필요하신가요？
女：我想在网上买一个冰箱，你帮我一起看看。	여: 제가 인터넷으로 냉장고를 하나 사고 싶은데, 당신이 같이 좀 봐주세요.
男：好，你想买大的还是小的？	남: 좋아요, 당신은 큰 것을 사고 싶나요 아니면 작은 것을 사고 싶나요？
问：关于女的，可以知道什么？	질문: 여자에 관해, 알 수 있는 것은 무엇인가？

해설 선택지를 통해 상태·상황과 관련된 질문이 나올 것을 예상한다. 여자가 想……买一个冰箱(냉장고를 하나 사고 싶다)라고 했다. 질문에서 여자에 관해 알 수 있는 것을 물었으므로 B 想买冰箱(냉장고를 사고 싶다)이 정답이다.

어휘 **玩游戏 wán yóuxì** 게임을 하다   **想 xiǎng** 조통 ～하고 싶다   **冰箱 bīngxiāng** 명 냉장고   **手机 shǒujī** 명 휴대폰
还 hái 분 아직, 더   **要 yào** 조통 ～해야 하다   **用 yòng** 통 사용하다, 쓰다   **电脑 diànnǎo** 명 컴퓨터
需要 xūyào 통 필요하다, 요구되다   **在网上 zài wǎngshàng** 인터넷으로   **帮我…… bāng wǒ……** (나를 도와) ～해주다
一起 yìqǐ 분 같이, 함께   **还是 háishi** 접 아니면, 또는

14	A 医生	B 老师	C 经理	A 의사	B 선생님	C 매니저

男：你丈夫现在在哪个医院工作呢？	남: 당신 남편은 지금 어느 병원에서 일하시나요？
女：他不做医生了，现在在学校教音乐。	여: 그는 의사를 하지 않고 지금은 학교에서 음악을 가르치고 있어요.
男：他什么时候换的工作？	남: 그는 언제 직업을 바꿨어요？
女：他觉得做医生太累了，后来就换工作了，应该是两年前。	여: 그는 의사를 하는 것이 너무 피곤하다고 생각해서, 나중에는 직업을 바꿨어요. 2년 전일 거예요.
问：女的的丈夫现在做什么工作？	질문: 여자의 남편은 지금 어떤 일을 하고 있는가？

해설 선택지를 통해 직업을 묻는 질문이 나올 것을 예상한다. 여자가 남편에 대해 他不做医生了，现在在学校教音乐。
(그는 의사를 하지 않고 지금은 학교에서 음악을 가르치고 있다.)라고 했다. 질문에서 현재의 남편 직업을 물었으므로 B 老师(
선생님)이 정답이다. 여자의 말에서 언급된 医生(의사)을 듣고 A 医生(의사)을 고르지 않도록 주의한다.

어휘 **医生 yīshēng** 명 의사   **老师 lǎoshī** 명 선생님   **经理 jīnglǐ** 명 매니저
丈夫 zhàngfu 명 남편   **哪个 nǎge** 대 어느   **医院 yīyuàn** 명 병원   **工作 gōngzuò** 명 일하다   **教 jiāo** 통 가르치다
音乐 yīnyuè 명 음악   **换 huàn** 통 바꾸다   **觉得 juéde** 통 ～라고 생각하다   **累 lèi** 형 피곤하다   **后来 hòulái** 명 나중에

15	A 爬山太累了	A 등산하는 것이 몹시 피곤했다
	B 高跟鞋坏了	B 하이힐이 망가졌다
	C 忘拿相机了	C 사진기 챙기는 것을 잊었다

男：看那张上次爬山的照片，你笑得一点儿也不高兴。 女：那次太累了，爬到一半我的脚就疼了。 男：对，后来你就坐那儿休息了，我一个人上去的。 女：那时候我难过得想哭，觉得你不愿意和我在一起。 问：女的那时候怎么了？	남: 저번에 등산할 때의 그 사진을 보니, 당신 웃는 것이 조금도 기쁘지 않아 보여요. 여: 그때는 몹시 피곤했어요. 절반쯤 올라가니 제 발이 아팠거든요. 남: 맞아요, 그 다음 당신은 거기 앉아서 쉬고, 저 혼자 올라갔죠. 여: 그 당시에 저는 울고 싶을 정도로 괴로워서, 당신이 저와 함께 있는 것을 바라지 않는다고 생각했어요. 질문: 여자는 그 당시에 어떠했는가?

해설 선택지를 통해 상태·상황과 관련된 질문이 나올 것을 예상한다. 남자가 등산할 때의 사진을 보니 여자가 조금도 기쁘지 않아 보인다고 하자, 여자가 **那次太累了**(그때는 몹시 피곤했다)라고 했다. 질문에서 여자는 그 당시에 어떠했는지 물었으므로 A **爬山太累了**(등산하는 것이 몹시 피곤했다)가 정답이다.

어휘 **爬山** páshān [동] 등산하다 **累** lèi [형] 피곤하다 **高跟鞋** gāogēnxié [명] 하이힐 **坏** huài [형] 망가지다, 상하다
忘 wàng [동] 잊다 **拿** ná [동] 챙기다, 가지다 **相机** xiàngjī [명] 사진기
张 zhāng [양] 장 [종이나 가죽 등을 세는 단위] **上次** shàngcì [명] 저번, 지난번 **照片** zhàopiàn [명] 사진 **笑** xiào [동] 웃다
一点儿也不…… yìdiǎnr yě bù…… 조금도 ~않다 **爬** pá [동] 오르다, 기어오르다 **一半** yíbàn [수] 절반, 반
脚 jiǎo [명] 발 **疼** téng [형] 아프다 **后来** hòulái [명] 그 다음, 그 후 **坐** zuò [동] 앉다 **休息** xiūxi [동] 쉬다
那时候 nà shíhou 그 당시, 그때 **难过** nánguò [형] 괴롭다, 고생스럽다 **哭** kū [동] 울다 **觉得** juéde [동] ~라고 생각하다
愿意 yuànyì [조동] 바라다, 희망하다

16

A 游泳 B 踢足球 **C 打篮球**	A 수영을 하다 B 축구를 하다 **C 농구를 하다**
女：你认识黄叔叔吗？他跳舞唱歌样样会！ 男：这有什么，上周末他还跟我们一起打篮球呢。 女：真的吗？那他还会什么？ 男：这个我不清楚。 问：黄叔叔会做什么？	여: 당신은 황 삼촌을 아시나요? 그는 춤과 노래 뭐든 다 할 수 있어요! 남: 그건 별것 아니에요. 지난 주말에 그는 우리와 함께 농구도 했어요. 여: 정말요? 그럼 그는 또 무엇을 할 줄 아나요? 남: 그건 저도 잘 모르겠네요. 질문: 황 삼촌은 무엇을 할 줄 아는가?

해설 선택지를 통해 행동을 묻는 질문이 나올 것을 예상한다. 남자가 황 삼촌에 대해 **跟我们一起打篮球**(우리와 함께 농구를 했다)라고 했다. 질문에서 황 삼촌이 할 줄 아는 것을 물었으므로, 농구를 한 사실을 통해 알 수 있는 C **打篮球**(농구를 하다)가 정답이다.

어휘 **游泳** yóuyǒng [동] 수영을 하다 **踢足球** tī zúqiú 축구를 하다 **打篮球** dǎ lánqiú 농구를 하다
认识 rènshi [동] 알다 **叔叔** shūshu [명] 아저씨, 삼촌 **跳舞** tiàowǔ [동] 춤을 추다 **样样** yàngyàng 모든 것, 여러 가지
会 huì [조동] ~할 수 있다 **这有什么** zhè yǒu shénme 그건 별것 아니다 **周末** zhōumò [명] 주말
还 hái [부] ~도, ~조차 **跟** gēn [개] ~와 **一起** yìqǐ [부] 함께 **真的** zhēnde [부] 정말, 진짜로 **清楚** qīngchu [동] 알다

17	A 生气了	A 화가 났다
	B 吃饱了	B 배불리 먹었다
	C 打坏了东西	**C 물건을 깨뜨렸다**

男：阿姨，您别生气了，瓶子是我打坏的， 　　对不起。	남: 아주머니, 화내지 말아 주세요. 병은 제가 깨뜨렸어요. 　　죄송합니다.
女：你怎么这么不小心，那是别人送给我的 　　礼物。	여: 너 어째서 이렇게 조심하지 않니. 그건 다른 사람이 내 　　게 선물로 준거야.
男：我再给您买一个吧。	남: 제가 다시 하나 사드릴게요.
女：不用了，你下次注意一点儿。	여: 괜찮아, 다음엔 좀 조심하렴.
问：男的怎么了？	질문: 남자는 어떠한가?

해설　선택지를 통해 상태·상황과 관련된 질문이 나올 것을 예상한다. 남자가 瓶子是我打坏的(병은 내가 깨뜨렸다)라고 했다. 질문에서 남자가 어떠한지 물었으므로 C 打坏了东西(물건을 깨뜨렸다)가 정답이다. 남자의 말에서 언급된 生气(화내다)를 듣고 A 生气了(화가 났다)를 고르지 않도록 주의한다.

어휘　**生气** shēngqì 图 화내다. 성나다　**吃饱** chībǎo 图 배불리 먹다　**打坏** dǎhuài 图 깨뜨리다, 때려 부수다
　　　阿姨 āyí 圀 아주머니, 이모　**别** bié 图 ~하지 마라　**瓶子** píngzi 圀 병　**对不起** duìbuqǐ 죄송합니다, 미안합니다
　　　这么 zhème 団 이렇게　**小心** xiǎoxīn 图 조심하다　**别人** biérén 団 다른 사람, 타인　**送** sòng 图 선물하다, 보내다
　　　礼物 lǐwù 圀 선물　**再** zài 囝 다시, 더욱　**吧** ba 图 [문장 끝에 쓰여 제의·청유를 나타냄]　**不用了** búyòng le 괜찮아요
　　　下次 xiàcì 圀 다음, 다음번　**注意** zhùyì 图 조심하다, 주의하다　**一点儿** yìdiǎnr 조금, 약간

18	A 机场　　　**B 火车站**　　　C 公共汽车上	A 공항　　　**B 기차역**　　　C 버스 안

男：我要一张今晚去北京的坐票。	남: 저는 오늘 밤에 베이징으로 가는 좌석표가 필요해요.
女：对不起，今晚去北京的坐票卖完了。	여: 죄송합니다. 오늘 밤 베이징으로 가는 좌석표는 다 팔 　　렸어요.
男：那就给我一张站票吧。	남: 그러면 입석표 한 장 주세요.
女：好的。	여: 네.
问：他们最可能在哪儿？	질문: 그들은 어디에 있을 가능성이 가장 큰가?

해설　선택지를 통해 장소를 묻는 질문이 나올 것을 예상한다. 남자의 말에서 坐票(좌석표), 卖完了(다 팔렸다), 站票(입석표)라는 표현이 언급되었다. 질문에서 그들이 있는 장소를 물었으므로, 언급된 표현을 통해 알 수 있는 B 火车站(기차역)이 정답이다.

어휘　**机场** jīchǎng 圀 공항　**火车站** huǒchēzhàn 圀 기차역　**公共汽车** gōnggòng qìchē 圀 버스
　　　张 zhāng 昣 장 [종이나 가죽 등을 세는 단위]　**今晚** jīnwǎn 圀 오늘 밤　**北京** Běijīng 교요 베이징
　　　坐票 zuòpiào 圀 좌석표　**卖** mài 图 팔다　**站票** zhànpiào 圀 입석표　**吧** ba 图 [문장 끝에 쓰여 청유·명령을 나타냄]

19	A 变胖了	A 살이 쪘다
	B 变聪明了	B 똑똑해졌다
	C 头发变长了	C 머리카락이 자랐다

女：我昨天终于和小晴见面了。 男：这么多年没见，她有变化吗？还是像以前一样吗？ 女：她比以前胖了9公斤。 男：我不相信，她以前那么瘦。	여: 저 어제 드디어 샤오칭과 만났어요. 남: 이렇게 오랫동안 보지 못했는데, 그녀에게 변화가 있나요? 아니면 예전과 같나요? 여: 그녀는 예전보다 9킬로그램 쪘어요. 남: 믿을 수 없네요, 그녀는 예전에 그렇게 말랐었는데.
问：小晴怎么了？	질문: 샤오칭은 어떠한가?

해설 선택지를 통해 상태·상황과 관련된 질문이 나올 것을 예상한다. 여자가 샤오칭에 대해 **胖了9公斤**(9킬로그램 쪘다)이라고 했다. 질문에서 샤오칭의 상태를 물었으므로 A **变胖了**(살이 쪘다)가 정답이다. 참고로, 위 지문에서 '**像以前一样**'은 '**像……一样**(~과 같다)' 구문이 사용되어, '예전과 같다'로 해석된다는 것을 알아 두자.

어휘 **变胖** biàn pàng 살이 찌다 **聪明** cōngming [형] 똑똑하다, 총명하다 **头发** tóufa [명] 머리카락 **长** cháng [형] 길다
终于 zhōngyú [부] 드디어, 마침내 **和** hé [개] ~과 **见面** jiànmiàn [동] 만나다 **变化** biànhuà [명] 변화
还是 háishi [접] 아니면, 또는 **像……一样** xiàng……yíyàng ~와 같다 **以前** yǐqián [명] 예전, 과거
比 bǐ [개] ~보다, ~에 비해 **公斤** gōngjīn [양] 킬로그램 **相信** xiāngxìn [동] 믿다 **瘦** shòu [형] 마르다, 여위다

20

A 词典　B 铅笔　C 地图	A 사전　B 연필　C 지도
女：你看看，这本词典像是女儿的吗？ 男：是小雪的，你是在哪里发现的？ 女：洗手间里。 男：这孩子，怎么老是忘记东西。	여: 보세요, 이 사전 딸아이의 것 같지 않아요? 남: 샤오쉐의 것이네요, 당신은 어디에서 이것을 발견했어요? 여: 화장실이요. 남: 이 아이, 어째서 늘 물건을 잊어버리는지.
问：女的发现了什么？	질문: 여자는 무엇을 발견했는가?

해설 선택지를 통해 특정 명사와 관련된 질문이 나올 것을 예상한다. 여자가 **词典**(사전)이 딸아이의 것인지 묻자, 남자가 어디서 발견했냐고 했다. 질문에서 여자가 무엇을 발견했는지 물었으므로 A **词典**(사전)이 정답이다.

어휘 **词典** cídiǎn [명] 사전 **铅笔** qiānbǐ [명] 연필 **地图** dìtú [명] 지도
像是 xiàngshi [부] ~인 것 같다 **女儿** nǚ'ér [명] 딸아이, 딸 **发现** fāxiàn [동] 발견하다 **洗手间** xǐshǒujiān [명] 화장실
老 lǎo [부] 늘, 언제나 **忘记** wàngjì [동] 잊다, 잊어버리다

독해

제1부분

문제풀이 방법 해석   p.104

A 不，这节目刚刚开始。	A 안 돼요. 이 프로그램은 방금 시작했어요.
B 小明静静地坐在椅子上。	B 샤오밍은 조용히 의자에 앉아 있어요.
C 是的，家里的牛奶都没有了。	C 네, 집에 우유가 다 떨어졌어요.
D 还是有一点儿刮风，你最好拿着帽子。	D 아직 바람이 좀 불어요. 당신은 모자를 가져가는 것이 좋겠어요.
E 我们先坐地铁2号线，然后换公共汽车。	E 우리 먼저 지하철 2호선 타고, 그 다음에 버스로 환승하자.
F 但是对我来说有点贵了。	F 하지만 저에게는 좀 비싸요.
例如：我们怎么去图书馆？ ( )	예시: 우리 도서관에 어떻게 가? (E)
41. 你下午打算去超市吗？ ( )	41. 당신 오후에 슈퍼마켓에 갈 건가요? (C)
42. 天终于晴了，我们去公园走走吧。 ( )	42. 하늘이 마침내 맑아졌어요. 우리 공원에 가서 좀 걷도록 해요. (D)
43. 我觉得这个房子不错，离公司也近。 ( )	43. 제 생각엔 이 집이 괜찮은 것 같아요. 회사에서도 가깝고요. (F)
44. 用铅笔在课本上写下自己的名字。 ( )	44. 연필로 교과서에 자신의 이름을 쓰고 있어요. (B)
45. 让我看一会儿体育新闻吧。 ( )	45. 저 스포츠 뉴스 좀 보게 해 주세요. (A)

어휘 **节目** jiémù 몡 프로그램 **刚刚** gānggāng 틘 방금, 지금 막 **开始** kāishǐ 동 시작하다, 개시하다 **静静地** jìngjìng de 조용히
椅子 yǐzi 몡 의자 **牛奶** niúnǎi 몡 우유 **刮风** guāfēng 바람이 불다 **帽子** màozi 몡 모자 **先** xiān 틘 먼저
地铁 dìtiě 몡 지하철 **号线** hàoxiàn 호선 **然后** ránhòu 젭 그 다음에, 그런 후에 **换** huàn 동 바꾸다, 교환하다
公共汽车 gōnggòng qìchē 몡 버스 **贵** guì 혱 비싸다, 귀하다 **图书馆** túshūguǎn 몡 도서관
打算 dǎsuan 동 ~하려고 하다, ~할 생각이다 **超市** chāoshì 몡 슈퍼마켓 **终于** zhōngyú 틘 마침내 **晴** qíng 혱 하늘이 맑다
公园 gōngyuán 몡 공원 **觉得** juéde 동 ~이라고 생각하다 **房子** fángzi 몡 집 **离……近** lí……jìn ~에서 가깝다
公司 gōngsī 몡 회사 **铅笔** qiānbǐ 몡 연필 **课本** kèběn 몡 교과서 **自己** zìjǐ 떼 자신, 자기 **体育** tǐyù 몡 스포츠, 체육
新闻 xīnwén 몡 뉴스

합격비책 01 | 의문문에 연결되는 문장 고르기

따라 읽으며 학습하기 ▶

확인학습   p.108

1. 您好！请问几位？（一共八个人。） 안녕하세요! 몇 분이신가요? (총 8명이에요.)

2. 办公室里有人吗？（没有，大家都开会去了。） 사무실에는 사람이 있나요? (없어요. 모두 회의를 하러 갔어요.)

3. 那个女孩是新来的吧？（她刚来一个星期，姓王。）
   저 여자아이는 새로 왔죠? (그녀는 온 지 이제 막 일주일 되었고, 성은 왕이에요.)

실전연습문제   p.109

1 B	**2** C	**3** F	**4** A	**5** D

A 校长同意我们参加比赛了。 B 现在是谁在医院照顾爷爷？ C 没有，词典被哥哥拿到学校去了。 D 上面有关于你们公司的新闻。 E 我们先坐地铁2号线，然后换公共汽车。 F 是你的生日啊，我还做了蛋糕呢。	A 교장 선생님께서 우리가 경기에 참가하는 것을 동의하셨어요. B 지금은 누가 병원에서 할아버지를 간호하고 있나요? C 아니요. 사전은 오빠가 학교에 가져갔어요. D 위에 당신 회사에 관한 뉴스가 있어요. E 우리 먼저 지하철 2호선 타고, 그 다음에 버스로 환승하자. F 당신 생일이잖아요. 저는 케이크도 만들었는 걸요.

어휘 **校长** xiàozhǎng 명 교장 **同意** tóngyì 동 동의하다 **参加** cānjiā 동 참가하다, 가입하다 **比赛** bǐsài 명 경기 **医院** yīyuàn 명 병원 **照顾** zhàogù 동 간호하다, 돌보다 **词典** cídiǎn 명 사전 **关于** guānyú 개 ~에 관하여 **新闻** xīnwén 명 뉴스 **蛋糕** dàngāo 명 케이크

* 의문문인 선택지 B와 2, 3, 5번을 먼저 풀어 두면 문제풀이 시간을 단축할 수 있다.

---

1 妹妹在那儿，她让我先回来休息一下。（　） 여동생이 거기에 있어요. 그녀가 저에게 먼저 돌아와서 좀 쉬라고 했어요. （ **B** ）

해설　선택지 B가 의문사 谁(누구)를 사용한 의문문이므로, 谁에 해당하는 답변인 妹妹(여동생)를 언급한 문제 1번과 연결된다. 따라서 B를 고른다. 여기서는 선택지 B가 문제의 앞 문장으로 연결되는 것에 주의한다.

어휘　**妹妹** mèimei 명 여동생 **让** ràng 동 ~하게 하다 **休息** xiūxi 동 쉬다, 휴식하다

---

2 查出那个字怎么读了吗？ （　） 그 글자를 어떻게 읽는지 찾아냈나요？ （ **C** ）

해설　문제가 查出……了吗?(~ 찾아냈나요?)라는 의문문이므로, 没有(아니요)라는 답변으로 시작하는 선택지 C 没有, 词典被哥哥拿到学校去了.(아니요. 사전은 오빠가 학교에 가져갔어요.)를 고른다. 참고로, 那个字怎么读(어떻게 읽는지)가 술어 查出(찾아내다)의 목적어로 사용되었음을 알아 두자.

어휘　**查出** cháchū 찾아내다 **字** zì 명 글자 **怎么** zěnme 대 어떻게 **读** dú 동 읽다, 보다

---

3 你做了这么多菜，今天是什么日子？ （　） 이렇게 많은 요리를 만들다니, 오늘 무슨 날이에요？ （ **F** ）

해설　문제가 什么日子(무슨 날)를 사용한 의문문이므로, 什么日子에 해당하는 답변인 生日(생일)를 언급한 선택지 F 是你的生日啊, 我还做了蛋糕呢.(당신 생일이잖아요. 저는 케이크도 만들었는걸요.)를 고른다.

어휘　**菜** cài 명 요리, 채소 **今天** jīntiān 명 오늘, 현재 **什么** shénme 대 무슨, 무엇 **日子** rìzi 명 날, 날짜

---

4 太好了！我马上去告诉其他同学。 （　） 너무 잘됐어요! 제가 바로 가서 다른 학우들에게 알려줄게요. （ **A** ）

해설　문제의 핵심어구가 同学(학우들)이므로, 같은 주제로 연결되는 校长(교장 선생님)이 언급된 선택지 A 校长同意我们参加比赛了.(교장 선생님께서 우리가 경기에 참가하는 것을 동의하셨어요.)를 고른다.

어휘　**马上** mǎshàng 부 바로, 곧 **告诉** gàosu 동 알리다, 말하다 **其他** qítā 대 다른 사람, 기타 **同学** tóngxué 명 학우, 동창

---

5 你看过昨天的报纸吧？ （　） 당신 어제 신문 봤지요？ （ **D** ）

해설　문제가 추측을 나타내는 看过……报纸吧?(신문 봤지요?)라는 의문문이므로, 이와 같이 추측한 이유로 연결되는 有……新闻(뉴스가 있다)을 언급한 선택지 D 上面有关于你们公司的新闻.(위에 당신 회사에 관한 뉴스가 있어요.)을 고른다.

어휘　**昨天** zuótiān 명 어제 **报纸** bàozhǐ 명 신문

확인학습   p.112

1. 听说这里的水果很甜。(那我们买点苹果和西瓜吧。)
   듣자 하니 이곳의 과일은 달다고 해요. (그럼 우리 사과와 수박을 좀 사요.)

2. 这是从图书馆借的。(你不要在这本书上写字。) 이건 도서관에서 빌려온 거예요. (당신은 이 책에 글씨를 쓰면 안 돼요.)

실전연습문제   p.113

1 B   **2** C   **3** F   **4** D   **5** A

1-5

A 是啊，我觉得他们羊肉做得也很好吃。	A 맞아요. 저는 그들이 양고기도 맛있게 요리한다고 생각해요.
B 那还可以穿呢，到秋天再买。	B 그건 아직 입을 수 있는 걸요. 가을이 되면 다시 사요.
C 公园里的花都开了，草也绿了。	C 공원의 꽃이 모두 피었고, 풀도 푸르러졌어요.
D 别担心，我们又没迟到，还有五分钟才上课呢。	D 걱정하지 마. 우리는 지각한 것도 아닌데. 아직 5분 더 있어야 수업 시작이야.
E 我们先坐地铁2号线，然后换公共汽车。	E 우리 먼저 지하철 2호선 타고, 그 다음에 버스로 환승하자.
F 是的，她的左腿一直很疼，医生让她最少休息半个月。	F 네. 그녀의 왼쪽 다리는 줄곧 아팠어요. 의사는 그녀가 최소한 보름은 쉬게 했어요.

어휘　**觉得** juéde 图 ~이라고 생각하다, ~이라고 여기다　**羊肉** yángròu 图 양고기　**穿** chuān 图 (옷·신발·양말 등을) 입다, 신다
　　　秋天 qiūtiān 图 가을　**公园** gōngyuán 图 공원　**花** huā 图 꽃　**草** cǎo 图 풀　**担心** dānxīn 图 걱정하다, 염려하다
　　　迟到 chídào 图 지각하다　**分钟** fēnzhōng 图 분　**上课** shàngkè 图 수업하다, 수업을 듣다　**左** zuǒ 图 왼쪽, 왼편　**腿** tuǐ 图 다리
　　　一直 yìzhí 用 줄곧, 계속　**疼** téng 图 아프다　**医生** yīshēng 图 의사　**最少** zuìshǎo 图 최소한　**休息** xiūxi 图 쉬다

* 의문문인 3번을 먼저 풀어 두면 문제풀이 시간을 단축할 수 있다.

1	你这几件衬衫都旧了，中午再去给你买两件吧。　　( )	당신 이 셔츠 몇 벌이 다 낡았네요. 점심에 가서 당신에게 두 벌 사줄게요.　　(**B**)

해설　문제의 핵심어구가 衬衫(셔츠)이므로, 같은 주제로 연결되는 穿(입다)이 언급된 선택지 B 那还可以穿呢，到秋天再买。
　　　(그건 아직 입을 수 있는 걸요. 가을이 되면 다시 사요.)를 고른다.

어휘　**几** jǐ 图 몇　**衬衫** chènshān 图 셔츠, 블라우스　**旧** jiù 图 낡다, 옛날의　**中午** zhōngwǔ 图 점심

2	春天终于来了。　　( )	봄이 마침내 왔다.　　(**C**)

해설　문제의 핵심어구가 春天(봄)이므로, 같은 주제로 연결되는 花……开了(꽃이 피었다), 草……绿了(풀이 푸르러졌다)가 언급된 선택지 C 公园里的花都开了，草也绿了.(공원의 꽃이 모두 피었고, 풀도 푸르러졌어요.)를 고른다.

어휘　**春天** chūntiān 图 봄　**终于** zhōngyú 用 마침내, 결국

3	你姐姐已经决定不参加这次比赛了吗？( )	당신 언니는 이번 경기에 참가하지 않기로 이미 결정했나요? (**F**)

해설 문제가 **不参加这次比赛了吗?**(이번 경기에 참가하지 않나요?)라는 의문문이므로, **是的**(네)라는 답변으로 시작하는 선택지 F **是的，她的左腿一直很疼，医生让她最少休息半个月。**(네. 그녀의 왼쪽 다리는 줄곧 아팠어요. 의사는 그녀가 최소한 보름은 쉬게 했어요.)를 고른다.

어휘 **已经** yǐjīng 🖫 이미, 벌써　**决定** juédìng 🖫 결정하다　**参加** cānjiā 🖫 참가하다, 가입하다　**比赛** bǐsài 🖫 경기, 시합

4　快点儿，老师在教室门口站着呢。　（　）　서둘러. 선생님께서 교실 입구에 서 계시잖아.　（ D ）

해설 문제의 핵심어구가 **老师**(선생님), **教室**(교실)이므로, 같은 주제로 연결되는 **迟到**(지각하다), **上课**(수업하다)가 언급된 선택지 D **别担心，我们又没迟到，还有五分钟才上课呢。**(걱정하지 마. 우리는 지각한 것도 아닌데. 아직 5분 더 있어야 수업 시작이야.)를 고른다.

어휘 **教室** jiàoshì 🖫 교실　**门口** ménkǒu 🖫 입구　**站** zhàn 🖫 서다, 멈추다

5　这家饭馆的鱼不错，服务员也很热情。　（　）　이 식당의 생선은 괜찮아요. 종업원도 친절하고요.　（ A ）

해설 문제가 **这家饭馆的鱼不错，服务员也很热情。**(이 식당의 생선은 괜찮아요. 종업원도 친절하고요.)이라고 했으므로 식당을 칭찬하는 상황으로 연결되는 선택지 A **是啊，我觉得他们羊肉做得也很好吃。**(맞아요. 저는 그들이 양고기도 맛있게 요리한다고 생각해요.)를 고른다.

어휘 **饭馆** fànguǎn 🖫 식당　**鱼** yú 🖫 생선, 물고기　**服务员** fúwùyuán 🖫 종업원　**热情** rèqíng 🖫 친절하다

합격비책 03 ㅣ 상황이 연결되는 문장 고르기

따라 읽으며 학습하기 ▶

확인학습　　　　　　　　　　　　　　　　　　　　　　　　　p.116

1. 请把您的护照给我看一下。（啊！对不起，我忘记带了。）
   당신의 여권을 제게 보여주세요. (아! 죄송합니다. 가져오는 것을 잊었어요.)

2. 今天还是别出门了。（又刮风又下雨的。）오늘은 외출하지 않는 것이 좋겠어요. (바람도 불고 비도 와요.)

실전연습문제　　　　　　　　　　　　　　　　　　　　　　　p.117

1 B	**2** A	**3** C	**4** F	**5** D

1-5

A 好，你先去刷牙洗脸。	A 좋아. 먼저 가서 이를 닦고 세수를 하렴.
B 不客气，这是我应该做的。	B 천만에요. 이건 제가 당연히 해야 하는 거예요.
C 没关系，借这个机会运动一下也不错。	C 괜찮아요. 이 기회를 빌려 운동하는 것도 좋지요.
D 我想来这里留学，学习他们的文化和历史。	D 저는 이곳에 와서 유학하면서, 그들의 문화와 역사를 배우고 싶어요.
E 我们先坐地铁2号线，然后换公共汽车。	E 우리 먼저 지하철 2호선 타고, 그 다음에 버스로 환승하자.
F 没有，我不能去那么远的地方。	F 아니요. 저는 그렇게 먼 곳에 갈 수 없어요.

어휘 **刷牙** shuāyá 🖫 이를 닦다　**洗脸** xǐliǎn 🖫 세수하다　**不客气** bú kèqi 천만에요　**应该** yīnggāi 🖾 당연히(마땅히) ~해야 한다
　没关系 méi guānxi 괜찮다　**借** jiè 🖫 빌리다, 빌려주다　**机会** jīhuì 🖫 기회　**运动** yùndòng 🖫 운동하다　**不错** búcuò 🖫 좋다
　留学 liúxué 🖫 유학하다　**文化** wénhuà 🖫 문화　**历史** lìshǐ 🖫 역사　**远** yuǎn 🖫 멀다　**地方** dìfang 🖫 곳, 장소

1 　我没想到把包忘在宾馆里了，真是太谢谢你！　（　）　│　저는 가방을 호텔에 뒀을 거라고는 생각지도 못했어요. 정말 매우 감사합니다!　（ **B** ）

해설　문제가 真是太谢谢你！(정말 매우 감사합니다!)라고 했으므로, 감사하다는 말에 대한 답변으로 연결되는 선택지 B 不客气，这是我应该做的。(천만에요. 이건 제가 당연히 해야 하는 거예요.)를 고른다.

어휘　没想到 méi xiǎngdào 생각지도 못하다　包 bāo 圓 가방　忘 wàng 圄 (잊고) 두다　宾馆 bīnguǎn 圓 호텔

2 　妈妈，今天给我讲小故事吧。　（　）　│　엄마, 오늘은 저에게 짧은 이야기를 들려주세요.　（ **A** ）

해설　문제가 给我讲小故事吧(저에게 짧은 이야기를 들려주세요)라고 했으므로, 好(좋아)라고 답변한 후 아이에게 이야기를 듣기 전에 해야 할 일을 알려 주는 상황으로 연결되는 선택지 A 好，你先去刷牙洗脸。(좋아. 먼저 가서 이를 닦고 세수를 하렴.)을 고른다. 참고로, 문장이 吧로 끝나면 청유, 명령을 나타낸다는 것을 알아 두자.

어휘　今天 jīntiān 圓 오늘, 현재　讲 jiǎng 圄 말하다, 설명하다　故事 gùshi 圓 이야기

3 　没想到你第一次来就遇到电梯坏了。　（　）　│　당신이 처음 왔는데 엘리베이터가 고장 날 줄은 생각지도 못했네요.　（ **C** ）

해설　문제가 电梯坏了(엘리베이터가 고장 났다)라고 했으므로, 고장 났어도 괜찮다는 상황으로 연결되는 선택지 C 没关系，借这个机会运动一下也不错。(괜찮아요. 이 기회를 빌려 운동하는 것도 좋지요.)를 고른다.

어휘　没想到 méi xiǎngdào 생각지도 못하다　第一次 dìyī cì 처음, 최초　遇到 yùdào 圄 마주치다, 만나다
　　　电梯 diàntī 圓 엘리베이터　坏 huài 圄 고장 나다, 상하다

4 　你和阿姨打算去北京旅游吗？　（　）　│　당신과 아주머니는 베이징으로 여행 갈 생각이신가요？　（ **F** ）

해설　문제가 打算去北京旅游吗?(베이징으로 여행 갈 생각이신가요?)라는 의문문이므로, 没有(아니요)라는 답변으로 시작하는 선택지 F 没有，我不能去那么远的地方。(아니요. 저는 그렇게 먼 곳에 갈 수 없어요.)을 고른다.

어휘　阿姨 āyí 圓 아주머니, 이모　打算 dǎsuan 圄 ~할 생각이다, ~하려고 하다　北京 Běijīng 고유 베이징 [중국의 수도]
　　　旅游 lǚyóu 圄 여행하다, 관광하다

5 　这个国家的人很热情，环境也不错。　（　）　│　이 나라의 사람들은 친절하고, 환경도 좋아요.　（ **D** ）

해설　문제가 这个国家的人很热情，环境也不错。(이 나라의 사람들은 친절하고, 환경도 좋아요.)라고 했으므로, 이 나라에 유학하러 오고 싶다고 하는 상황으로 연결되는 선택지 D 我想来这里留学，学习他们的文化和历史。(저는 이곳에 와서 유학하면서, 그들의 문화와 역사를 배우고 싶어요.)을 고른다.

어휘　热情 rèqíng 圄 친절하다, 다정하다　环境 huánjìng 圓 환경　不错 búcuò 圄 좋다, 괜찮다

| **1** B | **2** D | **3** A | **4** F | **5** C | **6** B | **7** E | **8** D | **9** C | **10** A |

1-5

A 小万，你这次的汉语成绩不错啊。	A 샤오완, 당신 이번 중국어 성적이 좋네요.
B 可没几天就被我弄丢了。	B 그러나 며칠 되지 않아 저에 의해 분실되었어요.
C 是的，他说路上的车太多了，让你坐公共汽车去。	C 맞아. 그는 길에 차가 너무 많으니 너에게 버스를 타고 가라고 하셨어.
D 我一般都选择在这儿和朋友见面。	D 저는 보통 여기서 친구를 만나는 걸 선택해요.
E 我们先坐地铁2号线，然后换公共汽车。	E 우리 먼저 지하철 2호선 타고, 그 다음에 버스로 환승하자.
F 是啊，高楼越来越多了，街道也变得干净了。	F 맞아요, 빌딩이 점점 많아지고, 거리도 깨끗해졌어요.

어휘　汉语 Hànyǔ [고유] 중국어　成绩 chéngjì 몡 성적　不错 búcuò 혱 좋다　可 kě 젭 그러나　几天 jǐ tiān 며칠
　　　被 bèi 꿰 ~에 의해 ~되다　弄丢 nòngdiū 동 분실하다, 잃어버리다　路上 lùshang 몡 길　让 ràng 동 ~하게 하다
　　　公共汽车 gōnggòng qìchē 몡 버스　一般 yìbān 혱 보통이다　选择 xuǎnzé 동 선택하다　高楼 gāolóu 몡 빌딩
　　　越来越 yuèláiyuè 뷔 점점　街道 jiēdào 몡 거리, 길거리　干净 gānjìng 혱 깨끗하다, 정결하다

* 의문문인 5번을 먼저 풀어 두면 문제풀이 시간을 단축할 수 있다.

1	我办了一张信用卡。	（　）	저 신용 카드 한 장을 만들었어요.	（ B ）

해설　문제가 办了一张信用卡(신용 카드 한 장을 만들었어요)라고 했으므로, 그 신용 카드를 분실한 상황으로 연결되는 선택지
　　　B 可没几天就被我弄丢了。(그러나 며칠 되지 않아 저에 의해 분실되었어요.)를 고른다.

어휘　办 bàn 동 만들다, 하다　信用卡 xìnyòngkǎ 몡 신용 카드

2	这家店很有名，蛋糕做得都很漂亮。	（　）	이 가게는 매우 유명한데, 케이크를 정말 예쁘게 만들어요. （ D ）

해설　문제가 这家店很有名(이 가게는 매우 유명하다)이라고 했으므로, 이 가게가 유명해서 보통 여기서 친구를 만난다는 상황
　　　으로 연결되는 선택지 D 我一般都选择在这儿和朋友见面。(저는 보통 여기서 친구를 만나는 걸 선택해요.)을 고른다.

어휘　店 diàn 몡 가게　有名 yǒumíng 혱 유명하다　蛋糕 dàngāo 몡 케이크

3	这要谢谢王老师给我的帮助。	（　）	왕 선생님께서 저에게 주신 도움에 감사해야겠어요. （ A ）

해설　문제의 핵심어구가 老师(선생님)이므로, 같은 주제로 연결되는 汉语成绩(중국어 성적)가 언급된 선택지 A 小万，你这
　　　次的汉语成绩不错啊。(샤오완, 당신 이번 중국어 성적이 좋네요.)를 고른다. 참고로, 여기서는 선택지 A가 문제의 앞 문장
　　　으로 연결되는 것에 주의한다.

어휘　给 gěi 동 ~에게 주다　帮助 bāngzhù 몡 도움

4	这个城市变化真大啊，我都认不出了。（　）	이 도시는 변화가 정말 크네요. 알아보지 못하겠어요. （ F ）

해설　문제의 핵심어구가 城市(도시)이므로, 같은 주제로 연결되는 高楼(빌딩), 街道(거리)가 언급된 선택지 F 是啊，高楼越
　　　来越多了，街道也变得干净了。(맞아요, 빌딩이 점점 많아지고, 거리도 깨끗해졌어요.)를 고른다.

어휘   城市 chéngshì 몡 도시   变化 biànhuà 몡 변화   真 zhēn 틘 정말, 진짜로

5   爸爸不同意我骑自行车去上学吗？   (   )   아버지께서 제가 자전거를 타고 학교에 가는 것을 허락하지 않으셨나요?   (**C**)

해설   문제의 핵심어구가 骑自行车去(자전거를 타고 가다)이므로, 같은 주제로 연결되는 坐公共汽车去(버스를 타고 가다)가 언급된 선택지 C 是的，他说路上的车太多了，让你坐公共汽车去。(맞아. 그는 길에 차가 너무 많으니 너에게 버스를 타고 가라고 하셨어.)를 고른다.

어휘   同意 tóngyì 통 허락하다, 동의하다   骑 qí 통 타다   自行车 zìxíngchē 몡 자전거   上学 shàngxué 통 학교에 가다

6-10

A 你帮我告诉经理一下。	A 당신이 저 대신 매니저님께 말해 주세요.
B 我每天去锻炼身体，晚饭吃得也不多。	B 저는 매일 신체를 단련하러 가요. 저녁밥도 적게 먹고요.
C 昨天大头的蛋糕都吃完了吗？	C 어제 산 케이크를 모두 먹었나요?
D 不好意思，我今天有点累。	D 미안해요. 저는 오늘 조금 피곤해요.
E 不用了，你也累了一天，我坐出租车回去就可以了。	E 괜찮아요. 당신도 하루 종일 힘들었잖아요. 저는 택시를 타고 돌아가면 돼요.

어휘   告诉 gàosu 통 말하다, 알리다   经理 jīnglǐ 몡 매니저   锻炼 duànliàn 통 (몸을) 단련하다   晚饭 wǎnfàn 몡 저녁밥
蛋糕 dàngāo 몡 케이크   不好意思 bù hǎoyìsi 미안합니다   有点 yǒudiǎn 틘 조금   累 lèi 혱 피곤하다   一天 yìtiān 몡 하루 종일
坐 zuò 통 타다   出租车 chūzūchē 몡 택시   回去 huíqu 통 돌아가다

* 의문문인 선택지 C와 6, 8번을 먼저 풀어 두면 문제풀이 시간을 단축할 수 있다.

6   你最近瘦了很多啊，你是怎么做到的？   (   )   당신 최근에 살이 많이 빠졌네요. 어떻게 한 거예요?   (**B**)

해설   문제가 의문사 怎么(어떻게)를 사용한 의문문이므로, 怎么에 해당하는 답변을 고른다. 따라서 문제의 瘦了(살이 빠졌다)에 대한 방법으로 연결되는 锻炼身体(신체를 단련하다), 晚饭吃得也不多(저녁밥도 적게 먹는다)를 언급한 선택지 B 我每天去锻炼身体，晚饭吃得也不多。(저는 매일 신체를 단련하러 가요. 저녁밥도 적게 먹고요.)를 고른다.

어휘   最近 zuìjìn 몡 최근   瘦 shòu 혱 살이 빠지다, 마르다   怎么 zěnme 떼 어떻게

7   外面太黑了，我送你回家吧。   (   )   밖이 매우 어두워요. 제가 당신을 집에 데려다줄게요.   (**E**)

해설   문제가 送你回家吧(당신을 집에 데려다줄게요)라고 했으므로, 집에 데려다주지 않아도 된다는 상황으로 연결되는 선택지 E 不用了，你也累了一天，我坐出租车回去就可以了。(괜찮아요. 당신도 오늘 힘들었잖아요. 저는 택시를 타고 돌아가면 돼요.)를 고른다. 참고로, 문장이 吧로 끝나면 청유, 명령을 나타낸다는 것을 알아 두자.

어휘   外面 wàimian 몡 밖   黑 hēi 혱 어둡다   送 sòng 통 데려다주다   回家 huíjiā 통 집으로 돌아가다

8   我们今晚一起去看电影，怎么样？   (   )   우리 오늘 밤에 같이 영화 보러 가요. 어때요?   (**D**)

해설   문제에서 怎么样?(어때요?)이라고 질문하였으므로, 不好意思(미안해요)라며 거절하는 답변으로 시작하는 선택지 D 不好意思，我今天有点累。(미안해요. 저는 오늘 조금 피곤해요.)를 고른다.

어휘   今晚 jīnwǎn 몡 오늘 밤   电影 diànyǐng 몡 영화

9	没有，还有一半在冰箱里。　　( )	아니요, 아직 반은 냉장고에 있어요.　　(C)

해설　선택지 C가 **蛋糕都吃完了吗?**(케이크를 모두 먹었나요?)라는 의문문이므로, **没有**(아니요)라는 답변으로 시작하는 문제 9번과 연결된다. 따라서 C를 고른다. 여기서는 선택지 C가 문제의 앞 문장으로 연결되는 것에 주의한다.

어휘　**一半** yíbàn [수] 반　**冰箱** bīngxiāng [명] 냉장고

10	喂，我现在去机场接客人，可能晚点来上班。　　( )	여보세요, 저는 지금 손님을 모시러 공항에 가고 있어서, 늦게 출근할 것 같아요.　　(A)

해설　문제의 핵심어구가 **晚点来上班**(늦게 출근하다)이므로, 같은 주제로 연결되는 **告诉经理**(매니저님께 말하다)가 언급된 선택지 A **你帮我告诉经理一下。**(당신이 저 대신 매니저님께 말해 주세요.)를 고른다.

어휘　**喂** wéi [감] 여보세요　**机场** jīchǎng [명] 공항　**客人** kèrén [명] 손님　**晚** wǎn [형] 늦다　**上班** shàngbān [동] 출근하다

제2부분

문제풀이 방법 해석 p.120

A 根据	B 骑	C 国家	A ~에 따라	B 타다	C 국가
D 干净	E 声音	F 难过	D 깨끗하다	E 목소리	F 슬프다

例如: 小李说话的 (E) 真好听!

예시: 샤오리가 말할 때의 (E 목소리)는 정말 듣기 좋다!

51. 现在的人越来越喜欢(B 骑)自行车了。

52. (A 根据)我对他的了解，他不会因为这事情生气的。

53. 每个人都应该爱自己的(C 国家)。

54. 我觉得这家宾馆还不错，不但房间大，而且非常(D 干净)。

55. 她(F 难过)极了，自己已经很努力了为什么还是考不好？

51. 요즘 사람들은 갈수록 자전거 (B 타기를) 좋아한다.

52. 내가 그에 대해 이해하고 있는 바(A 에 따르면), 그가 이 일 때문에 화난 것일 리 없다.

53. 모든 사람은 마땅히 자신의 (C 국가)를 사랑해야 한다.

54. 저는 이 호텔이 괜찮다고 생각해요. 방이 클 뿐만 아니라, 게다가 매우 (D 깨끗해요).

55. 그녀는 몹시 (F 슬프다). 자신은 이미 매우 노력했는데 왜 시험을 여전히 잘 보지 못한단 말인가?

어휘 根据 gēnjù 젠 ~에 따라 骑 qí 동 타다 国家 guójiā 명 국가, 나라 干净 gānjìng 형 깨끗하다 声音 shēngyīn 명 목소리
难过 nánguò 형 슬프다. 괴롭다 自行车 zìxíngchē 자전거 了解 liǎojiě 동 이해하다. 알다 不会 bú huì ~일 리 없다
因为 yīnwèi 접 ~때문에 事情 shìqing 명 일, 사건 生气 shēngqì 동 화내다 应该 yīnggāi 조동 마땅히 ~해야 한다
……极了 ……jí le ……몹시 ~하다 已经 yǐjīng 부 이미, 벌써 努力 nǔlì 동 노력하다. 힘쓰다

합격비책 01 | 동사 어휘 채우기

따라 읽으며 학습하기 ▶

확인학습 p.124

1. 妈妈告诉小东出门时要(关)门。 엄마는 샤오동에게 집을 나설 때 문을 (닫아야) 한다고 알려 주셨다.

2. 你还要(用)电脑吗？我想给妹妹发电子邮件。
   당신 컴퓨터 아직 (사용)해야 하나요? 저는 여동생에게 이메일을 보내려고 해요.

실전연습문제 p.125

1 C	2 D	3 F	4 C	5 F	6 A

1-3

A 城市	B 可爱	C 参加	A 도시	B 귀엽다	C 참가하다
D 小心	E 声音	F 用	D 조심하다	E 목소리	F 사용하다

어휘 城市 chéngshì 명 도시 可爱 kě'ài 형 귀엽다 参加 cānjiā 동 참가하다. 참석하다 小心 xiǎoxīn 동 조심하다. 주의하다
声音 shēngyīn 명 목소리 用 yòng 동 사용하다. 쓰다

1 你是什么时候(C 参加)比赛的？

당신은 언제 시합에 (C 참가했나요)?

해설 빈칸 뒤에 목적어가 되는 명사 比赛(시합)가 있으므로, 빈칸에는 동사가 온다. 동사 C 参加(참가하다), D 小心(조심하다), F 用(사용하다) 중 比赛(시합)와 문맥상 어울리는 C 参加(참가하다)를 빈칸에 채운다.

어휘　什么时候 shénme shíhou 언제　参加 cānjiā 통 참가하다　比赛 bǐsài 명 시합

2　昨天晚上下雪了，开车要(**D** 小心)点儿。　｜　어제 밤에 눈이 왔으니, 운전할 때 (**D** 조심해)야 해요.

해설　빈칸 앞에 조동사 要(~해야 한다)가 있으므로 빈칸에는 동사가 온다. 동사 C 参加(참가하다), D 小心(조심하다), F 用(사용하다) 중 '운전할 때 _____야 해요'라는 문맥에 적합한 D 小心(조심하다)을 빈칸에 채운다.

어휘　下雪 xiàxuě 눈이 오다　开车 kāichē 통 운전하다　小心 xiǎoxīn 통 조심하다

3　我来北京三年了，特别喜欢吃北方人做的面条，但就是不会(**F** 用)筷子。　｜　나는 베이징에 온 지 삼 년이 되었는데, 북쪽 지방 사람들이 만든 국수를 특히 좋아한다. 그러나 아직도 젓가락을 (**F** 사용)할 줄 모른다.

해설　빈칸 앞에 '부사+조동사' 형태의 不会(~할 줄 모른다)가 있으므로, 빈칸에는 동사가 온다. 동사 C 参加(참가하다), D 小心(조심하다), F 用(사용하다) 중, 筷子(젓가락)와 문맥상 어울리는 동사 F 用(사용하다)을 빈칸에 채운다.

어휘　北京 Běijīng 고유 베이징　特别 tèbié 부 특히, 유달리　北方 běifāng 명 북쪽 지방, 북방　面条 miàntiáo 명 국수
　　　不会 bú huì ~할 줄 모른다　用 yòng 통 사용하다, 쓰다　筷子 kuàizi 명 젓가락

4-6

| A 差 | B 游戏 | C 发现 | A 부족하다 | B 놀이 | C 발견하다 |
| D 爱好 | E 极 | F 锻炼 | D 취미 | E 아주 | F 단련하다 |

어휘　差 chà 형 부족하다, 모자라다　游戏 yóuxì 명 놀이　发现 fāxiàn 통 발견하다　爱好 àihào 명 취미　极 jí 부 아주, 극히
　　　锻炼 duànliàn 통 단련하다

4　A：我(**C** 发现)最近你和以前不一样了。　｜　A：저는 최근에 당신이 예전과 다르다는 것을 (**C** 발견했어요).
　　　B：哪儿不一样？我觉得没什么变化啊。　｜　B：어디가 다른가요? 저는 어떤 변화도 없다고 생각했는데요.

해설　빈칸 뒤 最近你和以前不一样(최근에 당신이 예전과 다르다는 것)이 전체 문장의 목적어이므로 빈칸에는 술어가 되는 동사가 온다. 동사 A 差(부족하다), C 发现(발견하다), F 锻炼(단련하다) 중 '저는 최근에 당신이 예전과 다르다는 것을 _____'라는 문맥에 적합한 C 发现(발견하다)을 빈칸에 채운다. 참고로, 동사 发现(발견하다) 뒤에는 주로 '~하는 것'으로 해석되는 목적어가 온다는 것을 알아 두자.

어휘　发现 fāxiàn 통 발견하다　最近 zuìjìn 명 최근　以前 yǐqián 명 예전　一样 yíyàng 형 같다　哪儿 nǎr 대 어디
　　　觉得 juéde 통 ~이라고 생각하다　什么 shénme 대 어떤, 무슨　变化 biànhuà 명 변화

5　A：你现在还天天去(**F** 锻炼)身体吗？　｜　A：당신 지금도 매일 신체를 (**F** 단련하러) 가나요?
　　　B：很长时间没去了，最近不是下雨就是下雪的，没法去。　｜　B：오랫동안 가지 않았어요. 요즘에 비가 오지 않으면 눈이 왔잖아요. 갈 방법이 없었어요.

해설　빈칸 뒤에 목적어가 되는 명사 身体(신체)가 있으므로 빈칸에는 술어가 되는 동사가 온다. 동사 A 差(부족하다), C 发现(발견하다), F 锻炼(단련하다) 중 身体(신체)와 문맥상 어울리는 F 锻炼(단련하다)을 빈칸에 채운다.

어휘　天天 tiāntiān 매일　锻炼 duànliàn 통 단련하다　长时间 cháng shíjiān 오랫동안　最近 zuìjìn 명 요즘
　　　不是……就是…… búshì……jiùshì…… ~이거나 아니면 ~이다　下雨 xiàyǔ 비가 오다　下雪 xiàxuě 눈이 오다

6	A: 你去看一下人到齐了没有。 B: 刚才看过了，还(**A** 差)两个人。	A: 당신 사람들이 모두 도착했는지 한 번 가 보세요. B: 방금 봤는데, 아직 두 사람 (**A** 부족해요).

해설 빈칸 뒤에 목적어로 쓰인 **两个人**(두 사람)이 있으므로 빈칸에는 술어가 되는 동사가 온다. 동사 A **差**(부족하다), C **发现**(발견하다), F **锻炼**(단련하다) 중 '아직 두 사람 _____'라는 문맥에 적합한 A **差**(부족하다)를 빈칸에 채운다.

어휘 **到齐** dàoqí 圖 모두 도착하다   **过** guo 图[동사 뒤에 쓰여 동작의 완료를 나타냄]   **还** hái 图 아직, 여전히
差 chà 图 부족하다, 모자라다

합격비책 02 | 명사 어휘 채우기

따라 읽으며 학습하기 ▶

확인학습   p.128

1. 你看见我的(皮鞋)吗? 我忘了把它放在哪儿了。 당신 제 (가죽 구두) 봤어요? 저 그걸 어디에 뒀는지 잊었어요.
2. 服务员，请给我拿一下(菜单)。 종업원, (메뉴판) 좀 가져다주세요.

실전연습문제   p.129

1 D   **2** C   **3** B   **4** A   **5** C   **6** F

1-3

A 更	B 照顾	C 地图	A 더욱	B 돌보다	C 지도
D 地方	E 声音	F 把	D 곳	E 목소리	F ~을

어휘   **更** gèng 图 더욱   **照顾** zhàogù 圖 돌보다   **地图** dìtú 圖 지도   **地方** dìfang 圖 곳, 장소   **把** bǎ 게 ~을

1	电视里说北方好多(**D** 地方)都下大雪了。	텔레비전에서 북쪽 지방의 많은 (**D** 곳)에 큰 눈이 왔다고 했다.

해설 빈칸이 관형어 **北方好多**(북쪽 지방의 많은)과 술어 **下大雪**(큰 눈이 오다) 사이에 있으므로, 빈칸에는 주어가 되는 명사가 온다. 명사 C **地图**(지도), D **地方**(곳) 중 '북쪽 지방의 많은 _____'라는 문맥에 적합한 명사 D **地方**(곳)을 빈칸에 채운다.

어휘 **电视** diànshì 圖 텔레비전   **北方** běifāng 圖 북쪽 지방   **地方** dìfang 圖 곳   **大雪** dàxuě 圖 큰 눈

2	你来看看这张(**C** 地图)，能找到黄河在哪儿吗?	당신이 와서 이 (**C** 지도) 좀 보세요. 황허 강이 어디 있는지 찾으실 수 있나요?

해설 빈칸 앞에 양사 **张**(장)이 있으므로 빈칸에는 명사가 온다. 명사 C **地图**(지도), D **地方**(곳) 중 양사 **张**(장)과 함께 쓰이는 C **地图**(지도)를 빈칸에 채운다. 참고로, 양사 **张**(장)은 종이나 가죽 등을 셀 때 쓰이는 양사임을 알아 두자.

어휘 **地图** dìtú 圖 지도   **找到** zhǎodào 찾아내다   **黄河** Huánghé [고유] 황허 강   **哪儿** nǎr 圈 어디

3	我弟弟打算去中国旅游，让我(**B** 照顾)他的猫。	제 남동생이 중국으로 여행 가려고 하는데, 저에게 그의 고양이를 (**B** 돌보게) 했어요.

해설 빈칸 뒤에 목적어가 되는 他的猫(그의 고양이)가 있으므로 빈칸에는 술어가 되는 동사가 온다. 따라서 동사 B 照顾(돌보다)를 빈칸에 채운다.

어휘 **打算** dǎsuan [동] ~하려고 하다 **旅游** lǚyóu [동] 여행하다 **让** ràng [동] ~하게 하다 **照顾** zhàogù [동] 돌보다

4-6

A 护照	B 层	C 还	A 여권	B 층	C 돌려주다
D 爱好	E 以前	F 自行车	D 취미	E 예전	F 자전거

어휘 **护照** hùzhào [명] 여권 **层** céng [양] 층 **还** huán [동] 돌려주다 **以前** yǐqián [명] 예전 **自行车** zìxíngchē [명] 자전거

4

A：爸爸妈妈真的打算去那么远的地方旅游？ B：他们的（**A 护照**）都已经办下来了，下个月一号就去。	A: 아빠 엄마가 정말 그렇게 먼 곳으로 여행을 가시려고 하나요? B: 그들의 (**A 여권**)도 이미 발급되었어요. 다음 달 1일에 가세요.

해설 빈칸 앞에 구조조사 的가 있으므로 빈칸에는 명사가 온다. 명사 A 护照(여권), E 以前(예전), F 自行车(자전거) 중 '그들의 ______도 이미 발급되었어요'라는 문맥에 적합한 A 护照(여권)를 빈칸에 채운다.

어휘 **真的** zhēnde [부] 정말 **打算** dǎsuan [동] ~하려고 하다 **那么** nàme [대] 그렇게 **远** yuǎn [형] 멀다 **地方** dìfang [명] 곳 **旅游** lǚyóu [동] 여행하다 **护照** hùzhào [명] 여권 **已经** yǐjīng [부] 이미 **下个月** xià ge yuè 다음 달

5

A：小李的笔记本你没（**C 还**）给他？ B：他去北京了，到下周才回来呢。	A: 샤오리의 노트를 당신은 아직 그에게 (**C 돌려주지**) 않았죠? B: 그는 베이징에 갔어요. 다음 주가 되어야 돌아와요.

해설 주어 你(당신) 뒤에 술어가 없으므로, 빈칸에는 동사나 형용사가 온다. 따라서 동사 C 还(돌려주다)을 빈칸에 채운다. 참고로, 동사 还(돌려주다)은 给(~에게)와 함께 还给(~에게 돌려주다)로 자주 쓰인다는 것을 알아 두자.

어휘 **笔记本** bǐjìběn [명] 노트 **还** huán [동] 돌려주다 **下周** xiàzhōu [명] 다음 주 **回来** huílai [동] 돌아오다

6

A：你早上是骑（**F 自行车**）来的？ B：是啊，我觉得这样又方便又锻炼身体。	A: 당신 아침에 (**F 자전거**)를 타고 오셨나요? B: 네, 저는 이렇게 하면 편하기도 하고 신체도 단련된다고 생각해요.

해설 빈칸 앞에 술어가 되는 동사 骑(타다)가 있으므로 빈칸에는 명사가 온다. 명사 A 护照(여권), E 以前(예전), F 自行车(자전거) 중 骑(타다)와 문맥상 어울리는 F 自行车(자전거)를 채운다. 참고로, 위 지문에서 '又方便又锻炼身体'는 '又……又……(~하고 ~하다)' 구문이 사용되어, '편하기도 하고 신체도 단련된다'로 해석된다는 것을 알아 두자.

어휘 **早上** zǎoshang [명] 아침 **骑** qí [동] 타다 **自行车** zìxíngchē [명] 자전거 **觉得** juéde [동] ~이라고 생각하다 **方便** fāngbiàn [형] 편하다, 편리하다 **锻炼** duànliàn [동] (몸을) 단련하다 **身体** shēntǐ [명] 신체

합격비책 03 | 형용사 어휘 채우기

따라 읽으며 학습하기 ▸

확인학습 p.132

1. 奶奶的帽子太（旧）了，我给她买了个新的。할머니의 모자가 매우 (낡아서), 나는 그녀에게 새것을 사 드렸다.
2. 你这么（饿）吗？吃了三碗米饭还没饱？너 이렇게 (배고프니)? 밥을 세 그릇을 먹고도 아직 배가 안 불러?

1 B   **2** A   **3** F   **4** C   **5** B   **6** F

1-3

A 清楚	B 甜	C 词典	A 명확하다	B 달다	C 사전
D 见面	E 声音	F 花	D 만나다	E 목소리	F 쓰다

어휘 **清楚** qīngchu 혱 명확하다, 분명하다   **甜** tián 혱 달다   **词典** cídiǎn 몡 사전   **见面** jiànmiàn 혱 만나다   **花** huā 통 쓰다, 사용하다

1 妹妹只喝了一口牛奶，说太（**B 甜**），就不愿意喝了。   여동생이 우유를 한 모금 마시더니, 너무 (**B 달아서**) 마시고 싶지 않다고 했다.

해설 빈칸 앞에 정도부사 太(너무)가 있으므로 빈칸에는 형용사가 온다. 형용사 A 清楚(명확하다), B 甜(달다) 중 '너무 _____ 마시고 싶지 않다'라는 문맥에 적합한 B 甜(달다)을 빈칸에 채운다.

어휘 **妹妹** mèimei 몡 여동생   **口** kǒu 몡 모금, 입   **牛奶** niúnǎi 몡 우유   **甜** tián 혱 달다   **愿意** yuànyì 조통 바라다, 희망하다

2 你离我太远了，我没听（**A 清楚**），请再跟我说一次。   당신이 너무 멀리 있어서, 제가 (**A 명확하게**) 듣지 못했어요. 저에게 다시 한 번 말해주세요.

해설 빈칸 앞에 결과보어를 취하는 동사 听(듣다)이 있으므로 형용사이면서 '당신이 너무 멀리 있어서, 제가 _____ 듣지 못했어요'라는 문맥에 적합한 A 清楚(명확하다)를 빈칸에 채운다. 참고로, 형용사 清楚는 '동사+清楚'(명확하게 ~하다) 형태로 자주 사용되며, 이때 清楚는 결과보어로 사용되었다는 것을 알아 두자.

어휘 **离** lí 개 ~으로부터, ~에서   **远** yuǎn 혱 멀다   **清楚** qīngchu 혱 명확하다, 분명하다   **再** zài 튀 다시, 재차   **跟** gēn 개 ~에게   **次** cì 몡 번, 회

3 我买这件衬衫只（**F 花**）了200多块，便宜吧？   저는 이 셔츠를 사려고 200위안 정도만 (**F 썼어요**). 싸죠?

해설 빈칸 뒤에 목적어 200多块(200위안 정도)가 있으므로 빈칸에는 동사가 온다. 동사 D 见面(만나다)과 F 花(쓰다) 중 목적어를 가질 수 있는 동사 F 花(쓰다)를 빈칸에 채운다. 참고로, 见面(만나다)은 동사 见(보다)과 명사 面(얼굴)이 합쳐져 '얼굴을 보다', 즉 '만나다'라는 의미로 쓰이는 이합동사이다. 따라서 이미 목적어 面이 있기 때문에 뒤에 목적어를 가질 수 없는 동사라는 것을 알아 두자.

어휘 **衬衫** chènshān 몡 셔츠, 블라우스   **花** huā 통 쓰다, 사용하다   **便宜** piányi 혱 싸다

4-6

A 成绩	B 新鲜	C 重要	A 성적	B 신선하다	C 중요하다
D 爱好	E 又	F 要求	D 취미	E 또	F 요구하다

어휘 **成绩** chéngjì 몡 성적, 결과   **新鲜** xīnxiān 혱 신선하다   **重要** zhòngyào 혱 중요하다   **又** yòu 튀 또   **要求** yāoqiú 통 요구하다

4 A：小王不参加今天的会议吗？
B：参加，他在等一个很（**C 重要**）的电话，过一会儿就去。

A：샤오왕은 오늘 회의에 참석하지 않나요？
B：참석합니다. 그는 지금 매우 (**C 중요한**) 전화를 기다리고 있어서, 조금 이따가 갈 거예요.

해설	빈칸 앞에 정도부사 很(매우)이 있으므로 빈칸에는 형용사가 온다. 형용사 B 新鲜(신선하다), C 重要(중요하다) 중 '매우 _____ 전화'라는 문맥에 적합한 C 重要(중요하다)를 빈칸에 채운다.
어휘	参加 cānjiā 图 참석하다 会议 huìyì 명 회의 等 děng 图 기다리다 重要 zhòngyào 형 중요하다 电话 diànhuà 명 전화

5

A: 这蛋糕是今天做的吗？	A: 이 케이크는 오늘 만든 건가요?
B: 您放心，我们店的东西都是(**B** 新鲜)的。	B: 안심하세요. 저희 가게의 물건은 모두 (**B** 신선한) 것입니다.

해설	빈칸이 있는 문장은 是과 的 사이에 오는 내용을 강조하는 是……的 강조구문이다. 주어 我们店的东西(저희 가게의 물건) 뒤 是과 的 사이에 술어가 없으므로, 빈칸에는 동사나 형용사가 온다. 형용사 B 新鲜(신선하다), C 重要(중요하다)와 동사 F 要求(요구하다) 중 '안심하세요, 저희 가게의 물건은 모두 _____ 것입니다.'라는 문맥에 적합한 형용사 B 新鲜(신선하다)을 빈칸에 채운다.
어휘	蛋糕 dàngāo 명 케이크 放心 fàngxīn 图 안심하다 店 diàn 명 가게 新鲜 xīnxiān 형 신선하다

6

A: 医生(**F** 要求)你住院，你怎么来学校了？	A: 의사가 당신에게 입원하라고 (**F** 요구했는데), 당신은 어째서 학교에 왔나요?
B: 马上考试了，我不放心那班学生。	B: 곧 시험이잖아요. 제가 그 반 학생들이 마음이 놓이지 않아서요.

해설	빈칸 앞에 주어 医生(의사)이 있고, 빈칸 뒤에 목적어 你(당신)가 있으므로 빈칸에는 술어가 되는 동사가 온다. 따라서 동사 F 要求(요구하다)를 빈칸에 채운다.
어휘	医生 yīshēng 명 의사 要求 yāoqiú 图 요구하다 住院 zhùyuàn 图 입원하다 怎么 zěnme 데 어째서 马上 mǎshàng 图 곧 考试 kǎoshì 图 시험을 치다 放心 fàngxīn 마음을 놓다 班 bān 명 반

합격비책 04 | 부사·접속사 어휘 채우기

따라 읽으며 학습하기 ▶

확인학습   p.136

1. 您看看，这是七斤八两，(一共)二十八元五角钱。
   당신이 한번 보세요. 여기 7근 8냥입니다. (모두) 해서 28위안 5쟈오예요.

2. 你站在这儿，(或者)站在那儿都可以。 당신은 여기에 서든지, (아니면) 거기에 서든지 모두 괜찮아요.

실전연습문제   p.137

1 D	**2** C	**3** B	**4** F	**5** A	**6** E

1-3

A 帮忙	B 选择	C 如果	A 일을 돕다	B 선택하다	C 만약
D 马上	E 声音	F 一直	D 곧	E 목소리	F 줄곧

어휘 帮忙 bāngmáng 图 일을 돕다 选择 xuǎnzé 图 선택하다. 고르다. 如果 rúguǒ 젭 만약, 만일 马上 mǎshàng 图 곧
一直 yīzhí 图 줄곧, 내내

| **1** | 你让小王等我五分钟，我（**D 马上**）到办公室了。 | 당신은 샤오왕에게 저를 5분만 기다리라고 하세요. 저는 (**D 곧**) 사무실에 도착해요. |

해설   빈칸 앞에 주어 我(나)가 있고, 빈칸 뒤에 술어 到(도착하다)가 있으므로 빈칸에는 부사가 온다. 부사 D 马上(곧), F 一直(줄곧) 중 '저는 _____ 사무실에 도착해요'라는 문맥에 적합한 부사 D 马上(곧)을 빈칸에 채운다.

어휘   让 ràng 图 ~하게 하다   等 děng 图 기다리다   马上 mǎshàng 图 곧   办公室 bàngōngshì 图 사무실

| **2** | （**C 如果**）你在这儿画一些小草，就更漂亮了。 | (**C 만약**) 당신이 여기에 작은 풀을 좀 그리면, 더욱 아름다울 거예요. |

해설   빈칸이 문장 맨 앞에 있으므로 빈칸에는 접속사나 부사가 온다. 접속사 C 如果(만약)과 부사 D 马上(곧), F 一直(줄곧) 중 '_____ 당신이 여기에 작은 풀을 좀 그리면, 더욱 아름다울 거예요.'라는 문맥에 어울리는 접속사 C 如果(만약)를 채운다. 참고로, 如果(만약)는 뒤 구절의 부사 就와 함께 '如果…… 就……(만약 ~라면, ~이다)'로 자주 짝을 이루어 쓰인다는 것을 알아 두자.

어휘   画 huà 图 (그림을) 그리다   草 cǎo 图 풀   更 gèng 图 더욱   漂亮 piàoliang 图 아름답다, 예쁘다

| **3** | 你可以（**B 选择**）这种能坐四个人的长椅，又便宜又好看。 | 당신은 이런 종류의 4명이 앉을 수 있는 긴 의자를 (**B 고를**) 수 있는데, 싸고 예뻐요. |

해설   빈칸 앞에 조동사 可以(~할 수 있다)가 있으므로 빈칸에는 동사가 온다. 동사 A 帮忙(일을 돕다)과 B 选择(선택하다) 중, '당신은……긴 의자를 _____ 수 있어요'라는 문맥에 어울리는 동사 B 选择(고르다)를 빈칸에 채운다.

어휘   可以 kěyǐ 区国 ~할 수 있다   选择 xuǎnzé 图 고르다   种 zhǒng 图 종류, 부류   长椅 cháng yǐ 긴 의자
        又……又…… yòu…… yòu…… ~하고 또 ~하다   便宜 piányi 图 (값이) 싸다   好看 hǎokàn 图 예쁘다, 보기 좋다

4-6					
A 灯	B 自己	C 终于	A 등	B 스스로	C 마침내
D 爱好	E 当然	F 然后	D 취미	E 당연히	F 그런 후에

어휘   灯 dēng 图 등   自己 zìjǐ 图 스스로   终于 zhōngyú 图 마침내   当然 dāngrán 图 당연히   然后 ránhòu 图 그런 후에

| **4** | A: 小王，你先送我回公司吧，（**F 然后**）你就可以下班了。
B: 好的，经理。 | A: 샤오왕, 당신은 먼저 저를 회사로 데려다주세요. (**F 그런 후에**) 당신은 퇴근해도 됩니다.
B: 네, 매니저님. |

해설   빈칸이 쉼표 뒤에 있으므로 빈칸에는 접속사나 부사가 온다. 접속사 F 然后(그런 후에)와 부사 C 终于(마침내), E 当然(당연히) 중 '당신은 먼저 저를 회사로 데려다주세요. _____ 당신은 퇴근해도 됩니다.'라는 문맥에 어울리는 접속사 F 然后(그런 후에)를 채운다. 참고로, 然后(그런 후에)는 앞 구절의 부사 先(먼저)와 함께 '先……, 然后……(먼저 ~, 그 다음 ~)'로 자주 짝을 이루어 쓰인다는 것을 알아 두자.

어휘   送 sòng 图 데려다주다   然后 ránhòu 图 그런 후에   下班 xiàbān 图 퇴근하다   经理 jīnglǐ 图 매니저

| **5** | A: 房间里这么黑，你怎么不开（**A 灯**）？
B: 从你走的那一天就坏了，我也不会换。 | A: 방이 이렇게 어두운데, 당신은 왜 (**A 등**)을 안 켜고 있나요?
B: 당신이 가던 그날 고장이 났는데, 저도 교체할 줄 몰라서요. |

해설   빈칸 앞에 술어가 되는 동사 开(켜다)가 있으므로 빈칸에는 목적어가 되는 명사가 온다. 따라서 명사 A 灯(등)을 빈칸에 채운다.

어휘   **房间** fángjiān 몡 방   **黑** hēi 톙 어둡다   **灯** dēng 몡 등   **坏** huài 톙 고장 나다   **换** huàn 툉 교체하다

---

6   A: 你认为这件事情是真的吗？   A: 당신은 이 일이 사실이라고 생각하세요？
          B: (**E** 当然)是真的，我相信小雪的话。   B: (**E** 당연히) 사실이죠. 저는 샤오쉐의 말을 믿어요.

해설   빈칸 뒤에 술어가 되는 동사 是(~이다)이 있으므로 빈칸에는 부사가 온다. 부사 C 终于(마침내), E 当然(당연히) 중 '_____ 사실이죠'라는 문맥에 적합한 부사 E 当然(당연히)을 빈칸에 채운다. 참고로, 当然 앞에 주어 这件事情(이 일)이 생략되었음을 알아 두자.

어휘   **认为** rènwéi 툉 생각하다   **事情** shìqing 몡 일   **真** zhēn 톙 사실이다, 진짜이다   **当然** dāngrán 튄 당연히
         相信 xiāngxìn 툉 믿다   **话** huà 몡 말

합격비책 05 | 양사·개사 어휘 채우기

따라 읽으며 학습하기 ▶

확인학습   p.140

1. 这 (只) 小狗是谁家的？ 真可爱。이 (마리) 강아지는 어느 집 것이지？ 정말 귀엽다.
2. 他体育很好，所以这一次他 (除了) 篮球比赛，还要参加足球比赛。
    그는 체육을 잘한다. 그래서 이번에 그는 농구 시합 (이외에), 축구 시합에도 참가해야 한다.

실전연습문제   p.141

1 F	**2** B	**3** C	**4** B	**5** E	**6** F

1-3

A 辆	B 聪明	C 跟	A 대	B 똑똑하다	C ~와
D 中间	E 声音	F 位	D 중간	E 목소리	F 분

어휘   **辆** liàng 영 대 [차량을 세는 단위]   **聪明** cōngming 톙 똑똑하다   **跟** gēn 캐 ~와   **中间** zhōngjiān 몡 중간   **位** wèi 영 분, 명

---

1   我来给大家介绍一下，这 (**F** 位) 是新来的朋友。   여러분에게 소개할게요. 이 (**F** 분)은 새로 온 친구예요.

해설   빈칸 앞에 지시대사 这(이)가 있으므로 빈칸에는 양사가 온다. 양사 A 辆(대), F 位(분) 중 뒤의 朋友(친구)와 연결되어 쓰일 수 있는 양사 F 位(분)를 빈칸에 채운다. 참고로 지시대사 뒤에 수사가 '一(1)'면 수사는 대개 생략한다는 것을 알아 둔다.

어휘   **给** gěi 캐 ~에게   **大家** dàjiā 떼 여러분, 모두   **介绍** jièshào 툉 소개하다   **位** wèi 영 분, 명   **新来** xīnlái 툉 새로 오다

---

2   他那么 (**B** 聪明)，多做几次就能学会的。   그가 그렇게 (**B** 똑똑한데), 몇 번 더 하면 배울 수 있을 거예요.

해설   빈칸 앞에 대사 那么(그렇게)가 있으므로 빈칸에는 형용사가 주로 온다. 따라서 형용사 B 聪明(똑똑하다)을 빈칸에 채운다.

어휘 **那么** nàme 때 그렇게, 저렇게   **聪明** cōngming 혱 똑똑하다, 총명하다   **次** cì 혱 번, 회
学会 xuéhuì 통 (배워서) 할 줄 알다

3

你自己在这儿我不放心, (**C** 跟)我一起回去吧。	당신 혼자 여기 있으면 저는 안심할 수가 없어요. 저(**C** 와) 함께 돌아가요.

해설 술어 回去(돌아가다) 앞에 '( )+대사' 형태의 빈칸이 있고, 빈칸 앞의 주어 你(당신)는 생략된 형태이므로 빈칸에는 개 사가 온다. 따라서 개사 C 跟(~와)을 빈칸에 채운다. 참고로, 개사 跟(~와)은 부사 一起(함께)와 跟……一起(~와 함께) 로 자주 쓰인다는 것을 알아 두자.

어휘 **自己** zìjǐ 혱 혼자, 스스로   **这儿** zhèr 때 여기   **放心** fàngxīn 통 안심하다   **跟** gēn 깨 ~와   **一起** yìqǐ 함께
回去 huíqù 통 돌아가다

4-6

A 便宜	B 为	C 刮	A 싸다	B ~ 덕분에	C 불다
D 爱好	E 公斤	F 难	D 취미	E 킬로그램	F 어렵다

어휘 **便宜** piányi 혱 싸다   **为** wèi 깨 ~ 덕분에   **刮** guā 통 (바람이) 불다, 날리다   **公斤** gōngjīn 혱 킬로그램   **难** nán 혱 어렵다

4

A: 小雪真不简单, 能有现在的成绩很不容易。 B: 是的, 所以大家都(**B** 为)她高兴。	A: 샤오쉐는 대단해! 지금의 성적이 가능한 것은 정말 쉽 지 않은 일이야. B: 맞아, 그래서 모두가 그녀 (**B** 덕분에) 기뻐하고 있어.

해설 주어 大家(모두)와 술어 高兴(기쁘다) 사이에 '( )+대사' 형태인 '( )+她'가 있으므로, 빈칸에는 개사가 온다. 따라 서 개사 B 为(~ 덕분에)를 빈칸에 채운다.

어휘 **简单** jiǎndān 혱 (능력이) 평범하다, 보통이다   **成绩** chéngjì 혱 성적   **容易** róngyì 혱 쉽다   **所以** suǒyǐ 쩝 그래서
大家 dàjiā 때 모두   **都** dōu 튀 다, 전부   **为** wèi 깨 ~ 덕분에

5

A: 这种香蕉多少钱? B: 很便宜的, 一斤4块8角, 买两(**E** 公斤)还送一斤。	A: 이 바나나는 얼마예요? B: 아주 싸요. 한 근에 4위안 8자오입니다. 2 (**E** 킬로그램) 을 사시면 한 근 드려요.

해설 빈칸 앞에 수사 两(2)이 있으므로, 빈칸에는 양사가 온다. 따라서 양사 E 公斤(킬로그램)을 빈칸에 채운다.

어휘 **香蕉** xiāngjiāo 혱 바나나   **斤** jīn 혱 근   **角** jiǎo 혱 쟈오   **公斤** gōngjīn 혱 킬로그램   **送** sòng 통 주다, 증정하다

6

A: 我觉得这次考试真是太(**F** 难)了。 B: 除了最后一题不容易之外, 我觉得其他的都还好。	A: 저는 이번 시험이 정말 너무 (**F** 어렵게) 느껴졌어요. B: 마지막 한 문제가 쉽지 않았던 것 외에, 저는 다른 문제 는 다 그럭저럭 괜찮았어요.

해설 빈칸 앞에 정도부사 真是(정말)과 太(너무)가 있으므로 빈칸에는 형용사가 온다. 형용사 A 便宜(싸다), F 难(어렵다) 중 주 어 考试(시험)과 문맥상 어울리는 형용사 F 难(어렵다)을 빈칸에 채운다.

어휘 **觉得** juéde ~이라고 느끼다   **考试** kǎoshì 혱 시험   **真** zhēn 튀 정말   **难** nán 혱 어렵다   **除了** chúle 깨 ~외에
最后 zuìhòu 혱 마지막   **题** tí 혱 문제   **容易** róngyì 혱 쉽다   **之外** zhīwài ……의 외(밖)
其他 qítā 때 다른 것, 기타   **还好** hái hǎo 그럭저럭 괜찮다

따라 읽으며 학습하기 ▶

| **1** F | **2** B | **3** A | **4** D | **5** C | **6** B | **7** E | **8** F | **9** A | **10** C |

1-5

| A 月亮 | B 站 | C 渴 | A 달 | B 서다 | C 목마르다 |
| D 一定 | E 声音 | F 提高 | D 반드시 | E 목소리 | F 향상시키다 |

어휘 　月亮 yuèliang 뎽 달 　站 zhàn 통 서다 　渴 kě 톙 목마르다 　一定 yídìng 볒 반드시 　提高 tígāo 통 향상시키다, 높이다

1 我每天早上看中文报纸，就是为了（**F 提高**）中文水平。
내가 매일 아침 중국어 신문을 보는 것은, 중국어 실력을 （**F 향상시키기**）위해서이다.

해설　빈칸 뒤에 목적어 中文水平(중국어 실력)이 있으므로, 빈칸에는 동사가 온다. 동사 B 站(서다), F 提高(향상시키다) 중 中文水平(중국어 실력)과 문맥상 어울리는 F 提高(향상시키다)를 빈칸에 채운다.

어휘　每天 měi tiān 매일 　早上 zǎoshang 아침 　中文 Zhōngwén 고유 중국어 　报纸 bàozhǐ 뎽 신문
为了 wèile 게 ~을 하기 위해서 　提高 tígāo 통 향상시키다 　水平 shuǐpíng 뎽 실력, 수준

2 你别（**B 站**）着，快坐下，电影再过两分钟就要开始了。
（**B 서**）있지 말고, 어서 앉아. 2분 뒤에 영화가 곧 시작될 거야.

해설　빈칸이 있는 구절에 술어가 없으므로, 빈칸에는 동사나 형용사가 온다. 동사 B 站(서다), F 提高(향상시키다) 중 '＿＿＿ 있지 말고, 어서 앉아'라는 문맥에 적합한 동사 B 站(서다)을 빈칸에 채운다. 동사 站(서다)은 着(~하고 있다)와 함께 站着(서 있다)로 자주 쓰인다는 것을 알아 두자.

어휘　别 bié 볒 ~하지 마라 　站 zhàn 통 서다 　着 zhe 조 ~하고 있다 　快 kuài 볒 어서, 빨리 　再 zài 볒 ~뒤에
开始 kāishǐ 통 시작하다

3 你看今天的天气多么好，晚上一定能看见（**A 月亮**）。
오늘 날씨가 얼마나 좋은지 보세요. 저녁에는 반드시 （**A 달**）을 볼 수 있을 거예요.

해설　빈칸 앞에 술어가 되는 동사 看见(보다)이 있으므로 빈칸에는 명사가 온다. 따라서 명사 A 月亮(달)을 빈칸에 채운다.

어휘　天气 tiānqì 뎽 날씨 　多么 duōme 볒 얼마나 　晚上 wǎnshang 뎽 저녁 　一定 yídìng 볒 반드시 　月亮 yuèliang 뎽 달

4 这件事情你（**D 一定**）要给我说清楚。
이 일은 당신이 （**D 반드시**）나에게 분명하게 말해줘야 해요.

해설　빈칸이 주어 你(당신)와 술어 说(말하다) 사이에 있으므로 빈칸에는 부사가 온다. 따라서 부사 D 一定(반드시)을 빈칸에 채운다. 一定(반드시)은 조동사 要(~해야 한다)와 함께 一定要(반드시 ~해야 한다)로 자주 쓰인다는 것을 알아 두자.

어휘　事情 shìqing 뎽 일, 사건 　一定 yídìng 볒 반드시 　清楚 qīngchu 톙 분명하다, 명백하다

| 5 | 我没看见你去喝水，不(**C** 渴)吗？ | 저는 당신이 물을 마시러 가는 것을 보지 못했는데, (**C** 목마르지) 않아요? |

해설　빈칸이 있는 구절에 술어가 없으므로 빈칸에는 동사나 형용사가 온다. 동사 B 站(서다), F 提高(향상시키다)와 형용사 C 渴(목마르다) 중 '저는 당신이 물을 마시러 가는 것을 보지 못했는데, _____ 않아요?'라는 문맥에 적합한 형용사 C 渴(목마르다)를 빈칸에 채운다.

어휘　喝水 hēshuǐ 圄 물을 마시다　渴 kě 圄 목마르다

6-10

| A 饿 | B 必须 | C 地铁 | A 배고프다 | B 반드시 | C 지하철 |
| D 爱好 | E 或者 | F 接 | D 취미 | E 아니면 | F 받다 |

어휘　饿 è 圄 배고프다　必须 bìxū 圄 반드시　地铁 dìtiě 圄 지하철　或者 huòzhe 圙 아니면　接 jiē 圄 받다

| 6 | A: 老师让我告诉你，星期日(**B** 必须)把作业拿给她。
B: 我知道了，我做完就给她拿过去。 | A: 선생님께서 너에게 알려 주라고 하셨어. 일요일엔 (**B** 반드시) 숙제를 그녀에게 가져다 드려야 한대.
B: 알겠어. 내가 다하면 그녀에게 가지고 갈게. |

해설　빈칸이 주어 星期日(일요일)과 술어 拿给(가져다주다) 사이에 있으므로 빈칸에는 부사가 온다. 따라서 부사 B 必须(반드시)를 빈칸에 채운다. 참고로, 술어 拿给(가져다주다) 앞에 把作业(숙제를)가 온 것과 같이, 把자문에서는 술어 앞에 '把+술어의 대상'이 온다는 것을 알아 두자.

어휘　告诉 gàosu 圄 알리다　星期日 xīngqīrì 일요일　必须 bìxū 圄 반드시　作业 zuòyè 圄 숙제　拿 ná 圄 가지다
知道 zhīdào 圄 알다　做完 zuòwán 圄 다하다

| 7 | A: 你们决定让谁去参加这次会议了吗？
B: 还没有，可能是小李(**E** 或者)马经理。 | A: 당신들은 누가 이번 회의를 참석하도록 할 것인지 결정했나요?
B: 아직이요. 아마도 샤오리 (**E** 아니면) 마 매니저님일 거예요. |

해설　빈칸이 동일한 품사인 명사 小李(샤오리)와 马经理(마 매니저님) 사이에 있으므로 빈칸에 접속사 E 或者(아니면)를 채운다.

어휘　决定 juédìng 圄 결정하다　谁 shéi 圙 누구　参加 cānjiā 圄 참석하다　这次 zhè cì 이번　会议 huìyì 圄 회의
可能 kěnéng 圙 아마도　或者 huòzhě 圙 아니면　经理 jīnglǐ 圄 매니저

| 8 | A: 你昨天去哪儿了？我给你打了几次电话，你都不(**F** 接)。
B: 我跟朋友去买裤子了，你找我有什么事情吗？ | A: 당신 어제 어디에 갔었어요? 제가 당신에게 몇 번 전화를 했는데, 당신은 모두 (**F** 받지) 않더군요.
B: 저는 친구와 함께 바지를 사러 갔었어요. 당신은 무슨 일로 저를 찾으셨나요? |

해설　주어 你(당신) 뒤에 술어가 없으므로 빈칸에는 동사나 형용사가 온다. 형용사 A 饿(배고프다)와 동사 F 接(받다) 중 '제가 당신에게 몇 번 전화를 했는데, 당신은 모두 _____ 않더군요.'라는 문맥에 적합한 동사 F 接(받다)를 빈칸에 채운다.

어휘　打电话 dǎ diànhuà 전화를 걸다　接 jiē 圄 받다　裤子 kùzi 圄 바지　找 zhǎo 圄 찾다　事情 shìqing 圄 일

9

A：我们再去吃点儿东西吧，我又（**A** 饿）了。

B：一刻钟前刚吃了米饭和羊肉，碗和盘子还在那儿呢。

A: 우리 또 뭘 좀 먹으러 가요. 전 또 (**A** 배고파요).
B: 15분 전에 막 밥과 양고기를 먹었잖아요. 그릇과 쟁반도 아직 거기 있네요.

해설　주어 我(나) 뒤에 술어가 없으므로 빈칸에는 동사나 형용사가 온다. 형용사 A 饿(배고프다)와 동사 F 接(받다) 중 '또 뭘 좀 먹으러 가요. 전 또 _____'라는 문맥에 적합한 형용사 A 饿(배고프다)를 빈칸에 채운다.

어휘　**再** zài 唱 또, 다시　**东西** dōngxi 몡 것　**饿** è 휑 배고프다　**一刻钟** yíkèzhōng 15분　**刚** gāng 唱 막　**米饭** mǐfàn 몡 밥　**羊肉** yángròu 몡 양고기　**碗** wǎn 몡 그릇　**盘子** pánzi 몡 쟁반　**还** hái 唱 아직

10

A：你知道去火车站应该坐几号（**C** 地铁）吗？

B：我也不太清楚，你去看看那边的地图就知道了。

A: 기차역에 갈 때 몇 번 (**C** 지하철)을 타야 하는지 아세요?
B: 저도 잘 모르겠어요. 당신이 가서 저쪽의 지도를 보면 알 수 있을 거예요.

해설　빈칸 앞에 양사 号(번)가 있으므로 빈칸에는 명사가 온다. 따라서 명사 C 地铁(지하철)를 빈칸에 채운다.

어휘　**知道** zhīdào 통 알나　**火车站** huǒchēzhàn 몡 기차역　**应该** yīnggāi 조통 ~해야 한다　**坐** zuò 통 타다　**号** hào 번, 차례　**地铁** dìtiě 몡 지하철　**清楚** qīngchu 휑 알다, 이해하다　**那边** nàbian 떼 저쪽　**地图** dìtú 몡 지도

문제풀이 방법 해석 p.144

这条小狗是朋友送给我的，虽然来我家的时间短，但是它已经习惯了这里的环境。	이 강아지는 친구가 나에게 준 것이다. 비록 우리집에 온 시간은 짧지만, 그것은 이미 이곳의 환경에 적응하였다.
★ 关于小狗，可以知道： A 经常生病 B 不喜欢我家 C 是朋友送的	★ 강아지에 관하여, 알 수 있는 것은: A 자주 병이 난다 B 우리집을 좋아하지 않는다 C 친구가 준 것이다

어휘   小狗 xiǎogǒu 圓 강아지   朋友 péngyou 圓 친구   送 sòng 통 주다   虽然 suīrán 젭 비록 ~이지만   来 lái 통 오다

时间 shíjiān 圓 시간   短 duǎn 圈 짧다   但是 dànshì 젭 그렇지만   已经 yǐjīng 凰 이미, 벌써   习惯 xíguàn 통 적응하다

环境 huánjìng 圓 환경   经常 jīngcháng 凰 자주   生病 shēngbìng 통 병이 나다   喜欢 xǐhuan 통 좋아하다

합격비책 01 | 세부 내용 문제 공략하기

따라 읽으며 학습하기 ▶

확인학습 p.148

1. 长时间在空调房间里坐着，人很容易生病。 = 长时间在空调房间里坐着，人很（容易感冒）。
   긴 시간 동안 에어컨을 켠 방에 앉아 있으면, 사람은 병이 나기 쉽다.
   = 긴 시간 동안 에어컨을 켠 방에 앉아 있으면, 사람은 （감기에 걸리기 쉽다）.

2. 我家附近新开了一家电影院。 = 我家附近的电影院（是新的）。
   우리집 근처에 영화관 하나가 새로 열렸다. = 우리집 근처의 영화관은 （새것이다）.

실전연습문제 p.149

1 C	**2** A	**3** C	**4** A

1	来中国三年，我一直没有机会去看看黄河。今年夏天，我和朋友讲好一起去，希望那时候能有个好天气。	중국에 온 지 3년 동안. 나는 줄곧 황허 강을 보러 갈 기회가 없었다. 올해 여름. 나는 친구와 함께 가기로 이야기했다. 그때 날씨가 좋았으면 좋겠다.
	★ 根据这段话，可以知道他： A 没有朋友 B 喜欢夏天 C 没见过黄河	★ 지문에 근거하여, 그에 관해 알 수 있는 것은: A 친구가 없다 B 여름을 좋아한다 C 황허 강을 본 적이 없다

해설   각 선택지의 朋友(친구), 夏天(여름), 黄河(황허 강) 중 C의 黄河(황허 강)와 관련하여 지문에서 没有机会去看看黄河(황허 강을 보러 갈 기회가 없었다)가 언급되었으므로, 이를 바꿔 표현한 C 没见过黄河(황허 강을 본 적이 없다)가 정답이다.

어휘   一直 yìzhí 凰 줄곧   机会 jīhuì 圓 기회   黄河 Huánghé 교유 황허 강   夏天 xiàtiān 圓 여름

讲 jiǎng 통 이야기하다, 말하다   一起 yìqǐ 凰 함께, 같이   希望 xīwàng 통 바라다, 희망하다

根据 gēnjù 刀 ~에 근거하여   可以 kěyǐ 区통 ~할 수 있다   知道 zhīdào 통 알다   喜欢 xǐhuan 통 좋아하다

2

中秋节在中国是一个非常重要的节日。人们
在八月十五那天晚上必须回到家里，一家人
在一起，看看月亮，一边吃晚饭，一边聊
天。

★ 中秋节主要是：

A 回家

B 吃午饭

C 看电视

중추절은 중국에서 매우 중요한 명절이다. 사람들은 8월 15일 그날 저녁에는 반드시 **집으로 돌아와야** 하며, 온 가족이 함께 하면서 달 구경을 하고, 저녁을 먹으면서 이야기를 한다.

★ 중추절에는 주로:

A 집으로 돌아간다

B 점심을 먹는다

C 텔레비전을 본다

해설 질문에서 중추절에 주로 어떻게 하는지 물었으므로, 중추절에 하는 행동으로 언급된 回到家里(집으로 돌아온다)를 바꾸어 표현한 A 回家(집으로 돌아간다)가 정답이다. 참고로, 위 지문에서 '一边吃晚饭，一边聊天'은 '一边……, 一边…… (~하면서 ~하다)' 구문이 사용되어, '저녁을 먹으면서 이야기를 한다'로 해석된다는 것을 알아 두자.

어휘 中秋节 Zhōngqiūjié [고유] 중추절　重要 zhòngyào [형] 중요하다　节日 jiérì [명] 명절　人们 rénmen [명] 사람들
那天 nàtiān [명] 그날　晚上 wǎnshang [명] 저녁　必须 bìxū [부] 반드시 ~해야 한다　回到 huídào [동] 돌아가다
一家人 yìjiārén [명] 온 가족　一起 yìqǐ [부] 함께, 같이　月亮 yuèliang [명] 달
一边……一边…… yìbiān……yìbiān…… ~하면서 ~하다　晚饭 wǎnfàn [명] 저녁　聊天 liáotiān [동] 이야기하다
主要 zhǔyào [부] 주로　回家 huíjiā [동] 집으로 돌아가다　午饭 wǔfàn [명] 점심　电视 diànshì [명] 텔레비전

3

奶奶今年九十三岁，从不需要别人照顾，身
体非常健康，眼睛看东西也很清楚，只是耳
朵有一点儿不太好，跟她说话时，声音小了
她听不到。

★ 跟奶奶说话：

A 不能太快

B 要很热情

C 声音要大

할머니는 올해 93세이신데, 지금까지 다른 사람의 보살핌을 필요로 한 적이 없다. 몸이 매우 건강하시고 눈으로 사물을 보는 것도 분명하시다. 다만 귀가 조금 안 좋으셔서, 그녀와 이야기할 때, 목소리를 작게 하면 그녀는 듣지 못하신다.

★ 할머니와 이야기할 때:

A 너무 빠르면 안 된다

B 다정해야 한다

C 목소리가 커야 한다

해설 질문에서 할머니와 이야기할 때 어떻게 해야 하는지 물었으므로, 지문의 声音小了她听不到(목소리를 작게 하면 그녀는 듣지 못하신다)를 통해 알 수 있는 C 声音要大(목소리가 커야 한다)가 정답이다. 참고로, 위 지문에서 '听不到'는 '동사+不到(~하지 못하다)' 구문이 사용되어, '듣지 못하다'로 해석된다는 것을 알아 두자.

어휘 岁 suì [양] 세　需要 xūyào [동] 필요하다　别人 biérén [대] 다른 사람　照顾 zhàogù [동] 보살피다　健康 jiànkāng [형] 건강하다
眼睛 yǎnjing [명] 눈　清楚 qīngchu [형] 분명하다, 뚜렷하다　只是 zhǐshì [부] 다만　耳朵 ěrduo [명] 귀　跟 gēn [개] ~와
声音 shēngyīn [명] 목소리　不能 bù néng ~해서는 안 된다　要 yào [조동] ~해야 한다　热情 rèqíng [형] 다정하다

4

大家好，我叫马明，刚从北京学习回来。能
来这里和大家一起工作，我感到很高兴，希
望大家能多多帮助我。

★ 马明是在哪儿学习的？

A 北京　　B 南京　　C 西安

여러분 안녕하세요. 저는 마밍이라고 합니다. 막 베이징에서 공부를 하고 돌아왔습니다. 이곳에 와서 여러분과 함께 일하게 되어, 저는 기쁩니다. 여러분께서 저를 많이 도와주셨으면 좋겠습니다.

★ 마밍은 어디에서 공부했는가?

A 베이징　　B 난징　　C 시안

해설 질문에서 마밍이 어디에서 공부했는지 물었고, 지문에서 마밍이 자신은 北京(베이징)에서 공부하고 돌아왔다고 했으므로 A 北京(베이징)이 정답이다.

어휘   **叫** jiào 图 (~이라고) 하다   **刚** gāng 图 막   **从** cóng 게 ~에서   **北京** Běijīng 교육 베이징   **回来** huílai 图 돌아오다

        一起 yìqǐ 图 함께   **工作** gōngzuò 图 일하다   **感到** gǎndào 图 느끼다   **希望** xīwàng 图 희망하다, 바라다

        多多 duōduō 图 많이   **帮助** bāngzhù 图 돕다   **南京** Nánjīng 교육 난징   **西安** Xī'ān 교육 시안

합격비책 02 | 중심 내용 문제 공략하기   따라 읽으며 학습하기 ▶

확인학습   p.152

1. 大家都同意 "每天锻炼半小时，健康工作三十年" 这个说法。所以注意身体锻炼的人也越来越多了。

    모두들 '매일 30분씩 단련하면, 건강하게 30년을 일할 수 있다'라는 이 말에 동의한다. 그래서 건강에 유의하고 단련하는 사람들도 점점 많아지고 있다.

2. 秋天来了，天气越来越冷了。但是为了欢迎远到的客人，街道旁放了很多花，就像春天一样，漂亮极了！

    가을이 와서, 날씨가 갈수록 추워진다. 하지만 멀리서 오는 손님들을 환영하기 위해 길가 옆에 많은 꽃들을 놔서, 마치 봄과 같고, 정말 예쁘다!

실전연습문제   p.153

1 C   **2** A   **3** C   **4** B

1

很多人都喜欢在冬天吃羊肉。需要注意的是，吃过羊肉后马上喝茶对身体特别不好，但是喝一杯红酒还是很好的。	많은 사람들이 겨울에 양고기를 먹는 것을 좋아한다. 주의해야 할 것은, 양고기를 먹고 나서 바로 차를 마시는 것은 몸에 아주 좋지 않다. 그러나 레드 와인 한 잔을 마시는 것은 좋다.
★ 这段话主要想告诉我们： 　A 怎样喝茶 　B 冬天该吃什么 　**C 吃羊肉后喝什么**	★ 지문이 우리에게 주로 알려 주고자 하는 것은: 　A 어떻게 차를 마셔야 하는가 　B 겨울에는 무엇을 먹어야 하는가 　**C 양고기를 먹고 나서 무엇을 마셔야 하는가**

해설   질문에서 지문의 중심 내용을 물었다. 주장을 나타낼 때 사용되는 표현 但是(그러나)이 언급된 吃羊肉后马上喝茶对身体特别好, 但是喝一杯红酒还是很好的(양고기를 먹고 나서 차를 마시는 것은 몸에 아주 좋지 않다. 그러나 레드 와인 한 잔을 마시는 것은 좋다)를 통해 알 수 있는 C 吃羊肉后喝什么(양고기를 먹고 나서 무엇을 마셔야 하는가)가 정답이다.

어휘   **冬天** dōngtiān 图 겨울   **羊肉** yángròu 图 양고기   **需要** xūyào 图 ~해야 한다, 필요하다   **注意** zhùyì 图 주의하다

        马上 mǎshàng 图 바로, 곧   **茶** chá 图 차   **对** duì 게 ~에   **身体** shēntǐ 图 몸   **特别** tèbié 图 아주

        不好 bù hǎo 좋지 않다, 나쁘다   **但是** dànshì 웹 그러나, 그렇지만   **一杯** yì bēi 한 잔   **红酒** hóngjiǔ 图 레드 와인

        怎样 zěnyàng 田 어떻게   **该** gāi 图 ~해야 한다

2

重要的事情都已经解决了，大家休息一会儿吧。我觉得我们可以先去饭店吃点东西，下午再来做。	중요한 일은 이미 다 해결되었으니, 여러분은 잠시 쉬고 계세요. 제 생각에는 우리가 우선 식당에 가서 뭐 좀 먹고 오후에 다시 와서 해도 될 것 같아요.

★ 说话人认为：	★ 화자가 생각하기에:
A 可以先吃饭	**A 먼저 밥을 먹어도 된다**
B 应该早点回家	B 일찍 집에 가야 한다
C 问题很难解决	C 문제는 해결하기 어렵다

해설　질문에서 화자의 생각을 물었다. 주장을 나타낼 때 사용되는 표현 我觉得(제 생각에는) 뒤에 언급된 可以先去饭店吃点东西(우선 식당에 가서 뭐 좀 먹어도 된다)를 바꿔 표현한 A 可以先吃饭(먼저 밥을 먹어도 된다)이 정답이다.

어휘　**重要 zhòngyào** 휑 중요하다　**事情 shìqing** 휑 일, 사건　**已经 yǐjīng** 휑 이미, 벌써　**解决 jiějué** 휑 해결하다
　　休息 xiūxi 휑 쉬다, 휴식하다　**一会儿 yíhuìr** 잠시, 곧　**饭店 fàndiàn** 휑 식당, 호텔　**再 zài** 휑 다시, 재차
　　应该 yīnggāi 죠됭 ~해야 한다　**问题 wèntí** 휑 문제, 질문　**难 nán** 휑 어렵다, 힘들다

3

先生们，明天十点经理会和大家见面，请不要迟到。根据要求，每个人需要做三分钟的自我介绍，请回去认真准备。	여러분, 내일 열 시에 매니저님께서 여러분과 만나실 것이니 늦지 않으시길 바랍니다. 요구에 따르면, 모든 사람은 3분 동안 자기소개를 해야 하니, 돌아가서 열심히 준비해 주세요.
★ 说话人是什么意思？	★ 화자의 말은 무슨 의미인가?
A 要参加考试	A 시험에 참가해야 한다
B 要回答问题	B 문제에 대답해야 한다
C 要准备介绍自己	**C 자기소개를 준비해야 한다**

해설　질문에서 화자의 말이 무슨 의미인지 물었다. 지문의 每个人需要做……自我介绍(모든 사람은 자기소개를 해야 한다), 请……准备(준비해 주세요)를 통해 알 수 있는 C 要准备介绍自己(자기소개를 준비해야 한다)가 정답이다.

어휘　**先生 xiānsheng** 휑 [성인 남성에 대한 경칭]　**明天 míngtiān** 휑 내일　**经理 jīnglǐ** 휑 매니저　**和 hé** 꺼 ~와
　　见面 jiànmiàn 휑 만나다　**迟到 chídào** 휑 늦다, 지각하다　**根据 gēnjù** 꺼 ~에 따라, ~에 근거하여
　　要求 yāoqiú 휑 요구　**需要 xūyào** 휑 ~해야 한다, 필요하다　**做 zuò** 휑 하다　**自我介绍 zìwǒ jièshào** 자기소개
　　回去 huíqu 휑 돌아가다　**认真 rènzhēn** 휑 열심히 하다, 착실하게　**准备 zhǔnbèi** 휑 준비하다　**考试 kǎoshì** 휑 시험
　　回答 huídá 휑 대답하다　**问题 wèntí** 휑 문제

4

现在的学生太累了，学习了一天以后还要回家做两三个小时的作业。星期天还要上兴趣班啊、提高班啊，忙得一点锻炼的时间都没有。	현재의 학생은 매우 힘들다. 하루 종일 공부를 하고 집에 돌아가서도 두세 시간 동안의 숙제를 해야 한다. 일요일에는 또 취미반에 실력 향상반에, 체력 단련할 시간이 조금도 없을 정도로 바쁘다.
★ 说话人认为：	★ 화자가 생각하기에:
A 不用努力学习	A 열심히 공부하지 않아도 된다
B 学生需要运动	**B 학생은 운동이 필요하다**
C 学习比休息重要	C 공부가 휴식보다 중요하다

해설　질문에서 화자의 생각을 물었다. 지문의 现在的学生太累了(현재의 학생은 힘들다), 一点锻炼的时间都没有(체력 단련할 시간이 조금도 없다)를 통해 알 수 있는 B 学生需要运动(학생은 운동이 필요하다)이 정답이다.

어휘　**现在 xiànzài** 휑 현재　**累 lèi** 휑 힘들다, 피곤하다　**学习 xuéxí** 휑 공부하다　**一天 yìtiān** 휑 하루, 종일
　　以后 yǐhòu 휑 이후　**回家 huíjiā** 휑 집으로 돌아가다　**做 zuò** 휑 하다　**小时 xiǎoshí** 휑 시간　**作业 zuòyè** 휑 숙제
　　星期天 xīngqītiān 일요일　**兴趣 xìngqù** 휑 취미　**提高 tígāo** 휑 (실력을) 향상시키다　**忙 máng** 휑 바쁘다
　　锻炼 duànliàn 휑 단련하다　**时间 shíjiān** 휑 시간　**需要 xūyào** 휑 필요하다　**重要 zhòngyào** 휑 중요하다

| **1** B | **2** C | **3** A | **4** B | **5** A | **6** A | **7** C | **8** C | **9** C | **10** B |

1

有位名人说："读书是为了遇见更好的自己。"这话讲得真好。

★ 这段话主要想告诉我们：

A 名人的爱好
B 书要为自己读
C 要学会讲好话

한 유명 인사가 말하길, "책을 읽는 것은 더 좋은 자신을 만나기 위함이다."라고 했다. 이 말은 참 좋은 말이다.

★ 지문에서 우리에게 주로 말하고자 하는 것은:

A 유명 인사의 취미
B 책은 자신을 위해 읽어야 한다
C 유익한 말을 하는 법을 배워야 한다

해설 질문에서 지문의 중심 내용을 물었다. 주제가 되는 문장 读书是为了遇见更好的自己(책을 읽는 것은 더 좋은 자신을 만나기 위함이다)를 바꿔 표현한 B 书要为自己读(책은 자신을 위해 읽어야 한다)가 정답이다.

어휘 **名人** míngrén 圈 유명 인사　**读书** dúshū 圈 책을 읽다　**为了** wèile 団 ～을 하기 위하여
遇见 yùjiàn 만나다, 마주치다　**更** gèng 囝 더　**自己** zìjǐ 団 자신　**讲** jiǎng 圏 말하다　**爱好** àihào 圏 취미
为 wèi 団 ～을 위하여　**好话** hǎohuà 유익한 말

2

我爸爸以前是个出租车司机，需要自己找客人，每天都很忙。现在他去开公共汽车了，再也不用担心没有客人了。

★ 他爸爸现在开：

A 火车　　B 出租车　**C 公共汽车**

나의 아버지는 예전에 택시 기사였는데, 스스로 손님을 찾으셔야 해서 매일 바쁘셨다. 현재 그는 버스를 운전하시는데, 손님이 없을까봐 더 이상 걱정하지 않으셔도 된다.

★ 그의 아버지가 현재 운전하는 것은:

A 기차　　B 택시　　**C 버스**

해설 질문에서 그의 아버지가 현재 운전하는 것을 물었고, 지문에서 현재 그는 公共汽车(버스)를 운전하신다고 했으므로 C 公共汽车(버스)가 정답이다.

어휘 **爸爸** bàba 圏 아버지　**以前** yǐqián 圏 예전　**出租车司机** chūzūchē sījī 택시 기사　**自己** zìjǐ 団 스스로
找 zhǎo 圏 찾다　**客人** kèrén 圏 손님　**每天** měi tiān 매일　**忙** máng 圏 바쁘다　**现在** xiànzài 圏 현재
公共汽车 gōnggòng qìchē 圏 버스　**再也** zàiyě 더 이상은　**不用** búyòng 囝 ～할 필요가 없다
担心 dānxīn 圏 걱정하다　**火车** huǒchē 圏 기차

3

这个电脑不知道怎么回事，又不能上网了，经理还等着我给他发电子邮件，我得叫小王来帮我看看。

★ 他叫小王帮他：

A 检查电脑
B 写电子邮件
C 跟经理请假

이 컴퓨터는 어떻게 된 일인지 모르겠어요. 또 인터넷을 할 수가 없어요. 매니저님이 제가 그에게 이메일 보내기를 기다리고 계셔서, 샤오왕에게 와서 저를 도와 좀 봐달라고 해야겠어요.

★ 그가 샤오왕에게 그를 도와 하게 한 것은:

A 컴퓨터를 검사한다
B 이메일을 쓴다
C 매니저에게 휴가를 신청한다

해설 질문에서 그가 샤오왕에게 그를 도와 하게 한 것을 물었으므로, 지문의 这个电脑不知道怎么回事(이 컴퓨터는 어떻게 된 일인지 모르겠어요), 我得叫小王来帮我看看(샤오왕에게 와서 저를 도와 좀 봐달라고 해야겠어요)을 통해 알 수 있는 A 检查电脑(컴퓨터를 검사한다)가 정답이다. 참고로, 위 지문에서 '帮我看看'은 '帮+사람+동사(～를 도와서 ～해주다)' 구문이

사용되어, '나를 도와 좀 봐주다'로 해석된다는 것을 알아 두자.

어휘 　电脑 diànnǎo 명 컴퓨터 　知道 zhīdào 동 알다 　怎么 zěnme 대 어떻게 　又 yòu 부 또
　　　不能 bù néng ～할 수가 없다 　上网 shàngwǎng 인터넷을 하다 　经理 jīnglǐ 매니저
　　　等 děng 동 ～까지 기다리다 　给 gěi 개 ～에게 　发 fā 동 보내다 　电子邮件 diànzǐ yóujiàn 이메일
　　　得 děi 조동 ～해야 한다 　叫 jiào 동 ～하게 하다 　看 kàn 동 보다 　检查 jiǎnchá 동 검사하다 　写 xiě 동 쓰다
　　　请假 qǐngjià 동 휴가를 신청하다

4

汉语里有一个词叫"喜酒"，我们能经常听到别人说"喝喜酒"。"喜酒"有着特别的意思，说的是结婚时候喝的酒，所以如果有人问"什么时候能喝你的喜酒"意思是问你什么时候结婚。

★ "喝喜酒"意思是喝：
A 好酒
B 结婚酒
C 喜欢的酒

중국어에는 '喜酒(결혼 축하주)'라고 하는 말이 있는데, 우리는 종종 다른 사람이 '喝喜酒(결혼 축하주를 마신다)'라고 말하는 것을 들을 수 있다. '喜酒(결혼 축하주)'에는 특별한 의미가 있는데, 결혼할 때 마시는 술을 말한다. 그래서 만약 누군가 '언제 너의 喜酒(결혼 축하주)를 마실 수 있느냐'라고 묻는 것은 당신이 언제 결혼하느냐고 묻는 의미이다.

★ '喝喜酒'는 무엇을 마신다는 의미인가:
A 좋은 술
B 결혼할 때의 술
C 좋아하는 술

해설 　질문에서 '喝喜酒'가 무엇을 마신다는 의미인지 물었으므로, 喜酒(결혼 축하주)의 의미로 언급된 结婚时候喝的酒(결혼할 때 마시는 술)를 바꿔 표현한 B 结婚酒(결혼할 때의 술)가 정답이다.

어휘 　汉语 Hànyǔ 고유 중국어 　叫 jiào 동 ～이라고 하다 　喜酒 xǐjiǔ 결혼 축하주 　经常 jīngcháng 부 종종, 자주
　　　别人 biérén 대 다른 사람 　特别 tèbié 형 특별하다 　意思 yìsi 명 의미, 뜻 　结婚 jiéhūn 동 결혼하다
　　　所以 suǒyǐ 접 그래서 　如果 rúguǒ 접 만약

5

我和小春长得有点儿像，个子一样高，名字也只差一个字，还经常一起上学，所以很多同学都认为我们是亲姐妹。

★ 说话人和小春：
A 长得像
B 都爱上学
C 名字一样

나와 샤오춘은 약간 비슷하게 생겼고, 키가 똑같으며, 이름도 한 글자만 다르고, 또 늘 함께 등교한다. 그래서 많은 학우들이 우리가 친자매라고 생각한다.

★ 화자와 샤오춘:
A 생긴 것이 닮았다
B 등교하는 것을 좋아한다
C 이름이 같다

해설 　질문에서 화자와 샤오춘에 관하여 물었고, 지문에서 我和小春长得有点儿像(나와 샤오춘은 약간 비슷하게 생겼다)이라고 했으므로, A 长得像(생긴 것이 닮았다)이 정답이다.

어휘 　长 zhǎng 동 생기다 　有点儿 yǒudiǎnr 부 약간, 조금 　像 xiàng 동 비슷하다, 닮다 　个子 gèzi 명 (사람의) 키
　　　一样 yíyàng 형 똑같다 　高 gāo 형 (키가) 크다 　也 yě 부 ～도 　差 chà 동 다르다, 나쁘다 　还 hái 부 또
　　　经常 jīngcháng 부 늘 　一起 yìqǐ 부 함께 　上学 shàngxué 동 등교하다, 학교에 다니다 　同学 tóngxué 명 학우, 동창
　　　认为 rènwéi 동 ～이라고 생각하다 　亲姐妹 qīn jiěmèi 친자매

6

黑板上的作业大家都记清楚了吧？回去后不要忘了把我们最近学过的东西好好复习一下，下星期就要考试了。

칠판에 있는 숙제를 다들 분명히 기억했죠? 돌아가서 우리가 최근에 배운 것들을 충분히 복습하는 것을 잊지 마세요. 다음 주가 곧 시험입니다.

★ 说话人是什么意思？	★ 화자의 말은 무슨 의미인가?
A 要复习	A 복습을 해야 한다
B 不想考试	B 시험을 보기 싫다
C 不要迟到	C 지각하면 안된다

해설 질문에서 화자의 말이 무슨 의미인지 물었다. 주장을 나타낼 때 사용되는 표현 不要(~하지 마라)가 언급된 不要忘了……复习一下(복습하는 것을 잊지 마세요)를 바꿔 표현한 A 要复习(복습을 해야 한다)가 정답이다. 참고로, 위 지문에서 '记清楚了'는 '동사+清楚(분명히 ~하다)' 구문이 사용되어, '분명히 기억했다'로 해석된다는 것을 알아 두자.

어휘 **黑板** hēibǎn 몡 칠판　**作业** zuòyè 몡 숙제　**大家** dàjiā 다들　**记** jì 몡 (머릿속에) 기억하다
清楚 qīngchu 몡 분명하다　**最近** zuìjìn 몡 최근, 요즘음　**复习** fùxí 몡 복습하다　**下星期** xiàxīngqī 몡 다음 주
考试 kǎoshì 몡 시험　**迟到** chídào 몡 지각하다

7

马上就要过春节了，我和丈夫把房间打扫得干干净净的，还准备了一大桌我们爱吃的菜。我们打算把爸爸妈妈请到家里来，一家人高高兴兴地过节。	이세 곧 춘절을 쇠야 해서, 나와 남편은 방을 깨끗하게 청소하고, 우리가 즐겨 먹는 요리도 테이블 가득 준비했다. 우리는 아빠와 엄마를 집으로 모시고, 온 가족이 즐겁게 명절을 보낼 계획이다.

★ <u>他们做什么了？</u>	★ 그들은 무엇을 했는가？
A 请了几个朋友	A 친구 몇 명을 초대했다
B 买了一些礼物	B 선물 몇 개를 샀다
C 准备了很多菜	**C 많은 요리를 준비했다**

해설 질문에서 그들은 무엇을 했는지를 물었으므로, 지문의 我和丈夫……还准备了一大桌我们爱吃的菜(나와 남편은 우리가 즐겨 먹는 요리도 테이블 가득 준비했다)를 바꿔 표현한 C 准备了很多菜(많은 요리를 준비했다)가 정답이다.

어휘 **马上** mǎshàng 몡 곧, 금방　**过春节** guò Chūnjié 춘절을 쇠다　**丈夫** zhàngfu 몡 남편　**把** bǎ 囝 ~을/를
房间 fángjiān 몡 방　**打扫** dǎsǎo 몡 청소하다　**干净** gānjìng 몡 깨끗하다　**准备** zhǔnbèi 몡 준비하다
一大桌 yí dà zhuō 테이블 가득　**爱吃的菜** ài chī de cài 즐겨 먹는 요리, 좋아하는 음식
打算 dǎsuan 몡 ~할 계획이다, ~하려고 하다　**请到** qǐngdào ~로 모시다, 초대하다　**一家人** yìjiārén 몡 온 가족
过节 guòjié 몡 명절을 지내다　**礼物** lǐwù 몡 선물

8

春、夏、秋、冬四个季节中，如果可以选择，我希望一直是夏天。因为夏天可以穿最爱的裙子，还能天天游泳，太舒服了。	봄, 여름, 가을, 겨울 사계절 중, 만약 고를 수 있다면 나는 계속 여름이었으면 좋겠다. 왜냐하면 여름에는 제일 좋아하는 치마를 입을 수 있고, 또 날마다 수영할 수 있어서 정말 유쾌하다.

★ <u>夏天可以：</u>	★ 여름에 할 수 있는 것은：
A 穿衬衫　　B 吃西瓜　　**C 每天游泳**	A 셔츠를 입는다　B 수박을 먹는다　**C 매일 수영을 한다**

해설 질문에서 여름에 할 수 있는 것을 물었으므로, 지문에서 여름에 할 수 있는 행동으로 언급된 天天游泳(날마다 수영한다)을 바꿔 표현한 C 每天游泳(매일 수영을 한다)이 정답이다.

어휘 **春** chūn 몡 봄　**夏** xià 몡 여름　**秋** qiū 몡 가을　**冬** dōng 몡 겨울　**季节** jìjié 몡 계절　**如果** rúguǒ 몡 만약
可以 kěyǐ 조됭 ~할 수 있다　**选择** xuǎnzé 몡 고르다　**希望** xīwàng 몡 바라다　**一直** yìzhí 몡 계속
夏天 xiàtiān 몡 여름　**因为** yīnwèi 몡 왜냐하면　**穿** chuān 몡 입다　**最** zuì 몡 제일, 가장　**爱** ài 몡 좋아하다
裙子 qúnzi 몡 치마　**天天** tiāntiān 몡 날마다　**游泳** yóuyǒng 몡 수영하다　**舒服** shūfu 몡 유쾌하다
衬衫 chènshān 몡 셔츠　**吃** chī 몡 먹다　**西瓜** xīguā 몡 수박　**每天** měi tiān 매일

9

有了地铁以后，我发现这个城市突然变小了。以前从城东到城西，要换好几辆公共汽车，现在坐地铁二十分钟就到了。

★ 有了地铁以后：

A 城市大了

B 人变多了

C 出远门方便了

지하철이 생긴 이후, 나는 이 도시가 문득 작아졌음을 발견했다. 예전에는 도시의 동쪽부터 도시의 서쪽까지 여러 대의 버스를 갈아타야만 했는데, 현재는 지하철을 타고 20분이면 도착한다.

★ 지하철이 생긴 후:

A 도시가 커졌다

B 사람이 많아졌다

C 멀리 나가기 편해졌다

해설 질문에서 지하철이 생긴 이후 무엇이 변했는지 물었으므로, 지문에서 현재 달라진 점으로 언급된 坐地铁二十分钟就到了(지하철을 타고 20분이면 도착한다)를 통해 알 수 있는 C 出门远方便了(멀리 나가기 편해졌다)가 정답이다.

어휘 地铁 dìtiě 몡 지하철   发现 fāxiàn 동 발견하다   城市 chéngshì 몡 도시   突然 tūrán 뮈 문득   变 biàn 동 변하다
以前 yǐqián 몡 예전   从 cóng 개 ~부터   城 chéng 몡 도시   东 dōng 몡 동쪽   到 dào 동 ~까지 오다   西 xī 몡 서쪽
要 yào 조동 ~해야 한다   换 huàn 동 갈아타다, 바꾸다   好几 hǎo jǐ 여러, 몇   辆 liàng 양 대 [차량을 세는 단위]
公共汽车 gōnggòng qìchē 몡 버스   现在 xiànzài 몡 현재   坐 zuò 동 타다   分钟 fēnzhōng 몡 분
出远门 chū yuǎnmén 멀리 나가다   方便 fāngbiàn 형 편하다, 편리하다

10

这条街道以前很少有人来，从去年搬来两家学校后，人慢慢多了起来。学校大门旁边还开了很多小商店，小饭馆。

★ 根据这段话，可以知道这里：

A 人很少

B 有商店

C 很安静

이 거리는 예전에 오는 사람이 적었는데, 작년에 두 개의 학교가 이사를 온 후부터, 사람이 차츰 많아졌다. 학교 정문 근처에는 많은 작은 상점과 작은 식당이 열리기도 했다.

★ 지문에 근거하여, 이곳에 관해 알 수 있는 것은:

A 사람이 매우 적다

B 상점이 있다

C 조용하다

해설 각 선택지의 人(사람), 商店(상점), 安静(조용하다) 중 선택지 B의 商店(상점)과 관련하여 지문에서 开了很多小商店(많은 작은 상점이 열렸다)이 언급되었으므로, 이를 바꿔 표현한 B 有商店(상점이 있다)이 정답이다.

어휘 街道 jiēdào 몡 거리   以前 yǐqián 몡 예전   从 cóng 개 ~부터   搬 bān 동 이사하다   慢慢 mànmān 뮈 차츰
多起来 duō qǐlai 많아지다   大门 dàmén 몡 정문   旁边 pángbiān 몡 근처   开 kāi 동 열다   商店 shāngdiàn 몡 상점
饭馆 fànguǎn 몡 식당   安静 ānjìng 형 조용하다

● 쓰기

제1부분

문제풀이 방법 해석
p.158

| 想了解　我　这个城市 | → | 대사
我
주어 | 조동사＋동사
想了解
부사어＋술어 | 대사＋명사
这个城市。
관형어＋목적어 |

해석　나는 이 도시를 알고 싶다.

어휘　想 xiǎng 조동 ~하고 싶다　了解 liǎojiě 동 (자세하게) 알다　这个 zhège 대 이　城市 chéngshì 명 도시

합격비책 01 | 술어 배치하기

따라 읽으며 학습하기 ▶

확인학습
p.162

1. 我带地图。 나는 지도를 챙긴다.
2. 他完成了作业。 그는 숙제를 끝냈다.

실전연습문제
p.163

1 我跟小白只吃过一次饭。　　　　**2** 我爷爷喜欢这个季节。

3 夏小姐穿了新皮鞋。　　　　　　**4** 我不知道她为什么生气。

5 书桌上放着蓝色笔记本。　　　　**6** 她经常去那家饭店。

7 请你给我发电子邮件。

1

| 只吃过　我跟小白　一次饭 | → | 대사＋개사＋명사
我跟小白
주어　부사어 | 부사＋동사＋过
只吃过
술어 | 수사＋양사＋명사
一次饭。
보어＋목적어 |

해석　나는 샤오바이와 밥을 먹은 적이 겨우 한 번밖에 없다.

해설　'부사＋동사＋过'인 只吃过(먹은 적 있다)를 술어로 배치한 후, 술어와 의미상 어울리는 一次饭(한 번의 밥)을 목적어, 我跟小白(나는 샤오바이와)를 주어로 배치하여 문장을 완성한다.

어휘　只 zhǐ 부 겨우, 단지　过 guo 조 ~한 적이 있다 [동작의 완료·경험을 나타냄]　跟 gēn 개 ~와/과　次 cì 양 번, 회

2

| 我爷爷　这个季节　喜欢 | → | 대사＋명사
我爷爷
주어 | 동사
喜欢
술어 | 대사＋명사
这个季节。
관형어＋목적어 |

해석　우리 할아버지는 이 계절을 좋아하신다.

해설　동사 喜欢(좋아한다)을 술어로 배치한 후, 술어와 의미상 어울리는 我爷爷(우리 할아버지)를 주어로, 这个季节(이 계절)를 목적어로 배치하여 문장을 완성한다.

어휘　**爷爷** yéye 團 할아버지　**季节** jìjié 團 계절

3

夏小姐　新皮鞋　穿了	→	명사 **夏小姐** 주어	동사+了 **穿了** 술어	형용사+명사 **新皮鞋。** 관형어+목적어

해석　샤 아가씨는 새 가죽 구두를 신었다.

해설　'동사+了'인 **穿了**(신었다)를 술어로 배치한 후, 술어와 의미상 어울리는 의미상 **新皮鞋**(새 가죽 구두)를 목적어, **夏小姐**(샤 아가씨)를 주어로 배치하여 문장을 완성한다.

어휘　**小姐** xiǎojiě 團 아가씨　**新** xīn 團 새것의　**皮鞋** píxié 團 가죽 구두

4

她为什么　我不知道　生气	→	대사+부사+동사 **我不知道** 주어+부사어+술어	대사+대사 **她为什么** 주어+부사어	동사 **生气。** 술어
			목적어	

해석　나는 그녀가 왜 화났는지 모른다.

해설　제시된 어휘 중 술어가 될 수 있는 어휘가 동사 **知道**(알다)와 **生气**(화나다) 2개이고, 이 중 **知道**는 주술(목)구, 술목구를 목적어로 취할 수 있는 동사이므로 주술(목)구 또는 술목구 목적어를 완성한다. 동사 **知道**가 포함된 **我不知道**(나는 모른다)를 주어+술어로 배치하고, **她为什么**(그녀가 왜)와 **生气**(화나다)를 **她为什么生气**(그녀가 왜 화났나)라는 주술구 형태로 연결하여 술어 **知道** 뒤에 목적어로 배치하여 문장을 완성한다.

어휘　**为什么** wèishénme 団 왜, 어째서　**知道** zhīdào 圆 알다　**生气** shēngqì 圆 화나다, 화내다

5

蓝色笔记本　书桌上　放着	→	명사+명사 **书桌上** 주어	동사+着 **放着** 술어	명사+명사 **蓝色笔记本。** 관형어+목적어

해석　책상 위에 파란색 공책이 놓여 있다.

해설　'동사+着'인 **放着**(놓여져 있다)를 술어로 배치한 후, 술어와 의미상 어울리는 **蓝色笔记本**(파란색 공책)을 목적어, **书桌上**(책상 위)을 주어로 배치하여 문장을 완성한다.

어휘　**蓝色** lánsè 團 파란색　**笔记本** bǐjìběn 團 공책　**书桌** shūzhuō 團 책상　**放** fàng 圆 놓다, 두다
　　　着 zhe 医 ~하고 있다, ~한 채로 있다

6

那家饭店　经常去　她	→	대사 **她** 주어	부사+동사 **经常去** 부사어+술어	대사+양사+명사 **那家饭店。** 관형어+목적어

해석　그녀는 그 식당에 자주 간다.

해설　'부사+동사'인 **经常去**(자주 간다)를 술어로 배치한 후, 술어와 의미상 어울리는 **那家饭店**(그 식당)을 목적어, **她**(그녀)를 주어로 배치하여 문장을 완성한다.

어휘　**家** jiā 團 [집·가게를 세는 단위]　**饭店** fàndiàn 團 식당, 호텔　**经常** jīngcháng 團 자주, 늘

7	给我发 你 电子邮件 请	→	동사 **请** 请	대사 **你** 주어	개사+대사+동사 **给我发** 부사어+술어	명사 **电子邮件。** 목적어

해석 제게 이메일을 보내 주세요.

해설 동사 发(보내다)가 포함된 给我发(내게 보내다)를 술어로 배치한 후, 술어와 의미상 어울리는 电子邮件(이메일)을 목적어, 你(당신)를 주어로 배치한다. 남은 어휘인 请을 문장 맨 앞에 배치하여 문장을 완성한다. 请은 문장의 맨 앞에 배치할 수 있다는 것을 알아 두자.

어휘 **给** gěi 团 ~에게 **发** fā 통 보내다 **电子邮件** diànzǐ yóujiàn 뗑 이메일

합격비책 02 | 주어·목적어 배치하기

따라 읽으며 학습하기 ▶

확인학습 p.166

1. 她特别喜欢熊猫。 그녀는 판다를 아주 좋아한다.
2. 我不明白老师的意思。 나는 선생님의 뜻을 이해하지 못했다.

실전연습문제 p.167

1 他想骑自行车。　　　　　　　**2** 阿姨没见过熊猫。
3 校长其实很关心我们。　　　　　**4** 我觉得他的个子很高。
5 文化馆在那条街道上。　　　　　**6** 他对新来的人特别满意。
7 弟弟很喜欢听历史故事。

1	自行车 骑 他想	→	대사+조동사 **他想** 주어+부사어	동사 **骑** 술어	명사 **自行车。** 목적어

해석 그는 자전거를 타고 싶어 한다.

해설 동사 骑(타다)를 술어로 배치한 후, 술어와 의미상 어울리는 自行车(자전거)를 목적어로, 他想(그는 ~하고 싶어 한다)을 주어로 배치하여 문장을 완성한다. 想과 같은 조동사가 붙은 대사나 명사는 항상 주어 자리에 배치할 수 있음을 알아 둔다.

어휘 **自行车** zìxíngchē 뗑 자전거 **骑** qí 통 타다 **想** xiǎng 조통 ~하고 싶다

2	阿姨没 熊猫 见过	→	명사+부사 **阿姨没** 주어+부사어	동사+过 **见过** 술어	명사 **熊猫。** 목적어

해석 이모는 판다를 본 적이 없다.

해설 '동사+过'인 见过(본 적 있다)를 술어로 배치한 후, 부사가 뒤에 붙은 명사인 阿姨没(이모는 ~않다)를 주어로, 熊猫(판다)를 목적어로 배치하여 문장을 완성한다. 没와 같은 부사가 붙은 대사나 명사는 항상 주어 자리에 배치할 수 있음을 알아 둔다.

어휘 **阿姨** āyí 뗑 이모 **熊猫** xióngmāo 뗑 판다 **没** méi 뷔 ~않다 **过** guo 죄 ~한 적 있다

3

很关心　校长其实　我们	→	명사＋부사 **校长其实** 주어＋부사어	부사＋동사 **很关心** 부사어＋술어	대사 **我们。** 목적어

해석　교장 선생님은 사실 우리에게 매우 관심을 기울인다.

해설　'부사＋동사'인 很关心(매우 관심을 기울인다)을 술어로 배치한 후, 부사가 뒤에 붙은 명사인 校长其实(교장 선생님은 사실)을 주어로, 我们(우리)을 목적어로 배치하여 문장을 완성한다. 其实(사실)과 같은 부사가 붙은 대사나 명사는 항상 주어 자리에 배치할 수 있음을 알아 둔다.

어휘　**关心** guānxīn 圖 관심을 기울이다　**校长** xiàozhǎng 圓 교장　**其实** qíshí 圏 사실

4

他的个子　我　很高　觉得	→	대사 **我** 주어	동사 **觉得** 술어	대사＋的＋명사 **他的个子** 관형어＋주어	부사＋형용사 **很高。** 부사어＋술어
				목적어	

해석　나는 그의 키가 크다고 생각한다.

해설　제시된 어휘 중 술어가 될 수 있는 어휘가 형용사 高(크다)와 동사 觉得(~이라고 생각하다) 2개이고, 이 중 觉得는 주술(목)구, 술목구를 목적어로 취할 수 있는 동사이므로 주술(목)구 또는 술목구 목적어를 완성한다. 동사 觉得를 술어로 배치한 후, 他的个子(그의 키)와 很高(크다)를 他的个子很高(그의 키가 크다)라는 주술구 형태로 연결하여 술어 觉得 뒤에 목적어로 배치하고, 술어와 의미상 어울리는 我(나)를 주어로 배치하여 문장을 완성한다.

어휘　**个子** gèzi 圓 (사람의) 키, 체격　**高** gāo 圍 (키가) 크다, 높다　**觉得** juéde 圖 ~이라고 생각하다, ~이라고 여기다

5

上　在　文化馆　那条街道	→	명사 **文化馆** 주어	동사 **在** 술어	대사＋양사＋명사 **那条街道** 	명사 **上。**
				목적어	

해석　문화관은 그 거리에 있다.

해설　동사 在(~에 있다)를 술어로 배치한 후, 술어와 의미상 어울리는 文化馆(문화관)을 주어로 배치한다. 남은 어휘 上(위)과 那条街道(그 거리)는 那条街道上(그 거리 위)으로 연결하여 목적어로 배치한다.

어휘　**文化馆** wénhuàguǎn 圓 문화관　**条** tiáo 圓 [가늘고 긴 것을 세는 단위]　**街道** jiēdào 圓 거리

6

他对　特别满意　新来的人	→	대사＋개사 **他对** 주어	부사＋동사＋的＋명사 **新来的人** 부사어	부사＋동사 **特别满意。** 술어

해석　그는 새로 들어온 사람에 대해 아주 만족한다.

해설　'부사＋동사'인 特别满意(아주 만족하다)를 술어로 배치한 후, 술어와 의미상 어울리는 他对(그는 ~에 대해)를 주어로 배치한다. 남은 어휘인 新来的人(새로 들어온 사람)은 对新来的人(새로 들어온 사람에 대해)이라는 개사구 형태가 되도록 주어 뒤에 배치하여 문장을 완성한다. 对와 같은 개사가 붙은 대사나 명사는 항상 주어 자리에 배치할 수 있음을 알아둔다.

어휘　**对** duì 囼 ~에 (대해), ~에게　**特别** tèbié 圏 아주, 특히　**满意** mǎnyì 圖 만족하다　**新** xīn 圏 새로

7	听　弟弟　历史故事　很喜欢	→	명사 **弟弟** 주어	부사+동사 **很喜欢** 부사어+술어	동사 **听** 술어	명사+명사 **历史故事。** 관형어+목적어
						목적어

해석　남동생은 역사 이야기를 듣는 것을 매우 좋아한다.

해설　제시된 어휘 중 술어가 될 수 있는 어휘가 동사 听(듣다)과 喜欢(좋아하다) 2개이고, 이 중 喜欢은 주술(목)구, 술목구를 목적어로 취할 수 있는 동사이므로 주술(목)구 또는 술목구 목적어를 완성한다. 동사 喜欢이 포함된 很喜欢(매우 좋아한다)을 술어로 배치한 후, 주술(목)구 또는 술목구 목적어를 완성하여 술어 喜欢의 목적어로 배치한다. 听(듣다)과 历史故事(역사 이야기)을 听历史故事(역사 이야기를 듣다)이라는 술목구 형태로 연결하여 술어 喜欢 뒤에 목적어로 배치하고, 술어와 의미상 어울리는 弟弟(남동생)를 주어로 배치하여 문장을 완성한다.

어휘　**弟弟** dìdi 뎽 남동생　**历史** lìshǐ 뎽 역사　**故事** gùshi 뎽 이야기　**喜欢** xǐhuan 동 좋아하다

합격비책 03 | 관형어·부사어 배치하기

따라 읽으며 학습하기 ▶

확인학습　　　　　　　　　　　　　　　　　　　　　　　　　　　　　　　　　p.170

1. 这辆火车会经过很多城市。 이 기차는 많은 도시를 경유한다.
2. 他今天穿了绿色的裤子。 그는 오늘 녹색 바지를 입었다.

실전연습문제　　　　　　　　　　　　　　　　　　　　　　　　　　　　　　　p.171

1 我买了一辆自行车。	**2** 这次考试对我非常重要。
3 我弟弟的个子比较矮。	**4** 这家饭店的面条很好吃。
5 那条裤子特别好看。	**6** 经理想解决问题。
7 这只小狗多么可爱啊！	

1	自行车　我　一辆　买了	→	대사 **我** 주어	동사+了 **买了** 술어	수사+양사 **一辆** 관형어	명사 **自行车。** 목적어

해석　나는 한 대의 자전거를 샀다.

해설　'동사+了'인 买了(샀다)를 술어로 배치한 후, 술어와 의미상 어울리는 自行车(자전거)를 목적어, 我(나)를 주어로 배치한다. 남은 어휘인 一辆(한 대의)은 '수사+양사' 형태이므로 목적어 앞에 관형어로 배치하여 문장을 완성한다.

어휘　**自行车** zìxíngchē 뎽 자전거　**辆** liàng 양 대　**买** mǎi 동 사다

2	这次考试　非常　对我　重要	→	대사+양사+명사 **这次考试** 관형어+주어	개사+대사 **对我** 부사어	부사 **非常** 	형용사 **重要。** 술어

해석　이번 시험은 나에게 매우 중요하다.

해설　형용사 重要(중요하다)를 술어로 배치한 후, 술어와 의미상 어울리는 这次考试(이번 시험)을 주어로 배치한다. 남은 어휘인 부사 非常(매우)을 술어 바로 앞에 부사어로, 개사구 对我(나에게)는 非常 앞에 부사어로 배치하여 문장을 완성한다. 참고로, 非常과 같은 정도부사는 항상 술어 바로 앞에 부사어로 배치함을 알아 두자.

어휘　**考试** kǎoshì 뎽 시험　**非常** fēicháng 부 매우, 대단히　**对** duì 개 ~에게　**重要** zhòngyào 혱 중요하다

3

比较　我弟弟　矮　的　个子	→					

대사+명사	的	명사	부사	형용사
我弟弟	**的**	**个子**	**比较**	**矮。**
관형어		주어	부사어	술어

해석　내 남동생의 키는 비교적 작다.

해설　형용사 矮(작다)를 술어로 배치한 후, 술어와 의미상 어울리는 个子(키)를 주어로 배치한다. 부사 比较(비교적)를 술어 앞에 부사어로 배치하고, 남은 어휘인 我弟弟(내 남동생)와 的(의)를 我弟弟的(내 남동생의)로 연결한 후 주어 앞에 관형어로 배치하여 문장을 완성한다.

어휘　比较 bǐjiào 匣 비교적　弟弟 dìdi 囘 남동생　矮 ǎi 휑 (사람의 키가) 작다　个子 gèzi 휑 키, 체격

4

饭店的　这家　很好吃　面条	→			

대사+양사	……的	명사	부사+형용사
这家	**饭店的**	**面条**	**很好吃。**
관형어		주어	부사어+술어

해석　이 식당의 국수는 맛있다.

해설　'부사+형용사'인 很好吃(맛있다)을 술어로 배치한 후, 面条(국수)를 주어로 배치한다. 남은 어휘 중 的가 붙은 饭店的(식당의)를 주어 앞에 관형어로, 这家(이)를 饭店的 앞에 관형어로 배치하여 문장을 완성한다. 家는 명사가 아닌 양사로 사용된 것에 주의한다

어휘　饭店 fàndiàn 囘 식당　家 jiā 휑 [집·점포 등을 세는 단위]　好吃 hǎochī 휑 맛있다　面条 miàntiáo 囘 국수

5

条　裤子　那　好看　特别	→				

대사	양사	명사	부사	형용사
那	**条**	**裤子**	**特别**	**好看。**
관형어		주어	부사어	술어

해석　그 바지는 아주 예쁘다.

해설　형용사 好看(예쁘다)을 술어로 배치한 후, 술어와 의미상 어울리는 裤子(바지)를 주어로 배치한다. 부사 特别(아주)를 술어 앞에 부사어로 배치하고, 남은 어휘인 대사 那(그)와 양사 条를 那条(그)로 연결한 후 주어 앞에 관형어로 배치하여 문장을 완성한다.

어휘　条 tiáo 휑 [가늘고 긴 것을 세는 단위]　裤子 kùzi 囘 바지　好看 hǎokàn 휑 예쁘다, 아름답다　特别 tèbié 匣 아주, 특히

6

经理　问题　解决　想	→			

명사	조동사	동사	명사
经理	**想**	**解决**	**问题。**
주어	부사어	술어	목적어

해석　매니저는 문제를 해결하고 싶어 한다.

해설　동사 解决(해결하다)를 술어로 배치한 후, 술어와 의미상 어울리는 问题(문제)를 목적어로, 经理(매니저)를 주어로 배치한다. 남은 어휘 想(~하고 싶어 하다)은 조동사이므로 술어 앞에 부사어로 배치하여 문장을 완성한다.

어휘　经理 jīnglǐ 囘 매니저　问题 wèntí 囘 문제　解决 jiějué 囘 해결하다

			대사+양사+명사	부사	형용사	啊
7	可爱 这只小狗 啊 多么	→	**这只小狗**	**多么**	**可爱**	**啊!**
			관형어+주어	부사어	술어	啊

해석　이 강아지는 참으로 귀엽구나!

해설　형용사 可爱(귀엽다)를 술어로 배치한 후, 술어와 의미상 어울리는 这只小狗(이 강아지)를 주어로 배치한다. 남은 어휘인 부사 多么(참으로)를 술어 앞에 부사어로 배치하고, 어기조사 啊를 문장 맨 뒤에 배치하여 문장을 완성한다. 정도부사 多么가 있으므로 반드시 문장 끝에 느낌표(!)를 써야 한다.

어휘　可爱 kě'ài 🗟 귀엽다, 사랑스럽다　只 zhī 🗟 마리, 짝　小狗 xiǎogǒu 🗟 강아지
　　　啊 a 🗟 [문장 끝에 쓰여 긍정·감탄·찬탄을 나타냄]　多么 duōme 🗟 참으로, 얼마나

합격비책 04 | 보어 배치하기

따라 읽으며 학습하기 ▶

확인학습　　　　　　　　　　　　　　　　　　　　　　　　　　　　　　　p.174

1. 这件事情早就解决好了。 이 일은 진작에 해결됐다.
2. 他已经离开很久了。 그는 이미 오래 전에 떠났다.

실전연습문제　　　　　　　　　　　　　　　　　　　　　　　　　　　　　p.175

1 教室打扫得很干净。　　　　　　　**2** 妹妹拿来了一个果盘。
3 校园安静极了。　　　　　　　　　**4** 她的汉语水平提高得很快。
5 孩子们突然高兴得跳了起来。　　　**6** 那杯饮料已经喝完了。
7 我的朋友已经留学了三年。

			명사	동사	得	정도부사+형용사
1	打扫 教室 得 很干净	→	**教室**	**打扫**	**得**	**很干净。**
			주어	술어		보어

해석　교실은 깨끗하게 청소되었다.

해설　제시된 어휘 중 得가 있으므로 보어를 배치하여 문장을 완성한다. 동사 打扫(청소하다) 뒤에 得를 연결하여 술어로 배치하고, '정도부사+형용사'인 很干净(깨끗하다)을 술어 뒤에 보어로 배치한다. 남은 어휘인 명사 教室(교실)은 주어로 배치하여 문장을 완성한다. 정도보어가 쓰인 문장은 목적어를 배치하지 않는 것에 주의한다.

어휘　教室 jiàoshì 🗟 교실　打扫 dǎsǎo 🗟 청소하다　干净 gānjìng 🗟 깨끗하다, 청결하다

			명사	동사	동사+了	수사+양사+명사
2	拿 妹妹 一个果盘 来了	→	**妹妹**	**拿**	**来了**	**一个果盘。**
			주어	술어	보어	관형어+목적어

해석　여동생은 과일 쟁반을 하나 가져 왔다.

해설　제시된 어휘 중 동사와 동사+了가 모두 있으므로 보어를 배치하여 문장을 완성한다. 동사 拿(가지다)를 술어로 배치하고, '동사+了'인 来了(왔다)를 술어 뒤에 보어로 배치한다. 남은 어휘 중 술어와 의미상 어울리는 명사 妹妹(여동생)는 주어, 一个果盘(과일 쟁반 하나)은 목적어로 배치하여 문장을 완성한다.

어휘　拿 ná 🗟 가지다　果盘 guǒpán 🗟 과일 쟁반　来 lai 🗟 [동사 뒤에서 동작이 화자가 있는 곳으로 향함을 나타냄]

3

安静　校园　极了	→	명사 **校园** 주어	형용사 **安静** 술어	극了 **极了。** 보어

해석　캠퍼스가 정말 조용하다.

해설　제시된 어휘 중 极了(정말 ~하다)가 있으므로 보어를 배치하여 문장을 완성한다. 형용사 安静(조용하다)을 술어로 배치한 후, 형용사 술어 뒤에서 정도를 강조하는 极了를 보어로 배치한다. 남은 어휘 校园(캠퍼스)은 주어로 배치하여 문장을 완성한다.

어휘　**安静** ānjìng 혱 조용하다　**校园** xiàoyuán 몡 캠퍼스, 교정　·····**极了** ·····jí le 정말 ~하다

4

提高　她的　汉语水平　很快　得	→	·····的 **她的** 관형어	명사+명사 **汉语水平** 주어	동사 **提高** 술어	得 **得**	정도부사+형용사 **很快。** 보어

해석　그녀의 중국어 실력은 빠르게 향상되었다.

해설　제시된 어휘 중 得가 있으므로 보어를 배치하여 문장을 완성한다. 동사 提高(향상되다) 뒤에 得를 연결하여 술어로 배치하고, '정도부사+형용사'인 很快(빠르다)를 술어 뒤에 보어로 배치한다. 남은 어휘 汉语水平(중국어 실력)을 주어로, 她的(그녀의)를 주어 앞에 관형어로 배치하여 문장을 완성한다.

어휘　**提高** tígāo 동 향상되다　**汉语水平** Hànyǔ shuǐpíng 중국어 실력　**快** kuài 혱 빠르다

5

孩子们　跳了起来　突然　高兴得	→	명사+대사 **孩子们** 주어	부사 **突然** 부사어	형용사+得 **高兴得** 술어	·····了起来 **跳了起来。** 보어

해석　아이들은 갑자기 기뻐서 뛰기 시작했다.

해설　제시된 어휘 중 得가 붙은 어휘가 있으므로 보어를 배치하여 문장을 완성한다. '형용사+得'인 高兴得(기뻐서 ~하다)를 술어로 배치하고, 得가 붙은 술어 뒤에서 상태의 결과를 나타내는 跳了起来(뛰기 시작했다)를 보어로 배치한다. 남은 어휘 孩子们(아이들)은 주어로, 突然(갑자기)은 술어 앞에 부사어로 배치하여 문장을 완성한다.

어휘　**孩子们** háizimen 아이들　**跳** tiào 동 뛰다　**突然** tūrán 분 갑자기　**高兴** gāoxìng 혱 기쁘다, 즐겁다

6

完了　那杯饮料　喝　已经	→	대사+양사+명사 **那杯饮料** 관형어+주어	부사 **已经** 부사어	동사 **喝** 술어	동사+了 **完了。** 보어

해석　그 음료는 이미 다 마셨다.

해설　제시된 어휘 중 동사와 동사+了가 모두 있으므로 보어를 배치하여 문장을 완성한다. 동사 喝(마시다)를 술어로 배치하고, '동사+了'인 完了(다 ~했다)를 술어 뒤에 보어로 배치한다. 남은 어휘인 那杯饮料(그 음료)는 주어, 부사 已经(이미)은 술어 앞에 부사어로 배치하여 문장을 완성한다.

어휘　**完** wán 동 다하다, 끝내다　**饮料** yǐnliào 몡 음료　**已经** yǐjīng 분 이미, 벌써

			三年 留学了 朋友 已经 我的	→	……的	명사	부사	동사+了	수사+명사
					我的	朋友	已经	留学了	三年。
					관형어	주어	부사어	술어	보어

해석　내 친구는 이미 3년 동안 유학을 했다.

해설　제시된 어휘 중 동사와 시간의 길이를 나타내는 三年(3년 동안)이 모두 있으므로 보어를 배치하여 문장을 완성한다. '동사+了'인 留学了(유학했다)를 술어로 배치하고, 시간의 길이를 나타내는 三年(3년 동안)을 술어 뒤에 보어로 배치한다. 朋友(친구)를 주어로 배치하고, 남은 어휘에서 的가 붙은 我的(내)를 주어 앞에 관형어로 배치하고, 부사 已经(이미)을 술어 앞에 부사어로 배치하여 문장을 완성한다.

어휘　留学 liúxué 图 유학하다　已经 yǐjīng 图 이미, 벌써

합격비책 05 | 是지문·有지문 의문문 완성하기

따라 읽으며 학습하기 ▶

확인학습　　　　　　　　　　　　　　　　　　　　　　　　　　p.178

1. 他是一名老师。 그는 한 명의 선생님이다.

2. 学校附近有商店。 학교 근처에 상점이 있다.

실전연습문제　　　　　　　　　　　　　　　　　　　　　　　　p.179

1 照片上的老爷爷是谁？　　　　　**2** 这段话是不是一共有三个句子？

3 六年级有八个班级。　　　　　　**4** 你是什么时候离开的？

5 你的钱包里有几张信用卡？　　　**6** 香蕉是一种很甜的水果。

7 世界上一共有多少个国家？

1		是谁 老爷爷 的 照片上	→	명사+명사	的	명사	동사+의문사
				照片上	的	老爷爷	是谁？
				관형어		주어	술어+목적어

해석　사진 속의 할아버지는 누구예요?

해설　제시된 어휘 중 是이 보이므로 是자문을 완성한다. '是+의문사'인 是谁(누구예요)를 술어+목적어로 배치하고, 술어와 의미상 어울리는 老爷爷(할아버지)를 주어로, 남은 어휘인 照片上(사진 속)과 的(~의)를 照片上的(사진 속의)로 연결하여 주어 앞에 관형어로 배치하여 문장을 완성한다. 의문사 谁(누구)가 있으므로 반드시 문장 끝에 물음표(?)를 써야 한다.

어휘　老爷爷 lǎoyéye 图 할아버지 [아이들이 나이 많은 남자를 높여 부르는 말]　照片 zhàopiàn 图 사진

2		一共有三个 这段话 句子 是不是	→	대사+양사+명사	동사+부사+동사	부사+동사+수사+양사	명사
				这段话	是不是	一共有三个	句子？
				주어	부사어	부사어+술어+관형어	목적어

해석　이 단락에는 모두 세 개의 문장이 있어요, 없어요?

해설　제시된 어휘 중 是不是이 보이므로 의문문을 완성한다. 동사 有(~이 있다)가 포함된 一共有三个(모두 세 개의 ~이 있다)를 술어로 배치하고, 술어와 의미상 어울리는 这段话(이 단락)를 주어로, 句子(문장)를 목적어로 배치한다. 남은 어휘인 是不是(~인가 아닌가?)을 주어 뒤에 배치하여 문장을 완성한다. 是不是은 의문문을 만드는 역할을 하므로 반드시 문장 끝에 물음표(?)를 써야 한다.

어휘 **一共** yígòng 團 모두, 전부   **段** duàn 명 단락   **句子** jùzi 명 문장

3

八个　六年级　有　班级	→	수사+명사 **六年级** 주어	동사 **有** 술어	수사+양사 **八个** 관형어	명사 **班级**。 목적어

해석 6학년에는 8개의 학급이 있다.

해설 제시된 어휘 중 有가 보이므로 有자문을 완성한다. 동사 有(~이 있다)를 술어로 배치하고, '-에 ~이 있다'라는 의미가 되어야 하므로 六年级(6학년)를 주어로, 班级(학급)를 목적어로 배치한다. 남은 어휘 八个(8개의)는 목적어 앞에 관형어로 배치하여 문장을 완성한다.

어휘 **年级** niánjí 명 학년   **班级** bānjí 명 학급, 반

4

什么时候　你　是　离开的	→	대사 **你** 주어	是 **是** 是	의문사 **什么时候** 부사어	동사+的 **离开的?** 술어+的

해석 당신은 언제 떠난 것인가요?

해설 제시된 어휘 중 是과 的, 그리고 是 이외의 동사가 보이므로 是-的 강조구문을 완성한다. 동사가 포함된 离开的(떠나다)를 술어로 배치하고, 의문사 什么时候(언제)는 是 뒤에 부사어로, 你(당신)는 是 앞에 주어로 배치하여 문장을 완성한다. 의문사 什么时候가 있으므로 반드시 문장 끝에 물음표(?)를 써야 한다.

어휘 **什么时候** shénme shíhou 언제   **离开** líkāi 통 떠나다

5

几张　有　信用卡　你的钱包里	→	대사+的+명사+명사 **你的钱包里** 관형어+주어	동사 **有** 술어	대사+양사 **几张** 관형어	명사 **信用卡?** 목적어

해석 당신의 지갑 안에는 몇 장의 신용 카드가 있나요?

해설 제시된 어휘 중 有가 보이므로 有자문을 완성한다. 동사 有(~이 있다)를 술어로 배치하고, '-에 ~이 있다'라는 의미가 되어야 하므로 你的钱包里(당신의 지갑 안)를 주어로, 信用卡(신용 카드)를 목적어로 배치한다. 남은 어휘 几张(몇 장의)은 목적어 앞에 관형어로 배치하고 물음표(?)를 붙여서 문장을 완성한다. 대사 几는 '몇'이라는 의미로 의문사 역할을 하므로, 반드시 문장 끝에 물음표(?)를 써야 한다.

어휘 **几** jǐ 데 몇   **张** zhāng 양 장   **信用卡** xìnyòngkǎ 명 신용 카드   **钱包** qiánbāo 명 지갑

6

香蕉　很甜的　是　一种　水果	→	명사 **香蕉** 주어	동사 **是** 술어	수사+양사 **一种** 관형어	……的 **很甜的** 관형어	명사 **水果**。 목적어

해석 바나나는 단 과일이다.

해설 제시된 어휘 중 是이 보이므로 是자문을 완성한다. 是(~이다)을 술어로 배치하고, '-은 ~이다'라는 의미가 되도록 香蕉(바나나)를 주어로, 水果(과일)를 목적어로 배치한다. 남은 어휘에서 的가 붙은 很甜的(단)를 목적어 水果 앞에 배치한 후, 一种(한 종류의)을 很甜的 앞에 배치하여 문장을 완성한다.

어휘 **香蕉** xiāngjiāo 명 바나나   **甜** tián 형 달다   **水果** shuǐguǒ 명 과일

					명사+명사	부사	동사	대사+양사	명사
世界上	国家	有	一共	多少个	→	世界上 주어	一共 부사어	有 술어	多少个 관형어	国家? 목적어

해석 　세계에는 모두 몇 개의 나라가 있나요?

해설 　제시된 어휘 중 有가 보이므로 有자문을 완성한다. 동사 有(~이 있다)를 술어로 배치하고, '-에 ~이 있다'라는 의미가
　　　　되어야 하므로 世界上(세계에)을 주어로, 国家(나라)를 목적어로 배치한다. 남은 어휘 중 一共(모두)은 술어 앞에 부사
　　　　어로, 多少个(몇 개의)는 목적어 앞에 관형어로 배치하고 물음표(?)를 붙여서 문장을 완성한다. 대사 多少는 '몇'이라는
　　　　의미로 의문사 역할을 하므로 반드시 문장 끝에 물음표(?)를 써야 한다.

어휘 　世界 shìjiè 圐 세계　　国家 guójiā 圐 나라　　一共 yígòng 囝 모두　　多少 duōshao 団 몇, 얼마

합격비책 06 | 把자문·被자문·比자문 완성하기

따라 읽으며 학습하기 ▶

확인학습 p.182

1. 篮球被弟弟打飞了。녹구공은 동생에 의해 쳐져서 날라갔다.

2. 她丈夫把羊肉吃得干干净净。그녀의 남편은 양고기를 남김없이 다 먹었다.

실전연습문제 p.183

1 服务员把菜单放在我的桌子上了。　　　**2** 弟弟把蛋糕吃完了。

3 花瓶被妈妈搬到了房间里。　　　　　　**4** 那个新空调被小万拿走了。

5 王校长比你还年轻。　　　　　　　　　**6** 你必须把数学作业写完。

7 我的头发没有妹妹那么长。

1

				명사	把+명사	동사+동사	명사구
把菜单	我的桌子上了	放在	服务员	→	服务员 주어	把菜单 把+행위의 대상	放在 술어	我的桌子上了。 기타성분

해석 　종업원이 내 테이블 위에 메뉴판을 놓았다.

해설 　제시된 어휘 중 把가 보이므로 把자문을 완성한다. 동사 放(놓다)이 포함된 放在(~에 놓았다)를 술어로 배치하고, 把菜
　　　　单(메뉴판을)을 술어 앞에 把+행위의 대상으로 배치한다. 남은 어휘 중 명사 服务员(종업원)은 주어로, 명사구 我的桌
　　　　子上了(내 테이블 위에 ~했다)는 술어 뒤에 기타성분으로 배치하여 문장을 완성한다.

어휘 　菜单 càidān 圐 메뉴판　　桌子 zhuōzi 圐 테이블　　放 fàng 圄 놓다　　服务员 fúwùyuán 圐 종업원

2

					명사	把	명사	동사+동사	了
蛋糕	弟弟	吃完	了	把	→	弟弟 주어	把 把	蛋糕 행위의 대상	吃完 술어	了。 기타성분

해석 　남동생은 케이크를 다 먹었다.

해설 　제시된 어휘 중 把가 보이므로 把+행위의 대상으로 把자문을 완성한다. 동사 吃(먹다)이 포함된 吃完(다 먹다)을 술어
　　　　로 배치하고, 把(~을)와 蛋糕(케이크)를 把蛋糕(케이크를)로 연결하여 술어 앞에 把+행위의 대상으로 배치한다. 남은 어
　　　　휘 중 명사 弟弟(남동생)는 주어로, 了는 吃完 뒤에 기타성분으로 배치하여 문장을 완성한다.

어휘 　蛋糕 dàngāo 圐 케이크　　完 wán 圄 다하다, 마치다

3

房间里　被妈妈　花瓶　搬到了	→	명사 **花瓶** 주어	被+명사 **被妈妈** 被+행위의 주체	동사+동사+了 **搬到了** 술어	명사+명사 **房间里。** 기타성분

해석　꽃병은 엄마에 의해 방 안으로 옮겨졌다.

해설　제시된 어휘 중 被가 보이므로 被자문을 완성한다. 동사 搬(옮기다)이 포함된 搬到了(옮겼다)를 술어로 배치하고, 被妈妈(엄마에 의해)를 술어 앞에 被+행위의 주체로 배치한다. 남은 어휘 중 술어와 의미상 어울리는 花瓶(꽃병)은 주어로, 房间里(방 안)는 搬到了 뒤에 기타성분으로 배치하여 문장을 완성한다.

어휘　**房间** fángjiān 圐 방　**花瓶** huāpíng 圐 꽃병　**搬** bān 圐 옮기다　**到** dào 圐 [동사 뒤에서 동작이 목적에 도달했음을 나타냄]

4

那个新空调　小万　拿走了　被	→	대사+형용사+명사 **那个新空调** 관형어+주어	被 **被** 被	명사 **小万** 행위의 주체	동사+동사+了 **拿走了。** 술어+기타성분

해석　그 새 에어컨은 샤오완에 의해 가지고 가졌다.

해설　제시된 어휘 중 被가 보이므로 被자문을 완성한다. 동사 拿(가지다)가 포함된 拿走了(가지고 갔다)를 술어로 배치하고, 被(~에 의해)와 小万(샤오완)을 被小万(샤오완에 의해)으로 연결하여 술어 앞에 被+행위의 주체로 배치한다. 남은 어휘 那个新空调(그 새 에어컨)는 주어로 배치하여 문장을 완성한다.

어휘　**那个** nàge 웹 그　**新** xīn 웹 새것의　**空调** kōngtiáo 圐 에어컨　**拿走** názǒu 가지고 가다

5

王校长　年轻　比你　还	→	명사 **王校长** 주어	比+대사 **比你** 比+비교대상	부사 **还** 부사어	형용사 **年轻。** 술어

해석　왕 교장은 당신보다 더 젊다.

해설　제시된 어휘 중 比가 보이므로 比자문을 완성한다. 형용사 年轻(젊다)을 술어로 배치하고, 比你(당신보다)를 술어 앞에 比+비교대상으로 배치한다. 남은 어휘 중 명사 王校长(왕 교장)은 주어로, 부사 还(더)는 술어 앞에 부사어로 배치하여 문장을 완성한다.

어휘　**校长** xiàozhǎng 圐 교장　**年轻** niánqīng 웹 젊다　**比** bǐ 꿰 ~보다　**还** hái 된 더

6

把　写完　你必须　数学作业	→	대사+부사 **你必须** 주어+부사어	把 **把** 把	명사+명사 **数学作业** 행위의 대상	동사+동사 **写完。** 술어+기타성분

해석　너는 반드시 수학 숙제를 다해야 해.

해설　제시된 어휘 중 把가 보이므로 把자문을 완성한다. 동사 写(쓰다)가 포함된 写完(다하다)을 술어로 배치하고, 把(~을)와 数学作业(수학 숙제)를 把数学作业(수학 숙제를)로 연결하여 술어 앞에 把+행위의 대상으로 배치한다. 남은 어휘인 你必须(너는 반드시 ~해야 한다)를 주어로 배치하여 문장을 완성한다.

어휘　**把** bǎ 꿰 ~를/을　**完** wán 圐 다하다, 끝내다　**必须** bìxū 된 반드시 ~해야 한다　**数学** shùxué 圐 수학
作业 zuòyè 圐 숙제, 과제

	대사+的+명사	没有	명사	대사	형용사
我的头发　长　妹妹　没有　那么　→	我的头发	没有	妹妹	那么	长。
	관형어+주어	没有	비교대상	부사어	술어

해석　내 머리카락은 여동생만큼 그렇게 길지 않다.

해설　제시된 어휘 중 형용사와 没有가 모두 보이므로 '주어+没有+비교대상+술어' 형태의 비교문을 완성한다. 형용사 长(길다)을 술어로 배치하고, 술어와 의미상 어울리는 我的头发(내 머리카락)를 주어로 배치한다. 남은 어휘 妹妹(여동생)와 没有(~만큼 ~하지 않다)를 没有妹妹(여동생만큼 ~하지 않다)로 연결하여 술어 앞에 没有+비교대상으로 배치하고, 那么(그렇게)를 술어 앞에 부사어로 배치하여 문장을 완성한다.

어휘　头发 tóufa 團 머리카락　长 cháng 團 (길이·시간 등이) 길다　妹妹 mèimei 團 여동생　那么 nàme 邙 그렇게

합격비책 07 | 연동문·겸어문 완선하기

띠리 읽으며 학습하기 ▶

확인학습　　　　　　　　　　　　　　　　　　　　　　　　　　p.186

1. 他出国留学了。그는 출국하여 유학을 갔다.
2. 他的服务让我很满意。그의 서비스는 나를 매우 만족시켰다.

실전연습문제　　　　　　　　　　　　　　　　　　　　　　　　p.187

1 我骑车去图书馆。　　　　　　　　　2 李叔叔叫我买两瓶啤酒。
3 他的回答让姐姐更难过了。　　　　　4 我要去机场接客人。
5 我习惯听着音乐学习。　　　　　　　6 弟弟经常去公园打篮球。
7 那件事让我特别生气。

1		대사	동사	동사	명사
	去　图书馆　我　骑车　→	我	骑车	去	图书馆。
		주어	술어1+목적어1	술어2	목적어2

해석　나는 자전거를 타고 도서관에 간다.

해설　제시된 어휘 중 동작동사가 骑(타다), 去(가다) 2개 보이므로 연동문을 완성한다. 타는 동작이 가는 동작보다 먼저 발생하므로 骑车(자전거를 타다)를 술어1, 去를 술어2로 배치한다. 남은 어휘 중 图书馆(도서관)은 술어2 뒤에 목적어2로, 我(나)는 주어로 배치하여 문장을 완성한다. 연동문에서 骑, 坐와 같이 '~을 타다'는 의미의 동사는 항상 술어1로 배치함을 알아 두자.

어휘　去 qù 團 가다　图书馆 túshūguǎn 團 도서관　骑车 qíchē 團 자전거를 타다

2		명사	동사+대사	동사+수사+양사	명사
	叫我　啤酒　李叔叔　买两瓶　→	李叔叔	叫我	买两瓶	啤酒。
		주어	술어1+겸어	술어2+관형어	목적어2

해석　리 삼촌은 나로 하여금 맥주 두 병을 사오게 했다.

해설　제시된 어휘 중 사역동사 叫(~하게 하다)가 보이므로 겸어문을 완성한다. 叫가 포함된 叫我(나에게 ~하게 하다)를 술어1로, 동사가 포함된 买两瓶(두 병을 사다)을 술어2로 배치한다. 남은 어휘 중 啤酒(맥주)는 술어2 뒤에 목적어로, 李叔叔(리 삼촌)는 주어로 배치하여 문장을 완성한다.

어휘   **叫 jiào** 图 ∼하게 하다   **啤酒 píjiǔ** 图 맥주   **叔叔 shūshu** 图 삼촌   **瓶 píng** 图 병

3

姐姐　让　他的　更难过了　回答	→	……的 **他的** 관형어	명사 **回答** 주어	동사 **让** 술어1	명사 **姐姐** 겸어	부사+형용사+了 **更难过了。** 부사어+술어2

해석   그의 대답은 누나를 더욱 괴롭게 했다.

해설   제시된 어휘 중 사역동사 让(∼하게 하다)이 보이므로 겸어문을 완성한다. 让을 술어1로, 시킴을 당하는 대상인 姐姐(누나)를 겸어로 배치하고, 형용사가 포함된 更难过了(더욱 괴롭다)는 술어2로 배치한다. 남은 어휘인 回答(대답)는 주어, 他的(그의)는 주어 앞에 관형어로 배치하여 문장을 완성한다.

어휘   **让 ràng** 图 ∼하게 하다   **更 gèng** 图 더욱, 더   **难过 nánguò** 图 괴롭다   **回答 huídá** 图 대답, 응답

4

客人　去机场　我　接　要	→	대사 **我** 주어	조동사 **要** 부사어	동사+명사 **去机场** 술어1+목적어1	동사 **接** 술어2	명사 **客人。** 목적어2

해석   나는 공항에 가서 손님을 마중해야 한다.

해설   제시된 어휘 중 동자동사가 去(가다), 接(마중하다) 2개 보이므로 연동문을 완성한다. 가는 동작이 미중하는 동작보다 먼저 발생하므로 去机场(공항에 가다)을 술어1, 接를 술어2로 배치한다. 남은 어휘 중 客人(손님)을 술어2 뒤에 목적어, 我(나)를 주어로 배치하고, 조동사 要(∼해야 한다)는 술어1 앞에 부사어로 배치하여 문장을 완성한다.

어휘   **客人 kèrén** 图 손님   **去 qù** 图 가다   **机场 jīchǎng** 图 공항   **接 jiē** 图 마중하다, 맞이하다

5

习惯　我　音乐　听着　学习	→	대사 **我** 주어	동사 **习惯** 술어	동사+着 **听着** 술어1	명사 **音乐** 목적어1 목적어	동사 **学习。** 술어2

해석   나는 음악을 들으며 공부하는 것이 습관이 됐다.

해설   제시된 어휘 중 동작동사가 习惯(습관이 되다), 听(듣다), 学习(공부하다) 3개 보이므로 연동문을 완성한다. 이 중 习惯은 주술(목)구 또는 술목구를 목적어로 취할 수 있는 동사이므로 술어로 배치한 후, 남은 동작동사로 연동문 형태의 목적 어를 만든다. 듣는 동작이 공부하는 동작보다 먼저 발생하므로 听着(듣고 있다)를 술어1, 学习를 술어2로 배치한다. 술 어1과 의미상 어울리는 音乐(음악)를 목적어1로 배치하고, 연결한 听着音乐学习(음악을 들으며 공부하다)를 술어 习惯 뒤 에 목적어로 배치한다. 남은 어휘인 我(나)를 주어로 배치하여 문장을 완성한다. 동태조사 着는 술어1 뒤에 오므로 동 태조사 着가 붙은 어휘는 술어1로 배치한다는 것을 알아 두자.

어휘   **习惯 xíguàn** 图 습관이 되다, 익숙해지다   **音乐 yīnyuè** 图 음악   **听 tīng** 图 듣다   **学习 xuéxí** 图 공부하다, 학습하다

6

去公园　经常　弟弟　打篮球	→	명사 **弟弟** 주어	부사 **经常** 부사어	동사+명사 **去公园** 술어1+목적어1	동사+명사 **打篮球。** 술어2+목적어2

해석   남동생은 자주 공원에 가서 농구를 한다.

해설   제시된 어휘 중 동작동사가 去(가다), 打(구기 운동을 하다) 2개 보이므로 연동문을 완성한다. 가는 동작이 구기 운동을 하 는 동작보다 먼저 발생하므로 去公园(공원에 가다)을 술어1, 打篮球(농구를 하다)를 술어2로 배치한다. 남은 어휘 중 弟 弟(남동생)를 주어로 배치하고, 부사 经常(자주)은 술어1 앞에 부사어로 배치하여 문장을 완성한다.

어휘   **公园 gōngyuán** 图 공원   **经常 jīngcháng** 图 자주, 늘   **弟弟 dìdi** 图 남동생   **打篮球 dǎ lánqiú** 농구를 하다

7	特别生气　我　让　那件事	→	대사+양사+명사 **那件事** 관형어+주어	동사 **让** 술어	대사 **我** 겸어	부사+동사 **特别生气。** 부사어+술어2

해석　그 일은 나를 아주 화나게 했다.

해설　제시된 어휘 중 사역동사 让(~하게 하다)이 보이므로 겸어문을 완성한다. 让을 술어1로, 시킴을 당하는 대상인 我(나)를 겸어로 배치하고, 동사가 포함된 特别生气(아주 화나다)를 술어2로 배치한다. 남은 어휘인 那件事(그 일)은 주어로 배치하여 문장을 완성한다.

어휘　**特别** tèbié 閠 아주, 특히　**生气** shēngqì 悤 화나다, 화내다　**让** ràng 悤 ~하게 하다
件 jiàn 앵 건, 개 [의류, 각각의 물건을 세는 단위]　**事** shì 앵 일, 사건

테스트 1   p.188

1 这次考试的成绩出来了。	2 叔叔去邻居家喝酒了。
3 那个桌子上的书包是我的。	4 公园里的树长得多么高大啊！
5 你能把手表借给我吗？	

1

考试的 出来了 成绩 这次 →

대사+양사	……的	명사	동사+了
这次	考试的	成绩	出来了。
관형어		주어	술어

해석　이번 시험의 성적이 나왔다.

해설　'동사+了'인 出来了(나왔다)를 술어로 배치한 후, 술어와 의미상 어울리는 成绩(성적)를 주어로 배치한다. 남은 어휘 중 的가 붙은 考试的(시험의)를 주어 앞에 관형어로 배치한 후, 这次(이번)를 考试的 앞에 관형어로 배치하여 문장을 완성한다.

어휘　考试 kǎoshì 명 시험　出来 chūlai 동 나오다, 나타나다　成绩 chéngjì 명 성적　这次 zhè cì 이번

2

叔叔 喝酒了 去 邻居家 →

명사	동사	명사+명사	동사+명사+了
叔叔	去	邻居家	喝酒了。
주어	술어1	목적어1	술어2+목적어2

해석　삼촌은 이웃집에 가서 술을 마셨다.

해설　제시된 어휘 중 동작동사가 喝(마시다), 去(가다) 2개 보이므로 연동문을 완성한다. 가는 동작이 마시는 동작보다 먼저 발생하므로 去를 술어1, 喝酒了(술을 마셨다)를 술어2로 배치한다. 남은 어휘 중 叔叔(삼촌)는 주어로, 邻居家(이웃집)는 술어1 뒤에 목적어1로 배치하여 문장을 완성한다.

어휘　叔叔 shūshu 명 삼촌　喝酒 hē jiǔ 술을 마시다　去 qù 동 가다　邻居家 línjūjiā 이웃집, 옆집

3

我的 那个 是 桌子上的书包 →

대사	……的+명사	동사	……的
那个	桌子上的书包	是	我的。
관형어	주어	술어	관형어

해석　저 책상 위의 책가방은 나의 것이다.

해설　제시된 어휘 중 是이 보이므로 是자문을 완성한다. 동사 是(~이다)을 술어로 배치하고, 桌子上的书包(책상 위의 책가방)를 주어로, 那个(저)는 주어 앞에 관형어로 배치한다. 남은 어휘 我的(나의 것)를 是 뒤에 관형어로 배치하여 문장을 완성한다. 我的에서 的 뒤의 대상이 书包(책가방)라는 것을 화자와 청자 모두 알 수 있는 문맥이므로 관형어 我的 뒤의 목적어가 생략된 것임에 유의하자.

어휘　桌子 zhuōzi 명 책상, 탁자　书包 shūbāo 명 책가방

4

啊 公园里的 多么高大 树 长得 →

……的	명사	동사+得	정도부사+형용사	啊
公园里的	树	长得	多么高大	啊！
관형어	주어	술어	보어	啊

해석　공원 안의 나무는 참으로 높고 크게 자랐구나!

해설　제시된 어휘 중 得가 있으므로 보어를 배치하여 문장을 완성한다. '동사+得'인 长得(~하게 자라다)를 술어로 배치하고,

'정도부사+형용사'인 多么高大(참으로 높고 크다)를 술어 뒤에 보어로 배치한다. 술어와 의미상 어울리는 树(나무)를 주어로 배치하고, 公园里的(공원 안의)를 주어 앞에 관형어로 배치한다. 남은 어휘인 어기조사 啊를 문장 맨 뒤에 배치하여 문장을 완성한다. 정도부사 多么(참으로)가 있으므로 반드시 문장 끝에 느낌표(!)를 써야 한다.

어휘   啊 a ☒ [문장 끝에 쓰여 긍정·감탄·찬탄을 나타냄]   公园 gōngyuán ☒ 공원   多么 duōme ☒ 참으로, 얼마나
       高大 gāodà ☒ 높고 크다   树 shù ☒ 나무   长 zhǎng ☒ 크다, 자라다   得 de ☒ [술어와 정도보어를 연결함]

5	你能 把 吗 手表 借给我	→	대사+조동사	把	명사	동사+동사+대사	吗
			你能	把	手表	借给我	吗?
			주어+부사어	把	행위의 대상	술어	기타성분

해석   당신은 손목시계를 저에게 빌려주실 수 있나요?

해설   제시된 어휘 중 把가 보이므로 把자문을 완성한다. 동사 借(빌려주다)가 포함된 借给我(나에게 빌려주다)를 술어로 배치하고, 把(~을)와 手表(시계)를 把手表(시계를)로 연결하여 술어 앞에 把+행위의 대상으로 배치한다. 남은 어휘 중 조동사 能 뒤에 붙은 대사 你能(당신은 ~할 수 있다)은 주어로, 어기조사 吗는 给我 뒤에 기타성분으로 배치하여 문장을 완성한다. 어기조사 吗가 있으므로 반드시 문장 끝에 물음표(?)를 써야 한다.

어휘   手表 shǒubiǎo ☒ 손목시계   借 jiè ☒ 빌려주다, 빌리다   给 gěi ☒ ~에게 주다

테스트 2   p.189

1 别一直站在门口。   2 这个难题被他解决了。
3 这双皮鞋太旧了。   4 小马不愿意离开自己的妻子。
5 白衬衫比其他的衣服难洗。

1	门口 别 站在 一直	→	부사	부사	동사+동사	명사
			别	一直	站在	门口。
				부사어	술어	목적어

해석   계속 입구에 서 있지 마세요.

해설   동사 站이 포함된 站在(~에 서 있다)를 술어로 배치한 후, 술어와 의미상 어울리는 门口(입구)를 목적어로 배치한다. 남은 어휘 중 부사 一直(계속)을 술어 앞에 부사어로 배치하고, 别(~하지 마라)를 문장 맨 앞에 배치하여 문장을 완성한다. 명령을 나타내는 别는 주어 뒤에 오며, 이때 주어는 주로 생략된다는 것을 알아 두자.

어휘   门口 ménkǒu ☒ 입구, 현관   别 bié ☒ ~하지 마라   站 zhàn ☒ 서다, 멈추다   一直 yìzhí ☒ 계속, 줄곧

2	被他 难题 解决了 这个	→	대사	명사	被+대사	동사+了
			这个	难题	被他	解决了。
			관형어	주어	被+행위의 주체	술어+기타성분

해석   이 어려운 문제는 그에 의해 해결되었다.

해설   제시된 어휘 중 被가 보이므로 被자문을 완성한다. 동사 解决(해결하다)가 포함된 解决了(해결했다)를 술어로 배치하고, 被他(그에 의해)를 술어 앞에 被+행위의 주체로 배치한다. 남은 어휘 중 명사 难题(어려운 문제)는 주어로, 这个(이)는 주어 앞에 관형어로 배치하여 문장을 완성한다.

어휘   被 bèi ☒ ~에게 ~을 당하다   难题 nántí ☒ 어려운 문제, 난제   解决 jiějué ☒ 해결하다

			→	대사+양사	명사	부사	형용사+了
旧了	这双	皮鞋	太		这双	皮鞋	太	旧了。
				관형어	주어	부사어	술어

해석 이 가죽 구두는 너무 낡았다.

해설 '형용사+了'인 旧了(낡았다)를 술어로 배치한 후, 술어와 의미상 어울리는 皮鞋(가죽 구두)를 주어로 배치한다. 남은 어휘 중 '대사+양사'인 这双(이 한 켤레의)은 주어 앞에 관형어로, 부사 太(너무)는 술어 앞에 부사어로 배치하여 문장을 완성한다.

어휘 旧 jiù 휑 낡다, 헐다 双 shuāng 휑 켤레, 짝 皮鞋 píxié 휑 가죽 구두 太 tài 휑 너무

			→	명사	부사+조동사	동사	대사	的+명사
自己	小马	离开	不愿意 的妻子		小马	不愿意	离开	自己	的妻子。
				주어	부사어	술어	관형어	목적어

해석 샤오마는 자신의 아내를 떠나는 것을 원하지 않는다.

해설 동사 离开(떠나다)를 술어로 배치한 후, 술어와 의미상 어울리는 小马(샤오마)를 주어로, 명사를 포함한 的妻子(~의 아내)를 목적어로 배치한다. 남은 어휘 중 自己(자신)는 목적어 앞에 관형어로, 不愿意(원하지 않다)는 술어 앞에 부사어로 배치하여 문장을 완성한다.

어휘 自己 zìjǐ 휑 자신, 자기 离开 líkāi 휑 떠나다 愿意 yuànyì 조동 ~하기를 원하다 妻子 qīzi 휑 아내

			→	형용사+명사	比……的	명사	형용사+동사
衣服	比其他的	白衬衫	难洗		白衬衫	比其他的	衣服	难洗。
				관형어+주어	比+	비교대상	부사어+술어

해석 흰 셔츠는 다른 옷보다 빨기 어렵다.

해설 제시된 어휘 중 比가 보이므로 比자문을 완성한다. 동사 洗(빨다)가 포함된 难洗(빨기 어렵다)를 술어로 배치하고, 比其他的(다른 ~보다)와 衣服(옷)를 比其他的衣服(다른 옷보다)로 연결하여 술어 앞에 比+비교대상으로 배치한다. 남은 어휘 白衬衫(흰 셔츠)은 주어로 배치하여 문장을 완성한다.

어휘 衣服 yīfu 휑 옷 比 bǐ 게 ~보다 其他 qítā 댁 다른 白 bái 휑 희다 衬衫 chènshān 휑 셔츠
难 nán 휑 ~하기 어렵다 洗 xǐ 휑 빨다, 씻다

문제풀이 방법 해석 p.190

昨天遇到数学老师，我(几)乎认不出他了。 *jǐ*	어제 수학 선생님을 만났는데, 나는 그를 거의 알아보지 못했다.

어휘　**遇到** yùdào 圐 만나다　**数学** shùxué 圐 수학　**几乎** jīhū 빈 거의　**认不出** rèn bu chū 알아보지 못하다, 몰라보다

합격비책 01 | 병음이 같은 한자 구별하여 외우기

따라 읽으며 학습하기 ▶

실전연습문제 p.193

1 生　**2** 医　**3** 网　**4** 雨　**5** 进

1　Shēng
(生)气的时候不要做重要的决定。	화가 날 때는 중요한 결정을 하지 마세요.

해설　빈칸 뒤에 气가 있으므로 生气(화나다)라는 단어의 生을 쓴다. 병음이 같은 声을 쓰지 않도록 주의한다.

어휘　**生气** shēngqì 圐 화나다, 화내다　**不要** búyào 圐 ~하지 마라　**重要** zhòngyào 圐 중요하다　**决定** juédìng 圐 결정

2　yī
妈妈正在(医)院里，她需要人照顾。	엄마가 지금 병원에 계시는데 간호할 사람이 필요하다.

해설　빈칸 뒤에 院이 있으므로 医院(병원)이라는 단어의 医를 쓴다. 병음이 같은 衣를 쓰지 않도록 주의한다.

어휘　**正** zhèng 빈 ~하고 있다　**医院** yīyuàn 圐 병원　**需要** xūyào 圐 필요하다　**照顾** zhàogù 圐 간호하다, 보살피다

3　wǎng
用手机上(网)越来越方便了。	휴대폰으로 인터넷을 하는 것이 갈수록 편리해지고 있다.

해설　빈칸 앞에 上이 있으므로 上网(인터넷을 하다)이라는 단어의 网을 쓴다. 병음이 같은 往을 쓰지 않도록 주의한다.

어휘　**用** yòng 囮 ~으로, ~으로써　**手机** shǒujī 圐 휴대폰　**上网** shàngwǎng 圐 인터넷을 하다　**越来越** yuèláiyuè 빈 갈수록　**方便** fāngbiàn 圐 편리하다

4　yǔ
刮风了，一会儿还要下(雨)，带把伞吧。	바람이 부네요, 곧 또 비가 오겠어요, 우산을 챙기세요.

해설　빈칸 앞에 下가 있으므로 下雨(비가 오다)라는 단어의 雨를 쓴다. 병음이 같은 语를 쓰지 않도록 주의한다.

어휘　**刮风** guāfēng 圐 바람이 불다　**一会儿** yíhuìr 빈 곧　**还要** hái yào 또 다시　**下雨** xiàyǔ 圐 비가 오다　**带** dài 圐 챙기다, 지니다　**把** bǎ 圀 [손잡이가 있는 기구를 세는 단위]　**伞** sǎn 圐 우산

5　Jìn
(进)来看看，你对我们的新家还满意吗?	들어와서 보세요, 우리의 새 집에 대해 그런대로 만족하시나요?

해설　빈칸 뒤에 来가 있으므로 进来(들어오다)라는 단어의 进을 쓴다. 병음이 같은 近을 쓰지 않도록 주의한다.

어휘　**进来** jìnlai 图 들어오다　**看** kàn 图 보다　**对** duì 团 ~에 대해　**新家** xīn jiā 새 집　**还** hái 튄 그런대로, 그럭저럭
　　　满意 mǎnyì 图 만족하다

실전연습문제　　　　　　　　　　　　　　　　　　　　　　　　　　　　　　p.195

1 可　**2** 天　**3** 买　**4** 关　**5** 年

1

　　　　　　　　　　 kě
看女儿画的大熊猫，胖胖的，(可)爱极了。　　　딸이 그린 판다를 보세요. 통통한 것이 정말 귀여워요.

해설　빈칸 뒤에 爱가 있으므로 可爱(귀엽다)라는 단어의 可를 쓴다. 모양이 비슷한 司를 쓰지 않도록 주의한다.

어휘　**看** kàn 图 보다　**女儿** nǚ'ér 图 딸　**画** huà 图 그리다　**大熊猫** dàxióngmāo 图 판다　**胖** pàng 图 통통하다, 뚱뚱하다
　　　可爱 kě'ài 图 귀엽나　**······极了** ······jí le 정말 ~하다

2

　　　 tiān
今年的春(天)来得很早。　　　올해의 봄은 일찍 왔다.

해설　빈칸 앞에 春이 있으므로 春天(봄)이라는 단어의 天을 쓴다. 모양이 비슷한 关을 쓰지 않도록 주의한다.

어휘　**今年** jīnnián 图 올해　**春天** chūntiān 图 봄　**来** lái 图 오다　**早** zǎo 图 이르다

3

　　　　　　　　　　 mǎi
又新鲜又便宜的鱼，(买)十斤送一斤。　　　싱싱하고 싼 생선을 열 근 사시면 한 근을 증정해 드려요.

해설　빈칸 뒤에 十斤(열 근)이 있고, 제시된 병음이 mǎi이므로 买十斤(열 근을 사다)이라는 어구의 买를 쓴다. 모양이 비슷한
　　　卖를 쓰지 않도록 주의한다.

어휘　**又······又······** yòu······yòu······ ~하고 ~하다　**新鲜** xīnxiān 图 싱싱하다, 신선하다
　　　便宜 piányi 图 (값이) 싸다　**买** mǎi 图 사다　**斤** jīn 图 근　**送** sòng 图 증정하다, 주다

4

　　　　　　　　　 guān
她丈夫很爱看书，特别是(关)于中国文化　　　그녀의 남편은 독서하는 것을 매우 좋아하는데, 특히 중국 문화
的书。　　　　　　　　　　　　　　　　　에 관한 책을 좋아해요.

해설　빈칸 뒤에 于가 있으므로 关于(~에 관해)라는 단어의 关을 쓴다. 모양이 비슷한 天을 쓰지 않도록 주의한다.

어휘　**丈夫** zhàngfu 图 남편　**看书** kànshū 图 독서하다　**特别** tèbié 튄 특히　**关于** guānyú 团 ~에 관해　**文化** wénhuà 图 문화

5

　　　 nián
这是几(年)前买的衣服，姐姐还穿着。　　　이것은 몇 년 전에 산 옷인데, 언니는 아직도 입고 있다.

해설　빈칸 앞에 几(몇), 빈칸 뒤에 前(전)이 있으므로 几年前(몇 년 전)이라는 어구의 年을 쓴다. 모양이 비슷한 车를 쓰지 않
　　　도록 주의한다.

어휘　**衣服** yīfu 图 옷　**还** hái 튄 아직도, 여전히　**穿** chuān 图 입다　**着** zhe 国 ~하고 있다

실전연습문제

p.197

1 方	**2** 现	**3** 双	**4** 文	**5** 作

1

fāng
其实筷子还是很(方)便的，多用用就习惯了。

사실 젓가락은 그래도 편리해요. 많이 쓰다 보면 곧 익숙해지실 거예요.

해설　빈칸 뒤에 便이 있으므로 方便(편리하다)이라는 단어의 方을 쓴다.

어휘　**其实** qíshí 톙 사실　**筷子** kuàizi 뎽 젓가락　**还是** háishi 톙 그래도, 여전히　**方便** fāngbiàn 톙 편리하다
　　　用 yòng 똥 쓰다　**就** jiù 톙 곧　**习惯** xíguàn 똥 익숙해지다

2

xiàn
我发(现)你儿子对人特别客气，你教得真好。

저는 당신 아들이 사람들에게 아주 예의바르다는 것을 알았어요. 당신이 정말 훌륭하게 가르쳤네요.

해설　빈칸 앞에 发가 있으므로 发现(알다)이라는 단어의 现을 쓴다.

어휘　**发现** fāxiàn 똥 알다, 발견하다　**儿子** érzi 뎽 아들　**对** duì 깨 ~에게　**特别** tèbié 톙 아주　**客气** kèqi 톙 예의바르다
　　　教 jiāo 똥 가르치다　**真** zhēn 톙 정말　**好** hǎo 톙 훌륭하다

3

shuāng
他就喜欢踢足球，一个月踢坏了三(双)鞋。

그는 오로지 축구하는 것만 좋아해서 한 달에 세 켤레의 신발을 망가뜨렸다.

해설　빈칸 앞에 三(세), 빈칸 뒤에 鞋(신발)가 있고 제시된 병음이 shuāng이므로 三双鞋(세 켤레의 신발)라는 어구의 双을 쓴다.

어휘　**就** jiù 톙 오로지　**喜欢** xǐhuan 똥 좋아하다　**踢足球** tī zúqiú 축구를 하다　**月** yuè 뎽 달　**踢** tī 똥 차다
　　　坏 huài 똥 망가지다　**双** shuāng 뎽 켤레　**鞋** xié 뎽 신발, 구두

4

wén
一个国家的(文)化，就在人们的吃、穿、住、行里。

한 나라의 문화는 바로 사람들의 먹고, 입고, 살고, 이동하는 데에 있다.

해설　빈칸 뒤에 化가 있으므로 文化(문화)라는 단어의 文을 쓴다.

어휘　**国家** guójiā 뎽 나라　**文化** wénhuà 뎽 문화　**人们** rénmen 뎽 사람들　**吃** chī 똥 먹다　**穿** chuān 똥 입다
　　　住 zhù 똥 살다　**行** xíng 똥 이동하다

5

zuò
刘老师在教室检查学生的(作)业。

리우 선생님은 교실에서 학생의 숙제를 검사하고 있다.

해설　빈칸 뒤에 业가 있으므로 作业(숙제)라는 단어의 作를 쓴다.

어휘　**老师** lǎoshī 뎽 선생님, 스승　**教室** jiàoshì 뎽 교실　**检查** jiǎnchá 똥 검사하다　**作业** zuòyè 뎽 숙제, 과제

테스트 1 p.198

1 书 **2** 块 **3** 只 **4** 出 **5** 白

1

　　　　　　　　　shū
这个周末我没时间啊，我要去图（书）馆借一本词典。

이번 주말은 제가 시간이 없어요, 도서관에 가서 사전을 한 권 빌려야 하거든요.

해설　빈칸 앞에 图, 빈칸 뒤에 馆이 있으므로 图书馆(도서관)이라는 단어의 书를 쓴다. 병음이 같은 叔를 쓰지 않도록 주의한다.

어휘　**周末** zhōumò 圆 주말　**没时间** méi shíjiān 시간이 없다　**图书馆** túshūguǎn 圆 도서관　**借** jiè 圆 빌리다
　　　本 běn 圆 권　**词典** cídiǎn 圆 사전

2

　　　　　　kuài
东北大米不贵，每公斤才四（块）八角。

둥베이의 쌀은 비싸지 않다. 1킬로그램당 겨우 4위안 8쟈오이다.

해설　빈칸 앞에 四(4)가 있고, 제시된 병음이 kuài이므로 四块(4위안)라는 어구의 块를 쓴다. 병음이 같은 快를 쓰지 않도록 주의한다.

어휘　**东北** Dōngběi 교유 둥베이　**大米** dàmǐ 圆 쌀　**每** měi 때 ～당, ～마다　**公斤** gōngjīn 圆 킬로그램(kg)
　　　才 cái 图 겨우, 고작　**块** kuài 圆 위안　**角** jiǎo 圆 쟈오

3

　Zhǐ
（只）有认真学习，才能拿到高分。

착실하게 공부해야만 비로소 높은 점수를 받을 수 있다.

해설　빈칸 뒤에 有가 있으므로 只有(～해야만)라는 단어의 只를 쓴다. 병음이 같은 纸을 쓰지 않도록 주의한다.

어휘　**只有……才……** zhǐyǒu……cái…… ～해야만 비로소 ～하다　**认真** rènzhēn 圆 착실하다, 성실하다
　　　学习 xuéxí 圆 공부하다　**拿到** nádào 받다　**高分** gāo fēn 높은 점수

4

　chū
他（出）国以后还经常给我写信，说想喝北京的大碗茶。

그는 출국한 이후에도 여전히 자주 나에게 편지를 쓰는데, 베이징의 따완차를 마시고 싶다고 말한다.

해설　빈칸 뒤에 国가 있으므로 出国(출국하다)라는 단어의 出를 쓴다.

어휘　**出国** chūguó 圆 출국하다　**以后** yǐhòu 圆 이후　**还** hái 图 여전히　**经常** jīngcháng 图 자주
　　　写信 xiě xìn 편지를 쓰다　**大碗茶** dàwǎn chá 따완차 [사발에 담아 마시는 차]

5

　　　　　　　　bái
她嘴上不说，其实心里还是很明（白）的。

그녀는 입으로는 말하지 않지만 사실 마음속으로는 그래도 이해하고 있다.

해설　빈칸 앞에 明이 있으므로 明白(이해하다)라는 단어의 白를 쓴다. 모양이 비슷한 百를 쓰지 않도록 주의한다.

어휘　**嘴** zuǐ 圆 입　**其实** qíshí 图 사실　**心里** xīnli 마음속　**还是** háishi 图 그래도, 여전히　**明白** míngbai 圆 이해하다

쓰기

제2부분 ▶ 해커스 HSK 3급 한 권으로 합격

1 自   **2** 洗   **3** 多   **4** 工   **5** 从

1

zǐ
不要让(自)己的坏心情去影响别人。

자신의 좋지 않은 기분이 타인에게 영향을 미치게 하지 마라.

해설   빈칸 뒤에 己가 있으므로 自己(자신)라는 단어의 自를 쓴다. 병음이 같은 字를 쓰지 않도록 주의한다.

어휘   **不要** búyào 툉 ~하지 마라   **让** ràng 툉 ~하게 하다   **自己** zìjǐ 뎨 자신, 자기   **坏心情** huài xīnqíng 좋지 않은 기분
      影响 yǐngxiǎng 툉 영향을 미치다   **别人** biérén 뎨 타인

2

xǐ
小心一点儿，(洗)手间的地上都是水。

조심하세요, 화장실 바닥에 온통 물이 있어요.

해설   빈칸 뒤에 手间이 있으므로 洗手间(화장실)이라는 단어의 洗를 쓴다. 모양이 비슷한 选을 쓰지 않도록 주의한다.

어휘   **小心** xiǎoxīn 툉 조심하다   **洗手间** xǐshǒujiān 멩 화장실   **地上** dìshang 멩 바닥, 땅   **都** dōu 핀 온통, 모두

3

duō
甜饮料一般都不太健康，还是不要(多)喝
的好。

단 음료는 보통 별로 몸에 좋지 않으니, 많이 마시지 않는 것
이 좋다.

해설   빈칸 뒤에 喝(마시다)가 있고, 제시된 병음이 duō이므로 多喝(많이 마시다)라는 어구의 多를 쓴다.

어휘   **甜** tián 톙 달다   **饮料** yǐnliào 멩 음료   **一般** yìbān 톙 보통이다   **健康** jiànkāng 톙 몸에 좋다, 건강하다
      喝 hē 툉 마시다

4

gōng
他一直想换个(工)作，后来终于心想事成
了。

그는 줄곧 직업을 바꾸고 싶어했는데, 그 후 마침내 바라는 일
이 이루어졌다.

해설   빈칸 뒤에 作가 있으므로 工作(직업)라는 단어의 工을 쓴다. 병음이 같은 公을 쓰지 않도록 주의한다.

어휘   **一直** yìzhí 핀 줄곧, 계속   **换** huàn 툉 바꾸다   **工作** gōngzuò 멩 직업, 일자리   **后来** hòulái 멩 그 후
      终于 zhōngyú 핀 마침내   **心想事成** xīn xiǎng shì chéng 바라는 일이 이루어지다

5

cóng
爸爸刚(从)公司回来，正忙着洗澡呢。

아빠는 방금 회사에서 돌아와서 목욕하느라 바빠요.

해설   빈칸 뒤에 公司(회사)가 있고, 제시된 병음이 cóng이므로 从公司(회사에서)라는 어구의 从을 쓴다.

어휘   **爸爸** bàba 멩 아빠   **刚** gāng 핀 방금   **从** cóng 꺠 ~에서   **公司** gōngsī 멩 회사   **回来** huílai 툉 돌아오다
      正 zhèng 핀 [동작이 진행 중임을 나타냄]   **忙着** mángzhe ~하느라 바쁘다   **洗澡** xǐzǎo 툉 목욕하다

듣기
p.205

제1부분

1 C　**2** F　**3** A　**4** B　**5** E　**6** D　**7** C　**8** E　**9** B　**10** A

제2부분

11 ✓　**12** ✓　**13** ✕　**14** ✕　**15** ✓　**16** ✕　**17** ✕　**18** ✓　**19** ✓　**20** ✕

제3부분

21 B　**22** A　**23** A　**24** A　**25** B　**26** A　**27** A　**28** B　**29** B　**30** C

제4부분

31 B　**32** B　**33** A　**34** A　**35** A　**36** B　**37** B　**38** C　**39** C　**40** A

독해
p.210

제1부분

41 D　**42** F　**43** C　**44** A　**45** B　**46** C　**47** A　**48** D　**49** E　**50** B

제2부분

51 B　**52** A　**53** F　**54** D　**55** C　**56** E　**57** C　**58** F　**59** B　**60** A

제3부분

61 C　**62** C　**63** A　**64** C　**65** C　**66** B　**67** A　**68** B　**69** B　**70** A

쓰기
p.216

제1부분

71 这名司机其实很好。　　　　　　**72** 他现在一定在图书馆看书。

73 女孩子害怕得哭了起来。　　　　　**74** 我是星期五请假的。

75 啤酒被我喝完了。

제2부분

76 文　　　　　　　　　　　　　　**77** 右

78 行　　　　　　　　　　　　　　**79** 节

80 为

1-5

A

B

C

D

E

F

1

男：渴了吧，快来喝点水。
女：好的。谢谢。这天气真是太热了。

남: 목마르죠, 이시 와시 물 좀 마셔요.
여: 네, 고마워요. 날씨가 정말 너무 덥네요.

해설　음성에서 喝……水(물을 마시다)가 언급되었으므로 여자가 물을 마시고 있는 사진 C를 고른다.

어휘　渴 kě 휑 목마르다, 목이 타다　喝水 hē shuǐ 물을 마시다　天气 tiānqì 몡 날씨, 일기　真是 zhēnshi 휑 정말, 사실상
热 rè 휑 덥다, 뜨겁다

2

男：我把盘子洗干净了，还有别的要做的吗？
女：房间还没有打扫吧？

남: 저 접시를 깨끗이 씻었어요. 다른 할 일이 또 있나요?
여: 방은 아직 청소 안 했죠?

해설　음성에서 把盘子洗(접시를 씻다)가 언급되었으므로 남자가 접시를 씻고 있는 사진 F를 고른다.

어휘　盘子 pánzi 몡 접시, 쟁반　洗 xǐ 됭 씻다, 빨다　干净 gānjìng 휑 깨끗하다, 청결하다　还 hái 휑 또, 더
别的 biéde 데 다른 것　房间 fángjiān 몡 방　打扫 dǎsǎo 됭 청소하다

3

女：你脚上这双皮鞋在哪儿买的？多少钱？
男：今年春天的时候在网上买的。一百八十元。

여: 당신이 신고 있는 이 가죽 구두는 어디에서 산 건가요? 얼마예요?
남: 올해 봄에 인터넷에서 산 거예요. 180위안이에요.

해설　음성에서 皮鞋(가죽 구두)가 언급되었으므로 가죽 구두가 부각된 사진 A를 고른다.

어휘　双 shuāng 얭 켤레, 짝　皮鞋 píxié 가죽 구두　多少钱 duōshao qián 얼마예요　今年 jīnnián 몡 올해
春天 chūntiān 몡 봄　在网上 zài wǎngshàng 인터넷에서　百 bǎi 중 백, 100　元 yuán 얭 위안

4

女：明天我们去哪儿玩儿呢？
男：去骑马吧。我可以教你。

여: 내일 우리 어디에 가서 놀까요?
남: 말을 타러 가요. 제가 당신을 가르쳐 줄게요.

해설　음성에서 骑马(말을 타다)가 언급되었으므로 남자가 말을 타고 있는 사진 B를 고른다.

어휘　明天 míngtiān 몡 내일　玩儿 wánr 됭 놀다　骑马 qí mǎ 말을 타다　教 jiāo 됭 가르치다, 전수하다

5	男：小姐，请问您需要吃点儿什么？ 女：我先看看你们菜单上有什么菜。	남: 아가씨. 어떤 것을 드시겠어요? 여: 저는 먼저 메뉴에 어떤 요리가 있는지 볼게요.

해설 　음성에서 **请问您需要吃点儿什么?**(어떤 것을 드시겠어요?)가 언급되었으므로 종업원으로 보이는 남자가 주문을 받고 있는 사진 E를 고른다.

어휘 　**小姐** xiǎojiě 圀 아가씨, 젊은 여자 　**需要** xūyào 통 필요하다, 요구되다 　**菜单** càidān 圀 메뉴, 식단 　**菜** cài 圀 요리, 채소

6-10

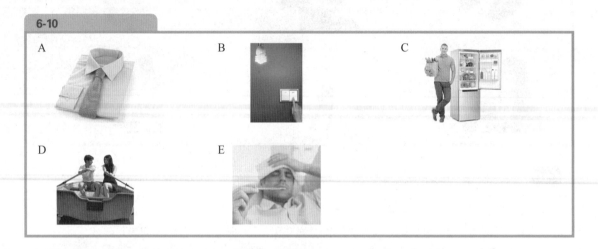

A
B
C
D
E

6	男：我们怎么去呢？ 女：坐船吧，坐船可以经过西山，那是一个 　　很有名的地方。	남: 우리는 어떻게 가나요? 여: 배를 탑시다. 배를 타면 시산을 지날 수 있어요. 그곳은 　아주 유명한 장소예요.

해설 　음성에서 **坐船**(배를 타다)이 언급되었으므로 남자와 여자가 배를 타고 있는 사진 D를 고른다.

어휘 　**怎么** zěnme 떼 어떻게, 왜 　**坐船** zuò chuán 배를 타다 　**经过** jīngguò 통 지나다 　**西山** Xīshān 고유 시산
　　有名 yǒumíng 톙 유명하다 　**地方** dìfang 圀 장소, 곳

7	女：把你买的东西放在冰箱里，菜也放进 　　去。 男：好，放在上面这一层吗？	여: 당신이 산 물건은 냉장고에 넣어 둬요. 채소도 넣어 두 　고요. 남: 좋아요. 위쪽 여기 층에 두면 되나요?

해설 　음성에서 **冰箱**(냉장고)이 언급되었으므로 냉장고가 부각된 사진 C를 고른다.

어휘 　**买** mǎi 통 사다, 매입하다 　**东西** dōngxi 圀 물건, 물품 　**放** fàng 통 놓아두다 　**冰箱** bīngxiāng 圀 냉장고
　　菜 cài 圀 채소, 야채 　**上面** shàngmian 圀 위쪽 　**层** céng 맥 층

8	男：我是不是发烧了？ 女：是有一点儿，先吃点药，然后再好好休 　　息一下。	남: 저 열이 나지 않나요? 여: 약간요. 우선 약을 좀 먹고 난 후에 푹 쉬도록 해요.

해설 　음성에서 **发烧**(열이 나다)가 언급되었으므로 남자가 이마에 물수건을 얹고 있는 사진 E를 고른다.

어휘 　**发烧** fāshāo 통 열이 나다 　**一点儿** yìdiǎnr 약간, 조금 　**先** xiān 阜 우선 　**药** yào 圀 약 　**然后** ránhòu 젭 그런 후에
　　好好 hǎohāo 阜 푹, 충분히 　**休息** xiūxi 통 쉬다, 휴식하다

9

| 女：快点儿。篮球比赛快要开始了。
男：你等一会儿。我把洗手间的灯关了就走。 | 여: 서둘러요. 농구 경기가 곧 시작해요.
남: 잠깐만 기다려요. 저 화장실 불을 끄고 바로 갈게요. |

해설　음성에서 灯关(불을 끄다)이 언급되었으므로 불을 끄고 있는 사진 B를 고른다.

어휘　**篮球** lánqiú 몡 농구　**比赛** bǐsài 몡 경기　**开始** kāishǐ 통 시작하다　**洗手间** xǐshǒujiān 몡 화장실
　　　灯 dēng 몡 불, 등　**关** guān 통 끄다, 닫다

10

| 男：你看，这件白色的衬衫怎么样？
女：很好看！你就买这件吧。 | 남: 봐요, 이 흰색 셔츠 어때요?
여: 정말 근사해요! 당신 이걸로 사요. |

해설　음성에서 衬衫(셔츠)이 언급되었으므로 셔츠가 부각된 사진 A를 고른다.

어휘　**件** jiàn 영 [일부 하나하나로 셀 수 있는 물건을 세는 단위]　**白色** báisè 몡 흰색　**衬衫** chènshān 몡 셔츠, 와이셔츠
　　　好看 hǎokàn 혱 근사하다, 아름답다

11

| ★ 说话人有很多地图。（ ）

我喜欢旅游，去过很多地方，而且每到一个地方，都要买一张那个城市的地图。 | ★ 화자는 지도를 많이 가지고 있다. (✓)

저는 여행하는 것을 좋아해서, 많은 곳을 가 보았어요. 뿐만 아니라 한 장소에 갈 때마다 그 도시의 지도를 한 장 샀어요. |

해설　문장의 '说话人有很多地图。'에서 화자는 지도를 많이 가지고 있다고 했다. 음성에서 화자가 '去过很多地方，而且每到一个地方，都要买一张那个城市的地图'라며 많은 곳을 가 봤는데 한 장소에 갈 때마다 그 도시의 지도를 한 장 샀다고 했으므로, 화자가 많은 지도를 가지고 있을 것임을 추론할 수 있다. 따라서 문장과 음성의 내용을 일치로 판단한다.

어휘　**有** yǒu 통 가지고 있다, 있다　**地图** dìtú 몡 지도　**喜欢** xǐhuan 통 좋아하다　**旅游** lǚyóu 통 여행하다
　　　过 guo 조 ~하곤 하다, ~한 적이 있다　**地方** dìfang 몡 장소, 곳　**而且** érqiě 접 뿐만 아니라, 게다가
　　　每 měi 데 ~마다, 각　**买** mǎi 통 사다　**城市** chéngshì 몡 도시

12

| ★ 那些树很多年前就有了。（ ）

那个公园不大，但是里面有很多很高很高的树，那些树可能有一百多年的历史了。 | ★ 그 나무들은 오래 전부터 있었다. (✓)

그 공원은 크지 않지만, 안에 높디 높은 나무들이 많이 있어요. 그 나무들은 아마 백 년 남짓한 역사를 가지고 있을 거예요. |

해설　문장의 很多年前就有了(오래 전부터 있었다)가 음성의 有一百多年的历史了(백 년 남짓한 역사를 가지고 있다)를 바꿔 표현한 경우이므로 일치로 판단한다.

어휘　**那些** nàxiē 데 그들, 그것들 [둘 이상의 사람이나 사물을 가리킴]　**树** shù 몡 나무　**前** qián 몡 전, 앞　**有** yǒu 통 있다
　　　公园 gōngyuán 몡 공원　**但是** dànshì 접 하지만, 그러나　**里面** lǐmian 몡 안, 안쪽　**高** gāo 혱 높다
　　　可能 kěnéng 믿 아마 ~일 것이다　**一百** yìbǎi 준 백(100)　**多** duō 수 ~남짓, ~여　**历史** lìshǐ 몡 역사

13

| ★ 冰箱坏了。（ ）

晚上叔叔要来我们家，但是冰箱里什么也没有了。下午我要去超市买点菜、肉、鸡蛋和水果。 | ★ 냉장고가 고장 났다. (✗)

저녁에 삼촌이 우리 집에 오시는데, 냉장고에 아무 것도 없어요. 오후에 제가 슈퍼마켓에 가서 야채, 고기, 달걀과 과일을 좀 사야겠어요. |

해설　문장에서는 냉장고가 **坏了**(고장 났다)라고 했는데 음성에서는 냉장고 안에 **什么也没有了**(아무 것도 없다)라고 다르게 언급되었으므로 불일치로 판단한다.

어휘　**冰箱** bīngxiāng 몡 냉장고　**坏** huài 톙 고장 나다, 상하다　**晚上** wǎnshang 몡 저녁　**叔叔** shūshu 몡 삼촌　**家** jiā 몡 집
但是 dànshì 젭 그러나　**下午** xiàwǔ 몡 오후　**超市** chāoshì 몡 슈퍼마켓　**买** mǎi 통 사다　**菜** cài 몡 야채, 채소
肉 ròu 몡 고기　**鸡蛋** jīdàn 몡 달걀　**和** hé 젭 ~과　**水果** shuǐguǒ 몡 과일

14

★ 说话人没有吃早饭。（　）	★ 화자는 아침밥을 먹지 않았다. (✕)
今天早上我起床起晚了，吃了一个面包，喝了一杯牛奶就往学校跑，还好跑得快没有迟到。	오늘 아침에 저는 늦게 일어나서, 빵을 한 개 먹고, 우유를 한 잔 마시고 바로 학교로 뛰어갔어요. 다행히 빨리 뛰어가서 지각하지는 않았어요.

해설　문장에서는 **没有吃早饭**(아침밥을 먹지 않았다)이 언급되었는데 음성에서는 **今天早上……吃了一个面包，喝了一杯牛奶**(오늘 이침에 빵을 한 개 먹고, 우유를 한 잔 미셨다)라고 반대로 언급되었으므로 불일치로 판딘한다.

어휘　**早饭** zǎofàn 몡 아침밥　**早上** zǎoshang 몡 아침　**起床** qǐchuáng 통 (잠자리에서) 일어나다　**晚** wǎn 톙 늦다
面包 miànbāo 몡 빵　**喝** hē 통 마시다　**杯** bēi 몡 잔, 컵　**牛奶** niúnǎi 몡 우유　**往** wǎng 개 ~로, ~를 향해
跑 pǎo 통 뛰다, 달리다　**还好** hái hǎo 다행히(도), 운좋게　**迟到** chídào 통 지각하다

15

★ 这些香蕉都坏了。（　）	★ 이 바나나들은 상했다. (✓)
下次买水果要少买一点儿，你看，这些香蕉放的时间太长，都不能吃了。	다음번에 과일을 사면 조금 적게 사야 해요. 보세요, 이 바나나들은 놓아둔지 너무 오래되어서 먹을 수 없게 되었어요.

해설　문장의 **坏了**(상했다)가 음성의 **不能吃了**(먹을 수 없게 되었다)를 바꿔 표현한 경우이므로 일치로 판단한다.

어휘　**这些** zhèxiē 떼 이런 것들, 이러한 [비교적 가까이 있는 둘 이상의 사람이나 사물을 가리킴]　**香蕉** xiāngjiāo 몡 바나나
坏 huài 톙 상하다, 망가지다　**下次** xiàcì 몡 다음번　**水果** shuǐguǒ 몡 과일　**要** yào 조동 ~해야 한다
少 shǎo 톙 적다　**一点儿** yìdiǎnr 조금, 약간　**放** fàng 통 놓아두다, 넣다　**时间** shíjiān 몡 시간

16

★ 他们下午要去咖啡馆。（　）	★ 그들은 오후에 커피숍에 갈 것이다. (✕)
2路公共汽车站附近有一家很安静的咖啡馆，上午我们就在那儿见了面，喝了咖啡。	2번 버스 정류장 근처에 조용한 커피숍이 있어요. 오전에 저희는 거기에서 만나서 커피를 마셨어요.

해설　문장에서는 **下午**(오후)에 커피숍에 갈 것이라고 했는데, 음성에서는 **上午**(오전)에 커피숍에서 만났다고 시점이 다르게 언급되었으므로 불일치로 판단한다.

어휘　**下午** xiàwǔ 몡 오후　**咖啡馆** kāfēiguǎn 몡 커피숍, 카페　**公共汽车站** gōnggòng qìchē zhàn 버스 정류장
附近 fùjìn 몡 근처, 부근　**家** jiā 몡 [집·점포 등을 세는 단위]　**安静** ānjìng 톙 조용하다　**见面** jiànmiàn 통 만나다

17

★ 说话人常和妻子一起看电视。（　）	★ 화자는 종종 아내와 함께 텔레비전을 본다. (✕)
我不太喜欢看电视，除了动物世界，其他的节目我都觉得没意思，所以我家的电视一般都是我妻子一个人看。	저는 텔레비전 보는 것을 그다지 좋아하지 않아요. 동물의 세계를 제외하면, 다른 프로그램은 모두 재미가 없다고 생각해요. 그래서 우리 집 텔레비전은 보통 아내 혼자 봐요.

해설　문장에서는 화자가 텔레비전을 볼 때 종종 **和妻子一起**(아내와 함께)라고 했는데, 음성에서 텔레비전을 보는 것은 보통 **妻子一个人**(아내 혼자)이라고 다르게 언급되었으므로 불일치로 판단한다.

어휘	**常 cháng** 閉 종종, 항상　**妻子 qīzi** 閉 아내　**电视 diànshì** 閉 텔레비전　**除了 chúle** 꽤 ~을 제외하고
	动物 dòngwù 閉 동물　**世界 shìjiè** 閉 세계　**其他 qítā** 때 다른 것, 기타　**节目 jiémù** 閉 프로그램
	觉得 juéde 图 ~이라고 생각하다　**没意思 méi yìsi** 재미없다　**所以 suǒyǐ** 쩹 그래서　**一般 yībān** 閉 보통이다

18

★ 说话人家里今天有客人来。( )	★ 화자의 집에 오늘 손님이 온다. (✓)
中午我遇到了小王，她说她和她丈夫晚上来我们家吃饭，你去买点鱼和羊肉。再买些苹果、西瓜、香蕉什么的，还有，别忘了买瓶饮料。	점심에 저는 샤오왕을 만났는데, 그녀가 남편과 저녁에 밥을 먹으러 우리 집에 온다고 말했어요. 당신이 가서 생선과 양고기를 좀 사고, 또 사과, 수박, 바나나 같은 것도 사요. 그리고 음료 사는 것도 잊지 마세요.

해설　문장의 说话人家里今天有客人来。(화자의 집에 오늘 손님이 온다.)가 음성의 她和她丈夫晚上来我们家吃饭(그녀가 남편과 저녁에 밥을 먹으러 우리 집에 온다)을 바꿔 표현한 경우이므로 일치로 판단한다.

어휘　**客人 kèrén** 閉 손님　**中午 zhōngwǔ** 閉 점심, 정오　**遇到 yùdào** 图 만나다　**和 hé** 꽤 ~와

　　丈夫 zhàngfu 閉 남편　**晚上 wǎnshang** 閉 저녁　**鱼 yú** 閉 생선, 물고기　**羊肉 yángròu** 閉 양고기　**再 zài** 閉 또, 더욱

　　苹果 píngguǒ 閉 사과　**西瓜 xīguā** 閉 수박　**香蕉 xiāngjiāo** 閉 바나나　**什么的 shénme de** ~같은 것, ~등

　　还有 háiyǒu 쩹 그리고, 또한　**别 bié** 閉 ~하지 마라　**忘 wàng** 图 잊다, 망각하다　**瓶 píng** 閉 병　**饮料 yǐnliào** 閉 음료

19

★ 说话人最喜欢春天。( )	★ 화자는 봄을 가장 좋아한다. (✓)
公园里的树都绿了，花也开了。冬天过去了，终于到了我最喜欢的季节。在这个季节我常去公园骑自行车。	공원의 나무가 모두 푸르러졌고, 꽃도 피었어요. 겨울이 지나가고 마침내 제가 가장 좋아하는 계절이 왔어요. 이 계절에 저는 종종 공원에 가서 자전거를 타요.

해설　문장의 '说话人最喜欢春天。'에서 화자는 봄을 가장 좋아한다고 했다. 음성에서 화자가 '树都绿了，花也开了。 冬天过去了，终于到了我最喜欢的季节。'라며 나무가 모두 푸르러졌고, 꽃이 피었다며 겨울이 가고 마침내 자신이 가장 좋아하는 계절이 왔다고 했으므로, 화자가 가장 좋아하는 계절이 봄이라는 것을 추론할 수 있다. 따라서 문장과 음성의 내용을 일치로 판단한다.

어휘　**最 zuì** 閉 가장, 제일　**春天 chūntiān** 閉 봄　**公园 gōngyuán** 閉 공원　**树 shù** 閉 나무　**花 huā** 閉 꽃　**也 yě** 閉 ~도

　　冬天 dōngtiān 閉 겨울　**终于 zhōngyú** 閉 마침내　**季节 jìjié** 閉 계절　**骑 qí** 图 타다　**自行车 zìxíngchē** 閉 자전거

20

★ 说话人带照相机了。( )	★ 화자는 사진기를 가져왔다. (✗)
我忘带照相机了，过一会儿我站在那边的时候，你用手机帮我照几张照片好吗？	저는 사진기 가져오는 것을 잊어버렸어요. 잠시 후에 제가 저쪽에 섰을 때, 당신이 휴대폰으로 사진 몇 장 찍어주시겠어요?

해설　문장에서는 带照相机了(사진기를 가져왔다)가 언급되었는데 음성에서는 忘带照相机了(사진기 가져오는 것을 잊어버렸다)로 반대로 언급되었으므로 불일치로 판단한다. 참고로, 위 지문에서 '帮我照几张照片'은 '帮＋사람＋동사(~를 도와 ~해주다)' 구문이 사용되어, '(나를 도와) 사진 몇 장을 찍어주다'로 해석된다는 것을 알아 두자.

어휘　**带 dài** 图 가지다, 지니다　**照相机 zhàoxiàngjī** 閉 사진기　**忘 wàng** 图 잊다, 망각하다

　　⋯⋯的时候 ⋯⋯de shíhou ~할 때　**用 yòng** 图 사용하다, 쓰다　**手机 shǒujī** 閉 휴대폰　**照 zhào** 图 찍다

　　几 jǐ 때 몇　**张 zhāng** 閉 장 [종이나 가죽 등을 세는 단위]　**照片 zhàopiàn** 閉 사진

21					
A 衬衫	**B 裙子**	C 裤子	A 셔츠	**B 치마**	C 바지

男：我给你买了一件裙子，你试一试。

女：好啊，你看，是不是长了一点？

问：女的在试什么？

남: 제가 당신을 위해 치마를 하나 샀어요. 한번 입어보세요.

여: 좋아요. 보세요. 조금 길지 않나요?

질문: 여자는 무엇을 입어보고 있는가?

해설   선택지를 통해 옷과 관련된 질문이 나올 것을 예상한다. 남자가 裙子(치마)를 입어보라고 하자, 여자가 좋다고 대답한 후 길지 않은지 물었다. 질문에서 여자가 무엇을 입어보고 있는지 물었으므로 B 裙子(치마)가 정답이다.

어휘   衬衫 chènshān 몡 셔츠   裙子 qúnzi 몡 치마   裤子 kùzi 몡 바지   给 gěi 꿰 ~를 위해   买 mǎi 통 사다
     试一试 shì yi shì 한번 해 보다, 시도해 보다   长 cháng 뎡 길다   一点 yìdiǎn 조금, 약간

22	
A 很满意	A 만족한다
B 想换地方	B 장소를 바꾸고 싶다
C 下个月再来	C 다음 달에 또 올 것이다

男：阿姨，你对这个宾馆还满意吗？

女：很不错啊，下次来我还住在这里。

问：女的是什么意思？

남: 아주머니, 이 호텔에 만족하세요?

여: 괜찮네요. 다음번에 와도 저는 여기에 또 묵을 거예요.

질문: 여자의 말은 무슨 의미인가?

해설   선택지를 통해 상태·상황과 관련된 질문이 나올 것을 예상한다. 남자가 还满意吗?(만족하세요?)라고 묻자 여자가 很不错啊(괜찮네요)라고 대답했다. 질문에서 여자의 말이 무슨 의미인지 물었으므로 A 很满意(만족한다)가 정답이다.

어휘   满意 mǎnyì 통 만족하다   换 huàn 통 바꾸다   地方 difang 몡 장소, 곳   下个月 xià ge yuè 다음 달   再 zài 뿐 또, 다시
     阿姨 āyí 몡 아주머니, 이모   不错 búcuò 뎡 괜찮다   下次 xiàcì 몡 다음번   住 zhù 통 묵다, 숙박하다
     这里 zhèli 떼 여기, 이곳

23	
A 不舒服	A 아프다
B 想睡觉	B 자려고 한다
C 想回家	C 집으로 돌아가려 한다

男：老师，我想请个假。我耳朵疼，想去医
      院看一下。

女：好，你去吧。

问：男的怎么了？

남: 선생님, 저 조퇴를 신청하고 싶어요. 제가 귀가 아파서
      병원에 가서 진찰 좀 해 보려고 해요.

여: 그래, 가 보렴.

질문: 남자는 어떠한가?

해설   선택지를 통해 상태·상황과 관련된 질문이 나올 것을 예상한다. 남자가 耳朵疼(귀가 아프다)이라고 했고, 질문에서 남자의 상태를 물었으므로 A 不舒服(아프다)가 정답이다.

어휘   不舒服 bù shūfu 아프다, 불편하다   想 xiǎng 조동 ~하려고 하다, ~하고 싶다   睡觉 shuìjiào 통 자다
     回家 huíjiā 집에 돌아가다   老师 lǎoshī 몡 선생님   请假 qǐngjià 조퇴나 휴가 등을 신청하다   耳朵 ěrduo 몡 귀
     疼 téng 뎡 아프다   医院 yīyuàn 몡 병원   一下 yíxià 좀 ~하다, ~해 보다   吧 ba 죄 [문장 끝에 쓰여 허가를 나타냄]

24					
A 商店	B 办公室	C 图书馆	A 상점	B 사무실	C 도서관

男：你好，一共三千两百零九元。

女：可以用信用卡吗？

남: 안녕하세요, 모두 3천 2백 9위안입니다.

여: 신용 카드를 사용할 수 있나요?

问：他们最可能在什么地方？	질문: 그들은 어떤 장소에 있을 가능성이 가장 큰가?

해설 선택지를 통해 장소를 묻는 질문이 나올 것을 예상한다. 대화에서 一共三千两百零九元(모두 3천 2백 9위안이다), 用信用卡(신용 카드를 사용하다)라는 표현이 언급되었다. 질문에서 그들은 어떤 장소에 있을 가능성이 가장 큰지를 물었으므로, 대화에서 언급된 표현을 통해 알 수 있는 A 商店(상점)이 정답이다.

어휘 **商店** shāngdiàn 圏 상점 **办公室** bàngōngshì 圏 사무실 **图书馆** túshūguǎn 圏 도서관 **一共** yígòng 凰 모두, 전부
  千 qiān ㊀ 1000, 천 **百** bǎi ㊀ 100, 백 **零** líng ㊀ 0, 영 **元** yuán 圏 위안 [중국의 화폐 단위]
  信用卡 xìnyòngkǎ 圏 신용 카드

25

A 便宜	A 저렴하다
B 想看雪	**B 눈을 보고 싶어 한다**
C 比较近	C 비교적 가깝다
女：你要去旅游吗？是去南方吗？	여: 당신 여행 갈 건가요? 남쪽 지방으로 가나요？
男：不，去北方。我特别想看看那里的雪。	남: 아뇨, 북쪽 지방으로 가요. 저는 특히 그곳의 눈을 보고 싶어요.
问：男的为什么要去北方旅游？	질문: 남자는 왜 북쪽 지방으로 여행을 가려 하는가?

해설 선택지를 통해 상태·상황과 관련된 질문이 나올 것을 예상한다. 남자가 북쪽 지방으로 간다며 想看看那里的雪(그곳의 눈을 보고 싶어요)라고 했다. 질문에서 남자가 북쪽 지방으로 여행 가려는 이유를 물었으므로 B 想看雪(눈을 보고 싶어 한다)가 정답이다.

어휘 **便宜** piányi 圏 저렴하다, 싸다 **雪** xuě 圏 눈 **比较** bǐjiào 凰 비교적 **近** jìn 圏 가깝다 **旅游** lǚyóu 圏 여행하다
  南方 nánfāng 圏 남쪽 지방, 남방 **北方** běifāng 圏 북쪽 지방, 북방 **特别** tèbié 凰 특히, 아주 **那里** nàli 떼 그곳, 거기

26

A 是老师	**A 선생님이다**
B 很聪明	B 총명하다
C 比女的大	C 여자보다 나이가 많다
女：我教一年级二班，你呢？	여: 저는 1학년 2반을 가르쳐요. 당신은요？
男：我教四班的汉语课。	남: 저는 4반에서 중국어 수업을 해요.
问：关于男的，可以知道什么？	질문: 남자에 관해 알 수 있는 것은 무엇인가?

해설 선택지를 통해 상태·상황과 관련된 질문이 나올 것을 예상한다. 남자가 我教……汉语课(저는 중국어 수업을 해요)라고 했다. 질문에서 남자에 관해 알 수 있는 것을 물었으므로 A 是老师(선생님이다)이 정답이다.

어휘 **老师** lǎoshī 圏 선생님 **聪明** cōngming 圏 총명하다, 똑똑하다 **比** bǐ 꼐 ~보다, ~에 비해 **教** jiāo 圄 가르치다
  年级 niánjí 圏 학년 **班** bān 圏 반, 그룹 **教课** jiāokè 圄 수업하다, 강의하다 **汉语** Hànyǔ 고유 중국어

27

A 问路 B 买电脑 C 看地图	**A 길을 묻는다** B 컴퓨터를 산다 C 지도를 본다
男：请问，这条街道上有医院吗？	남: 말씀 좀 여쭙겠습니다. 이 거리에 병원이 있나요？
女：你一直向东走，在银行和商店的中间。	여: 동쪽으로 곧장 걸어가시면, 은행과 상점 사이에 있어요.
问：男的正在做什么？	질문: 남자는 지금 무엇을 하고 있는가?

해설 선택지를 통해 행동을 묻는 질문이 나올 것을 예상한다. 남자가 请问，这条街道上有医院吗？(말씀 좀 여쭙겠습니다. 이 거리에 병원이 있나요？)라고 했고, 질문에서 남자가 지금 무엇을 하고 있는지 물었으므로 A 问路(길을 묻는다)가 정답이다.

어휘 问路 wènlù [동] 길을 묻다 电脑 diànnǎo [명] 컴퓨터 地图 dìtú [명] 지도 请问 qǐngwèn [동] 말씀 좀 여쭙겠습니다 街道 jiēdào [명] 거리, 대로 医院 yīyuàn [명] 병원 一直 yìzhí [부] 곧장, 줄곧 向 xiàng [개] ~을 향해 东 dōng [명] 동쪽 银行 yínháng [명] 은행 和 hé [개] ~와 商店 shāngdiàn [명] 상점 中间 zhōngjiān [명] 사이, 중간

28

A 13:00 **B** 15:00 C 21:00	A 13:00 **B** 15:00 C 21:00
男：这是你的碗和筷子。对了，喝杯啤酒怎么样？ 女：不喝了，我一喝就脸红，下午三点还有一个会议要参加呢。 问：女的什么时候参加会议？	남: 이것은 당신 그릇과 젓가락이에요. 맞다, 맥주 한잔 마시는 게 어때요? 여: 마시지 않을래요. 저는 마시기만 하면 얼굴이 붉어지는데, 오후 3시에 참가해야 할 회의가 남아 있어서요. 질문: 여자는 언제 회의에 참가하는가?

해설 선택지를 통해 시간을 묻는 질문이 나올 것을 예상한다. 여자가 下午三点(오후 3시)에 참가해야 할 회의가 남아 있다고 했고, 질문에서 여자가 언제 회의에 참가하는지 물었으므로 B 15:00이 정답이다.

어휘 碗 wǎn [명] 그릇, 공기 和 hé [접] ~과 筷子 kuàizi [명] 젓가락 喝 hē [동] 마시다 杯 bēi [양] 잔, 컵 啤酒 píjiǔ [명] 맥주 怎么样 zěnmeyàng [대] 어떠하다, 어떻다 一……就…… yī……jiù…… ~하기만 하면 ~하다 脸红 liǎnhóng [동] 얼굴이 붉어지다 会议 huìyì [명] 회의 要 yào [조동] ~해야 한다 参加 cānjiā [동] 참가하다

29

A 报纸下面 **B** 桌子上面 C 椅子上面	A 신문 아래 **B** 책상 위 C 의자 위
女：你看见我的护照了吗？ 男：我记得把它放在桌子上面了。 问：女的的护照可能在哪儿？	여: 당신 제 여권 보셨어요? 남: 저는 그것을 책상 위에 둔 것으로 기억해요. 질문: 여자의 여권은 어디에 있을 가능성이 큰가?

해설 선택지를 통해 장소를 묻는 질문이 나올 것을 예상한다. 남자가 여자의 여권을 桌子上面(책상 위)에 둔 것으로 기억한다고 했다. 질문에서 여자의 여권이 어디에 있을 가능성이 큰지 물었으므로 B 桌子上面(책상 위)이 정답이다.

어휘 报纸 bàozhǐ [명] 신문 下面 xiàmian [명] 아래 桌子 zhuōzi [명] 책상, 탁자 上面 shàngmian [명] 위 椅子 yǐzi [명] 의자 护照 hùzhào [명] 여권 记得 jìde [동] 기억하다 把 bǎ [개] ~을/를 放 fàng [동] 두다, 놓다

30

A 迟到了 B 想走楼梯 **C** 第一次来这儿	A 지각했다 B 계단으로 가려고 한다 **C** 처음 여기 왔다
男：你去7楼吗？这个电梯只到双层，你应该上旁边那个。 女：是吗？我以前没到过这里，不好意思啊。 问：关于女的，我们可以知道什么？	남: 7층으로 가세요? 이 엘리베이터는 짝수 층에만 도착해서, 옆에 있는 저것을 타야 해요. 여: 그래요? 제가 예전에는 이곳에 와본 적이 없거든요. 미안합니다. 질문: 여자에 관해 우리가 알 수 있는 것은 무엇인가?

해설 선택지를 통해 상태·상황과 관련된 질문이 나올 것을 예상한다. 여자가 我以前没到过这里(제가 예전에는 이곳에 와본 적이 없거든요)라고 했다. 질문에서 여자에 관해 알 수 있는 것을 물었으므로 C 第一次来这儿(처음 여기 왔다)이 정답이다.

어휘 迟到 chídào [동] 지각하다 楼梯 lóutī [명] 계단 电梯 diàntī [명] 엘리베이터 只 zhǐ [부] 오직, 단지 双层 shuāngcéng 짝수 층, 이층 应该 yīnggāi [조동] ~해야 한다 上 shàng [동] 타다, 오르다 旁边 pángbiān [명] 옆 不好意思 bù hǎoyìsī 미안합니다, 멋쩍다

A 司机　　　　B 服务员　　　C 留学生	A 기사　　　　B 종업원　　　C 유학생
女：先生，请问你要住几个晚上？ 男：住一个星期。 女：好的。您的房间在四楼，410号房。 男：谢谢。你们这里除了你还有别的服务员吗？能帮我拿一下行李吗？ 问：女的是做什么的？	여: 선생님, 몇 밤을 묵으려고 하시나요? 남: 일주일 묵을 거예요. 여: 네. 당신의 방은 4층에 있는 410호 방이에요. 남: 감사해요. 여기에서 당신 이외에 또 다른 종업원 분도 계신가요? 저를 도와 짐을 좀 들어주실 수 있을까요? 질문: 여자의 직업은 무엇인가?

해설 　선택지를 통해 직업을 묻는 질문이 나올 것을 예상한다. 남자가 여자에게 除了你还有别的服务员吗?(당신 이외에 다른 종업원 분도 계신가요?)라고 했다. 질문에서 여자의 직업을 물었으므로 B 服务员(종업원)이 정답이다. 참고로, 위 지문에서 '能帮我拿一下行李吗?'는 '帮＋사람＋동사(~를 도와 ~해주다)' 구문이 사용되어, '저를 도와 짐을 좀 들어주실 수 있을까요?'로 해석된다는 것을 알아 두자.

어휘 　司机 sījī 圆 기사　服务员 fúwùyuán 圆 종업원　留学生 liúxuéshēng 圆 유학생
先生 xiānsheng 圆 선생님 [성인 남성에 대한 경칭]　住 zhù 圄 묵다　晚上 wǎnshang 圆 밤, 저녁
一个星期 yí ge xīngqī 일주일　房间 fángjiān 圆 방, 객실　楼 lóu 圆 층　除了 chúle 团 ~이외에, ~를 제외하고
别的 biéde 圆 다른　行李 xíngli 圆 짐, 여행 짐

A 累了　　　　B 生气了　　　C 生病了	A 피곤하다　　　　B 화가 났다　　　C 병이 났다
男：在生谁的气呢？这么不高兴。 女：还不是我爸爸。 男：他怎么了？ 女：他忘记给我买生日蛋糕了。 问：女的怎么了？	남: 누구에게 화가 나 있는 거야? 이렇게 기분이 안 좋다니. 여: 우리 아빠 아니겠어. 남: 그가 왜? 여: 그가 내 생일 케이크 사는 것을 잊어버리셨어. 질문: 여자는 어떠한가?

해설 　선택지를 통해 상태·상황과 관련된 질문이 나올 것을 예상한다. 남자가 여자에게 在生谁的气呢?(누구에게 화가 나있는 거야?)라고 했고, 질문에서 여자의 상태를 물었으므로 B 生气了(화가 났다)가 정답이다.

어휘 　累 lèi 圄 피곤하다, 지치다　生气 shēngqì 圄 화내다　生病 shēngbìng 圄 병이 나다, 아프다
谁 shéi 圃 누구, 누가　这么 zhème 圃 이렇게　不高兴 bù gāoxìng 기분이 안 좋다, 언짢다　爸爸 bàba 圆 아빠, 아버지
忘记 wàngjì 圄 잊어버리다, 소홀히 하다　买 mǎi 圄 사다　生日 shēngrì 圆 생일　蛋糕 dàngāo 圆 케이크

A 喝水　　　　B 吃西瓜　　　C 开空调	A 물을 마신다　　　B 수박을 먹는다　　　C 에어컨을 켠다
女：你渴不渴？ 男：有一点儿，主要是天气太热了。 女：喝点饮料吧。我给你拿一瓶。 男：饮料太甜了，我喝水就可以了。 问：男的想做什么？	여: 당신 목마르지 않아요? 남: 조금요. 무엇보다 날씨가 너무 더워서 그래요. 여: 음료 좀 마셔요. 제가 한 병 가져다 드릴게요. 남: 음료는 너무 달아요. 전 물 마시면 괜찮을 것 같아요. 질문: 남자는 무엇을 하고 싶은가?

해설 　선택지를 통해 행동을 묻는 질문이 나올 것을 예상한다. 여자가 음료를 권하자 남자가 我喝水就可以了(전 물 마시면 괜찮을 것 같아요)라고 했다. 질문에서 남자가 무엇을 하고 싶어 하는지 물었으므로 A 喝水(물을 마신다)가 정답이다.

어휘 　喝水 hē shuǐ 물을 마시다　西瓜 xīguā 圆 수박　开 kāi 圄 켜다, 열다　空调 kōngtiáo 圆 에어컨
渴 kě 圄 목마르다, 갈증나다　一点儿 yìdiǎnr 조금, 약간　主要 zhǔyào 圄 주로, 대부분　天气 tiānqì 圆 날씨

热 rè 웹 덥다, 뜨겁다 吧 ba 区 [문장 뒤에 쓰여 제의·청유·명령을 나타냄] 瓶 píng 웹 병 甜 tián 웹 달다
可以 kěyǐ 图 괜찮다

34

A 买到票了	A 표를 샀다
B 打算搬家	B 이사할 계획이다
C 要求带电脑	C 컴퓨터 챙기기를 요구했다

男：你决定什么时候去北京了吗？	남: 당신 언제 베이징에 가기로 결정했나요?
女：为了早点解决问题，我今晚就去。	여: 조금 빨리 문제를 해결하기 위해서, 오늘 밤에 바로 가요.
男：李经理同意了吗？	남: 리 매니저님이 동의하셨나요?
女：当然了。我票都买好了。	여: 당연하죠. 저는 표도 이미 샀어요.
问：关于女的，可以知道什么？	질문: 여자에 관해 알 수 있는 것을 무엇인가?

해설 　선택지를 통해 상태·상황과 관련된 질문이 나올 것을 예상한다. 여자가 我票都买好了.(저는 표도 이미 샀어요.)라고 했고, 질문에서 여자에 관해 알 수 있는 것을 물었으므로 A 买到票了(표를 샀다)가 정답이다.

어휘 　票 piào 图 표 打算 dǎsuan 图 ~할 계획이다 搬家 bānjiā 图 이사하다 要求 yāoqiú 图 요구하다
带 dài 图 챙기다, 가지다 电脑 diànnǎo 图 컴퓨터 决定 juédìng 图 결정하다 什么时候 shénme shíhou 언제
北京 Běijīng 교유 베이징 为了 wèile 刀 ~을 하기 위하여 早 zǎo 웹 빠르다, 이르다 解决 jiějué 图 해결하다
问题 wèntí 图 문제 今晚 jīnwǎn 图 오늘 밤 经理 jīnglǐ 图 매니저 同意 tóngyì 图 동의하다
当然 dāngrán 图 당연하다, 물론이다 好 hǎo 图 [동사 뒤에 쓰여 동작의 완성을 나타냄]

35

A 会游泳	A 수영을 할 줄 안다
B 要比赛了	B 시합이 있다
C 经常旅游	C 자주 여행한다

女：你最喜欢哪个季节？	여: 당신은 어느 계절을 가장 좋아하나요?
男：秋天，不冷也不热。你呢？	남: 가을이요. 춥지도 덥지도 않아서요. 당신은요?
女：我最喜欢夏天了。因为可以游泳。	여: 저는 여름을 가장 좋아해요. 수영을 할 수 있으니까요.
男：我家后面的那个游泳馆一年四季都可以游。我冬天也去。	남: 저희 집 뒤에 있는 그 수영장에서는 일년 사계절 모두 수영할 수 있어요. 저는 겨울에도 가요.
问：关于男的，可以知道什么？	질문: 남자에 관해 알 수 있는 것은 무엇인가?

해설 　선택지를 통해 상태·상황과 관련된 질문이 나올 것을 예상한다. 남자가 那个游泳馆……我冬天也去(그 수영장에 저는 겨울에도 가요)라고 했다. 질문에서 남자에 관해 알 수 있는 것을 물었으므로, 수영장을 간다는 내용을 통해 알 수 있는 A 会游泳(수영을 할 줄 안다)이 정답이다.

어휘 　会 huì 图 ~할 줄 알다 游泳 yóuyǒng 图 수영하다 比赛 bǐsài 图 시합하다, 경기하다 经常 jīngcháng 图 자주, 항상
旅游 lǚyóu 图 여행하다 最 zuì 图 가장, 제일 哪个 nǎge 때 어느 季节 jìjié 图 계절 秋天 qiūtiān 图 가을
夏天 xiàtiān 图 여름 因为 yīnwèi 쩹 ~하기 때문에 可以 kěyǐ 图 ~할 수 있다 家 jiā 图 집 后面 hòumian 图 뒤
游泳馆 yóuyǒngguǎn 图 수영장 一年四季 yìnián sìjì 일년 사계절, 일년 내내 冬天 dōngtiān 图 겨울

36

A 非常便宜	A 매우 저렴하다
B 去年买的	**B 작년에 산 것이다**
C 不太好用	C.쓰기에 그다지 간편하지 않다

女：这个照相机你是什么时候买的？	여: 이 사진기를 당신은 언제 산 것인가요?
男：应该是去年七月和我哥一起去买的。	남: 작년 7월에 저희 형과 함께 가서 샀을 거예요.
女：这么久了？我还想着是不是你上周刚买的呢，很贵吧？	여: 이렇게 오래 되었나요? 저는 당신이 지난주에 막 산 것이 아닐까 생각하고 있었어요. 비싸죠?
男：不知道，我买的时候是哥哥帮我给的钱。	남: 모르겠네요, 제가 살 때는 형이 저 대신 돈을 냈어요.
问：关于这个照相机，我们可以知道什么？	질문: 사진기에 관해 우리가 알 수 있는 것은 무엇인가?

해설 선택지를 통해 상태와 관련된 질문이 나올 것을 예상한다. 남자가 사진기에 대해 是去年七月……买的(작년 7월에 산 것)라고 했고, 질문에서 사진기에 관해 알 수 있는 것을 물었으므로 B 去年买的(작년에 산 것이다)가 정답이다.

어휘 便宜 piányi 匓 저렴하다, 싸다　去年 qùnián 圀 작년　好用 hǎoyòng 匓 쓰기가 간편하다, 성능이 좋다
照相机 zhàoxiàngjī 圀 사진기　应该是 yīnggāi shì (분명) ~일 것이다　去年 qùnián 圀 작년　和 hé 꺄 ~와
一起 yìqǐ 圀 함께　久 jiǔ 匓 오래다, 시간이 길다　着 zhe 区 ~하고 있다, ~하고 있는 중이다
吧 ba 区 [문장 끝에 쓰여 가능·추측을 나타냄]　钱 qián 圀 돈

37

A 红的　　　　B 蓝的　　　C 黑的	A 빨간 것　　　B 파란 것　　　C 검은 것

女：你看这个行李箱怎么样？	여: 당신이 보기에 이 여행용 가방은 어때요?
男：小了点儿吧，这次出去要带很多东西。	남: 조금 작은 것 같아요. 이번에 나갈 때에는 많은 물건을 가져야 해요.
女：那就买那个黑的吧。	여: 그러면 그 검은 것을 사요.
男：黑的太贵了。买这个蓝的吧，只要两百块。	남: 검은 것은 너무 비싸네요. 파란 것으로 삽시다. 이백 위안밖에 안 하네요.
问：男的想买哪个颜色的箱子？	질문: 남자는 어떤 색의 여행용 가방을 사려고 하는가?

해설 선택지를 통해 색깔을 묻는 질문이 나올 것을 예상한다. 대화의 마지막에서 남자가 여자에게 蓝的(파란 것)로 사자고 제안했고, 질문에서 남자가 어떤 색의 트렁크를 사려고 하는지 물었으므로 B 蓝色(파란 것)가 정답이다. 여자의 말에서 언급된 黑的(검은 것)를 듣고 C 黑的(검은 것)를 고르지 않도록 주의한다.

어휘 红 hóng 匓 빨갛다, 붉다　蓝 lán 匓 푸르다, 파랗다　黑 hēi 匓 검다, 까맣다　行李箱 xínglǐxiāng 圀 여행용 가방, 트렁크
怎么样 zěnmeyàng 떼 어떠하다　吧 ba 区 [문장 뒤에 쓰여 제의·청유를 나타냄]　这次 zhè cì 이번, 금번
要 yào 区통 ~해야 한다　带 dài 가지다. 지니다　贵 guì 匓 비싸다　只 zhǐ 꾸 ~밖에, 오직, 다만

38

A 点菜　　　B 开车　　　C 工作	A 요리를 주문한다 B 차를 운전한다　C 일한다

男：我现在打算去吃饭，你也跟我一起去吧。	남: 저 지금 밥 먹으러 가려고 하는데, 당신도 저와 함께 가요.
女：对不起，我工作还没完成呢。	여: 죄송해요, 저는 일이 아직 안 끝났어요.
男：那我先走了。	남: 그럼 저 먼저 갈게요.
女：好的，我很晚才能走。	여: 네, 저는 더 늦어야 갈 수 있을 것 같아요.
问：女的正在做什么？	질문: 여자는 지금 무엇을 하고 있는가?

39

A 星期一	B 星期三	C 星期天	A 월요일	B 수요일	C 일요일

女：你怎么还在玩儿游戏啊？	여: 너 어째서 아직도 게임을 하고 있니?
男：今天不是周末吗？休息一下。	남: 오늘은 주말이잖아요. 좀 쉴래요.
女：你的作业都做好了吗？	여: 너 숙제는 모두 다 했니?
男：还有一题。	남: 아직 한 문제 남았어요.
问：今天可能是星期几？	질문: 오늘은 무슨 요일일 가능성이 큰가?

40

A 夫妻	B 邻居	C 老师和学生	A 부부	B 이웃	C 선생님과 학생

女：今天经理说，想让我去北京工作三个月，我说我要想想才能决定。	여: 오늘 매니저님께서 저를 베이징에서 3개월 간 일하게 할 생각이라고 하셨는데, 저는 생각 좀 해봐야 결정할 수 있을 것 같다고 말씀드렸어요.
男：去吧，这不是好机会吗？	남: 가세요, 이건 좋은 기회 아닌가요?
女：这次去的时间太久，我有点儿不放心孩子。	여: 이번에 가 있는 시간이 너무 길어서, 전 아이가 조금 안심이 되지 않아요.
男：不用担心，让妈妈来帮忙照顾一段时间就可以了。	남: 걱정할 필요 없어요. 어머니께 한동안 돌보는 것을 도와달라고 하면 돼요.
问：他们可能是什么关系？	질문: 그들은 무슨 관계일 가능성이 큰가?

따라 읽으며 학습하기 ▶

41-45

A 上次我们在机场见过面的，你还记得我吗？
B 你先看一下词典，还不懂的话，明天问老师。
C 我不知道，只觉得头很疼，鼻子也不舒服。
D 没问题，我现在就把它带到我家去。
E 我们先坐地铁2号线，然后换公共汽车。
F 好的，前面有椅子，你慢点走。

A 지난번에 우리 공항에서 만난 적이 있는데, 아직 저를 기억하세요?
B 너는 먼저 사전을 좀 보고, 여전히 모르겠으면 내일 선생님께 여쭤어보렴.
C 저도 모르겠어요. 단지 머리가 아프고 코도 좀 불편하다고 느껴요.
D 문제없어요. 제가 지금 바로 그것을 우리 집으로 데리고 갈게요.
E 우리 먼저 지하철 2호선을 타고, 그 다음에 버스로 환승하자.
F 좋아요. 앞쪽에 의자가 있어요. 천천히 걸어요.

어휘　上次 shàngcì 圆 지난번　机场 jīchǎng 圆 공항　见面 jiànmiàn 图 만나다　记得 jìde 图 기억하고 있다　词典 cídiǎn 圆 사전
还 hái 튀 여전히　不懂 bùdǒng 图 모르다　问 wèn 图 여쭈다, 묻다　知道 zhīdào 图 알다　只 zhǐ 튀 단지
觉得 juéde 图 ~라고 느끼다　疼 téng 圈 아프다　鼻子 bízi 圆 코　不舒服 bù shūfu (몸이) 불편하다
没问题 méi wèntí 문제없다　它 tā 떼 그것, 그 [사람 이외의 것을 가리킴]　带 dài 图 데리다　前面 qiánmian 圆 앞쪽
椅子 yǐzi 圆 의자　慢点 màndiǎn 천천히

* 의문문인 선택지 A와 41, 43번을 먼저 풀어 두면 문제풀이 시간을 단축할 수 있다.

41 　你能帮我照顾一下我家小狗吗？　（　）　저 대신 저희 집 강아지를 돌봐줄 수 있으신가요？　（ **D** ）

해설　문제가 你能帮我……吗?(저 대신 ~해 줄 수 있으신가요?)라고 요청하는 의문문이므로, 没问题(문제없어요)라는 답변으로 시작하는 선택지 D 没问题，我现在就把它带到我家去。(문제없어요. 제가 지금 바로 그것을 우리 집으로 데리고 갈게요.)를 고른다. 참고로, '你能帮我照顾一下我家小狗吗？'는 '帮+사람+동사(~ 대신 ~해주다)' 구문이 사용되어, '저 대신 저희 집 강아지를 돌봐주실 수 있으신가요?'로 해석된다는 것을 알아 두자.

어휘　能 néng 조동 ~할 수 있다　照顾 zhàogù 图 돌보다　小狗 xiǎogǒu 圆 강아지

42 　我突然脚疼，我们休息一会儿吧。　（　）　저 갑자기 발이 아파요. 우리 잠시 쉬도록 해요.　（ **F** ）

해설　문제가 休息一会儿吧(잠시 쉬도록 해요)라고 했으므로, 좋다고 하며 앞쪽에 의자가 있다고 말하는 상황으로 연결되는 선택지 F 好的，前面有椅子，你慢点走。(좋아요. 앞쪽에 의자가 있어요. 천천히 걸어요.)를 고른다. 참고로, 문장이 吧로 끝나면 제안, 청유 등을 나타낸다는 것을 알아 두자.

어휘　突然 tūrán 튀 갑자기　脚 jiǎo 圆 발　疼 téng 圈 아프다　休息 xiūxi 图 쉬다　一会儿 yíhuìr 잠시

43 　你的脸怎么这么红，是不是发烧了？　（　）　당신 얼굴이 왜 이렇게 붉어요. 열 나는 거 아니에요?（ **C** ）

해설　문제의 핵심어구가 发烧(열이 나다)이므로, 같은 주제로 연결되는 疼(아프다), 不舒服(불편하다)가 언급된 선택지 C 我不知道，只觉得头很疼，鼻子也不舒服。(저도 모르겠어요. 단지 머리가 아프고 코도 좀 불편하다고 느껴요.)를 고른다. 참고로, 是不是과 같은 정반의문문의 경우 의문문일지라도 핵심어구나 상황으로 연결되는 선택지를 골라야 한다.

어휘　脸 liǎn 圆 얼굴　怎么 zěnme 떼 왜　这么 zhème 떼 이렇게　红 hóng 圈 붉다　发烧 fāshāo 图 열이 나다

| 记得，那次你还帮我拿行李。 （ ） | 기억해요. 그때 당신이 저를 도와 여행 짐도 들어줬어요. （ A ） |

해설　선택지 A가 你还记得我吗?(아직 저를 기억하세요?)라는 의문문이므로, 记得(기억해요)라는 답변으로 시작하는 문제 44번과 연결된다. 따라서 선택지 A를 고른다. 여기서는 선택지 A가 문제의 앞 문장으로 연결되는 것에 주의한다. 참고로, 위 지문에서 '帮我拿行李'는 '帮+사람+동사(～를 도와 ～해주다)' 구문이 사용되어, '나를 도와 여행 짐을 들어주다'로 해석된다는 것을 알아 두자.

어휘　记得 jide 圄 기억하고 있다　拿 ná 圄 들다　行李 xíngli 圀 여행 짐

45

| 我还是不明白这个字的意思。 （ ） | 저는 아직도 이 글자의 의미를 모르겠어요. （ B ） |

해설　문제의 핵심어구가 字的意思(글자의 의미)이므로, 같은 주제로 연결되는 词典(사전)이 언급된 선택지 B 你先看一下词典，还不懂的话，明天问老师。(너는 먼저 사전을 좀 보고, 여전히 모르겠으면 내일 선생님께 여쭈어보렴.)을 고른다.

어휘　还是 háishi 閪 아직도　明白 míngbai 圄 알다　字 zì 圀 글자　意思 yìsi 圀 의미

46-50

| A 那你该换新的了，你要买什么样的？
B 我觉得一个人去国外学习很不简单。
C 我家小孩子也有同样的爱好。
D 我的邻居老王是个非常热情的人。
E 我想买点新鲜的鸡蛋。 | A 그럼 새로운 것으로 바꿔야겠네요. 어떤 것을 사고 싶으세요?
B 저는 혼자 외국에 가서 공부하는 것은 대단하다고 생각해요.
C 우리 집 아이도 똑같은 취미가 있어요.
D 제 이웃인 라오왕은 매우 친절한 사람이에요.
E 저는 신선한 달걀을 좀 사고 싶어요. |

어휘　换 huàn 圄 바꾸다, 교체하다　什么样 shénmeyàng 떼 어떠한　觉得 juéde 圄 ～이라고 생각하다　国外 guówài 圀 외국, 국외　不简单 bù jiǎndān 대단하다, 간단치 않다　同样 tóngyàng 圄 똑같다, 서로 같다　爱好 àihào 圀 취미　热情 rèqíng 圄 친절하다　新鲜 xīnxiān 圄 신선하다　鸡蛋 jīdàn 圀 달걀

* 의문문인 49번을 먼저 풀어 두면 문제풀이 시간을 단축할 수 있다.

46

| 我女儿对画画特别感兴趣。 （ ） | 제 딸은 그림 그리기에 특히 흥미가 있어요. （ C ） |

해설　문제의 핵심어구가 画画(그림 그리기), 感兴趣(흥미가 있다)이므로, 같은 주제로 연결되는 爱好(취미)가 언급된 선택지 C 我家小孩子也有同样的爱好。(우리 집 아이도 똑같은 취미가 있어요.)를 고른다.

어휘　女儿 nǚ'ér 圀 딸　对 duì 圀 ～에 대하여　画画 huàhuà 圄 그림을 그리다　特别 tèbié 閪 특히, 아주　感兴趣 gǎn xìngqù 흥미가 있다. 좋아하다

47

| 我的笔记本电脑已经用了5年了，太旧了。 （ ） | 제 노트북 컴퓨터는 이미 5년이나 사용했어요. 너무 낡았어요. （ A ） |

해설　문제의 핵심어구가 太旧了(너무 낡았다)이므로, 같은 주제로 연결되는 该换新的了(새로운 것으로 바꿔야 한다)가 언급된 선택지 A 那你该换新的了，你要买什么样的?(그럼 새로운 것으로 바꿔야겠네요. 어떤 것을 사고 싶으세요?)를 고른다. 참고로, 여기서는 선택지 A가 의문문이지만 문제의 뒷 문장으로 연결되는 것에 주의한다.

어휘　笔记本电脑 bǐjìběn diànnǎo 노트북 컴퓨터　已经 yǐjīng 閪 이미, 벌써　旧 jiù 圄 낡다

48	我遇到事情总是找他帮忙。 ( )	저는 일에 부딪치면 늘 그의 도움을 구해요. (D)

해설 문제가 **总是找他帮忙**(늘 그의 도움을 구해요)이라고 했으므로, 이웃인 라오왕은 친절한 사람이라는 상황으로 연결되는 선택지 D **我的邻居老王是个非常热情的人。**(제 이웃인 라오왕은 매우 친절한 사람이에요.)을 고른다. 참고로, 여기서는 선택지 D가 문제의 앞 문장으로 연결되는 것에 주의한다.

어휘 **遇到** yùdào [동] 부딪치다, 만나다 **事情** shìqing [명] 일, 사건 **总是** zǒngshì [부] 늘 **找** zhǎo [동] 구하다, 찾다 **帮忙** bāngmáng [동] 도움을 주다

49	请问，您需要些什么？ ( )	실례지만, 무엇이 필요하신가요? (E)

해설 문제가 의문사 **什么**(무엇)를 사용한 의문문이므로, **什么**에 해당하는 답변인 **鸡蛋**(달걀)이 있는 선택지 E **我想买点新鲜的鸡蛋。**(저는 신선한 달걀을 좀 사고 싶어요.)을 고른다. 참고로, 문제의 문장이 상점에서 자주 쓰이는 말이므로, **我想买……**(저는 ~를 사고 싶어요)로 시작하는 답변을 쉽게 고를 수 있다.

어휘 **需要** xūyào [동] 필요하다 **什么** shénme [대] 무엇

50	听说他下个月要出国留学。 ( )	듣자 하니 그는 다음 달에 유학하러 출국한대요. (B)

해설 문제의 핵심어구가 **出国留学**(유학하러 출국하다)이므로, 같은 주제로 연결되는 **去国外学习**(외국에 가서 공부하다)가 언급된 선택지 B **我觉得一个人去国外学习很不简单。**(저는 혼자 외국에 가서 공부하는 것은 대단하다고 생각해요.)을 고른다.

어휘 **听说** tīngshuō [동] 듣자 하니 **下个月** xià ge yuè 다음 달 **出国** chūguó [동] 출국하다 **留学** liúxué [동] 유학하다

51-55

A 矮	B 结束	C 还是	A 작다	B 끝나다	C ~하는 편이 좋다
D 借	E 声音	F 元	D 빌리다	E 목소리	F 위안

어휘 **矮** ǎi [형] 작다 **结束** jiéshù [동] 끝나다 **还是** háishi [부] ~하는 편이 좋다 **借** jiè [동] 빌리다 **元** yuán [양] 위안

51	会议(**B 结束**)以后，你到我办公室来一下。	회의가 (**B 끝난**) 이후에 제 사무실로 좀 와 주세요.

해설 주어 **会议**(회의가) 뒤에 술어가 없으므로, 빈칸에는 동사나 형용사가 온다. 형용사 A **矮**(작다)와 동사 B **结束**(끝나다), D **借**(빌리다) 중 **会议**(회의가)와 문맥상 어울리는 동사 B **结束**(끝나다)를 빈칸에 채운다.

어휘 **会议** huìyì [명] 회의 **结束** jiéshù [동] 끝나다 **以后** yǐhòu [명] 이후 **办公室** bàngōngshì [명] 사무실 **一下** yíxià 좀 ~하다

52	我身高1米8，我女朋友个子也不(**A 矮**)，她有1米72。	제 키는 1미터 80센티미터인데, 제 여자친구의 키도 (**A 작지**) 않아요. 그녀는 1미터 72센티미터예요.

해설 주어 **我女朋友个子**(내 여자친구의 키) 뒤에 술어가 없으므로, 빈칸에는 동사나 형용사가 온다. 형용사 A **矮**(작다)와 동사 B **结束**(끝나다), D **借**(빌리다) 중 **我女朋友个子**(내 여자친구의 키)와 문맥상 어울리는 형용사 A **矮**(작다)를 빈칸에 채운다.

어휘 **身高** shēngāo [명] 키, 신장 **米** mǐ [양] 미터 **女朋友** nǚpéngyou [명] 여자친구 **个子** gèzi [명] 키 **也** yě [부] ~도 **矮** ǎi [형] 작다

53 这些旧报纸一共卖了三十七(**F** 元)五角钱。 | 이 지난 신문들을 모두 삼십칠 (**F** 위안) 오 쟈오에 판매했다.

해설 빈칸 앞에 수사 三十七(삼십칠)가 있으므로, 빈칸에는 양사가 온다. 따라서 양사 F 元(위안)을 빈칸에 채운다.

어휘 这些 zhèxiē ⓓ 이들, 이러한 旧 jiù ⓗ 지난, 이전의 报纸 bàozhǐ ⓝ 신문 一共 yígòng ⓟ 모두, 합계
卖 mài ⓥ 판매하다, 팔다 元 yuán ⓜ 위안 角 jiǎo ⓜ 쟈오 [중국의 화폐 단위]

54 把你的自行车(**D** 借)我用一下，好吗？ | 당신의 자전거를 제가 좀 사용하도록 (**D** 빌려)주세요. 괜찮으세요?

해설 빈칸 앞에 '把+술어의 대상'인 把你的自行车(당신의 자전거를)가 있으므로, 빈칸에는 술어가 되는 동사가 온다. 동사 B 结束(끝나다), D 借(빌리다) 중 把你的自行车(당신의 자전거를)와 문맥상 어울리는 동사 D 借(빌리다)를 빈칸에 채운다. 참고로, 이와 같은 把자문에서는 술어 앞에 '把+술어의 대상'이 온다는 것을 알아 두자.

어휘 把 bǎ ⓟ ~를 自行车 zìxíngchē ⓝ 자전거 借 jiè ⓥ 빌리다 用 yòng ⓥ 사용하다, 쓰다 一下 yíxià 좀 ~하다

55 太远了，我们(**C** 还是)坐地铁去吧！ | 너무 멀어요, 우리 지하철을 타는 (**C** 편이 좋겠어요)!

해설 빈칸이 주어 我们(우리)과 술어 坐(타다) 사이에 있으므로, 빈칸에는 부사가 온다. 따라서 부사 C 还是(~하는 편이 좋다)을 빈칸에 채운다. 참고로, 还是이 '또는'이라는 의미의 접속사로 쓰이기도 한다는 것을 알아 두자.

어휘 太……了 tài……le 너무 ~하다 远 yuǎn ⓗ 멀다 还是 háishi ⓟ ~하는 편이 좋다 坐 zuò ⓥ 타다
地铁 dìtiě ⓝ 지하철 吧 ba ⓩ [문장 뒤에 쓰여 제안·청유·명령을 나타냄]

56-60

A 遇到	B 奇怪	C 一直	A 만나다	B 이상하다	C 곧장
D 爱好	E 讲	F 办法	D 취미	E 설명하다	F 방법

어휘 遇到 yùdào ⓥ 만나다 奇怪 qíguài ⓗ 이상하다 一直 yìzhí ⓟ 곧장, 줄곧 讲 jiǎng ⓥ 설명하다, 말하다
办法 bànfǎ ⓝ 방법, 수단

56
A: 中间这一段我没看明白，你能给我 (**E** 讲)一下吗？
B: 好的，让我看看。
| A: 중간의 이 단락을 저는 이해하지 못했어요. 당신이 제게 좀 (**E** 설명해) 주실 수 있나요?
B: 좋아요, 제게 보여주세요.

해설 빈칸 뒤에 '수사+양사' 형태의 一下(좀 ~하다)가 있으므로, 빈칸에는 동사가 온다. 동사 A 遇到(만나다), E 讲(설명하다) 중 '당신이 제게 좀 _____ 주실 수 있나요?'라는 문맥에 어울리는 동사 E 讲(설명하다)이 정답이다. 참고로, '수사+양사' 형태의 一下(좀 ~하다) 앞에는 주로 동사가 온다는 것을 알아 두자.

어휘 中间 zhōngjiān ⓝ 중간 段 duàn ⓜ 단락, 토막 明白 míngbai ⓥ 이해하다, 알다 讲 jiǎng ⓥ 설명하다, 말하다
一下 yíxià 좀 ~하다, 시험 삼아 ~해 보다 让 ràng ⓥ ~하게 하다

57
A: 请问，你知道301医院在哪儿吗？
B: (**C** 一直)向前走，大概有500米远，在马路的另一边。
| A: 말씀 좀 여쭙겠습니다. 301 병원이 어디에 있는지 아시나요?
B: (**C** 곧장) 앞으로 걸어가세요. 대략 500미터 정도 멀리 있는데, 찻길 건너편에 있어요.

해설 빈칸 뒤에 술어 走(걷다)가 있고, 빈칸 앞에는 주어 你(당신)가 생략되었으므로 빈칸에는 부사가 온다. 따라서 부사 C 一直(곧장)을 빈칸에 채운다. 참고로, 이와 같이 문장이 지시나 명령을 나타낼 경우, 주로 你(당신)나 你们(당신들)과

같은 주어가 생략된다는 것을 알아 두자.

어휘 请问 qǐngwèn [동] 말씀 좀 여쭙겠습니다 知道 zhīdào [동] 알다, 이해하다 医院 yīyuàn [명] 병원
一直 yìzhí [부] 곧장, 줄곧 向前 xiàng qián 앞으로, 앞을 향해 大概 dàgài [부] 대략, 아마 米 mǐ [양] 미터
远 yuǎn [형] 멀다 马路 mǎlù [명] 찻길, 도로 另一边 lìng yìbiān 건너편, 다른 한 쪽

58

A：你的要求太高了，我做不到。 B：其实很容易的。你再想想（**F 办法**），也可以请别人帮助你。	A: 당신의 요구는 너무 높아요. 저는 못하겠어요. B: 사실 굉장히 쉬운 거예요. 다시 (**F 방법**)을 생각해 보세요. 다른 사람에게 도와달라고 부탁할 수도 있어요.

해설 빈칸이 술어가 되는 동사 想想(생각해 보다) 뒤에 있으므로, 빈칸에는 목적어가 되는 명사가 온다. 따라서 명사 F 办法(방법)를 빈칸에 채운다.

어휘 要求 yāoqiú [명] 요구 其实 qíshí [부] 사실 容易 róngyì [형] 쉽다 办法 bànfǎ [명] 방법 帮助 bāngzhù [동] 돕다

59

A：我检查过了，这里一共有五件衬衫，还有九条裙子。 B：真（**B 奇怪**），裙子应该有十三条才对的。	A: 제가 조사해 봤는데, 이곳에는 총 5개의 셔츠, 그리고 9개의 치마가 있어요. B: 정말 (**B 이상하네요**), 치마는 반드시 13개가 있어야만 정확한데요.

해설 빈칸 앞에 정도부사 真(정말)이 있으므로 빈칸에는 형용사가 온다. 따라서 형용사 B 奇怪(이상하다)를 빈칸에 채운다.

어휘 检查 jiǎnchá [동] 조사하다, 점검하다 一共 yígòng [부] 총, 모두 衬衫 chènshān [명] 셔츠 裙子 qúnzi [명] 치마
真 zhēn [부] 정말, 참으로 奇怪 qíguài [형] 이상하다, 기이하다 应该 yīnggāi [조동] 반드시 ~해야 한다
才 cái [부] (오직) ~해야만, 비로소 对 duì [형] 정확하다, 맞다

60

A：我正想找你呢，没想到会在这里（**A 遇到**）你。 B：怎么了？你找我有事吗？	A: 저는 막 당신을 찾으려고 했는데, 여기에서 당신을 (**A 만날**) 줄은 생각도 못했네요. B: 왜요? 저를 무슨 일로 찾으셨어요?

해설 빈칸 뒤에 목적어가 되는 你(당신을)가 있으므로, 빈칸에는 술어가 되는 동사가 온다. 동사 A 遇到(만나다)와 E 讲(설명하다) 중 목적어 你(당신을)와 문맥상 어울리는 동사 A 遇到(만나다)를 빈칸에 채운다.

어휘 找 zhǎo [동] 찾다 遇到 yùdào [동] 만나다 有事 yǒu shì 일이 있다

61

我弟弟这一年长得特别快，体重从60公斤长到了70公斤，个子也比以前高了很多，都快比我高了。	내 남동생은 최근 일 년 동안 유달리 빨리 성장했다. 체중이 60킬로그램에서 70킬로그램까지 늘었고, 키도 예전보다 많이 커져서, 곧 나보다 커질 것 같다.
★ 说话人弟弟： A 吃得多 B 太胖了 **C 没他高**	★ 화자의 남동생은: A 많이 먹는다 B 매우 뚱뚱하다 **C 그보다 크지 않다**

해설 질문이 화자의 남동생에 관하여 물었으므로, 지문에서 남동생에 관하여 언급된 都快比我高了(곧 나보다 커질 것 같다)를 통해 알 수 있는 C 没他高(그보다 크지 않다)가 정답이다.

어휘 长 zhǎng [동] 성장하다 特别 tèbié [부] 유달리, 특히 体重 tǐzhòng [명] 체중 个子 gèzi [명] 키, 체격 比 bǐ [개] ~보다
以前 yǐqián [명] 예전, 이전 胖 pàng [형] 뚱뚱하다

62

今天天气不太好，外面没有太阳，还刮起了大风。你看，街道上几乎没有人，商店的门也都关着呢。

오늘 날씨가 그다지 좋지 않아요. 바깥에 해가 없고, 강한 바람이 불어요. 보세요, 거리에 사람이 거의 없고, 상점의 문은 모두 닫혀 있잖아요.

★ 根据这段话，可以知道今天：
   A 是晴天
   B 没有风
   C 路上人少

★ 이 글에 근거하여, 오늘에 관하여 알 수 있는 것은:
   A 맑은 날이다
   B 바람이 없다
   C 길에 사람이 적다

해설　질문에서 오늘에 관하여 알 수 있는 것을 물었으므로, 지문에서 오늘의 상황 중 하나로 언급된 街道上几乎没有人(거리에 사람이 거의 없다)을 바꿔 표현한 C 路上人少(길에 사람이 적다)가 정답이다.

어휘　**外面** wàimian 圐 바깥, 밖　**太阳** tàiyáng 圐 해, 태양　**大风** dàfēng 圐 강한 바람　**街道** jiēdào 圐 거리
　　　几乎 jīhū 囻 거의, 거의 모두　**商店** shāngdiàn 圐 상점　**关** guān 图 닫다

63

在网上买东西非常方便，不出门也能买到各种东西，而且还很便宜。如果对收到的东西不满意，还可以要求换其他的。所以很多人会在网上买东西。

온라인에서 물건을 사는 것은 아주 편리해서, 외출하지 않아도 각종 물건을 살 수 있고, 게다가 싸기도 하다. 만약 받은 물건에 만족하지 않는다면, 다른 것으로 교환을 요구할 수도 있다. 그래서 많은 사람들이 온라인에서 물건을 산다.

★ 在网上买东西：
   A 并不贵
   B 有礼物送
   C 不能要求换

★ 온라인에서 물건을 사는 것은:
   A 결코 비싸지 않다
   B 줄 선물이 있다
   C 교환을 요구할 수 없다

해설　질문이 온라인에서 물건을 사는 것은 어떠한지를 물었으므로, 지문의 很便宜(싸다)를 바꿔 표현한 A 并不贵(결코 비싸지 않다)가 정답이다.

어휘　**网上** wǎngshàng 온라인, 인터넷　**非常** fēicháng 囻 아주　**方便** fāngbiàn 圐 편리하다　**出门** chūmén 图 외출하다
　　　各种 gè zhǒng 각종　**而且** érqiě 圙 게다가　**便宜** piányi 圐 (값이) 싸다　**如果** rúguǒ 圙 만약　**满意** mǎnyì 圐 만족하다
　　　要求 yāoqiú 图 요구하다　**换** huàn 图 교환하다　**其他** qítā 圕 다른　**贵** guì 圐 비싸다　**礼物** lǐwù 圐 선물　**送** sòng 图 주다

64

这段历史，我以前在一本书上看到过，但是现在记不太清楚了。你可以去图书馆找一找。或者可以问一问白老师，那本书就是他写的。

이 역사는 내가 이전에 책에서 봤던 거예요. 하지만 지금은 그다지 분명하게 기억이 나지 않네요. 당신은 도서관에 가서 찾아봐도 되고, 아니면 바이 선생님께 물어 봐도 돼요. 그 책은 바로 그가 쓴 거예요.

★ 这段历史：
   A 他正在学
   B 很多人忘了
   C 白老师了解

★ 이 역사는:
   A 그가 배우는 중이다
   B 많은 사람이 잊었다
   C 바이 선생님이 알고 있다

해설　질문이 이 역사에 대해 물었으므로, 지문의 可以问一问白老师(바이 선생님에게 물어 봐도 된다)을 통해 알 수 있는 C 白老师了解(바이 선생님이 알고 있다)가 정답이다.

어휘　**历史** lìshǐ 圐 역사　**现在** xiànzài 圐 지금　**记** jì 图 기억하다　**清楚** qīngchu 圐 분명하다　**找** zhǎo 图 찾다
　　　或者 huòzhě 圙 ~이든가 아니면 ~이다　**写** xiě 图 쓰다　**正在** zhèngzài 囻 ~하는 중이다, 지금 ~하고 있다
　　　忘 wàng 图 잊다　**了解** liǎojiě 图 (자세하게) 알다, 이해하다

65

我上周带妈妈去医院做身体检查了。医生说妈妈的身体好，没什么大问题，只是锻炼得太少了。所以妈妈决定以后每天吃完饭出去走走。

나는 지난주에 엄마를 모시고 병원에 가서 신체검사를 받았다. 의사는 엄마의 몸이 건강하고, 큰 문제는 없는데, 단지 너무 적게 운동한다고 말했다. 그래서 엄마는 앞으로 매일 밥을 다 먹은 후에 나가서 좀 걷기로 결정했다.

★ 妈妈的身体怎么样？

　　A 需要住院

　　B 有点儿胖

　　C 非常健康

★ 엄마의 몸은 어떠한가?

　　A 입원을 해야 한다

　　B 조금 뚱뚱하다

　　C 매우 건강하다

해설　질문이 엄마의 몸은 어떠한지를 물었으므로, 지문의 妈妈的身体好(엄마의 몸이 건강하다)를 통해 알 수 있는 C 非常健康(매우 건강하다)이 정답이다.

어휘　上周 shàngzhōu 圆 지난주　带 dài 暠 모시다, 가지다　检查 jiǎnchá 暠 검사하다

　　身体 shēntǐ 圆 몸　问题 wèntí 圆 문제　只是 zhǐshì 圓 단지

　　锻炼 duànliàn 暠 운동하다, 단련하다　决定 juédìng 暠 결정하다　以后 yǐhòu 圆 앞으로　每天 měi tiān 매일

　　出去 chūqu 暠 나가다　需要 xūyào 暠 ~해야 한다, 필요하다　住院 zhùyuàn 暠 입원하다

　　有点儿 yǒudiǎnr 圓 조금, 약간　胖 pàng 圈 뚱뚱하다　健康 jiànkāng 圈 건강하다

66

以前人们把学习叫作"学问"，从这个词我们可以看出，学习需要一边学一边问。上课时如果有不懂的地方，就要多问老师，不要担心自己问的问题太简单。

예전에 사람들은 공부를 '학문'이라고 불렀는데, 이 단어에서 우리는 공부는 배우면서 질문하는 것이 필요하다는 것을 알아낼 수 있다. 수업을 들을 때 만약 이해가 안되는 부분이 있으면, 선생님께 많이 물어 봐야 하며, 자신이 묻는 문제가 너무 쉬운 건 아닌지 걱정하지 않아도 된다.

★ 这段话的意思是：

　　A 复习很重要

　　B 要多问问题

　　C 应该认真听课

★ 이 지문의 의미는:

　　A 복습은 중요하다

　　B 질문을 많이 해야 한다

　　C 성실하게 수업을 들어야 한다

해설　질문에서 지문의 중심 내용을 물었다. 지문의 上课时如果有不懂的地方，就要多问老师(수업을 들을 때 만약 이해가 안되는 부분이 있으면, 선생님께 많이 물어 봐야 한다)을 통해 알 수 있는 B 要多问问题(질문을 많이 해야 한다)를 고른다.

어휘　以前 yǐqián 圆 예전, 이전　把 bǎ 꼐 ~을/를　学问 xuéwen 圆 학문　看出 kànchu 알아내다, 알아차리다

　　一边……一边…… yìbiān…… yìbiān…… ~하면서 ~하다　上课 shàngkè 暠 수업을 듣다

　　如果……就…… rúguǒ……jiù…… 만약 ~라면　懂 dǒng 暠 이해하다　地方 dìfang 圆 부분　担心 dānxīn 暠 걱정하다

　　自己 zìjǐ 떼 자신　简单 jiǎndān 圈 쉽다　复习 fùxí 暠 복습하다　重要 zhòngyào 圈 중요하다

　　认真 rènzhēn 圈 성실하다　听课 tīngkè 暠 수업을 듣다

67

最近公司事情太多了，每天都要工作到很晚，忙得都没有时间吃饭。我已经两周没有休息了，累得一躺下就能睡着。

요즘 회사 일이 너무 많아서, 매일 늦게까지 일해야 하고, 밥 먹을 시간이 없을 정도로 바쁘다. 나는 이미 2주 동안 쉬지 못했고, 눕자마자 바로 잠들 수 있을 정도로 피곤하다.

★ 说话人最近怎么了？

　　A 特别忙

　　B 不想上班

　　C 总是忘记吃药

★ 화자는 요즘 어떠한가?

　　A 아주 바쁘다

　　B 출근하고 싶지 않다

　　C 항상 약 먹는 것을 잊어버린다

해설   질문이 화자는 요즘 어떠한지를 물었으므로, 지문의 忙得都没有时间吃饭(밥 먹을 시간이 없을 정도로 바쁘다)을 바꿔 표현한 A 特别忙(아주 바쁘다)이 정답이다.

어휘   **最近** zuìjìn 圓 요즘, 최근   **公司** gōngsī 圓 회사   **事情** shìqíng 圓 일   **每天** měi tiān 매일   **工作** gōngzuò 圓 일하다
      晚 wǎn 圓 늦다   **忙** máng 圓 바쁘다   **时间** shíjiān 圓 시간   **已经** yǐjīng 閉 이미   **休息** xiūxi 圓 쉬다
      累 lèi 圓 피곤하다   **躺** tǎng 圓 눕다   **睡着** shuìzháo 圓 잠들다   **特别** tèbié 閉 아주, 특히   **上班** shàngbān 圓 출근하다
      总是 zǒngshì 閉 항상   **忘记** wàngjì 圓 잊어버리다   **药** yào 圓 약

68	和大城市比较起来，我更喜欢这座小城市，你看这些街道还是跟以前一样干净。有机会的话，我打算在这里住上一段时间。	대도시와 비교하자면, 저는 이 작은 도시를 더 좋아해요. 이 길거리가 아직도 예전과 같이 깨끗한 것을 보세요. 기회가 된다면, 저는 여기에서 한동안 살 계획이에요.
	★ 关于这个地方，可以知道什么？ 　A 特别安静 　**B 还是很干净** 　C 离大城市近	★ 이곳에 관하여 알 수 있는 것은 무엇인가? 　A 몹시 조용하다 　**B 여전히 깨끗하다** 　C 대도시와 가깝다

해설   각 선택지의 安静(조용하다), 干净(깨끗하다), 大城市(대도시) 중 B의 干净(깨끗하다)과 관련하여, 지문에서 这座小城市……这些街道还是跟以前一样干净(이 작은 도시의 길거리가 아직도 예전과 같이 깨끗하다)이라고 언급되었으므로, 이를 통해 알 수 있는 B 还是很干净(여전히 깨끗하다)이 정답이다.

어휘   **大城市** dàchéngshì 대도시   **比较** bǐjiào 圓 비교하다   **更** gèng 閉 더, 더욱   **街道** jiēdào 圓 길거리
      干净 gānjìng 圓 깨끗하다   **机会** jīhuì 圓 기회   **地方** dìfang 圓 곳   **特别** tèbié 圓 몹시
      安静 ānjìng 圓 조용하다, 고요하다

69	孩子们长大了，早晚都会离开爸爸妈妈，慢慢地后来都会有自己的爱人，有自己的家。我们不也是这样过来的吗？所以我们不用太担心，要学会放手。	자녀가 크면 언젠가는 엄마 아빠를 벗어날 것이고, 서서히 그 다음에는 자신의 남편 혹은 아내를 갖고, 자신의 가정을 가질 거예요. 우리도 이렇게 지나온 것 아닌가요? 그러니 우리는 지나치게 걱정할 필요 없이, 손을 놓는 법을 배워야 해요.
	★ 说话人： 　A 不担心孩子 　**B 离开了父母** 　C 还没有爱人	★ 화자는: 　A 아이를 걱정하지 않는다 　**B 부모를 벗어났다** 　C 남편 혹은 아내가 아직 없다

해설   각 선택지의 孩子(아이), 父母(부모), 爱人(남편 혹은 아내) 중 B의 父母(부모)와 관련하여, 지문에서 孩子们……都会离开爸爸妈妈(자녀가 엄마 아빠를 벗어날 것이다), 我们……也是这样过来的(우리도 이렇게 지나온 것이다)가 언급되었으므로, 이를 통해 알 수 있는 B 离开了父母(부모를 벗어났다)가 정답이다.

어휘   **孩子** háizi 圓 자녀   **长大** zhǎngdà 圓 크다   **早晚** zǎowǎn 閉 언젠가는   **离开** líkāi 圓 벗어나다, 떠나다
      慢慢地 mànmān de 서서히, 천천히   **后来** hòulái 圓 그 다음   **自己** zìjǐ 圓 자신   **爱人** àirén 圓 남편 혹은 아내
      家 jiā 圓 가정   **过来** guòlai 圓 지나오다, 겪다   **所以** suǒyǐ 圙 그래서   **担心** dānxīn 圓 걱정하다
      放手 fàngshǒu 圓 손을 놓다, 내버려 두다

70	老高和小冷的关系特好，两个人都喜欢喝红茶，也都爱看足球比赛。去年世界杯的时候，他们两个天天都看。	라오까오와 샤오렁의 관계는 유달리 좋다. 두 사람 다 홍차 마시는 것을 좋아하고, 축구 경기 보는 것을 좋아한다. 작년 월드컵 때, 그들 둘은 날마다 보았다.

★ 根据这段话，可以知道老高和小冷：	★ 이 글에 근거하여, 라오까오와 샤오렁에 관하여 알 수 있는 것은:
A 爱好一样	A 취미가 같다
B 常踢足球	B 자주 축구를 한다
C 喜欢看新闻	C 뉴스 보는 것을 좋아한다

해설   질문에서 라오까오와 샤오렁에 대해 알 수 있는 것을 물었으므로, 지문의 **两个人都喜欢喝红茶，也都爱看足球比赛**(두 사람 다 홍차 마시는 것을 좋아하고, 축구 경기 보는 것을 좋아한다)를 통해 알 수 있는 A 爱好一样(취미가 같다)이 정답이다.

어휘   **关系** guānxi 圆 관계   **红茶** hóngchá 圆 홍차   **足球比赛** zúqiú bǐsài 축구 경기   **世界杯** shìjièbēi 圆 월드컵   **新闻** xīnwén 圆 뉴스

71

		司机 这名 其实 很好	→	대사+양사	명사	부사	부사+형용사
				这名	司机	其实	很好。
				관형어	주어	부사어	부사어+술어

해석   이 운전기사는 사실 훌륭하다.

해설   형용사 好(훌륭하다)가 포함된 很好(훌륭하다)를 술어로 배치한 후, 술어와 의미상 어울리는 司机(운전사)를 주어로 배치한다. 남은 어휘 这名(이)은 주어 앞에 관형어로, 其实(사실)은 술어 앞에 부사어로 배치하여 문장을 완성한다. 참고로, 名(명)은 사람을 셀 때 쓰이는 양사임을 알아 두자.

어휘   司机 sījī 圆 운전기사, 기사   其实 qíshí 囝 사실   好 hǎo 圈 훌륭하다, 좋다

72

		他现在 看书 一定 在图书馆	→	대사+명사	부사	개사구	동사
				他现在	一定	在图书馆	看书。
				주어	부사어		술어

해석   그는 지금 분명히 도서관에서 책을 읽고 있다.

해설   동사 看书(책을 읽다)를 술어로 배치하고, '대사+명사'인 他现在(그는 지금)를 주어로 배치한다. 남은 어휘인 부사 一定(분명히)과 개사구 在图书馆(도서관에서)을 一定在图书馆(분명히 도서관에서)으로 연결하여 술어 앞에 부사어로 배치하여 문장을 완성한다. 부사와 개사구는 주로 '부사+개사구' 순서의 부사어로 배치되고, 现在(지금)는 명사이지만 대사나 명사 뒤에 붙은 경우 부사어 역할을 하므로 现在가 뒤에 붙은 대사나 명사는 항상 주어 자리에 배치함을 알아 두자.

어휘   看书 kànshū 圖 책을 읽다   一定 yídìng 囝 분명히, 반드시

73

		女孩子 哭了 起来 害怕得	→	명사	동사+得	동사+了	동사
				女孩子	害怕得	哭了	起来。
				주어	술어	보어	

해석   여자아이는 겁이 나서 울기 시작했다.

해설   제시된 어휘 중 得가 붙은 어휘가 있으므로 보어를 배치하여 문장을 완성한다. 害怕得(겁이 나서 ~하다)를 술어로 배치하고, 哭了(울었다)와 起来(~하기 시작하다)를 哭了起来(울기 시작했다)로 연결하여 술어 뒤에 보어로 배치한다. 남은 어휘 女孩子(여자아이)를 주어로 배치하여 문장을 완성한다. '……了起来(~하기 시작했다)'는 得가 붙은 술어 뒤에서 정도보어로 사용됨을 기억하자.

어휘   女孩 nǚhái 圆 여자아이   哭 kū 圖 울다   害怕 hàipà 圖 겁내다, 두려워하다

74

		的 星期五 请假 是 我	→	대사	是	명사+수사	동사	的
				我	是	星期五	请假	的。
				주어	是	강조내용	술어	的

해석   나는 금요일에 휴가를 신청했다.

해설   제시된 어휘 중 是과 的, 그리고 是 이외의 동사가 보이므로 是-的 강조구문을 완성한다. 동사 请假(휴가를 신청하다)를 술어로 배치하고, 星期五(금요일)는 是 뒤에 강조내용으로, 我(나)는 是 앞에 주어로 배치한다. 남은 어휘인 的를 문장 끝에 배치하여 문장을 완성한다.

어휘   请假 qǐngjià 圖 휴가를 신청하다

75		
被我 喝完 啤酒 了	→	명사 啤酒 주어 / 被+대사 被我 被+행위의 주체 / 동사+동사 喝完 술어 / 了 了。 기타성분

해석 맥주는 나에 의해 다 마셔졌다.

해설 제시된 어휘 중 被가 보이므로 被자문을 완성한다. 동사 喝(마시다)가 포함된 喝完(다 마시다)을 술어로 배치하고, 被我(나에 의해)를 술어 앞에 被+행위의 주체로 배치한다. 남은 어휘 명사 啤酒(맥주)는 주어로, 了는 기타성분으로 배치하여 문장을 완성한다.

어휘 **喝** hē [동] 마시다 **完** wán [동] 다하다, 끝내다 **啤酒** píjiǔ [명] 맥주

76	
这几本中(文)书我都认真复习过了。 (wén)	이 몇 권의 중국어 책들을 나는 모두 착실하게 복습했다.

해설 빈칸 앞에 中, 빈칸 뒤에 书가 있으므로 中文书(중국어 책)라는 단어의 文을 쓴다.

어휘 **本** běn [양] 권 **中文** Zhōngwén [고유] 중국어 **书** shū [명] 책 **认真** rènzhēn [형] 착실하다 **复习** fùxí [동] 복습하다

77	
王小月坐在我的(右)边。 (yòu)	왕샤오위에는 나의 오른쪽에 앉아있다.

해설 빈칸 뒤에 边이 있으므로 右边(오른쪽)이라는 단어의 右를 쓴다. 병음이 같은 又를 쓰지 않도록 주의한다.

어휘 **坐** zuò [동] 앉다 **右边** yòubian [명] 오른쪽

78	
请问，电梯旁边的那个(行)李箱是您的吗？ (xíng)	실례지만 엘리베이터 옆에 있는 저 여행용 가방은 당신 것인가요?

해설 빈칸 뒤에 李箱이 있으므로 行李箱(여행용 가방)이라는 단어의 行을 쓴다.

어휘 **电梯** diàntī [명] 엘리베이터 **旁边** pángbiān [명] 옆, 근처 **行李箱** xínglixiāng [명] 여행용 가방

79	
你知道今天是什么(节)日吗？ (jié)	당신은 오늘이 무슨 기념일인지 아시나요?

해설 빈칸 뒤에 日이 있으므로 节日(기념일)이라는 단어의 节를 쓴다.

어휘 **知道** zhīdào [동] 알다 **今天** jīntiān [명] 오늘 **节日** jiérì [명] 기념일

80	
琳琳找到了好工作，我们都(为)她高兴。 (wèi)	린린이 좋은 일자리를 찾아서, 우리는 모두 그녀로 인해 기뻤다.

해설 빈칸 뒤에 她(그녀)가 있고, 제시된 병음이 wèi이므로 为她(그녀로 인해)라는 어구의 为를 쓴다. 병음이 같은 位를 쓰지 않도록 주의한다.

어휘 **找到** zhǎodào 찾아내다, 찾다 **工作** gōngzuò [명] 일자리, 일 **都** dōu [부] 모두, 다 **为** wèi [개] ~로 인해, ~때문에

✳ 실전모의고사 2

듣기
p.221

제1부분

1 C **2** A **3** E **4** F **5** B **6** E **7** C **8** A **9** B **10** D

제2부분

11 × **12** × **13** ✓ **14** × **15** ✓ **16** ✓ **17** × **18** ✓ **19** × **20** ✓

제3부분

21 C **22** A **23** B **24** A **25** A **26** A **27** C **28** C **29** C **30** A

제4부분

31 C **32** C **33** B **34** B **35** C **36** C **37** C **38** B **39** A **40** B

독해
p.226

제1부분

41 F **42** A **43** B **44** C **45** D **46** D **47** C **48** B **49** A **50** E

제2부분

51 D **52** A **53** F **54** C **55** B **56** A **57** C **58** E **59** F **60** B

제3부분

61 A **62** B **63** C **64** A **65** C **66** C **67** C **68** B **69** A **70** B

쓰기
p.232

제1부분

71 他的回答让我特别不满意。

72 我总是觉得右腿有些疼。

73 春天是一年中的第一个季节。

74 大家都没听懂我的意思。

75 请把学过的字复习一下。

제2부분

76 万

77 多

78 耳

79 花

80 见

따라 읽으며 학습하기 ▶

1-5

A

B

C

D

E

F

1

男：你已经跳了快两个小时了，脚不疼吗？

女：没关系，你也知道，这次比赛特别重要，我必须要多练习。

남: 당신이 춤을 춘 지 벌써 곧 두 시간이 다 되어가요. 발이 아프지 않아요?

여: 괜찮아요, 당신도 알잖아요. 이번 시합은 특히 중요해서, 저는 반드시 연습을 많이 해야 해요.

해설　음성에서 跳(춤을 추다)가 언급되었으므로 여자가 춤을 추고 있는 사진 C를 고른다.

어휘　已经 yǐjīng 児 벌써, 이미　跳 tiào 동 춤을 추다, 뛰다　快 kuài 児 곧, 머지않아　小时 xiǎoshí 명 시간　脚 jiǎo 명 발　疼 téng 형 아프다　没关系 méi guānxi 괜찮다　次 cì 양 번, 차례　比赛 bǐsài 명 시합, 경기　特别 tèbié 児 특히, 더욱　重要 zhòngyào 형 중요하다　必须 bìxū 児 반드시 ~해야 한다　练习 liànxí 동 연습하다, 익히다

2

男：看，这是我小时候，我五岁，妹妹三岁。

女：你妹妹长得真可爱，眼睛大大的，脸像红苹果一样。

남: 보세요. 이건 제가 어릴 때예요. 저는 다섯 살, 여동생은 세 살일 때네요.

여: 여동생이 정말 귀엽게 생겼네요. 눈도 크고, 얼굴은 빨간 사과 같아요.

해설　음성에서 这是我小时候, 我五岁, 妹妹三岁(이건 제가 어릴 때예요. 저는 다섯 살, 여동생은 세 살일 때네요)가 언급되었으므로 남자아이와 여자아이가 있는 사진 A를 고른다. 참고로, 위 지문에서 '像红苹果一样'는 '像……一样(~과 같다)' 구문이 사용되어, '빨간 사과 같다'로 해석된다는 것을 알아 두자.

어휘　小时候 xiǎoshíhou 명 어릴 때, 어린 시절　岁 suì 양 살, 세 [연령을 세는 단위]　妹妹 mèimei 명 여동생
真 zhēn 児 정말, 진실로　可爱 kě'ài 형 귀엽다, 사랑스럽다　眼睛 yǎnjing 명 눈　脸 liǎn 명 얼굴
像……一样 xiàng……yíyàng ~과 같다　红 hóng 형 빨갛다, 붉다　苹果 píngguǒ 명 사과

3

男：奶奶自己去公园了吗？

女：今天刮风，可能会下雨，我没让她去，她刚才找邻居奶奶聊天去了。

남: 할머니 혼자 공원에 가셨나요?

여: 오늘 바람이 불고, 비가 올 것 같아서 제가 가지 마시라고 했어요. 그녀는 방금 이웃집 할머니와 이야기하러 가셨어요.

해설　음성에서 她[奶奶]刚才找邻居奶奶聊天去了(그녀[할머니]는 방금 이웃집 할머니와 이야기하러 가셨어요)가 언급되었으므로 두 할머니가 마주 보고 이야기 나누고 있는 사진 E를 고른다.

해커스 HSK 3급 한 권으로 합격

奶奶 nǎinai 圆 할머니 **自己** zìjǐ 圆 혼자, 스스로 **公园** gōngyuán 圆 공원 **今天** jīntiān 圆 오늘
刮风 guāfēng 圆 바람이 불다 **可能** kěnéng 圆 아마도, 어쩌면 **下雨** xiàyǔ 圆 비가 오다 **让** ràng 圆 ~하게 하다
刚才 gāngcái 圆 방금, 지금 막 **邻居** línjū 圆 이웃집 **聊天** liáotiān 圆 이야기하다, 잡담하다

4

女: 这种饮料太甜了，还是让他喝牛奶吧。
男: 又不是经常喝，一杯没关系的。

여: 이런 종류의 음료는 너무 달아요. 그가 우유를 마시게
　하는 것이 좋겠어요.
남: 자주 마시는 것도 아닌데, 한 잔은 괜찮아요.

해설　음성에서 饮料(음료)가 언급되었으므로 음료가 부각된 사진 F를 고른다.

어휘　**这种** zhè zhǒng 이런 종류의, 이와 같은 **饮料** yǐnliào 圆 음료 **甜** tián 圆 달다, 달콤하다 **让** ràng 圆 ~하게 하다
喝 hē 圆 마시다 **牛奶** niúnǎi 圆 우유 **经常** jīngcháng 圆 자주, 종종 **杯** bēi 圆 잔, 컵
没关系 méi guānxi 괜찮다, 문제없다

5

男: 你太不小心了，离开宾馆也不检查一
　下，一路上都没发现电脑没带？
女: 我已经很难过了，你就别再说了，先打
　宾馆的电话问问吧。

남: 당신은 정말 조심성이 없네요. 호텔을 떠날 때 검사하
　지도 않고, 오는 길에도 컴퓨터를 안 가져온 걸 발견하
　지 못했어요?
여: 저도 이미 괴로우니까 당신도 그만 말하세요. 우선 호텔
　에 전화해서 물어봅시다.

해설　음성에서 难过(괴롭다)가 언급되었으므로 여자가 괴로워하는 표정을 짓고 있는 사진 B를 고른다.

어휘　**小心** xiǎoxīn 圆 조심스럽다, 신중하다 **离开** líkāi 圆 떠나다, 헤어지다 **宾馆** bīnguǎn 圆 호텔
检查 jiǎnchá 圆 검사하다, 점검하다 **发现** fāxiàn 圆 발견하다, 알아차리다 **电脑** diànnǎo 圆 컴퓨터
带 dài 圆 가지다, 휴대하다 **已经** yǐjīng 圆 이미, 벌써 **难过** nánguò 圆 괴롭다, 슬프다 **先** xiān 圆 우선, 먼저
打电话 dǎ diànhuà 전화를 걸다, 전화하다 **问** wèn 圆 묻다, 질문하다

6-10

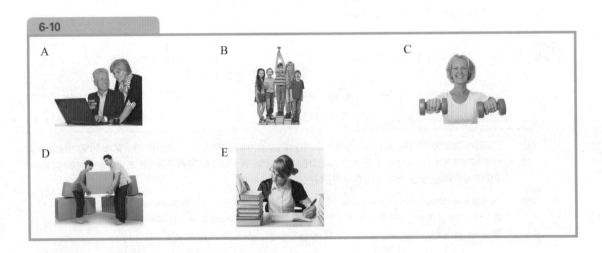

A
B
C
D
E

6

男: 喂，你现在在哪里呢?
女: 我在图书馆看书呢，你找我有事吗?

남: 여보세요. 당신 지금 어디에 있어요?
여: 저는 도서관에서 책을 보고 있어요. 무슨 일로 저를 찾
　으시나요?

해설　음성에서 看书(책을 보다)가 언급되었으므로 여자가 책을 보고 있는 사진 E를 고른다.

어휘　**喂** wéi 圆 여보세요 **现在** xiànzài 圆 지금, 현재 **图书馆** túshūguǎn 圆 도서관 **看书** kànshū 圆 책을 보다, 독서하다
找 zhǎo 圆 찾다

7	女：你妈妈看起来真年轻，一点儿也不像是六十多岁的人。 男：她喜欢运动，每天都会锻炼身体。	여: 당신 어머니는 정말 젊어 보이세요. 조금도 60살이 넘은 사람 같지 않아요. 남: 그녀는 운동을 좋아해서 매일 신체를 단련해요.

해설　음성에서 锻炼身体(신체를 단련하다)가 언급되었으므로 여자가 운동을 하고 있는 사진 C를 고른다.

어휘　看起来 kàn qǐlai ~하게 보이다, 보기에 ~하다　真 zhēn 뮌 정말, 진실로　年轻 niánqīng 뤵 젊다, 어리다
　　　像 xiàng 튐 ~과 같다, 비슷하다　岁 suì 뤵 살, 세 [연령을 세는 단위]　喜欢 xǐhuan 튐 좋아하다, 마음에 들다
　　　运动 yùndòng 튐 운동하다　每天 měi tiān 매일　锻炼 duànliàn 튐 단련하다　身体 shēntǐ 뤵 신체, 몸

8	男：你快来看，儿子把他们旅游时的照片发过来了。 女：他们这是在中国的什么地方？北京吗？	남: 빨리 와서 좀 봐요. 아들이 그들이 여행했을 때의 사진을 보내왔어요. 여: 그들이 있는 이곳은 중국의 어느 곳이에요? 베이징인가요?

해설　음성에서 你快来看(빨리 와서 좀 봐요), 把……照片发过来了(사진을 보내왔어요)가 언급되었으므로 남자가 컴퓨터 화면을 가리키고 있는 사진 A를 고른다.

어휘　快 kuài 뮌 빨리　儿子 érzi 뤵 아들　旅游 lǚyóu 튐 여행하다　照片 zhàopiàn 뤵 사진　发 fā 튐 보내다, 발송하다
　　　中国 Zhōngguó 교유 중국　地方 dìfang 뤵 곳, 장소　北京 Běijīng 교유 베이징

9	女：你们班的学生又拿了第一名，很高兴吧？ 男：当然高兴了，我一直跟他们说，只有努力学习，才会有好成绩。	여: 당신 반 학생이 또 1등을 했네요. 매우 기쁘죠? 남: 당연히 기쁘죠. 제가 줄곧 그들에게 열심히 공부를 해야만 좋은 성적을 낼 수 있다고 말했어요.

해설　음성에서 你们班的学生又拿了第一名(당신 반 학생이 또 1등을 했네요)이 언급되었으므로 아이들이 트로피를 들고 있는 사진 B를 고른다.

어휘　班 bān 뤵 반, 조　学生 xuésheng 뤵 학생　拿 ná 튐 획득하다　第一名 dìyī míng 일등
　　　高兴 gāoxing 뤵 기쁘다, 즐겁다　当然 dāngrán 뤵 당연히, 물론　一直 yìzhí 뮌 줄곧, 계속　跟 gēn 개 ~에게
　　　只有……才…… zhǐyǒu……cái…… ~해야만 ~이다　努力 nǔlì 뤵 열심이다　学习 xuéxí 튐 공부하다
　　　成绩 chéngjì 뤵 성적

10	男：谢谢你帮我搬家。 女：不客气。以后我们就是邻居了。	남: 이사하는 것을 도와주셔서 감사합니다. 여: 천만에요. 앞으로 저희는 이웃이잖아요.

해설　음성에서 搬家(이사하다)가 언급되었으므로 남자와 여자가 짐을 옮기고 있는 사진 D를 고른다.

어휘　谢谢 xièxie 튐 감사합니다　帮 bāng 튐 돕다, 거들다　搬家 bānjiā 튐 이사하다, 집을 옮기다　不客气 bú kèqi 천만에요
　　　以后 yǐhòu 앞으로, 이후　邻居 línjū 뤵 이웃, 이웃집

11	★ 小王已经下班了。（　　）	★ 샤오왕은 이미 퇴근했다. （ × ）
	刚才小王打电话说，明天是他女朋友的生日，等下了班，让我一起去买生日礼物呢。	방금 샤오왕이 전화로, 내일이 그의 여자친구 생일이라서 퇴근하면 저에게 같이 생일 선물을 사러 가 달라고 했어요.

해설　문장에서는 已经下班了(이미 퇴근했다)라고 했는데, 음성에서는 等下了班(퇴근하면)이라고 언급되어 아직 퇴근한 상태가 아니므로, 불일치로 판단한다.

어휘　　已经 yǐjīng 및 이미, 벌써　下班 xiàbān 통 퇴근하다, 근무 시간이 끝나다　刚才 gāngcái 및 방금, 막
打电话 dǎ diànhuà 전화를 걸다　女朋友 nǚpéngyou 여자친구　生日 shēngrì 및 생일　礼物 lǐwù 및 선물

12 ★ 小张家里没有小狗。(　) | ★ 샤오장의 집에는 강아지가 없다. (×)

小张特别喜欢小动物，从小家里就有一只小狗。后来他阿姨又送给他一只猫。 | 샤오장은 작은 동물을 특히 좋아해서, 어렸을 때부터 집에 강아지 한 마리가 있었다. 나중에는 그의 이모가 고양이 한 마리를 그에게 또 주었다.

해설　문장에서는 집에 没有小狗(강아지가 없다)라고 했는데, 음성에서는 有一只小狗(강아지 한 마리가 있었다)라고 반대로 언급되었으므로 불일치로 판단한다.

어휘　　小狗 xiǎogǒu 및 강아지　特别 tèbié 및 특히, 더욱　动物 dòngwù 및 동물
后来 hòulái 및 나중에, 그 후　阿姨 āyí 및 이모, 아주머니　猫 māo 및 고양이

13 ★ 这个地方和以前不一样。(　) | ★ 이곳은 예전과 다르다. (✓)

其实这地方我以前和同事一起来过，记得那时候没这么多的楼，街道旁边也没有这么多商店，这才几年，变化就这么大。 | 사실 이곳을 저는 예전에 동료와 함께 온 적 있어요. 그때는 이렇게 많은 건물이 없었고, 거리 옆에도 이렇게 많은 상점이 없었던 것으로 기억하는데, 겨우 몇 년 사이에 이렇게 많이 달라졌네요.

해설　문장의 和以前不一样(예전과 다르다)이 음성의 变化……大(많이 달라졌다)를 바꿔 표현한 경우이므로 일치로 판단한다.

어휘　　地方 dìfang 및 곳, 장소　和 hé 게 ~과　以前 yǐqián 및 예전, 과거　不一样 bù yíyàng 다르다　其实 qíshí 및 사실
同事 tóngshì 및 동료　一起 yìqǐ 및 함께, 같이　过 guo 주 ~한 적이 있다　记得 jìde 통 기억하다　那时候 nà shíhòu 그때
这么 zhème 데 이렇게　楼 lóu 및 건물, 점포　街道 jiēdào 및 거리, 큰길　旁边 pángbiān 및 옆, 곁
商店 shāngdiàn 및 상점　才 cái 및 겨우, 기껏　几年 jǐ nián 몇 년　变化 biànhuà 통 달라지다, 변화하다

14 ★ 校长们都同意了。(　) | ★ 교장 선생님들은 모두 동의한다. (×)

只有一个校长同意了我们的想法。其他的校长们还没有做出决定。明天开会时我们再努力一下。 | 한 분의 교장 선생님만 우리의 생각에 동의했어요. 다른 교장 선생님들께서는 아직 결정을 하지 않으셨어요. 내일 회의를 할 때 우리 더 노력해 봐요.

해설　문장에서는 교장 선생님들이 都(모두) 동의했다고 했는데 음성에서는 只有一个(한 분만)라고 단어 하나가 다르게 언급되었으므로 불일치로 판단한다.

어휘　　校长 xiàozhǎng 및 교장　同意 tóngyì 통 동의하다　只有 zhǐyǒu 및 ~만 있다　想法 xiǎngfǎ 및 생각, 의견
其他 qítā 데 다른 사람, 기타　决定 juédìng 통 결정하다　明天 míngtiān 및 내일　开会 kāihuì 통 회의를 열다
时 shí 및 때　再 zài 및 더, 더욱　努力 nǔlì 통 노력하다, 열심히 하다

15 ★ 说话人觉得不舒服。(　) | ★ 화자는 몸이 편치 않다고 느낀다. (✓)

我鼻子不舒服，头也有点儿疼，可能是感冒了，你帮我和小李说一下，晚上我就不过去吃饭了。 | 저는 코가 편치 않고, 머리도 조금 아프네요. 아마 감기에 걸린 것 같아요. 당신이 샤오리에게 저녁에 저는 밥 먹으러 가지 않는다고 좀 말해 주세요.

해설　문장의 不舒服(몸이 편치 않다)가 음성의 鼻子不舒服, 头也有点儿疼(코가 편치 않고, 머리도 조금 아프다)을 바꿔 표현한 경우이므로 일치로 판단한다. 참고로, 위 지문에서 '帮我和小李说一下'는 '帮+사람+동사(~를 도와 ~해 주다)' 구문이 사용되어, '(나를 도와) 샤오리에게 좀 말해 주세요'로 해석된다는 것을 알아 두자.

어휘 　覺得 juéde 图 ~이라고 느끼다　不舒服 bù shūfu (몸이) 편치 않다, 아프다　鼻子 bízi 图 코　头 tóu 图 머리

　　　也 yě 图 ~도　有点儿 yǒudiǎnr 图 조금, 약간　疼 téng 图 아프다　可能 kěnéng 图 아마, 어쩌면

　　　感冒 gǎnmào 图 감기에 걸리다　帮我⋯⋯ bāng wǒ⋯⋯ (나를 도와) ~해 주다　和 hé 剂 ~에게, ~와

　　　一下 yíxià 좀 ~하다　晚上 wǎnshang 图 저녁　吃饭 chīfàn 图 밥을 먹다

16

★ 说话人想提高自己的数学成绩。（　）	★ 화자는 자신의 수학 성적을 향상시키고 싶다. (✓)
我的数学成绩不是很好，所以我几乎每个周末都要去图书馆学习，有时候不会做的题我也会拿过去问老师。	제 수학 성적은 좋지 않아요. 그래서 저는 거의 매주 주말마다 도서관에 가서 공부를 하고, 가끔씩 풀지 못하는 문제를 선생님께 가져가서 여쭤보곤 해요.

해설　문장의 '说话人想提高自己的数学成绩。'에서 화자는 자신의 수학 성적을 향상시키고 싶다고 했다. 음성에서 화자가 '数学成绩不是很好', '每个周末⋯⋯学习', '不会做的题⋯⋯问老师'이라며 수학 성적이 좋지 않아서 매주 주말마다 공부를 하고, 풀지 못하는 문제는 선생님께 여쭤본다고 했으므로, 화자는 수학 성적을 향상시키고 싶어함을 추론할 수 있다. 따라서 문장과 음성의 내용을 일치로 판단한다.

어휘 　提高 tígāo 图 향상시키다, 제고하다　自己 zìjǐ 때 자신, 스스로　数学 shùxué 图 수학　成绩 chéngjì 图 성적, 성과

　　　所以 suǒyǐ 집 그래서　几乎 jīhū 图 거의, 거의 모두　周末 zhōumò 图 주말　图书馆 túshūguǎn 图 도서관

　　　题 tí 图 문제

17

★ 女儿现在在动物园。（　）	★ 딸은 지금 동물원에 있다. (×)
绿色的草地上开满漂亮的小花，一只可爱的大熊猫正在吃东西。这是女儿昨天从动物园回来后画的画。	초록색의 풀밭에 예쁜 작은 꽃들이 가득 피어있고, 귀여운 판다 한 마리가 무언가를 먹고 있어요. 이건 딸이 어제 동물원에서 돌아온 후 그린 그림이에요.

해설　문장에서는 딸이 동물원에 있는 시점이 现在(지금)라고 언급되었는데, 음성에서는 昨天(어제)에 동물원에서 돌아왔다고 언급되었으므로 불일치로 판단한다.

어휘 　女儿 nǚ'ér 图 딸　现在 xiànzài 图 지금, 현재　动物园 dòngwùyuán 图 동물원　绿色 lǜsè 图 초록색, 녹색

　　　草地 cǎodì 图 풀밭, 초원　开 kāi 图 (꽃이) 피다　满 mǎn 图 가득하다, 그득하다　漂亮 piàoliang 图 예쁘다

　　　花 huā 图 꽃　只 zhī 앙 마리 [짐승을 세는 단위]　可爱 kě'ài 图 귀엽다, 사랑스럽다　大熊猫 dàxióngmāo 图 판다

　　　正在 zhèngzài 图 ~하고 있는 중이다　东西 dōngxi 图 것, 물건　昨天 zuótiān 图 어제　从 cóng 剂 ~에서, ~부터

　　　回来 huílái 图 돌아오다　后 hòu 图 후, 뒤　画 huà 图 그리다 图 그림

18

★ 公园的环境很好。（　）	★ 공원의 환경은 매우 좋다. (✓)
公司附近有一个小公园，虽然不是太大，但是非常干净。里面还有很多树，夏天在这里也不觉得热。	회사 근처에 있는 작은 공원이 있는데, 비록 몹시 큰 것은 아니지만, 매우 깨끗해요. 안에는 게다가 나무가 많이 있어서, 여름에 이곳에 있으면 덥다고 느껴지지도 않아요.

해설　문장의 '公园的环境很好。'에서 공원의 환경은 매우 좋다고 했다. 음성에서는 공원에 대해 '非常干净', '有很多树', '夏天在这里也不觉得热'라며 매우 깨끗하고, 나무가 많이 있어서 여름에도 이곳에 있으면 덥지 않다고 했으므로, 공원의 환경이 매우 좋다는 것을 추론할 수 있다. 따라서 문장과 음성의 내용을 일치로 판단한다.

어휘 　公园 gōngyuán 图 공원　环境 huánjìng 图 환경　公司 gōngsī 图 회사　附近 fùjìn 图 근처, 부근

　　　虽然⋯⋯但是⋯⋯ suīrán⋯⋯dànshì⋯⋯ 비록 ~하지만, ~하다　非常 fēicháng 图 매우, 몹시

　　　干净 gānjìng 图 깨끗하다　里面 lǐmian 图 안, 내부　还 hái 图 게다가, 또　树 shù 图 나무　夏天 xiàtiān 图 여름

　　　这里 zhèlǐ 때 이곳, 여기　也 yě 图 ~도　觉得 juéde 图 ~이라고 느끼다　热 rè 图 덥다, 뜨겁다

19	★ 以前中国人结婚时穿白色的衣服。（ ）	★ 예전에 중국인들은 결혼할 때 흰색 옷을 입었다. (✕)
	以前中国人结婚的时候都要穿红色的衣服，但是，现在年轻的女孩子更喜欢穿白色的裙子。	예전에 중국인들은 결혼할 때 모두 빨간색 옷을 입어야 했다. 그러나, 요즘 젊은 여자들은 흰색 치마 입는 것을 더 좋아한다.

해설　문장에서는 예전에 중국인들이 결혼할 때 입는 옷은 白色(흰색)라고 했는데 음성에서는 红色(빨간색)라고 단어 하나가 다르게 언급되었으므로 불일치로 판단한다.

어휘　**以前** yǐqián 圓 예전, 과거　**中国人** zhōngguórén 중국인　**结婚** jiéhūn 圄 결혼하다　**时** shí 圓 때, 시기
穿 chuān 圄 입다　**白色** báisè 圓 흰색　**衣服** yīfu 圓 옷　**红色** hóngsè 圓 빨간색　**但是** dànshì 圓 그러나
现在 xiànzài 圓 요즘, 현재　**年轻** niánqīng 圄 젊다, 어리다　**女孩子** nǚháizi 여자, 여자아이　**喜欢** xǐhuan 圄 좋아하다
裙子 qúnzi 圓 치마

20	★ 说话人上午很忙。（ ）	★ 화자는 오전에 바빴다. (✓)
	我现在不饿，只是觉得很渴，在会场站了一上午，喝口茶的时间都没有。	저는 지금 배는 고프지 않고, 단지 갈증을 느껴요. 회의장에 오전 내내 서 있느라, 차 한 모금 마실 시간도 없었어요.

해설　문장의 '说话人上午很忙。'에서 화자는 오전에 바빴다고 했다. 음성에서 화자가 '在会场站了一上午，喝口茶的时间都没有'라며 회의장에 오전 내내 서 있느라 차 한 모금 마실 시간도 없었다고 했으므로, 화자는 오전에 바빴음을 추론할 수 있다. 따라서 문장과 음성의 내용을 일치로 판단한다.

어휘　**上午** shàngwǔ 圓 오전　**忙** máng 圄 바쁘다, 틈이 없다　**现在** xiànzài 圓 지금, 현재　**饿** è 圄 배고프다
只是 zhǐshì 圓 단지　**觉得** juéde 圄 ~이라고 느끼다　**渴** kě 圄 갈증나다　**会场** huìchǎng 圓 회의장　**站** zhàn 圄 서다
一上午 yí shàngwǔ 오전 내내　**喝** hē 圄 마시다　**口** kǒu 圓 모금, 입　**茶** chá 圓 차　**时间** shíjiān 圓 시간

21	A 机场　　　B 医院　　　**C 办公室**	A 공항　　　　B 병원　　　　C 사무실
	女：老张，你怎么还没下班呢？ 男：明天有非常重要的会议，今天我必须做好准备。	여：라오장, 당신은 왜 아직도 퇴근하지 않고 있어요? 남：내일 매우 중요한 회의가 있어서, 오늘 제가 반드시 준비를 다 해놔야 하거든요.
	问：他们可能在哪儿？	질문: 그들은 어디에 있을 가능성이 큰가?

해설　선택지를 통해 장소를 묻는 질문이 나올 것을 예상한다. 대화에서 下班(퇴근하다), 会议(회의)라는 표현이 언급되었다. 질문에서 그들이 어디에 있을 가능성이 높은지 물었으므로 C 办公室(사무실)이 정답이다.

어휘　**机场** jīchǎng 圓 공항　**医院** yīyuàn 圓 병원　**办公室** bàngōngshì 圓 사무실　**下班** xiàbān 圄 퇴근하다
非常 fēicháng 圓 매우　**重要** zhòngyào 圄 중요하다　**会议** huìyì 圓 회의　**必须** bìxū 圓 반드시 ~해야 한다
准备 zhǔnbèi 圄 준비하다

22	**A 打电话** B 写邮件 C 回北方	A 전화를 하다 B 메일을 쓰다 C 북쪽 지방으로 돌아가다
	女：马上要说再见了，这段时间谢谢你的关心和照顾。 男：不客气，你路上小心，到北京了记得给我打个电话。	여：곧 안녕이라고 말해야 하네요. 그동안 당신의 관심과 보살핌에 감사드려요. 남：별 말씀을요. 가는 길 조심하세요. 베이징에 도착하면 제게 전화하는 거 잊지 마시고요.

해설　선택지를 통해 행동을 묻는 질문이 나올 것을 예상한다. 남자가 여자에게 **记得给我打个电话**(제게 전화하는 거 잊지 마시고요)라고 했다. 질문에서 남자가 여자에게 하게 한 행동을 물었으므로 A **打电话**(전화를 하다)가 정답이다.

어휘　**打电话** dǎ diànhuà 전화를 하다　**邮件** yóujiàn 圆 메일, 우편물　**北方** běifāng 圆 북쪽 지방, 북방
　　马上 mǎshàng 凰 곧, 금방　**关心** guānxīn 圖 관심을 갖다　**照顾** zhàogù 보살피다
　　不客气 bú kèqi 별 말씀을요, 천만에요　**路上** lùshang 圆 길 가는 중, 도중　**小心** xiǎoxīn 圖 조심하다
　　记得 jìde 圖 잊지 않고 있다, 기억하다

23

| A 晴天 | B 下雨天 | C 下雪天 | A 맑은 날 | B 비 오는 날 | C 눈 오는 날 |

女：你昨晚几点到家的？　여: 당신 어제 밤에 몇 시에 집에 도착했나요?
男：应该是十点，我到家没多久就下起雨来　남: 열 시였을 거예요. 제가 집에 도착하고 얼마 되지 않아
　　了。　　비가 오기 시작했어요.

问：昨晚是什么天气？　질문: 어제 밤은 어떤 날씨였는가?

해설　선택지를 통해 날씨에 관한 질문이 나올 것을 예상한다. 남자가 어제 밤 날씨에 대해 **下起雨来了**(비가 오기 시작했어요)라고 했고, 질문에서 어제 밤은 어떤 날씨였는지 물었으므로 B **下雨天**(비 오는 날)이 정답이다.

어휘　**晴天** qíngtiān 맑은 날　**下雨天** xiàyǔ tiān 비 오는 날　**下雪天** xiàxuě tiān 눈 오는 날
　　昨晚 zuówǎn 圆 어제 밤, 어제 저녁　**没多久** méi duōjiǔ (시간이) 얼마 되지 않다　**……起来** ……qǐlai ~하기 시작하다

24

| A 吃饭 | B 洗碗 | C 去超市 | A 밥을 먹다 | B 설거지하다 | C 슈퍼마켓에 가다 |

女：这家饭馆儿的菜真好吃，我们再点一些　여: 이 식당의 요리는 정말 맛있네요. 우리 조금 더 주문
　　吧。　　해요.
男：好啊，听说上个月出了新菜，来一个怎　남: 좋아요. 듣자 하니 지난달에 새 요리가 나왔다던데, 하
　　么样？　　나 시키는 게 어때요?

问：他们可能在做什么？　질문: 그들은 무엇을 하고 있을 가능성이 큰가?

해설　선택지를 통해 행동을 묻는 질문이 나올 것을 예상한다. 여자의 말에서 **饭馆儿**(식당), **菜**(요리), **好吃**(맛있다), **再点**(더 주문하다)이라는 표현이 언급되었고, 질문에서 그들이 무엇을 하고 있을 가능성이 큰지 물었으므로 A **吃饭**(밥을 먹다)이 정답이다.

어휘　**洗碗** xǐ wǎn 설거지하다　**超市** chāoshì 圆 슈퍼마켓　**饭馆儿** fànguǎnr 圆 식당　**菜** cài 圆 요리, 채소
　　好吃 hǎochī 圖 맛있다　**再** zài 凰 더, 다시　**点** diǎn 圖 주문하다　**吧** ba 五 [문장 끝에 쓰여 제의·청유를 나타냄]
　　听说 tīngshuō 圖 듣자 하니　**上个月** shàng ge yuè 지난달

25

A 自己做不到	A 자신은 할 수 없다
B 听不懂中文	B 중국어를 알아듣지 못한다
C 想休息一下	C 좀 쉬고 싶다

女：你来把这个句子读一下，然后试试用汉　여: 너 와서 이 문장을 읽고, 그 다음 중국어로 그것의 뜻
　　语写出它的意思。　　을 써 보렴.
男：老师，这太难了。　남: 선생님, 이건 너무 어려워요.

问：男的是什么意思？　질문: 남자의 말은 무슨 의미인가?

해설 선택지를 통해 상태·상황과 관련된 질문이 나올 것을 예상한다. 여자가 남자에게 문장을 읽고 중국어로 뜻을 써 보라고 하자, 남자가 这太难了(이건 너무 어려워요)라고 했다. 질문에서 남자의 말이 무슨 의미인지를 물었으므로 A 自己做不到(자신은 할 수 없다)가 정답이다.

어휘 **自己** zìjǐ [대] 자신, 자기 **做不到** zuò bu dào 할 수 없다 **听不懂** tīng bu dǒng 알아듣지 못하다, 알아들을 수 없다
中文 Zhōngwén [고유] 중국어 **休息** xiūxi [동] 쉬다, 휴식하다 **一下** yíxià [수] 좀 ~하다, 시험 삼아 해 보다
把 bǎ [개] ~을 **句子** jùzi [명] 문장 **读** dú [동] 읽다 **然后** ránhòu [접] 그 다음, 그런 후에
试 shì [동] (시험 삼아) 해 보다, 시도하다 **用** yòng [동] 사용하다 **汉语** Hànyǔ [고유] 중국어 **写** xiě [동] 쓰다
意思 yìsi [명] 뜻, 의미 **老师** lǎoshī [명] 선생님 **难** nán [형] 어렵다

26	A 太忙了	A 몹시 바쁘다
	B 不爱看电视	B 텔레비전 보는 것을 좋아하지 않는다
	C 在准备考试	C 시험을 준비하고 있다
	女: 我好久没看电视了，最近有什么新的节目吗?	여: 저 오랫동안 텔레비전을 보지 못했어요. 최근엔 어떤 새로운 프로그램이 있나요?
	男: 我也不清楚，我最近比较忙，没时间看电视。	남: 저도 잘 모르겠네요. 제가 요즘 비교적 바빠서, 텔레비전을 볼 시간이 없어요.
	问: 关于男的，可以知道什么?	질문: 남자에 관해 알 수 있는 것은 무엇인가?

해설 선택지를 통해 상태·상황과 관련된 질문이 나올 것을 예상한다. 남자가 我最近比较忙(제가 요즘 비교적 바빠서)이라고 했고, 질문에서 남자에 관해 알 수 있는 것을 물었으므로 A 太忙了(몹시 바쁘다)가 정답이다. 대화에서 언급된 看电视(텔레비전을 보다)만 듣고 B 不爱看电视(텔레비전 보는 것을 좋아하지 않는다)을 고르지 않도록 주의한다.

어휘 **电视** diànshì [명] 텔레비전, TV **准备** zhǔnbèi [동] 준비하다 **考试** kǎoshì [명] 시험 **好久** hǎojiǔ [형] (시간이) 오래다
最近 zuìjìn [명] 최근 **节目** jiémù [명] 프로그램 **清楚** qīngchu [동] 알다, 이해하다 **没时间** méi shíjiān 시간이 없다

27	A 关心他	A 그에게 관심을 가진다
	B 要买东西	B 물건을 사려고 한다
	C 帮他找手机	**C 그를 도와 휴대폰을 찾는다**
	男: 奇怪，我记得出门的时候我把手机放在包里了，现在怎么找不到了?	남: 이상하네요. 외출할 때 휴대폰을 가방 속에 넣은 것으로 기억하는데, 지금 왜 찾을 수가 없는 거죠?
	女: 别着急，我给你打个电话看看。	여: 조급해하지 말아요. 제가 당신에게 전화해 볼게요.
	问: 女的为什么要给男的打电话?	질문: 여자는 왜 남자에게 전화하려 하는가?

해설 선택지를 통해 상태·상황과 관련된 질문이 나올 것을 예상한다. 남자가 자신의 휴대폰을 찾을 수가 없다고 하자, 여자가 我给你打个电话看看(제가 당신에게 전화해 볼게요)이라고 했고, 질문에서 여자가 남자에게 전화하려는 이유를 물었으므로, C 帮他找手机(그를 도와 휴대폰을 찾는다)가 정답이다.

어휘 **关心** guānxīn [동] 관심을 가지다 **帮** bāng [동] 돕다 **找** zhǎo [동] 찾다 **手机** shǒujī [명] 휴대폰 **奇怪** qíguài [형] 이상하다
记得 jìde [동] 기억하다 **出门** chūmén [동] 외출하다 **放** fàng [동] 넣다 **别** bié [부] ~하지 마라 **着急** zháojí [동] 조급하다
打电话 dǎ diànhuà 전화하다

28	A 没变化	A 변화가 없다
	B 很一般	B 매우 일반적이다
	C 提高了	**C 향상했다**

女：黄老师，我女儿乐乐最近学习怎么样？ 男：她最近很努力，上课也很认真，这次考 　　得也比以前好。 问：乐乐的成绩怎么样？	여: 황 선생님. 제 딸 러러는 요즘 공부하는 게 어떤가요? 남: 그녀는 요즘 매우 열심히 해요. 수업 듣는 것도 매우 착 　　실하고, 이번 시험도 이전보다 잘 봤어요. 질문: 러러의 성적은 어떠한가?

해설　선택지를 통해 상태·상황을 묻는 질문이 나올 것을 예상한다. 남자가 러러에 대해 **这次考得也比以前好**(이번 시험도 이
　　　전보다 잘 봤어요)라고 했다. 질문에서 러러의 성적이 어떤지를 물었으므로 C **提高了**(향상했다)가 정답이다.

어휘　**变化** biànhuà 圐 변화　**一般** yìbān 圐 일반적이다　**提高** tígāo 圐 향상시키다, 높이다　**老师** lǎoshī 圐 선생님, 스승
　　　最近 zuìjìn 圐 요즘, 최근　**努力** nǔlì 圐 열심히 하다, 노력하다　**上课** shàngkè 圐 수업을 듣다, 수업하다
　　　认真 rènzhēn 圐 착실하다, 성실하다　**考** kǎo 圐 시험을 보다　**比** bǐ 껜 ~보다, ~에 비해　**以前** yǐqián 圐 이전, 과거

29

A 衣服　　　　B 帽子　　　**C 鞋子**	A 옷　　　　　　B 모자　　　　**C 신발**
男：根据节目要求，你要准备一条长一点儿 　　的裙子，还有这种颜色的皮鞋。 女：我姐姐上星期买的鞋子，正好是这个颜 　　色，我可以借她的。 问：女的打算借姐姐的什么？	남: 프로그램이 요구하는 바에 따라, 당신은 조금 긴 치마, 　　그리고 이런 색의 가죽 구두를 준비하셔야 해요. 여: 제 언니가 지난주에 산 신발이 마침 이 색깔이라, 그녀 　　의 것을 빌릴 수 있겠네요. 질문: 여자는 언니에게 무엇을 빌리려고 하는가?

해설　선택지를 통해 의류와 관련된 질문이 나올 것을 예상한다. 여자가 자신의 언니가 지난주에 **鞋子**(신발)를 샀다며 빌릴
　　　수 있다고 했다. 질문에서 여자가 언니에게 무엇을 빌리려고 하는지 물었으므로 C **鞋子**(신발)가 정답이다. 남자의 말
　　　에서 언급된 **裙子**(치마)를 듣고 A **衣服**(옷)를 고르지 않도록 주의한다.

어휘　**衣服** yīfu 圐 옷　**帽子** màozi 圐 모자　**鞋子** xiézi 圐 신발　**根据** gēnjù 껜 ~에 따라　**节目** jiémù 圐 프로그램
　　　要求 yāoqiú 圐 요구하다　**准备** zhǔnbèi 圐 준비하다　**长** cháng 圐 길다　**一点儿** yìdiǎnr 조금, 약간
　　　裙子 qúnzi 圐 치마　**这种** zhè zhǒng 이러한, 이런 종류의　**颜色** yánsè 圐 색깔　**皮鞋** píxié 圐 가죽 구두
　　　姐姐 jiějie 圐 언니　**上星期** shàng xīngqī 지난주　**买** mǎi 圐 사다　**正好** zhènghǎo 圐 마침
　　　可以 kěyǐ 조동 ~할 수 있다　**借** jiè 圐 빌리다

30

A 都很高　　　B 特别胖　　　C 很聪明	A 모두 크다　　　B 몹시 뚱뚱하다　C 매우 똑똑하다
女：我发现你们家的人个子都不矮。 男：我们家最矮的一个是我妈，一米六八， 　　我哥哥最高，一米九。 问：关于男的的家人，女的是怎么认为的？	여: 저는 당신 집안의 사람들 모두 키가 작지 않다는 것을 　　깨달았어요. 남: 우리 집에서 가장 작은 사람이 제 어머니이신데, 1미 　　터 68센티미터예요. 저희 형이 가장 큰데, 1미터 90센 　　티미터예요. 질문: 남자의 가족에 관하여, 여자는 어떻게 생각하고 있 　　는가?

해설　선택지를 통해 상태·상황과 관련된 질문이 나올 것을 예상한다. 여자가 남자의 집안 사람들에 대해 **个子都不矮**(모두
　　　키가 작지 않다)라고 했다. 질문에서 남자의 가족에 관해 여자가 어떻게 생각하고 있는지 물었으므로 A **都很高**(모두 크
　　　다)가 정답이다.

어휘　**都** dōu 圐 모두, 다　**高** gāo 圐 (키가) 크다, (높이가) 높다　**特别** tèbié 圐 몹시, 특히　**胖** pàng 圐 뚱뚱하다
　　　聪明 cōngming 圐 똑똑하다, 총명하다　**发现** fāxiàn 圐 깨닫다, 발견하다　**家** jiā 圐 집　**个子** gèzi 圐 키
　　　矮 ǎi 圐 (키가) 작다, (높이가) 낮다　**最** zuì 圐 가장, 제일　**米** mǐ 圐 미터　**哥哥** gēge 圐 형, 오빠
　　　认为 rènwéi 圐 ~이라고 생각하다, ~이라고 여기다

31	
A 不舒服 B 要见朋友 **C 洗完澡了**	A 아프다 B 친구를 만나려고 한다 **C 다 씻었다**
女：我要去公园跑步，你去不去？ 男：我刚才洗过澡了，现在不想出门。 女：好，回来的时候要给你买点什么东西吗？ 男：你给我买两瓶牛奶吧。 问：男的为什么不去跑步？	여: 공원에 가서 달리기할 건데, 당신 갈래요? 남: 저는 **방금 씻어서**, 지금은 외출하고 싶지 않아요. 여: 알겠어요, 돌아올 때 뭐 좀 사다 줄까요? 남: 우유 2병만 사다 주세요. 질문: 남자는 왜 달리기를 하러 가지 않는가?

해설 선택지를 통해 상태·상황과 관련된 질문이 나올 것을 예상한다. 남자가 **刚才洗过澡了**(방금 씻었다)라고 했고, 질문에서 남자가 달리기를 하러 가지 않는 이유를 물었으므로, C **洗完澡了**(다 씻었다)가 정답이다.

어휘 **不舒服** bù shūfu 아프다, 불편하다 **洗澡** xǐzǎo [동] 씻다 **公园** gōngyuán [명] 공원 **跑步** pǎobù [동] 달리다
刚才 gāngcái [명] 방금 **出门** chūmén [동] 외출하다 **回来** huílai [동] 돌아오다 **……的时候** ……de shíhou ~할 때
瓶 píng [양] 병 **牛奶** niúnǎi [명] 우유

32	
A 在开会 B 工作多年了 **C 已解决了问题**	A 회의를 하고 있다 B 일한 지 오래되었다 **C 이미 문제를 해결했다**
男：等会议结束，你还是过去看看吧。 女：怎么？你担心小王解决不了这件事？ 男：是的，小王年轻，以前没遇到过这种事。 女：你放心，刚才她打电话来说问题已经解决好了，那位客人很满意。 问：关于小王，我们可以知道什么？	남: 회의가 끝나길 기다렸다가, 당신이 가서 좀 보는 편이 좋겠어요. 여: 왜요? 당신은 **샤오왕**이 이 일을 해결하지 못할까봐 걱정되나요? 남: 네, **샤오왕**은 어려서, 예전에 이런 일을 맞닥뜨린 적이 없어요. 여: 안심하세요, 방금 **그녀가** 전화로 **말하길 문제를 이미 잘 해결해서**, 그 손님이 만족하셨다고 했어요. 질문: 샤오왕에 관해 우리가 알 수 있는 것은 무엇인가?

해설 선택지를 통해 상태·상황과 관련된 질문이 나올 것을 예상한다. 여자는 샤오왕이 **问题已经解决好了**(문제를 이미 잘 해결했다)라고 했다. 질문에서 샤오왕에 관해 우리가 알 수 있는 것을 물었으므로 C **已解决了问题**(이미 문제를 해결했다)가 정답이다. 참고로, 남자의 말에서 언급된 **会议**(회의)만 듣고 A **在开会**(회의를 하고 있다)를 고르지 않도록 주의한다.

어휘 **开会** kāihuì [동] 회의를 하다, 회의를 열다 **工作** gōngzuò [동] 일하다 **解决** jiějué [동] 해결하다 **问题** wèntí [명] 문제
等 děng [동] ~까지 기다리다 **会议** huìyì [명] 회의 **结束** jiéshù [동] 끝나다 **还是** háishi [부] ~하는 편이 좋다
吧 ba [조] [문장 끝에 쓰여 제의·청유·명령을 나타냄] **怎么** zěnme [대] 왜, 어째서 **担心** dānxīn [동] 걱정하다, 염려하다
事 shì [명] 일, 사건 **年轻** niánqīng [형] 어리다, 젊다 **以前** yǐqián [명] 예전, 과거 **遇到** yùdào [동] 맞닥뜨리다, 만나다
过 guo [조] ~한 적이 있다 **这种** zhè zhǒng 이러한, 이런 종류의 **放心** fàngxīn [동] 안심하다, 마음을 놓다
刚才 gāngcái [명] 방금, 막 **打电话** dǎ diànhuà 전화를 하다, 전화를 걸다 **客人** kèrén [명] 손님 **满意** mǎnyì [동] 만족하다

A 6月8号　　　　B 6月12号　　　C 6月15号	A 6월 8일　　　　**B** 6월 12일　　　　C 6월 15일
女：李红在吗？我前几天借了她的伞，现在还给她。 男：她去机场了，六月八号的飞机，是今天起飞的。 女：她什么时候回来？ 男：六月十二号。 问：李红哪天回来？	여: 리홍 있어요? 제가 며칠 전에 그녀의 우산을 빌렸는데, 지금 그녀에게 돌려주려고요. 남: 그녀는 공항에 갔어요. 6월 8일 비행기이니, 오늘 이륙이에요. 여: 그녀는 언제 돌아오나요? 남: 6월 12일이에요. 질문: 리홍은 언제 돌아오는가?

해설　선택지를 통해 날짜를 묻는 질문이 나올 것을 예상한다. 여자가 리홍이 언제 돌아오냐고 묻자, 남자가 六月十二号。(6월 12일이에요.)라고 했다. 질문에서 리홍이 돌아오는 날짜를 물었으므로 B 6월12号(6월 12일)가 정답이다. 남자의 말에서 언급된 六月八号(6월 8일)를 듣고 A 6월8号(6월 8일)를 고르지 않도록 주의한다.

어휘　月 yuè 명월　号 hào 명일　前几天 qián jǐ tiān 며칠 전, 얼마 전　借 jiè 동빌리다　伞 sǎn 명우산
現在 xiànzài 명지금, 현재　还 huán 동돌려주다, 반납하다　机场 jīchǎng 명공항　飞机 fēijī 명비행기
起飞 qǐfēi 동이륙하다　什么时候 shénme shíhou 언제　回来 huílai 동돌아오다

A 热情　　　**B** 聪明　　　C 可爱	A 친절하다　　　**B** 똑똑하다　　　C 사랑스럽다
男：妈妈，最后，小猫和它的好朋友见面了没有？ 女：当然了，小猫不爱生气了，小鸟就愿意和它做好朋友啊。 男：我不爱生气，老师和小朋友也喜欢和我一起玩，对吧？ 女：对。你真是个聪明的孩子！故事讲完了，现在妈妈关上灯，你该睡觉了。 问：女的觉得男的怎么样？	남: 엄마, 마지막에 아기 고양이는 그의 좋은 친구와 만났나요? 여: 당연하지. 아기 고양이는 화내는 것을 좋아하지 않아서, 작은 새는 그와 좋은 친구가 되기를 원했단다. 남: 저도 화내는 것을 좋아하지 않으면, 선생님과 친구들도 저와 함께 놀기를 좋아하겠죠, 그렇죠? 여: 그렇단다. 넌 정말 똑똑한 아이구나! 이야기가 끝났으니, 지금 엄마가 불 끌게. 너 자야지. 질문: 여자가 생각하기에 남자는 어떠한가?

해설　선택지를 통해 상태와 관련된 질문이 나올 것을 예상한다. 여자가 남자에게 你真是个聪明的孩子!(넌 정말 똑똑한 아이구나!)라고 했고, 질문에서 여자가 생각하기에 남자가 어떠한지 물었으므로 B 聪明(똑똑하다)이 정답이다.

어휘　热情 rèqíng 형친절하다　聪明 cōngming 형똑똑하다　可爱 kě'ài 형사랑스럽다　最后 zuìhòu 명마지막, 끝
猫 māo 명고양이　见面 jiànmiàn 동만나다　当然 dāngrán 형당연하다, 물론이다　爱 ài 동좋아하다, 사랑하다
生气 shēngqì 동화내다　鸟 niǎo 명새　愿意 yuànyì 조동원하다, 바라다　老师 lǎoshī 명선생님　也 yě 부~도
喜欢 xǐhuan 동좋아하다　一起 yìqǐ 부함께　玩 wán 동놀다　吧 ba 조[문장 끝에 쓰여 기대·추측을 나타냄]
孩子 háizi 명아이　现在 xiànzài 명지금, 현재　睡觉 shuìjiào 동자다, 잠들다

35

A 不好看	B 太冷了	C 路难走	A 보기 좋지 않다	B 너무 춥다	C 길을 걷기 힘들다

男: 明天可能会下雪。

女: 我不喜欢下雪。一年四个季节里，我最不喜欢冬天。

男: 为什么？我觉得雪让这个世界变干净了。

女: 下雪时路不好走，特别是对我这样的新手司机来说，如果明天下雪，我只能坐出租车了。

问: 女的为什么不喜欢下雪？

남: 내일 아마 눈이 올 것 같아요.

여: 저는 눈이 오는 것을 좋아하지 않아요. 일 년 사계절 중에서, 저는 겨울을 가장 싫어해요.

남: 왜요? 저는 눈이 이 세상을 깨끗하게 한다고 생각해요.

여: 눈이 오면 길을 걷기가 힘들어요. 특히 저 같은 초보 운전자는 만약 내일 눈이 오면 택시를 탈 수밖에 없어요.

질문: 여자는 왜 눈이 오는 것을 좋아하지 않는가?

해설 선택지를 통해 상태·상황과 관련된 질문이 나올 것을 예상한다. 여자는 눈이 오는 것을 좋아하지 않는 이유로, 下雪时路不好走(눈이 오면 길을 걷기가 힘들어요)라고 했다. 질문에서 여자가 눈이 오는 것을 좋아하지 않는 이유를 물었으므로 C 路难走(길을 걷기 어렵다)가 정답이다.

어휘 好看 hǎokàn 휑 보기 좋다, 아름답다 冷 lěng 휑 춥다, 차갑다 路 lù 몡 길
难走 nánzǒu 휑 (길이 나쁘거나 다리가 아파서) 걷기 힘들다 明天 míngtiān 몡 내일 可能 kěnéng 閅 아마
会 huì 조동 ~일 것이다 下雪 xiàxuě 图 눈이 오다 喜欢 xǐhuan 图 좋아하다 一年 yìnián 몡 일 년
季节 jìjié 몡 계절 最 zuì 閅 가장, 제일 冬天 dōngtiān 몡 겨울 为什么 wèishénme 왜, 어째서
觉得 juéde 图 ~이라고 생각하다 雪 xuě 몡 눈 让 ràng 图 ~하게 하다 世界 shìjiè 몡 세상, 세계
变 biàn 图 변하게 하다, 변화하다 特别 tèbié 閅 특히 对······来说 duì······lái shuō ~에게 있어서, ~의 입장에서 보면
这样 zhèyàng 떼 이와 같다 新手 xīnshǒu 몡 초보, 신참 司机 sījī 몡 운전사, 기사 如果 rúguǒ 젭 만약
只能 zhǐ néng ~할 수밖에 없다 出租车 chūzūchē 몡 택시

36

A 手表	B 行李箱	C 照相机	A 손목시계	B 여행용 가방	C 사진기

女: 你再检查一下，东西都带了吗？

男: 护照和钱在这个小包里，手机在这一边，笔记本电脑在最上一层。

女: 照相机带了没有？

男: 没有，被小李借去了，还没还呢。

问: 什么东西在小李那儿？

여: 다시 점검해 봐요, 물건 모두 챙겼어요?

남: 여권과 돈은 이 작은 가방 안에 있고, 휴대폰은 여기에 있고, 노트북은 제일 위층에 있어요.

여: 사진기는 챙겼나요?

남: 아뇨, 샤오리가 빌려 가서, 아직 돌려주지 않았어요.

질문: 어떤 물건이 샤오리에게 있는가?

해설 선택지를 통해 특정 명사와 관련된 질문이 나올 것을 예상한다. 여자가 照相机(사진기)를 챙겼냐고 묻자, 남자가 샤오리가 빌려 가서 아직 돌려주지 않았다고 했다. 질문에서 어떤 물건이 샤오리에게 있는지를 물었으므로 C 照相机(사진기)가 정답이다.

어휘 手表 shǒubiǎo 몡 손목시계 行李箱 xínglǐxiāng 몡 여행용 가방, 트렁크 照相机 zhàoxiàngjī 몡 사진기
再 zài 閅 다시, 재차 检查 jiǎnchá 图 점검하다, 검사하다 一下 yíxià ~해 보다 东西 dōngxi 몡 물건
都 dōu 閅 모두, 전부 带 dài 图 챙기다, 지니다 护照 hùzhào 몡 여권 和 hé 젭 ~과 钱 qián 몡 돈
包 bāo 몡 가방 手机 shǒujī 몡 휴대폰 笔记本电脑 bǐjìběn diànnǎo 몡 노트북 层 céng 영 층, 겹
被 bèi 젠 ~에 의해 ~되다 [피동을 나타냄] 借 jiè 图 빌리다 还 hái 閅 아직, 여전히 还 huán 图 돌려주다, 반납하다

| A 坐船 | B 坐火车 | C 坐飞机 | | A 배를 탄다 | B 기차를 탄다 | C 비행기를 탄다 |

女：行李都准备好了吗？

男：准备好了，就一个箱子。

女：多带点衣服过去，北方比较冷。几点的飞机？

男：我看一下机票，是下午2点起飞。

问：男的怎么去北方？

여: 짐은 모두 준비되었나요?

남: 준비되었어요. 상자 하나예요.

여: 옷을 많이 가지고 가세요. 북쪽은 비교적 추워요. 몇 시 비행기예요?

남: 비행기표를 볼게요. 오후 2시 이륙이에요.

질문: 남자는 어떻게 북쪽으로 가는가?

해설　선택지를 통해 행동을 묻는 질문이 나올 것을 예상한다. 대화에서 飞机(비행기), 机票(비행기표), 起飞(이륙하다)라는 표현이 언급되었고, 질문에서 남자는 어떻게 북쪽으로 가는지를 물었으므로, 대화에서 언급된 표현을 통해 알 수 있는 C 坐飞机(비행기를 탄다)가 정답이다.

어휘　船 chuán 圆 배　火车 huǒchē 圆 기차　飞机 fēijī 圆 비행기　行李 xíngli 圆 짐, 수화물　准备 zhǔnbèi 圆 준비하다
　　　箱子 xiāngzi 圆 상자, 박스　带 dài 圆 가지다, (몸에) 지니다　北方 běifāng 圆 북쪽, 북부 지역
　　　比较 bǐjiào 圆 비교적, 상대적으로　冷 lěng 圆 춥다, 차다　机票 jīpiào 圆 비행기표　起飞 qǐfēi 圆 이륙하다

38

A 发烧了

B 比以前瘦

C 换了工作

A 열이 났다

B 예전보다 말랐다

C 직장을 바꿨다

男：你怎么突然瘦了这么多？

女：最近公司里的事情太多，孩子又生病了，忙得我一直都没休息好。

男：但是你也要注意自己的身体啊。

女：知道了，谢谢你的关心。

问：关于女的，可以知道什么？

남: 당신 어째서 갑자기 이렇게 많이 말랐어요?

여: 최근에 회사에 일이 너무 많았고, 아이 또한 병이 났거든요. 바빠서 줄곧 제대로 쉬지도 못했어요.

남: 그렇지만 당신도 스스로 건강에 주의하셔야죠.

여: 알았어요. 관심 가져주셔서 고마워요.

질문: 여자에 관해 알 수 있는 것은 무엇인가?

해설　선택지를 통해 상태·상황을 묻는 질문이 나올 것을 예상한다. 남자가 여자에게 突然瘦了(갑자기 말랐다)라고 했고, 질문에서 여자에 관해 알 수 있는 것을 물었으므로 B 比以前瘦(예전보다 말랐다)가 정답이다.

어휘　发烧 fāshāo 圆 열이 나다　比 bǐ 깨 ~보다, ~에 비해　以前 yǐqián 圆 예전, 과거　瘦 shòu 圆 마르다, 여위다
　　　换 huàn 圆 바꾸다　工作 gōngzuò 圆 직장　突然 tūrán 圆 갑자기　最近 zuìjìn 圆 최근　公司 gōngsī 圆 회사
　　　事情 shìqing 圆 일, 사건　又 yòu 圆 또한　忙 máng 圆 바쁘다　一直 yìzhí 圆 줄곧, 계속　休息 xiūxi 圆 쉬다, 휴식하다
　　　但是 dànshì 圆 그렇지만, 그러나　注意 zhùyì 圆 주의하다, 조심하다　自己 zìjǐ 吅 스스로, 자기　身体 shēntǐ 圆 건강, 몸
　　　知道 zhīdào 圆 알다, 이해하다　谢谢 xièxie 圆 고맙습니다, 감사합니다　关心 guānxīn 圆 관심을 갖다

| A 同学 | B 姐弟 | C 同事 | | A 학우 | B 남매 | C 동료 |

男：数学老师出的作业你都做完了吗？

女：我昨晚做到十一点，终于做完了。

男：我觉得这次的作业太难了，有几个题我都看不懂，你可以教教我吗？

女：没问题，是哪个题呢？

问：他们最可能是什么关系？

남: 수학 선생님이 내주신 숙제는 다 끝냈어?

여: 나 어젯밤 11시까지 하고, 마침내 다 끝냈어.

남: 나는 이번 숙제가 너무 어렵다고 생각해. 몇 문제는 이해할 수도 없는데, 네가 나 좀 가르쳐 줄 수 있어?

여: 좋아, 무슨 문제인데?

질문: 그들은 무슨 사이일 가능성이 가장 큰가?

해설   선택지를 통해 관계를 묻는 질문이 나올 것을 예상한다. 대화에서 作业……做完了(숙제를 다 끝냈다), 这次的作业太难了(이번 숙제가 너무 어렵다)라는 표현이 언급되었다. 질문에서 그들은 무슨 사이일 가능성이 가장 큰지를 물었으므로, 대화에서 언급된 표현을 통해 알 수 있는 A 同学(학우)가 정답이다.

어휘   **同学** tóngxué 圐 학우, 동창   **姐弟** jiědì 圐 남매   **同事** tóngshì 圐 동료   **数学** shùxué 圐 수학
        作业 zuòyè 圐 숙제, 과제   **做完** zuòwán 통 (일·숙제 등을) 끝내다, 다하다   **昨晚** zuówǎn 圐 어젯밤
        终于 zhōngyú 圉 마침내   **觉得** juéde 통 ~라고 생각하다   **太……了** tài……le 너무 ~하다   **题** tí 圐 문제
        看不懂 kàn bu dǒng 이해하지 못하다   **可以** kěyǐ 조통 ~할 수 있다   **教** jiāo 통 가르치다
        没问题 méi wèntí 좋다, 문제없다   **可能** kěnéng 圉 아마도 (~일 것이다)   **关系** guānxi 圐 사이, 관계

40	A 买票 **B** 开车 C 找司机	A 표를 사다 **B** 차를 운전하다 C 기사를 찾다
	女：小李，你明天开车送我去火车站吧，我明天早上要去接我妈妈。 男：好，你妈妈什么时候来到火车站？ 女：早上十点。 男：那我明天早上来接你。 问：女的希望男的做什么？	여: 샤오리, 당신이 내일 운전해서 저를 기차역에 데려다주세요. 저 내일 아침에 어머니를 마중하러 가야 하거든요. 남: 좋아요, 당신 어머니는 언제 기차역에 도착하시나요? 여: 아침 10시요. 남: 그러면 제가 내일 아침에 당신을 데리러 올게요. 질문: 여자는 남자가 무엇을 하기를 바라는가?

해설   선택지를 통해 행동을 묻는 질문이 나올 것을 예상한다. 여자가 남자에게 开车送……吧(운전해서 데려다주세요)라고 부탁했고, 질문에서 여자가 남자에게 바라는 행동을 물었으므로 B 开车(차를 운전하다)가 정답이다.

어휘   **买票** mǎipiào 통 표를 사다, 매표하다   **开车** kāichē 통 차를 운전하다   **找** zhǎo 통 찾다   **司机** sījī 圐 기사
        送 sòng 통 데려다주다   **火车站** huǒchēzhàn 圐 기차역   **吧** ba 조 [문장 끝에 쓰여 청유·명령을 나타냄]
        接 jiē 통 마중하다

따라 읽으며 학습하기 ▶

41-45

A 不全是，左边的要送到楼上会议室。
B 医生，我早上起来之后，耳朵就不舒服。
C 你儿子个子真高啊！今年上几年级了？
D 洗手间的灯坏了。
E 我们先坐地铁2号线，然后换公共汽车。
F 中国历史悠久，人也很热情。

A 전부는 아니에요. 왼쪽에 있는 것은 위층 회의실에 가져다 주어야 해요.
B 의사 선생님. 저는 아침에 일어난 후부터 귀가 아파요.
C 당신 아들은 키가 정말 크네요! 올해 몇 학년이에요?
D 화장실의 등이 고장 났어요.
E 우리 먼저 지하철 2호선을 타고, 그 다음에 버스로 환승하자.
F 중국은 역사가 유구하고, 사람들도 매우 친절해요.

어휘   **左边** zuǒbian 명 왼쪽   **楼上** lóushang 명 위층   **会议室** huìyìshì 회의실   **早上** zǎoshang 명 아침

起来 qǐlai 동 (잠자리에서) 일어나다   **之后** zhīhòu 명 ~후, ~뒤   **耳朵** ěrduo 명 귀   **不舒服** bù shūfu 아프다, (몸이) 불편하다

个子 gèzi 명 키   **年级** niánjí 명 학년   **洗手间** xǐshǒujiān 명 화장실   **灯** dēng 명 등   **坏** huài 동 고장 나다

中国 Zhōngguó 고유 중국   **历史** lìshǐ 명 역사   **悠久** yōujiǔ 유구하다   **热情** rèqíng 형 친절하다

* 의문문인 선택지 C와 42번을 먼저 풀어 두면 문제풀이 시간을 단축할 수 있다.

---

41   以后有机会，我想来这儿住几年。   (   )   이후에 기회가 있으면 저는 이곳에서 몇 년 살고 싶어요.   (**F**)

해설   문제가 我想来这儿住几年(저는 이곳에서 몇 년 살고 싶어요)이라고 했으므로, 이곳 즉, 중국의 좋은 점을 말하는 상황으로 연결되는 선택지 F 中国历史悠久，人也很热情.(중국은 역사가 유구하고, 사람들도 매우 친절해요.)을 고른다. 참고로, 여기서는 선택지 F가 문제의 앞 문장으로 연결되는 것에 주의한다.

어휘   **以后** yǐhòu 명 이후, 금후   **机会** jīhuì 명 기회   **住** zhù 동 살다, 거주하다   **几** jǐ 때 몇

---

42   这些都要搬到办公室去吗？   (   )   이것들을 모두 사무실로 옮겨야 하나요？   (**A**)

해설   문제가 都要搬……吗?(모두 옮겨야 하나요?)라는 의문문이므로, 不全是(전부는 아니에요)이라는 답변으로 시작하는 선택지 A 不全是，左边的要送到楼上会议室.(전부는 아니에요. 왼쪽에 있는 것은 위층 회의실에 가져다주어야 해요.)을 고른다.

어휘   **要** yào 조동 ~해야 한다   **搬** bān 동 옮기다   **办公室** bàngōngshì 명 사무실

---

43   来，我给你检查一下。   (   )   자, 제가 검사해 줄게요.   (**B**)

해설   문제의 핵심어구가 检查(검사하다)이므로, 같은 주제로 연결되는 医生(의사 선생님), 不舒服(아파요)가 언급된 선택지 B 医生，我早上起来之后，耳朵就不舒服.(의사 선생님. 저는 아침에 일어난 후부터 귀가 아파요.)를 고른다. 참고로, 여기서는 선택지 B가 문제의 앞 문장으로 연결되는 것에 주의한다.

어휘   **检查** jiǎnchá 동 검사하다

---

44   开学上四年级，他今年才10岁。   (   )   개학을 하면 4학년이 돼요. 그는 올해 10살이에요.   (**C**)

해설   선택지 C가 今年上几年级了?(올해 몇 학년이에요?)라는 의문문이므로, 几年级(몇 학년)에 해당하는 답변 四年级(4학년)가 있는 문제 44번과 연결된다. 따라서 선택지 C를 고른다. 여기서는 선택지 C가 문제의 앞 문장으로 연결되는 것에 주의한다.

어휘   **开学** kāixué 동 개학하다   **年级** niánjí 명 학년   **岁** suì 명 살, 세 [연령을 세는 단위]

45	
可能有点儿黑，你进去的时候小心一点儿。 ( )	아마 조금 어두울 거예요. 들어갈 때 조심하세요. (**D**)

해설 문제의 핵심어구가 **有点儿黑**(조금 어둡다)이므로, 같은 주제로 연결되는 **灯坏了**(등이 고장 났다)가 언급된 선택지 D **洗手间的灯坏了。**(화장실의 등이 고장 났어요.)를 고른다.

어휘 **可能** kěnéng [부] 아마 **有点儿** yǒudiǎnr [부] 조금 **黑** hēi [형] 어둡다 **进去** jìnqu [동] 들어가다 **小心** xiǎoxīn [동] 조심하다

46-50

A 但是我姐不太喜欢，她觉得厨房太小。 B 我马上回家看一下，你以后注意点儿。 C 他打电话说要先去银行，下午再给我发。 D 妈，我刚下班，马上就到家吃饭了。 E 他说上午有个重要的会议，现在应该在开会吧。	A 그렇지만 우리 언니는 그다지 좋아하지 않아요. 주방이 너무 작다고 느낀대요. B 제가 곧 집에 돌아가서 살펴볼게요. 앞으로는 좀 주의하세요. C 그에게 전화가 와서 먼저 은행에 갔다가 오후에 다시 저에게 보내준다고 말했어요. D 엄마, 저는 방금 퇴근했어요. 곧 집에 도착해서 밥을 먹을 거예요. E 그는 오전에 중요한 회의가 있다고 했으니, 지금 아마 회의를 하고 있을 거예요.

어휘 **但是** dànshì [접] 그러나 **厨房** chúfáng [명] 주방, 부엌 **马上** mǎshàng [부] 곧, 바로 **以后** yǐhòu [명] 앞으로 **注意** zhùyì [동] 주의하다 **打电话** dǎ diànhuà 전화하다, 전화를 걸다 **银行** yínháng [명] 은행 **下午** xiàwǔ [명] 오후 **再** zài [부] 다시 **给** gěi [개] ~에게 **发** fā [동] 보내다 **下班** xiàbān [동] 퇴근하다 **重要** zhòngyào [형] 중요하다 **会议** huìyì [명] 회의 **应该** yīnggāi [조동] ~할 것이다 **开会** kāihuì [동] 회의를 하다

* 의문문인 47번을 먼저 풀어 두면 문제풀이 시간을 단축할 수 있다.

46	
我正给你做鸡蛋面呢。 ( )	나는 마침 너에게 줄 달걀 국수를 만들고 있단다. (**D**)

해설 문제의 핵심어구가 **做鸡蛋面**(달걀 국수를 만들다)이므로, 같은 주제로 연결되는 **吃饭**(밥을 먹다)이 언급된 선택지 D **妈，我刚下班，马上就到家吃饭了。**(엄마, 저는 방금 퇴근했어요. 곧 집에 도착해서 밥을 먹을 거예요.)를 고른다.

어휘 **正** zhèng [부] 마침, 한창 **鸡蛋** jīdàn [명] 달걀 **面** miàn [명] 국수, (밀가루) 면

47	
小王还没给你发电子邮件吗？ ( )	샤오왕이 아직 당신에게 이메일을 보내지 않았나요? (**C**)

해설 문제가 **还没……发电子邮件吗?**(아직 이메일을 보내지 않았나요?)라는 의문문이므로, 언제 이메일을 보낼지에 대한 답변인 **下午再给我发**(오후에 다시 저에게 보내준대요)를 언급한 선택지 C **他打电话说要先去银行，下午再给我发。**(그에게 전화가 와서 먼저 은행에 갔다가 오후에 다시 저에게 보내준다고 말했어요.)를 고른다.

어휘 **给** gěi [개] ~에게 **发** fā [동] 보내다 **电子邮件** diànzǐ yóujiàn [명] 이메일

48	
我早上出门的时候可能忘了关空调。 ( )	제가 아침에 집을 나설 때 아마 에어컨 끄는 것을 잊은 것 같아요. (**B**)

해설 문제가 **忘了关空调**(에어컨 끄는 것을 잊었다)라고 했으므로, 곧 집으로 돌아가서 살펴보겠다는 상황으로 연결되는 선택지 B **我马上回家看一下，你以后注意点儿。**(제가 곧 집에 돌아가서 살펴볼게요. 이후에는 당신 좀 주의해요.)을 고른다.

어휘 **早上** zǎoshang [명] 아침 **出门** chūmén [동] 집을 나서다 **忘** wàng [동] 잊다 **关** guān [동] 끄다 **空调** kōngtiáo [명] 에어컨

49 我对这个房子非常满意。　　（　）　저는 이 집이 매우 만족스러워요.　　（ **A** ）

해설　문제의 핵심어구가 房子(집)이므로, 같은 주제로 연결되는 厨房(주방)이 언급된 선택지 A **但是我姐不太喜欢，她觉得厨房太小。**(그렇지만 우리 언니는 그다지 좋아하지 않아요. 주방이 너무 작다고 느낀대요.)를 고른다.

어휘　房子 fángzi 圐 집　满意 mǎnyì 圐 만족스럽다, 만족하다

50 我有急事找小林，但是他的手机一直关机。　　　　　　　　（　）
제가 급한 일이 있어서 샤오린을 찾고 있는데, 그의 휴대폰이 계속 꺼져있어요.　　（ **E** ）

해설　문제가 我有急事找小林，但是他的手机一直关机。(제가 급한 일이 있어서 샤오린을 찾고 있는데, 그의 휴대폰이 계속 꺼져있어요.)라고 했으므로, 화자가 찾고 있는 샤오린은 지금 회의를 하고 있어서 휴대폰 연결이 안 되는 상황으로 연결되는 선택지 E **他说上午有个重要的会议，现在应该在开会吧。**(그는 오전에 중요한 회의가 있다고 했으니, 지금 아마 회의를 하고 있을 거예요.)를 고른다.

어휘　找 zhǎo 圐 찾다, 구하다　手机 shǒujī 휴대폰　一直 yìzhí 圐 계속, 줄곧　关机 guānjī 圐 (전원을) 끄다

51-55

A 除了	B 而且	C 认为	A ~을 제외하고	B 게다가	C 생각하다
D 一共	E 声音	F 超市	D 모두	E 목소리	F 슈퍼마켓

어휘　除了 chúle 刋 ~을 제외하고　而且 érqiě 圐 게다가　认为 rènwéi 圐 생각하다　一共 yígòng 圐 모두　超市 chāoshì 圐 슈퍼마켓

51 这些衣服我(**D 一共**)花了600多块钱。　이 옷들에 저는 (**D 모두**) 600위안 남짓 썼어요.

해설　빈칸이 주어 我(나)와 술어 花了(썼다) 사이에 있으므로, 빈칸에는 부사가 온다. 따라서 부사 D 一共(모두)을 빈칸에 채운다.

어휘　一共 yígòng 圐 모두　花 huā 圐 쓰다

52 我每天(**A 除了**)吃饭睡觉，就是练习。　저는 매일 밥 먹고 잠자는 것(**A 을 제외하고**), 연습뿐이었어요.

해설　주어 我(나)와 술어 练习(연습하다) 사이에 개사구인 '(　)+吃饭睡觉' 형태의 빈칸이 있으므로, 빈칸에는 개사가 온다. 따라서 개사 A 除了(~을 제외하고)를 빈칸에 채운다. 참고로, 빈칸 뒤의 吃饭睡觉은 '밥 먹고 잠자는 것'이라고 해석되어 명사 역할을 한다는 것을 알아 두자.

어휘　每天 měi tiān 매일　除了 chúle 刋 ~을 제외하고　睡觉 shuìjiào 圐 자다　练习 liànxí 圐 연습하다

53 我今天去(**F 超市**)买东西的小票放哪儿了?　내가 오늘 (**F 슈퍼마켓**)에 가서 산 물건의 영수증을 어디에 두었지?

해설　빈칸 앞에 술어가 되는 동사 去(가다)가 있으므로, 빈칸에는 목적어가 되는 명사가 온다. 따라서 명사 F 超市(슈퍼마켓)를 빈칸에 채운다.

어휘　超市 chāoshì 圐 슈퍼마켓　东西 dōngxi 圐 물건　小票 xiǎopiào 圐 영수증　放 fàng 圐 두다, 놓다

54 我一直(**C 认为**)你是一个聪明懂事的孩子。 | 나는 줄곧 네가 똑똑하고 철든 아이라고 (**C 생각했어**).

해설 빈칸 뒤 **你是一个聪明懂事的孩子**(네가 똑똑하고 철이 든 아이라고)가 전체 문장의 목적어이므로, 빈칸에는 술어가 되는 동사가 온다. 따라서 동사 C 认为(생각하다)를 빈칸에 채운다. 참고로, 동사 认为(생각하다) 뒤에는 주로 '~이라고', '~하다고'로 해석되는 목적어가 온다는 것을 알아 두자.

어휘 一直 yìzhí 图 줄곧, 계속 认为 rènwéi 图 생각하다, 여기다 聪明 cōngming 图 똑똑하다 懂事 dǒngshì 철들다

---

55 他来中国才半年，不但能说简单的中文，(**B 而且**)学会了用筷子吃饭。 | 그가 중국에 온 지 겨우 반년인데, 간단한 중국어를 할 수 있을 뿐만 아니라, (**B 게다가**) 젓가락을 사용하여 식사하는 것도 배워서 할 수 있게 되었다.

해설 빈칸이 쉼표 뒤에 있으므로 빈칸에는 접속사나 부사가 온다. 접속사 B 而且(게다가)와 부사 D 一共(모두) 중 '간단한 중국어를 할 수 있을 뿐만 아니라, _____ 젓가락을 사용하여 식사하는 것도 배워서 할 수 있게 되었다'라는 문맥에 어울리는 접속사 B 而且(게다가)를 채운다. 참고로, 而且(게다가)는 앞 구절의 접속사 不但(~뿐만 아니라)과 함께 '不但……, 而且……(~뿐만 아니라, 게다가 ~하다)로 자주 짝을 이루어 쓰인다는 것을 알아 두자.

어휘 才 cái 图 겨우, 기껏 半年 bàn nián 반년 不但……而且…… búdàn……érqiě…… 웹 ~할 뿐만 아니라 게다가 ~하다 简单 jiǎndān 图 간단하다, 단순하다 中文 Zhōngwén 교유 중국어 学会 xuéhuì 图 배워서 할 수 있게 되다 用 yòng 图 사용하다, 쓰다 筷子 kuàizi 图 젓가락 吃饭 chīfàn 图 식사하다

56-60

| A 电梯 | B 条 | C 游戏 | A 엘리베이터 | B 개 | C 게임 |
| D 爱好 | E 拿 | F 难过 | D 취미 | E 가지다 | F 슬프다 |

어휘 电梯 diàntī 图 엘리베이터 条 tiáo 图 개 [가늘고 긴 것을 세는 단위] 游戏 yóuxì 图 게임 拿 ná 图 가지다 难过 nánguò 图 슬프다

56
A: 你家不是去年秋天才搬到这儿的吗？怎么又打算搬家了？
B: 我家住六楼，没有(**A 电梯**)，我妈觉得很不方便。

A: 당신 집은 작년 가을에 이곳으로 이사 오신 것 아닌가요? 왜 또 이사를 가려고 하시나요?
B: 저희는 6층에 사는데, (**A 엘리베이터**)가 없어서 저희 어머니가 불편하다고 느끼시거든요.

해설 빈칸 앞에 술어가 되는 동사 没有(없다)가 있으므로, 빈칸에는 목적어가 되는 명사가 온다. 명사 A 电梯(엘리베이터), C 游戏(게임) 중 '6층에 사는데, _____가 없어서 불편하다'라는 문맥에 어울리는 명사 A 电梯(엘리베이터)를 빈칸에 채운다.

어휘 家 jiā 집 去年 qùnián 图 작년 秋天 qiūtiān 图 가을 搬 bān 图 이사하다, 옮겨가다 怎么 zěnme 때 왜, 어째서 又 yòu 图 또 打算 dǎsuan ~하려고 하다, ~할 계획이다 搬家 bānjiā 图 이사하다 住 zhù 图 살다, 거주하다 楼 lóu 图 층 电梯 diàntī 图 엘리베이터 觉得 juéde 图 ~이라고 느끼다 不方便 bùfāngbiàn 图 불편하다

57
A: 你以前玩过这样的(**C 游戏**)吗？
B: 没有，这是第一次，我觉得很有意思。

A: 당신은 예전에도 이러한 (**C 게임**)을 해 본 적이 있나요?
B: 아뇨, 이번이 처음인데, 매우 재미있다고 느껴요.

해설 빈칸 앞에 구조조사 的가 있으므로, 빈칸에는 명사가 온다. 명사 A 电梯(엘리베이터), C 游戏(게임) 중 술어 玩过(해 본 적이 있다)와 어울리는 명사 C 游戏(게임)를 빈칸에 채운다. 참고로, 명사 游戏(게임)는 동사 玩(놀다)과 함께 玩游戏(게임을 하다)로 자주 함께 쓰인다는 것을 알아 두자.

어휘 以前 yǐqián 图 예전 觉得 juéde 图 ~이라고 느끼다 有意思 yǒu yìsi 재미있다

58

A：放在冰箱里的蛋糕怎么不见了？ B：早上被妹妹(**E 拿**)走了。	A: 냉장고에 넣어 둔 케이크가 어째서 보이지 않나요? B: 아침에 여동생이 (**E 가지고**) 갔어요.

해설 빈칸 앞에 '被+행위의 주체'인 **被妹妹**(여동생에 의해)가 있으므로, 빈칸에는 술어가 되는 동사가 온다. 따라서 동사 E **拿**(가지다)를 빈칸에 채운다. 참고로, 被자문에서는 술어 앞에 '被+행위의 주체'가 온다는 것을 알아 두자.

어휘 **放** fàng [동] 넣다 **蛋糕** dàngāo [명] 케이크 **早上** zǎoshang [명] 아침 **被** bèi [개] ~에 의해 **妹妹** mèimei [명] 여동생
拿 ná [동] 가지다 **走** zǒu [동] 가다, 걷다

59

A：听小李的声音，她还是很(**F 难过**)。 B：是啊，她虽然嘴上不说，但其实这次的事情对她的影响是极大的。	A: 샤오리의 목소리를 들으니, 그녀는 아직도 매우 (**F 슬퍼해요**). B: 맞아요, 그녀는 비록 말로는 아니라고 하지만, 사실 이번 일이 그녀에게 미친 영향은 몹시 커요.

해설 빈칸 앞에 정도부사 **很**(매우)이 있으므로, 빈칸에는 형용사가 온다. 따라서 형용사 F **难过**(슬프다)를 빈칸에 채운다.

어휘 **听** tīng [동] 듣다 **声音** shēngyīn [명] 목소리, 소리 **还是** háishi [부] 아직도, 여전히 **难过** nánguò [형] 슬프다, 괴롭다
虽然……但…… suīrán……dàn…… [접] 비록 ~이지만 ~하다 **嘴上** zuǐ shang 말로는, 입으로는
其实 qíshí [부] 사실 **这次** zhè cì 이번 **事情** shìqing [명] 일, 사건 **对** duì [개] ~에게, ~에 대해
影响 yǐngxiǎng [동] 영향을 미치다 **极** jí [부] 몹시, 아주

60

A：我还是试试那(**B 条**)黑裤子吧。 B：好的。我去给你拿。	A: 저는 저 검은색 바지 한 (**B 개**)를 한번 입어보는 편이 좋겠어요. B: 그래요. 제가 가서 가져다드릴게요.

해설 빈칸이 대사 **那**(그)와 명사 **黑裤子**(검은색 바지) 사이에 있으므로, 빈칸에는 양사가 와야 한다. 따라서 양사 B **条**(개)를 빈칸에 채운다. 참고로, **条**(개)는 **裤子**(바지)와 같이 긴 것을 셀 때 쓰이는 양사임을 알아 두자.

어휘 **还是** háishi [부] ~하는 편이 좋다 **试试** shìshi 한번 해 보다 **条** tiáo [양] 개 [가늘고 긴 것을 세는 단위]
黑 hēi [형] 검다, 까맣다 **裤子** kùzi [명] 바지 **吧** ba [조] [문장 뒤에 쓰여 상의·제의를 나타냄] **拿** ná [동] 가지다, 잡다

61

妈妈不同意我现在去踢足球，她让我先做作业，你们先去吧，一会儿我就去找你们。	어머니는 내가 지금 축구하러 가는 것을 허락하시지 않고, 나에게 먼저 숙제를 하게 하셨어. 너희 먼저 가. 곧 내가 너희를 찾아갈게.
★ 妈妈要求他： **A 先写作业** B 去踢足球 C 去找朋友	★ 어머니가 그에게 요구한 것은: **A 먼저 숙제를 한다** B 축구를 하러 간다 C 친구를 찾아 간다

해설 질문이 어머니가 그에게 요구한 것을 물었으므로, 어머니가 그에게 하게 한 행동인 **先做作业**(먼저 숙제를 한다)를 바꿔 표현한 A **先写作业**(먼저 숙제를 한다)가 정답이다.

어휘 **同意** tóngyì [동] 허락하다, 동의하다 **踢足球** tī zúqiú 축구를 하다 **让** ràng [동] ~하게 하다
做作业 zuò zuòyè 숙제를 하다 [= **写作业** xiě zuòyè] **先** xiān [부] 먼저, 우선
吧 ba [조] [문장 끝에 쓰여 청유·명령을 나타냄] **一会儿** yíhuìr 곧, 짧은 시간 내 **找** zhǎo [동] 찾다
要求 yāoqiú [동] 요구하다

<table>
<tr><td>62</td><td>爷爷一个人住在老家，我想把他接来和我一起住。他说不习惯住楼房，又不认识人，所以不愿意来，让我不要担心他。</td><td>할아버지께서는 혼자 고향 집에 살고 계신다. 나는 그를 모시고 와서 나와 함께 사실 수 있게 하려 했는데, 그가 말씀하시길 다층 건물에 사는 것이 익숙하지 않고, 또 사람들도 몰라서 오고 싶지 않으시다며, 나에게 그를 걱정하지 말라고 하셨다.</td></tr>
</table>

★ 爷爷现在：	★ 할아버지는 지금:
A 住楼房	A 다층 건물에 사신다
B 在老家	**B 고향 집에 계신다**
C 担心我	C 나를 걱정하신다

해설 질문이 할아버지는 지금 어떠한지 물었으므로, 지문의 **一个人住在老家**(혼자 고향 집에 살고 계신다)를 바꿔 표현한 B **在老家**(고향 집에 계신다)가 정답이다.

어휘 **爷爷 yéye** 📖 할아버지　**一个人 yí ge rén** 혼자　**住在 zhùzài** ~에 살다　**老家 lǎojiā** 📖 고향 집
想 xiǎng 📖 ~하려 하다　**把 bǎ** 📖 ~을/를　**接来 jiēlai** 모셔 오다, 데려오다　**一起 yìqǐ** 📖 함께
习惯 xíguàn 📖 익숙해지다, 습관이 되다　**楼房 lóufáng** 📖 다층 건물　**认识 rènshi** 📖 알다
所以 suǒyǐ 📖 그래서　**愿意 yuànyì** 📖 바라다, 희망하다　**担心 dānxīn** 📖 걱정하다

<table>
<tr><td>63</td><td>我办这种信用卡主要是为了看电影，以前一张电影票七十块，现在周末时用信用卡只要二十块钱，就是再买杯饮料，也比以前花得少。</td><td>내가 이 신용 카드를 만든 것은 주로 영화를 보기 위해서이다. 예전에는 영화표 한 장에 70위안이었는데, 지금은 주말에 신용 카드를 사용하면 겨우 20위안밖에 안 한다. 설령 음료 한 잔을 더 사더라도, 예전보다 적게 쓰는 것이다.</td></tr>
</table>

★ 用信用卡看电影：	★ 신용 카드를 사용하여 영화를 보면:
A 送饮料	A 음료를 준다
B 有礼物	B 선물이 있다
C 比较便宜	**C 비교적 싸다**

해설 질문에서 신용 카드를 사용하여 영화를 보면 어떠한지를 물었으므로, 지문의 **一张电影票七十块……用信用卡只要二十块钱**(영화표 한 장에 70위안이었는데, 신용 카드를 사용하면 겨우 20위안밖에 안 한다)을 통해 알 수 있는 C **比较便宜**(비교적 싸다)가 정답이다.

어휘 **办信用卡 bàn xìnyòngkǎ** 신용 카드를 만들다　**主要 zhǔyào** 📖 주로, 대부분　**为了 wèile** 📖 ~을 하기 위하여
以前 yǐqián 📖 예전, 이전　**周末 zhōumò** 📖 주말　**用 yòng** 📖 사용하다, 쓰다　**只 zhǐ** 📖 겨우, 고작
就是 jiùshì 설령 ~하더라도　**再 zài** 📖 더, 더욱　**杯 bēi** 📖 잔　**饮料 yǐnliào** 📖 음료　**比 bǐ** 📖 ~보다
花 huā 쓰다, 소비하다　**送 sòng** 📖 주다, 증정하다　**礼物 lǐwù** 📖 선물　**便宜 piányi** 📖 싸다

<table>
<tr><td>64</td><td>我的朋友小白决定和男朋友结婚了。她的男朋友比她小两岁，是个大学老师，人很聪明，而且个子也很高。小白说和他在一起的时候总是很快乐。我真为她感到高兴。</td><td>내 친구 샤오바이는 남자친구와 결혼하기로 결정했다. 그녀의 남자친구는 그녀보다 두 살 어리고, 대학교 선생님이며, 똑똑하고, 게다가 키도 크다. 샤오바이는 그와 같이 있을 때 항상 즐겁다고 말했다. 나는 정말 그녀로 인해 기쁘다.</td></tr>
</table>

★ 小白：	★ 샤오바이는:
A 打算结婚	**A 결혼하려고 한다**
B 正在找工作	B 지금 일자리를 찾고 있다
C 没有男朋友	C 남자친구가 없다

해설   질문에서 샤오바이에 관하여 물었고, 지문에서 **小白决定和男朋友结婚了**(샤오바이는 남자친구와 결혼하기로 결정했다)를 통해 알 수 있는 A **打算结婚**(결혼하려고 한다)이 정답이다.

어휘   **决定** juédìng 图 결정하다   **男朋友** nánpéngyou 图 남자친구   **结婚** jiéhūn 图 결혼하다   **比** bǐ 개 ~보다
       两 liǎng 쥐 둘, 2   **大学** dàxué 图 대학   **聪明** cōngming 图 똑똑하다   **而且** érqiě 집 게다가
       个子 gèzi 图 (사람의) 키   **高** gāo 图 (키가) 크다   **一起** yìqǐ 图 같이   **总是** zǒngshì 图 항상
       快乐 kuàilè 图 즐겁다, 행복하다   **真** zhēn 图 정말   **为** wèi 개 ~로 인해   **打算** dǎsuan 图 ~하려고 하다
       正在 zhèngzài 图 지금 ~하고 있다   **找** zhǎo 图 찾다   **工作** gōngzuò 图 일자리, 일

65

换到这个学校半年后，他有了一些变化。在班里坐在他旁边的同学学习非常努力。受了这种影响，他开始完成作业，上课也能认真听课，成绩有了很大提高。	이 학교로 옮긴 지 반년 후, 그에게 변화가 조금 있었다. 반에서 옆에 앉은 학우가 공부를 매우 열심히 했다. 이러한 영향을 받아 그는 숙제를 끝내기 시작했고, 수업할 때에도 성실히 수업을 듣게 되어, 성적에 큰 향상이 있었다.
★ 他的变化是因为： A 听老师的话 B 怕妈妈担心 **C 别人的影响**	★ 그가 변화한 원인은: A 선생님 말을 들었다 B 어머니가 걱정하시는 것을 염려했다 C 타인의 영향

해설   질문에서 그가 변화한 원인이 무엇인지 물었으므로, 그가 영향을 받게 된 배경으로 언급된 **在班里坐在他旁边的同学学习非常努力**(반에서 옆에 앉은 학우가 공부를 매우 열심히 했다)를 통해 알 수 있는 C **别人的影响**(타인의 영향)이 정답이다.

어휘   **换到** huàndào 옮기다   **半年** bàn nián 반년   **变化** biànhuà 图 변화   **同学** tóngxué 图 학우   **努力** nǔlì 图 열심히 하다
       受 shòu 图 받다   **影响** yǐngxiǎng 图 영향   **开始** kāishǐ 图 시작하다   **完成** wánchéng 图 (예정대로) 끝내다, 완성하다
       作业 zuòyè 图 숙제, 과제   **上课** shàngkè 图 수업하다, 수업을 듣다   **认真** rènzhēn 图 성실하다, 진지하다
       听课 tīngkè 图 수업을 듣다   **成绩** chéngjì 图 성적   **提高** tígāo 图 향상시키다
       怕 pà 图 염려하다, 무서워하다   **担心** dānxīn 图 걱정하다   **别人** biérén 때 타인, 남

66

小静来中国有一段时间了。在中国朋友的帮助下，她的汉语水平提高了不少。她说虽然学习汉语不是件容易的事，但是只要努力练习的话，就一定可以学好。	샤오징은 중국에 온 지 좀 됐다. 중국 친구의 도움으로 그녀의 중국어 실력은 많이 향상되었다. 그녀는 비록 중국어를 배우는 것은 쉬운 일이 아니지만, 열심히 연습한다면, 반드시 잘 배울 수 있게 될 것이라고 말했다.
★ 小静认为学习汉语： A 非常重要 B 让她不舒服 **C 不是简单的事**	★ 샤오징이 생각하기에 중국어를 배우는 것은: A 매우 중요하다 B 그녀를 불편하게 한다 C 간단한 일이 아니다

해설   질문이 중국어를 배우는 것에 대한 샤오징의 생각을 물었으므로, 지문에서 그녀의 생각이 언급된 **不是件容易的事**(쉬운 일은 아니다)을 바꿔 표현한 C **不是简单的事**(간단한 일이 아니다)이 정답이다.

어휘   **一段时间** yí duàn shíjiān 얼마간의 시간   **帮助** bāngzhù 图 돕다   **水平** shuǐpíng 图 실력
       提高 tígāo 图 향상시키다, 높이다   **虽然** suīrán 집 비록 ~일지라도   **件** jiàn 图 건, 개   **容易** róngyì 图 쉽다
       努力 nǔlì 图 열심이다   **练习** liànxí 图 연습하다, 익히다   **一定** yídìng 图 반드시, 필히
       认为 rènwéi 图 ~이라고 생각하다, ~이라고 여기다   **非常** fēicháng 图 매우, 아주   **重要** zhòngyào 图 중요하다
       舒服 shūfu 图 편안하다   **简单** jiǎndān 图 간단하다

67

昨天晚上儿子感冒了，后来还发烧了，他爸爸不在家，我一个人又着急又害怕。最后还是邻居阿姨和我一起带他去看的医生。

어제 저녁에 아들이 감기에 걸렸는데, 나중에는 열까지 났다. 그의 아빠가 집에 없어서, 나 혼자 초조하고 또 겁도 났다. 마지막에 끝내는 이웃 아주머니가 나와 함께 그를 데리고 의사를 찾아갔다.

★ 昨天晚上她：

A 生病了

B 在阿姨家

C 在照顾孩子

★ 어제 저녁에 그녀는:

A 병이 났다

B 아주머니 집에 있었다

C 아이를 돌보고 있었다

해설   질문이 어제 저녁에 그녀에 대해 물었으므로, 지문의 **儿子感冒了**(아들이 감기에 걸렸다), **我带他去看的医生**(나는 그를 데리고 의사를 찾아갔다)을 통해 알 수 있는 C **在照顾孩子**(아이를 돌보고 있었다)가 정답이다.

어휘   昨天 zuótiān 몡 어제   晚上 wǎnshang 몡 저녁   儿子 érzi 몡 아들   感冒 gǎnmào 통 감기에 걸리다
后来 hòulái 몡 나중에, 그 후   发烧 fāshāo 통 열이 나다   又……又…… yòu……yòu…… ~하고 또 ~하다
着急 zháojí 통 초조하다, 마음을 졸이다   害怕 hàipà 통 겁내다, 두려워하다   最后 zuìhòu 몡 마지막, 끝
邻居 línjū 몡 이웃   阿姨 āyí 몡 아주머니, 이모   和 hé 깨 ~와   带……去 dài……qù ~를 데리고 가다
医生 yīshēng 몡 의사   生病 shēngbìng 통 병이 나다   照顾 zhàogù 통 돌보다

68

我喜欢自己一个人出去旅游。选择一个自己感兴趣的城市，再买上一张地图，慢慢地去了解这个城市的历史，这让我的旅游更加有意思。

나는 혼자서 여행 가는 것을 좋아한다. 내가 관심이 있는 도시 하나를 선택한 후에, 지도 한 장을 사고, 천천히 이 도시의 역사를 알아가는 것은 나의 여행을 더욱 의미있게 해준다.

★ 他旅游时：

A 喜欢买东西

B 经常一个人

C 认识很多朋友

★ 그는 여행을 할 때:

A 물건 사기를 좋아한다

B 자주 혼자이다

C 많은 친구를 알게 된다

해설   질문이 그는 여행할 때 어떠한지를 물었으므로, 지문의 **我喜欢自己一个人出去旅游**(나는 혼자서 여행 가는 것을 좋아한다)를 통해 알 수 있는 B **经常一个人**(자주 혼자이다)이 정답이다.

어휘   旅游 lǚyóu 통 여행하다   选择 xuǎnzé 통 선택하다   感兴趣 gǎn xìngqù 관심이 있다, 흥미가 있다
城市 chéngshì 몡 도시   再 zài 훈 ~한 후에, ~하고 나서   张 zhāng 영 장 [종이나 가죽 등을 세는 단위]
地图 dìtú 몡 지도   慢慢地 mànmān de 천천히   了解 liǎojiě 통 (자세하게) 알다, 이해하다   历史 lìshǐ 몡 역사
让 ràng 통 ~하게 하다   更加 gèngjiā 훈 더욱, 더   有意思 yǒu yìsi 의미있다, 의의가 있다   经常 jīngcháng 훈 자주
认识 rènshi 통 알다, 인식하다

69

姐姐不爱出门，周末一般就是在家休息或者听听音乐什么的。明天我打算和朋友一起去爬山，用什么办法能让姐姐也愿意参加呢？

언니는 외출하기를 좋아하지 않는다. 주말에는 보통 집에서 쉬거나 아니면 음악을 듣거나 할 뿐이다. 내일 나는 친구와 함께 등산을 가려고 하는데, 어떤 방법을 써야 언니도 참여하고 싶게 할 수 있을까?

★ 说话人想让姐姐：

A 去爬山

B 学唱歌

C 关心我

★ 화자는 언니에게 무엇을 하게 하려고 하는가:

A 등산하러 간다

B 노래 부르는 것을 배운다

C 나에게 관심을 갖는다

해설   질문에서 화자가 언니에게 무엇을 하게 하려고 하는지 물었으므로, **打算……去爬山，用什么办法能让姐姐也愿意**

参加呢?(등산을 가려고 하는데, 어떤 방법을 써야 언니도 참여하고 싶게 할 수 있을까?)를 통해 알 수 있는 A 去爬山(등산하러 간다)이 정답이다.

어휘　出门 chūmén 图 외출하다　周末 zhōumò 图 주말　一般 yìbān 图 보통　就是 jiùshì 图 ~뿐이다, ~밖에 안 된다
　　　休息 xiūxi 图 쉬다　或者 huòzhě 图 ~하거나 아니면　听音乐 tīng yīnyuè 음악을 듣다
　　　打算 dǎsuan 图 ~하려고 하다　爬山 páshān 图 등산하다　用 yòng 图 쓰다, 사용하다　办法 bànfǎ 图 방법, 수단
　　　让 ràng 图 ~하게 하다　愿意 yuànyì 图통 ~하고 싶어 하다, 바라다　参加 cānjiā 图 참여하다, 참가하다
　　　唱歌 chànggē 图 노래 부르다　关心 guānxīn 图 관심을 갖다

70	大家经常说"笑比哭好"。笑能给人带来健康。一个喜欢笑的人，是可爱的，年轻的，快乐的。	다들 늘 '웃는 것이 우는 것보다 좋다'라고 말한다. 웃는 것은 사람에게 건강을 가져올 수 있다. 웃는 것을 좋아하는 사람은 사랑스럽고, 젊고, 유쾌하다.
	★ 根据这段话，可以知道: A 年轻人爱笑 B 笑带给人健康 C 爱笑的人最可爱	★ 지문에 근거하여 알 수 있는 것은: A 젊은 사람은 웃는 것을 좋아한다 B 웃는 것은 사람에게 건강을 가져다준다 C 웃는 것을 좋아하는 사람이 가장 사랑스럽다

해설　각 선택지의 年轻人(젊은 사람), 健康(건강), 爱笑的人(웃는 것을 좋아하는 사람) 중 B의 健康(건강)과 관련하여, 지문에서 笑能给人带来健康(웃는 것은 사람에게 건강을 가져올 수 있다)이 언급되었으므로, 이를 바꿔 표현한 B 笑带给人健康(웃는 것은 사람에게 건강을 가져다준다)이 정답이다.

어휘　经常 jīngcháng 图 늘, 항상　笑 xiào 图 웃다, 웃음을 짓다　比 bǐ 图 ~보다　哭 kū 图 울다　带来 dàilai 图 가져오다
　　　健康 jiànkāng 图 건강　可爱 kě'ài 图 사랑스럽다　年轻 niánqīng 图 젊다　快乐 kuàilè 图 유쾌하다, 즐겁다

71

不满意	让我	他的	特别	回答	→	……的	동사	동사+대사	부사	부사+동사
						他的	回答	让我	特别	不满意。
						관형어	주어	술어1+겸어	부사어	술어2

해석   그의 대답은 나를 아주 불만스럽게 했다.

해설   제시된 어휘 중 사역동사 让(~하게 하다)이 보이므로 겸어문을 완성한다. 让我(나를 ~하게 하다)를 술어1로, '부사+동사'인 不满意(불만스럽다)를 술어2로 배치한다. 回答(대답하다)를 주어로 배치하고, 남은 어휘인 他的(그의)는 주어 앞에 관형어로 배치하고, 特别(아주)는 술어2 앞에 부사어로 배치하여 문장을 완성한다.

어휘   **不满意** bù mǎnyì 불만스럽다   **特别** tèbié 團 아주   **回答** huídá 圄 대답하다

72

我总是	右腿	有些疼	觉得	→	대사+부사	동사	형용사+명사	부사+형용사
					我总是	觉得	右腿	有些疼。
					주어+부사어	술어	관형어+주어	부사어+술어
							목적어	

해석   나는 줄곧 오른쪽 다리가 조금 아프다고 느낀다.

해설   제시된 어휘 중 술어가 될 수 있는 어휘가 형용사 疼(아프다)과 동사 觉得(~이라고 느끼다) 2개이고, 이 중 觉得는 주술(목)구, 술목구를 목적어로 취할 수 있는 동사이므로 주술(목)구 또는 술목구 목적어를 완성한다. 동사 觉得를 술어로 배치하고, 右腿(오른쪽 다리)와 有些疼(조금 아프다)을 右腿有些疼(오른쪽 다리가 조금 아프다)이라는 주술구 형태로 연결하여 술어 觉得 뒤에 목적어로 배치한다. 남은 어휘인 我总是(나는 줄곧)은 주어로 배치하여 문장을 완성한다.

어휘   **总是** zǒngshì 團 줄곧   **右腿** yòu tuǐ 오른쪽 다리   **有些** yǒuxiē 團 조금   **疼** téng 圄 아프다
           觉得 juéde 圄 ~이라고 느끼다

73

一年中的	季节	春天是	第一个	→	명사+동사	……的	수사+양사	명사
					春天是	一年中的	第一个	季节。
					주어+술어	관형어		목적어

해석   봄은 일 년 중의 첫 번째 계절이다.

해설   제시된 어휘 중 是이 보이므로 是자문을 완성한다. 是이 포함된 春天是(봄은 ~이다)을 술어로 배치하고, 季节(계절)를 목적어로 배치한다. 남은 어휘인 第一个(첫 번째)는 의미상 어울리는 목적어 季节(계절) 바로 앞에 관형어로 배치하고, 的가 붙은 一年中的(일 년 중의)는 第一个 앞에 관형어로 배치하여 문장을 완성한다.

어휘   **季节** jìjié 團 계절   **春天** chūntiān 團 봄   **第一个** dìyī ge 첫 번째

74

大家	听懂我	意思	都没	的	→	대사	부사+부사	동사+대사	的	명사
						大家	都没	听懂我	的	意思。
						주어	부사어	술어	관형어	목적어

해석   모두가 내 뜻을 알아듣지 못했다.

해설   동사 听이 포함된 听懂我(나 ~ 알아듣다)를 술어로 배치한 후, 술어와 의미상 어울리는 大家(모두)를 주어, 意思(뜻)를 목적어로 배치한다. 남은 어휘 중 구조조사 的를 술어 뒤에 배치하여 听懂我的意思(내 뜻을 알아듣지 못했다)로 연결하고, '부사+부사'인 都没(다 ~않다)는 술어 앞에 부사어로 배치하여 문장을 완성한다.

어휘   **大家** dàjiā 때 모두, 여러분   **听懂** tīngdǒng 圄 알아듣다   **意思** yìsi 團 뜻, 의미   **都** dōu 團 다, 모두

75	复习一下 学过的 字 请把	→	请+把 ……的 명사 동사+수사+양사 **请把** **学过的 字** **复习一下。** 请+把 행위의 대상 술어+기타성분

해석 　배웠던 글자를 복습해 보세요.

해설 　제시된 어휘 중 把가 보이므로 把자문을 완성한다. 동사 复习(복습하다)가 포함된 复习一下(복습해 보다)를 술어로 배치하고, 请把(~을 ~하세요)를 문장 맨 앞에 배치한다. 学过的(배웠던)와 字(글자)를 学过的字(배웠던 글자)로 연결한 후 把 뒤에 행위의 대상으로 배치하여 문장을 완성한다. 참고로, 请(~하세요)은 항상 문장 맨 앞에 나오고, 청유나 부탁의 의미를 나타낸다는 것을 알아 두자.

어휘 　复习 fùxí 图 복습하다　一下 yíxià ~해 보다　学 xué 图 배우다　字 zì 图 글자　请 qǐng 图 ~하세요

76	这次比赛中他拿了第一名，公司发给他 一(万)块钱。 ^{wàn}	이번 시합에서 그가 1등을 해서, 회사는 그에게 일만 위안을 지급했어요.

해설 　빈칸 앞에 一(일)가 있고 제시된 병음이 wàn이므로 一万(일만)이라는 어구의 万(만)을 쓴다. 모양이 비슷한 力를 쓰지 않도록 주의한다.

어휘 　比赛 bǐsài 图 시합　拿 ná 图 받다, 얻다　第一名 dìyī míng 1등　公司 gōngsī 图 회사　发 fā 图 지급하다, 건네주다

77	我们都应该(多)关心身边的老人。 ^{duō}	우리는 모두 주변의 노인들에게 더 관심을 기울여야 한다.

해설 　빈칸 뒤에 关心(관심을 기울이다)이 있고, 제시된 병음이 duō이므로 多关心(더 관심을 기울이다)이라는 어구의 多(더)를 쓴다.

어휘 　应该 yīnggāi 图 ~해야 한다　多 duō 더, 월등히　关心 guānxīn 图 관심을 기울이다　身边 shēnbiān 图 주변, 곁

78	最近右边的(耳)朵特别不舒服，想去医院看看。 ^{ěr}	요즘 오른쪽 귀가 아주 불편해서 병원에 좀 가 보려고요.

해설 　빈칸 뒤에 朵가 있으므로 耳朵(귀)라는 단어의 耳을 쓴다. 모양이 비슷한 目를 쓰지 않도록 주의한다.

어휘 　最近 zuìjìn 图 요즘, 최근　右边 yòubian 图 오른쪽　耳朵 ěrduo 图 귀　不舒服 bù shūfu (몸이) 불편하다, 아프다

79	这个月一共(花)了两千块钱。 ^{huā}	이번 달에 총 2천 위안을 썼다.

해설 　빈칸 뒤에 钱(돈)이 있고, 제시된 병음이 huā이므로 花钱(돈을 쓰다)이라는 어구의 花를 쓴다. 花钱은 花了……钱(돈을 ~ 썼다)이라는 형태로 자주 쓰임을 알아 두자.

어휘 　月 yuè 图 달, 월　一共 yígòng 图 총　花 huā 图 쓰다, 소비하다　两 liǎng 囹 2, 둘　千 qiān 囹 1000, 천
　块 kuài 图 위안(元)　钱 qián 图 돈, 화폐

80	你看(见)前面那条船了吗？ ^{jiàn}	당신은 앞의 그 배를 보셨나요?

해설 　빈칸 앞에 看이 있으므로 看见(보다)이라는 단어의 见을 쓴다.

어휘 　看见 kànjiàn 图 보다　前面 qiánmian 图 앞　船 chuán 图 배

실전모의고사 3

듣기
p.237

제1부분

1 E **2** F **3** A **4** B **5** C **6** D **7** A **8** E **9** B **10** C

제2부분

11 ✓ **12** ✗ **13** ✓ **14** ✗ **15** ✓ **16** ✗ **17** ✓ **18** ✓ **19** ✗ **20** ✗

제3부분

21 B **22** B **23** A **24** C **25** B **26** B **27** B **28** B **29** C **30** B

제4부분

31 A **32** C **33** B **34** A **35** A **36** A **37** B **38** A **39** A **40** A

독해
p.242

제1부분

41 D **42** F **43** A **44** B **45** C **46** A **47** D **48** E **49** C **50** B

제2부분

51 F **52** A **53** B **54** D **55** C **56** F **57** B **58** E **59** A **60** C

제3부분

61 C **62** B **63** C **64** A **65** A **66** A **67** B **68** C **69** B **70** A

쓰기
p.248

제1부분

71 他穿的衬衫有点儿短。

72 我哥哥比我矮一点儿。

73 有更干净的房间吗?

74 你回答错了。

75 欢迎您来我们学校上课。

제2부분

76 百

77 分

78 斤

79 必

80 牛

1-5

A

B

C

D

E

F

1

| 女：你听一听，听得出来这里面是什么声音吗？ | 여: 들어 보세요. 여기에서 어떤 소리가 들리는지 알 수 있겠어요？ |
| 男：是鸟叫的声音吗？ | 남: 새가 지저귀는 소리인가요？ |

해설　음성에서 听一听(들어 보세요)이 언급되었으므로 여자가 남자에게 헤드폰을 씌워 주고 있는 사진 E를 고른다.

어휘　听 tīng 圄 듣다　声音 shēngyīn 圄 소리, 목소리　鸟 niǎo 圄 새　叫 jiào 圄 (동물이) 지저귀다. 외치다

2

| 男：你累吗？我们坐电梯上去吧。 | 남: 당신 피곤해요？ 우리 엘리베이터를 타고 올라가요. |
| 女：你坐吧，我还是愿意走楼梯。 | 여: 당신은 타세요. 저는 그래도 계단으로 올라가고 싶어요. |

해설　음성에서 电梯(엘리베이터)가 언급되었으므로 엘리베이터가 부각된 사진 F를 고른다.

어휘　累 lèi 圄 피곤하다. 지치다　坐 zuò 圄 (교통수단을) 타다. 앉다　电梯 diàntī 圄 엘리베이터
　　　愿意 yuànyì 瓬 ~하고 싶다. 바라다　楼梯 lóutī 圄 계단. 층계

3

| 女：你带照相机了吗？ | 여: 당신은 사진기를 가지고 왔나요？ |
| 男：忘带了。来，我们用手机来照一张。 | 남: 가져오는 것을 잊었어요. 와 보세요. 우리 휴대폰으로 한 장 찍어요. |

해설　음성에서 用手机来照(휴대폰으로 찍다)가 언급되었으므로 여자와 남자가 휴대폰으로 사진을 찍고 있는 사진 A를 고른다.

어휘　带 dài 圄 가지다. 지니다　照相机 zhàoxiàngjī 圄 사진기　忘 wàng 圄 잊다. 망각하다　手机 shǒujī 圄 휴대폰
　　　照 zhào 圄 찍다　张 zhāng 옝 장 [종이나 가죽 등을 세는 단위]

4

| 男：你在复习吗？ | 남: 너 복습하고 있는 거야？ |
| 女：是啊，老师说明天考试的题可能会比较难。 | 여: 응. 선생님께서 내일 시험 문제는 아마 비교적 어려울 거라고 하셨어. |

해설　음성에서 你在复习吗?(너 복습하고 있는 거야?)가 언급되었으므로 공부하고 있는 여자 옆에 남자가 있는 사진 B를 고른다.

어휘　复习 fùxí 圄 복습하다　老师 lǎoshī 圄 선생님　明天 míngtiān 圄 내일　考试 kǎoshì 圄 시험　题 tí 圄 문제, 시험 문제
　　　可能 kěnéng 똉 아마, 어쩌면　比较 bǐjiào 똉 비교적, 상대적으로　难 nán 똉 어렵다

5

| 女: 渴不渴？来，吃块西瓜吧。 | 여: 목마르지 않아요? 와서 수박 하나 드세요. |
| 男: 好，这西瓜甜极了，在哪儿买的？ | 남: 좋아요. 이 수박은 정말 다네요. 어디에서 사셨나요? |

해설　음성에서 西瓜(수박)가 언급되었으므로 남자가 수박을 손에 들고 있는 사진 C를 고른다.

어휘　渴 kě 圄 목마르다, 목이 타다　块 kuài [덩이로 된 물건을 세는 단위]　西瓜 xīguā 圄 수박　甜 tián 圄 달다, 달콤하다
　　……极了 ……jí le [형용사 뒤에서 뜻을 매우 강조할 때 쓰임]　买 mǎi 圄 사다, 매입하다

6-10

A　　　B　　　C

D　　　E

6

| 男: 周小姐，又不下雨，你怎么打着伞？ | 남: 조우 아가씨. 비도 안 오는데 왜 우산을 쓰고 있나요? |
| 女: 热啊，太阳这么大。 | 여: 더워서요. 햇빛이 이렇게 강하잖아요. |

해설　음성에서 打着伞(우산을 쓰고 있다)이 언급되었으므로 여자가 우산을 쓰고 있는 사진 D를 고른다. 참고로, 위 지문에서 '打着伞'는 '동사+着(~하고 있다)' 구문이 사용되어, '우산을 쓰고 있다'로 해석된다는 것을 알아 두자.

어휘　小姐 xiǎojiě 圄 아가씨, 젊은 여자　下雨 xiàyǔ 圄 비가 오다　怎么 zěnme 떼 왜, 어째서　打伞 dǎsǎn 圄 우산을 쓰다
　　着 zhe 图 ~하고 있다　热 rè 圄 덥다, 뜨겁다　太阳 tàiyáng 圄 햇빛, 태양

7

| 女: 你在干什么？搬东西吗？ | 여: 당신은 무엇을 하고 있나요? 물건을 옮기는 거예요? |
| 男: 是啊，经理让我把这些搬到他的办公室。 | 남: 네. 매니저님이 저에게 이것들을 그의 사무실에 옮겨 두라고 하셨어요. |

해설　음성에서 搬东西(물건을 옮기다)가 언급되었으므로 남자가 물건을 옮기고 있는 사진 A를 고른다.

어휘　干什么 gàn shénme 무엇을 하는가　搬 bān 圄 옮기다, 운반하다　东西 dōngxi 圄 물건, 사물
　　经理 jīnglǐ 圄 매니저　让 ràng 圄 ~하게 하다　办公室 bàngōngshì 圄 사무실

8

| 男: 您好！我是新来的校长。 | 남: 안녕하세요! 저는 새로 온 교장입니다. |
| 女: 欢迎您来到我们学校。我是这里的老师，姓王。 | 여: 저희 학교에 오신 것을 환영합니다. 저는 이곳의 선생님이고, 성은 왕입니다. |

해설　음성에서 您好(안녕하세요), 欢迎您(환영합니다)이 언급되었으므로 남자가 악수를 청하고 있는 사진 E를 고른다.

어휘　校长 xiàozhǎng 圄 교장　欢迎 huānyíng 圄 환영하다　老师 lǎoshī 圄 선생님　姓 xìng 圄 성이 ~이다

9

女：小李，你又在电脑上玩儿游戏？ 男：没有，我在发电子邮件呢。	여: 샤오리, 너 또 컴퓨터로 게임을 하는 거니? 남: 아니에요. 저는 지금 이메일을 보내고 있어요.

해설 　음성에서 电脑上玩儿游戏(컴퓨터로 게임을 하다)가 언급되었으므로 남자 아이와 여자가 컴퓨터 앞에 있는 사진 B를 고른다.

어휘 　**电脑** diànnǎo 圓 컴퓨터　**游戏** yóuxì 圓 게임　**发** fā 보내다, 발송하다　**电子邮件** diànzǐ yóujiàn 圓 이메일, 전자 우편

10

女：爸爸，把这个换成蛋糕可不可以？ 男：不可以！妈妈的要求你忘记了吗？这个 　　一定要吃完。	여: 아빠, 이것을 케이크로 바꿔 주시면 안 돼요? 남: 안돼! 엄마의 요구를 잊었니? 이건 반드시 다 먹어야 해.

해설 　음성에서 把这个换成蛋糕可不可以?(이것을 케이크로 바꿔 주시면 안 돼요?)가 언급되었으므로 아이가 음식을 앞에 두고 먹기 싫은 표정을 짓고 있는 사진 C를 고른다.

어휘 　**爸爸** bàba 圓 아빠　**换** huàn 圄 바꾸다, 교환하다　**蛋糕** dàngāo 圓 케이크　**妈妈** māma 圓 엄마
　要求 yāoqiú 圓 요구, 요망　**忘记** wàngjì 圄 잊어버리다　**一定** yídìng 凰 반드시　**完** wán 圄 끝내다, 마치다

11

★ 张阿姨爱好运动。（　）	★ 장씨 아주머니는 운동을 즐겨 한다. (✓)
张阿姨的爱好很多，游泳、篮球、跑步什么 的，她都喜欢。	장씨 아주머니의 취미는 매우 많다. 수영, 농구, 달리기 등 을 그녀는 모두 좋아한다.

해설 　문장의 爱好运动(운동을 즐겨 하다)이 음성의 爱好……游泳、篮球、跑步什么的(취미는 수영, 농구, 달리기 등)를 바꿔 표현한 경우이므로 일치로 판단한다.

어휘 　**阿姨** āyí 圓 아주머니, 이모　**爱好** àihào 圄 ~하기를 즐기다 圓 취미　**运动** yùndòng 圄 운동하다
　游泳 yóuyǒng 圄 수영하다　**篮球** lánqiú 圓 농구　**跑步** pǎobù 圄 달리다, 뛰다　**什么的** shénme de ~등

12

★ 说话人小时候爱听奶奶讲故事。（　）	★ 화자는 어렸을 때 할머니가 이야기해 주시는 것을 듣는 걸 　좋아했다. (✗)
我小时候和爷爷住在一起。那时候晚上睡前 我特别喜欢听爷爷给我讲故事。	나는 어렸을 때 할아버지와 함께 살았다. 그때는 저녁에 잠 들기 전에 할아버지가 내게 이야기해 주시는 것을 듣는 걸 아주 좋아했다.

해설 　문장에서는 어렸을 때 奶奶(할머니)가 들려주는 이야기 듣는 것을 좋아했다고 했는데, 음성에서는 爷爷(할아버지)라고
　단어 하나가 다르게 언급되었으므로 불일치로 판단한다.

어휘 　**小时候** xiǎoshíhou 圓 어렸을 때　**讲** jiǎng 圄 이야기하다, 말하다　**故事** gùshi 圓 이야기, 옛날 이야기
　睡 shuì 圄 (잠을) 자다　**特别** tèbié 凰 아주, 특별히

13

★ 客人快要来了。（　）	★ 손님이 곧 올 것이다. (✓)
大家注意，还有十分钟客人就要到了，我们 要热情一点，要一起大声说"欢迎欢迎"！	모두 주의하세요, 10분 더 있으면 손님이 곧 도착할 거예요. 우리 친절하게, 함께 큰 소리로 '환영합니다'라고 말해요!

해설 　문장의 快要来了(곧 올 것이다)가 음성의 就要到了(곧 도착할 것이다)를 바꿔 표현한 경우이므로 일치로 판단한다. 참고
　로, 위 지문에서 '客人就要到了'는 '就要……了(곧 ~할 것이다)' 구문이 사용되어, '손님이 곧 도착할 것이다'로 해석된
　다는 것을 알아 두자.

어휘 　客人 kèrén 圓 손님　快要 kuàiyào 곧 ~할 것이다　注意 zhùyì 圓 주의하다, 조심하다　分钟 fēnzhōng 圓 분
热情 rèqíng 圓 친절하다　一起 yìqǐ 圓 함께　大声 dàshēng 圓 큰 소리　欢迎 huānyíng 圓 환영하다

14

★ 上次是地上不干净。（　）	★ 지난번은 바닥이 깨끗하지 않았다. (×)
教室刚让学生打扫过，但是黑板还要再检查一次，上次就是黑板没擦干净。	교실은 방금 학생들에게 청소하게 했지만, 칠판은 아직 다시 한 번 검사해야겠어요. 지난번은 칠판을 깨끗이 닦지 못했어요.

해설　문장에서 지난번에 地上(바닥)이 깨끗하지 않다라고 했는데, 음성에서는 黑板(칠판)을 깨끗이 닦지 못했다고 단어 하나
가 다르게 언급되었으므로 불일치로 판단한다.

어휘　上次 shàngcì 圓 지난번, 저번　地上 dìshang 圓 바닥, 땅　干净 gānjìng 圓 깨끗하다　教室 jiàoshì 圓 교실
刚 gāng 圓 방금, 막　让 ràng ~에 의해 ~되다　学生 xuésheng 圓 학생　打扫 dǎsǎo 圓 청소하다
过 guo 圓 [동사 뒤에 쓰여 동작의 완료를 나타냄]　但是 dànshì 圓 하지만　黑板 hēibǎn 圓 칠판　还 hái 圓 아직, 더
要 yào 圓 ~해야 한다　再 zài 圓 다시, 또　检查 jiǎnchá 圓 검사하다　一次 yí cì 한 번　擦 cā 圓 닦다

15

★ 这家店比较小。（　）	★ 이 가게는 비교적 작다. (✓)
这是很有名的一家店，你别看地方不大，但每天客人都很多。其实我觉得除了这个香蕉蛋糕还不错之外，其他的不怎么样。	여기는 정말 유명한 가게예요. 자리가 넓진 않지만, 매일 손님이 많아요. 사실 저는 여기 바나나 케이크가 그런대로 괜찮은 것 이외에 다른 것은 평범하다고 생각해요.

해설　문장의 比较小(비교적 작다)가 음성의 地方不大(자리가 넓지 않다)를 바꿔 표현한 경우이므로 일치로 판단한다.

어휘　家 jiā [집·점포를 세는 단위]　店 diàn 圓 가게, 상점　比较 bǐjiào 圓 비교적　有名 yǒumíng 圓 유명하다
地方 dìfang 圓 자리, 장소　但 dàn 圓 하지만　每天 měi tiān 매일　客人 kèrén 圓 손님　其实 qíshí 圓 사실
觉得 juéde ~이라고 생각하다　除了……之外 chúle……zhīwài ~이외에, ~을 제외하고　香蕉 xiāngjiāo 圓 바나나
蛋糕 dàngāo 圓 케이크　还 hái 圓 그런대로, 꽤　不错 búcuò 圓 괜찮다　其他 qítā 圓 다른 것, 기타
不怎么样 bù zěnmeyàng 평범하다, 보통이다

16

★ 说话人的丈夫只吃了一点儿面包。（　）	★ 화자의 남편은 빵만 조금 먹었다. (×)
我丈夫有点儿发烧，不想吃东西，上午买的面包一口也没吃。	제 남편은 열이 조금 나서, 아무것도 먹고 싶지 않다며 오전에 산 빵을 한 입도 먹지 않았어요.

해설　문장에서는 只吃了一点儿面包(빵만 조금 먹었다)가 언급되었는데 음성에서는 面包一口也没吃(빵을 한 입도 먹지 않았다)
이라고 반대로 언급되었으므로 불일치로 판단한다.

어휘　丈夫 zhàngfu 圓 남편　只 zhǐ 圓 겨우, 단지　一点儿 yìdiǎnr 조금, 약간　面包 miànbāo 圓 빵
有点儿 yǒudiǎnr 圓 조금, 약간　发烧 fāshāo 圓 열이 나다　上午 shàngwǔ 圓 오전　买 mǎi 圓 사다
口 kǒu 圓 입, 모금　也 yě 圓 ~도

17

★ 说话人参加明天的晚会。（　）	★ 화자는 내일 저녁 파티에 참석한다. (✓)
虽然我也很想跟你去看电影，但是今天晚上我真的没有时间，我还要练习跳舞，明天的晚会有我的节目。	비록 저도 당신과 영화를 보러 가고 싶지만, 오늘 저녁엔 정말 시간이 없어요. 저는 춤 연습도 해야 해요. 내일 저녁 파티에 제 프로그램이 있거든요.

해설 문장의 '说话人参加明天的晚会。'에서 화자는 내일 저녁 파티에 참석한다고 했다. 음성에서 '明天的晚会有我的节目'라며 내일 저녁 파티에 자신의 프로그램이 있다고 했으므로, 화자는 내일 저녁 파티에 참석할 것임을 추론할 수 있다. 따라서 문장과 음성의 내용을 일치로 판단한다.

어휘 **参加** cānjiā [동] 참석하다, 참가하다 **明天** míngtiān [명] 내일 **晚会** wǎnhuì [명] 저녁 파티
虽然……但是…… suīrán……dànshì…… [접] 비록 ~하지만, (그러나) ~하다 **想** xiǎng [조동] ~하고 싶다, ~하려고 한다
电影 diànyǐng [명] 영화 **晚上** wǎnshang [명] 저녁, 밤 **时间** shíjiān [명] 시간 **练习** liànxí [동] 연습하다
跳舞 tiàowǔ [동] 춤을 추다 **节目** jiémù [명] 프로그램

18

★ 爷爷喜欢游泳。( )	★ 할아버지는 수영하는 것을 좋아하신다. (✓)
爷爷今年已经75岁了，但是他身体很健康，跟年轻人一样喜欢运动，每天都去跑步，每个星期还要游两次泳呢。	할아버지는 올해 벌써 75세이지만, 몸이 건강하시고, 젊은 사람처럼 운동을 좋아하세요. 매일 달리기하러 가시고, 매주 두 번은 수영도 하세요.

해설 문장의 '爷爷喜欢游泳。'에서 할아버지는 수영하는 것을 좋아하신다고 했다. 음성에서 '喜欢运动……每个星期还要游两次泳呢'라며 운동하는 것을 좋아하시고 매주 두 번은 수영을 하신다고 했으므로, 할아버지가 수영하는 것을 좋아하신다는 것을 추론할 수 있다. 따라서 문장과 음성의 내용을 일치로 판단한다.

어휘 **爷爷** yéye [명] 할아버지 **喜欢** xǐhuan [동] 좋아하다 **游泳** yóuyǒng [동] 수영하다 **今年** jīnnián [명] 올해
已经 yǐjīng [부] 벌써, 이미 **岁** suì [양] 세, 살 **但是** dànshì [접] 하지만, 그러나 **身体** shēntǐ [명] 몸, 신체
健康 jiànkāng [형] 건강하다 **年轻人** niánqīngrén [명] 젊은 사람, 젊은이 **运动** yùndòng [동] 운동하다
每天 měi tiān 매일 **跑步** pǎobù [동] 달리다, 뛰다 **每个星期** měi ge xīngqī 매주

19

★ 空调没有问题。( )	★ 에어컨에는 문제가 없다. (X)
服务员，这个房间的空调是坏的，请你帮我换一个房间。	종업원, 이 방의 에어컨이 고장 났어요. 방을 좀 바꿔 주세요.

해설 문장에서는 에어컨에 대해 **没有问题**(문제가 없다)라고 언급되었는데 음성에서는 **坏**(고장 났다)라고 반대로 언급되었으므로 불일치로 판단한다.

어휘 **空调** kōngtiáo [명] 에어컨 **问题** wèntí [명] 문제 **服务员** fúwùyuán [명] 종업원 **房间** fángjiān [명] 방
坏 huài [형] 고장 나다, 망가지다 **请** qǐng [동] ~해 주세요, ~하세요 **帮我……** bāng wǒ…… (나를 도와) ~해 주다
换 huàn [동] 바꾸다

20

★ 小雨正在画画。( )	★ 샤오위는 그림을 그리고 있다. (X)
看看，这是我家小雨在学校画的画。这张是马，中间这张画的是黄河。怎么样，还不错吧。	보세요, 이건 우리 집 샤오위가 학교에서 그린 그림이에요. 이것은 말이고, 중간의 이 그림은 황허 강을 그린 거예요. 어때요, 그런대로 괜찮지요?

해설 문장에서는 **正在**(~하고 있다)가 언급되어 샤오위가 지금 그림을 그리고 있는 상태라고 했는데, 음성에서는 **在学校画的画**(학교에서 그린 그림)라고 언급되어 이미 그림을 그린 상태이므로 불일치로 판단한다.

어휘 **正在** zhèngzài [부] ~하고 있다, ~하는 중이다 **画画** huàhuà [동] 그림을 그리다 **家** jiā [명] 집 **学校** xuéxiào [명] 학교
张 zhāng [양] 장 [종이나 가죽 등을 세는 단위] **马** mǎ [명] 말 **中间** zhōngjiān [명] 중간 **黄河** Huánghé [고유] 황허 강
怎么样 zěnmeyàng [대] 어떠하다, 어떻다 **还** hái [부] 그런대로, 꽤 **不错** búcuò [형] 괜찮다
吧 ba [조] [문장 뒤에 쓰여 기대를 나타냄]

21					
A 照相	**B 看照片**	C 看地图	A 사진을 찍다	**B 사진을 보다**	C 지도를 보다

女: 看，这是我们上次爬山的照片。

男: 这张不太清楚，还有别的吗？

问: 他们在做什么？

여: 봐요, 이것은 우리가 지난번에 등산한 사진이에요.

남: 이 사진은 좀 뚜렷하지가 않네요. 다른 것도 있나요？

질문: 그들은 무엇을 하고 있는가？

해설 선택지를 통해 행동을 묻는 질문이 나올 것을 예상한다. 여자의 말에서 看(보다), 照片(사진)이라는 표현이 언급되었다. 질문에서 그들이 하고 있는 행동을 물었으므로, 언급된 표현을 통해 알 수 있는 B 看照片(사진을 보다)이 정답이다. 여자의 말에 언급된 照片(사진)만 듣고 A 照相(사진을 찍다)을 고르지 않도록 주의한다.

어휘 照相 zhàoxiàng 圖 사진을 찍다   照片 zhàopiàn 圓 사진   地图 dìtú 圓 지도   上次 shàngcì 지난번, 저번   爬山 páshān 圖 등산하다   张 zhāng [종이나 가죽 등을 세는 단위]   清楚 qīngchu 圓 뚜렷하다   别的 biéde 圃 다른 것

22		
A 吃得很饱		A 배불리 먹었다
B 还没刷牙		**B 아직 이를 닦지 않았다**
C 不想洗碗		C 설거지하고 싶지 않다

男: 快点去刷牙吧，马上睡觉了。

女: 等我把盘子里的西瓜吃完。

问: 关于女的，可以知道什么？

남: 빨리 가서 이를 닦으렴. 곧 자야 해.

여: 제가 이 쟁반의 수박을 다 먹고 나면요.

질문: 여자에 관해, 알 수 있는 것은 무엇인가？

해설 선택지를 통해 상태·상황과 관련된 질문이 나올 것을 예상한다. 남자가 여자에게 快点去刷牙吧(빨리 가서 이를 닦으렴)라고 했고, 질문에서 여자에 관해 알 수 있는 것을 물었으므로 B 还没刷牙(아직 이를 닦지 않았다)가 정답이다.

어휘 饱 bǎo 배부르다   刷牙 shuāyá 圖 이를 닦다   洗碗 xǐ wǎn 설거지하다   快 kuài 圓 빨리   马上 mǎshàng 圃 곧, 즉시   盘子 pánzi 圓 쟁반, 접시   西瓜 xīguā 圓 수박   吃完 chīwán 다 먹다

23					
A 脚疼	B 没兴趣	C 工作很忙	**A 발이 아프다**	B 관심이 없다	C 일이 바쁘다

男: 小方，你丈夫经常和你去爬山吗？

女: 他的脚总是疼，所以我一般和我邻居去。

问: 女的的丈夫为什么不去爬山？

남: 샤오팡, 당신 남편은 자주 당신과 등산하러 가나요？

여: 그의 발은 늘 아파서, 저는 보통 제 이웃과 가요.

질문: 여자의 남편은 왜 등산하러 가지 않는가？

해설 선택지를 통해 상태·상황과 관련된 질문이 나올 것을 예상한다. 여자가 남편에 대해 他的脚总是疼(그의 발은 늘 아프다)이라고 했다. 질문에서 여자의 남편이 왜 등산하러 가지 않는지 물었으므로 A 脚疼(발이 아프다)이 정답이다.

어휘 脚 jiǎo 圓 발   疼 téng 圓 아프다   没兴趣 méi xìngqù 관심이 없다   工作 gōngzuò 圓 일   忙 máng 圓 바쁘다   丈夫 zhàngfu 圓 남편   经常 jīngcháng 圃 자주, 항상   爬山 páshān 圖 등산하다   总是 zǒngshì 圃 늘, 줄곧   所以 suǒyǐ 圖 그래서   一般 yìbān 圓 보통이다, 일반적이다   邻居 línjū 圓 이웃

24					
A 渴了	B 太贵了	**C 不点了**	A 목마르다	B 너무 비싸다	**C 주문하지 않는다**

女: 你看一下菜单，还要再来点什么？

男: 可以了吧，我不太饿，而且就我们两个人，点多了也吃不完。

问: 男的是什么意思？

여: 메뉴 좀 보세요. 뭐 좀 더 시키실래요？

남: 괜찮을 것 같아요. 저는 그다지 배고프지 않고, 게다가 저희 두 사람만으로는 많이 시켜도 다 먹지 못해요.

질문: 남자의 말은 무슨 의미인가？

해설   선택지를 통해 상태·상황과 관련된 질문이 나올 것을 예상한다. 여자가 还要再来点什么?(뭐 좀 더 시키실래요?)라고 묻자, 남자가 可以了吧(괜찮을 것 같아요), 不太饿(그다지 배고프지 않아요), 点多了也吃不完(많이 시켜도 다 먹지 못해요)이라고 했다. 질문에서 남자의 말이 무슨 의미인지 물었으므로 C 不点了(주문하지 않는다)가 정답이다.

어휘   渴 kě 휑 목마르다   贵 guì 휑 비싸다   点 diǎn 통 주문하다   一下 yíxià 줭 좀 ~하다, ~해 보다
        菜单 càidān 몡 메뉴, 식단   还 hái 뫼 더, 아직   再 zài 뫼 더, 또   可以 kěyǐ 휑 괜찮다, 지나치다
        吧 ba 좄 [문장 끝에 쓰여 추측을 나타냄]   饿 è 휑 배고프다   而且 érqiě 젭 게다가   也 yě 뫼 ~도

25

A 她很快乐	A 그녀는 매우 즐겁다
B 她很担心	**B 그녀는 매우 걱정한다**
C 她很满意	C 그녀는 매우 만족한다
女：儿子还小，第一次自己坐公共汽车去学校，我真不放心。	여: 아들이 아직 어린데, 처음으로 스스로 버스를 타고 학교에 가요. 저는 정말 안심이 되지 않아요.
男：没关系，他跟同学一起去的。	남: 괜찮아요. 그는 학교 친구들과 같이 가잖아요.
问：女的是什么意思？	질문: 여자의 말은 무슨 뜻인가?

해설   선택지를 통해 여자의 상태·상황과 관련된 질문이 나올 것을 예상한다. 여자가 아들에 대해 真不放心(정말 안심이 되지 않아요)이라고 했다. 질문에서 여자의 말이 무슨 뜻인지 물었으므로 B 她很担心(그녀는 매우 걱정한다)이 정답이다.

어휘   快乐 kuàilè 휑 즐겁다, 행복하다   担心 dānxīn 통 걱정하다, 염려하다   满意 mǎnyì 휑 만족하다   儿子 érzi 몡 아들
        第一次 dìyī cì 처음, 최초   自己 zìjǐ 뎨 스스로   公共汽车 gōnggòng qìchē 몡 버스   学校 xuéxiào 몡 학교
        放心 fàngxīn 통 안심하다   没关系 méi guānxi 괜찮다, 문제없다   跟 gēn 젠 ~와   同学 tóngxué 몡 학교 친구, 동창

26

A 车坏了	A 차가 고장 났다
B 车被借走了	**B 차를 누가 빌려 갔다**
C 想锻炼身体	C 신체를 단련하고 싶다
女：你今天怎么骑自行车来上班了？你的车呢？	여: 오늘 왜 자전거를 타고 출근했어요? 당신 차는요?
男：昨天被我弟弟开走了。	남: 어제 제 남동생이 타고 갔어요.
问：男的为什么没开车？	질문: 남자는 왜 차를 운전하지 않았는가?

해설   선택지를 통해 상태·상황과 관련된 질문이 나올 것을 예상한다. 여자가 남자의 차에 대해 묻자, 남자가 被我弟弟开走了(제 남동생이 타고 갔어요)라고 했다. 질문에서 남자가 차를 운전하지 않은 이유를 물었으므로 B 车被借走了(차를 누가 빌려 갔다)가 정답이다.

어휘   车 chē 몡 차   坏 huài 휑 고장 나다, 상하다   被 bèi 젠 ~에 의해 ~되다 [피동을 나타냄]   借 jiè 통 빌리다
        锻炼 duànliàn 통 단련하다   身体 shēntǐ 몡 신체, 몸   今天 jīntiān 몡 오늘   怎么 zěnme 떼 왜, 어째서   骑 qí 통 타다
        自行车 zìxíngchē 몡 자전거   上班 shàngbān 통 출근하다   昨天 zuótiān 몡 어제   弟弟 dìdi 몡 남동생

27

A 教室	B 饭馆	C 药店	
A 교실	B 식당	C 약국	
女：先生，您几位？		여: 선생님, 몇 분이신가요?	
男：三个人，你把菜单拿给我。		남: 세 명입니다. 저에게 메뉴판 좀 가져다주세요.	
问：他们现在最可能在哪儿？		질문: 그들은 현재 어디에 있을 가능성이 가장 큰가?	

해설   선택지를 통해 장소를 묻는 질문이 나올 것을 예상한다. 대화에서 您几位?(몇 분이신가요?), 菜单(메뉴판)이라는 표현이 언급되었다. 질문에서 그들이 있는 장소를 물었으므로, 대화에서 언급된 표현을 통해 알 수 있는 B 饭馆(식당)이 정답이다.

어휘   **教室** jiàoshì 몡 교실   **饭店** fàndiàn 몡 식당   **药店** yàodiàn 몡 약국   **先生** xiānsheng 몡 선생님 [성인 남성에 대한 경칭]
   位 wèi 얭 분, 명   **菜单** càidān 몡 메뉴판, 식단   **拿** ná 동 가지다, 잡다

28

A 没出租车 B 天气不好 C 为了方便	A 택시가 없다 B 날씨가 안 좋다 C 편리하기 위해서

男：姐姐，外面刮风了，可能会下雨，我们
    还是坐地铁吧。
女：好啊，那我们走吧。
	남: 누나, 밖에는 바람이 불고, 비가 올 것 같아. 우리 지하
	    철을 타는 것이 좋겠어.
	여: 좋아. 그럼 우리 가 보자.

问：他们为什么坐地铁？	질문: 그들은 왜 지하철을 타려고 하는가?

해설   선택지를 통해 상태·상황과 관련된 질문이 나올 것을 예상한다. 남자가 外面刮风了(밖에 바람이 분다), 可能会下雨(비가 올 것 같다)라며 지하철을 타자고 했다. 질문에서 그들이 지하철을 타려는 이유를 물었으므로 B 天气不好(날씨가 안좋다)가 정답이다.

어휘   **出租车** chūzūchē 몡 택시   **天气** tiānqì 몡 날씨   **方便** fāngbiàn 몡 편리하다   **姐姐** jiějie 누나, 언니
   外面 wàimian 몡 밖, 바깥   **刮风** guāfēng 동 바람이 불다   **下雨** xiàyǔ 동 비가 오다   **坐地铁** zuò dìtiě 지하철을 타다

29

A 1:00 B 3:00 C 5:00	A 1:00 B 3:00 C 5:00
女：公司附近的那个中国银行关门了没有？ 男：应该关了，他们五点钟就下班了。	여: 회사 근처의 그 중국 은행은 문을 닫았을까요？ 남: 닫았을 거예요. 그들은 5시면 퇴근해요.
问：银行几点关门？	질문: 은행은 몇 시에 문을 닫는가？

해설   선택지를 통해 시간을 묻는 질문이 나올 것을 예상한다. 남자가 중국 은행이 문을 닫았을 거라며 그들은 五点钟(5시)이 되면 퇴근한다고 했다. 질문에서 은행이 몇 시에 문을 닫는지 물었으므로 C 5:00이 정답이다.

어휘   **公司** gōngsī 몡 회사   **附近** fùjìn 몡 근처, 부근   **中国** Zhōngguó 고유 중국   **银行** yínháng 몡 은행
   关门 guānmén 동 문을 닫다   **应该** yīnggāi 조동 (당연히) ~일 것이다   **下班** xiàbān 동 퇴근하다, 근무 시간이 끝나다

30

A 筷子 B 盘子 C 瓶子	A 젓가락 B 쟁반 C 병

男：这个盘子是你买的？
女：不是，这是从别人那里借的，但是我打
    算去买一个。
	남: 이 쟁반은 당신이 산 것인가요？
	여: 아뇨, 이것은 다른 사람에게서 빌려 온 것인데, 저도 가
	    서 하나 사려고 해요.

问：女的打算买什么？	질문: 여자는 무엇을 사려고 하는가？

해설   선택지를 통해 특정 명사와 관련된 질문이 나올 것을 예상한다. 여자가 자신도 盘子(쟁반)를 하나 사려고 한다고 했다. 질문에서 여자가 사려고 하는 것을 물었으므로 B 盘子(쟁반)가 정답이다.

어휘   **筷子** kuàizi 몡 젓가락   **盘子** pánzi 몡 쟁반   **瓶子** píngzi 몡 병   **别人** biérén 데 다른 사람, 타인   **借** jiè 동 빌리다
   打算 dǎsuan 동 ~하려고 하다

A 在听音乐	A 음악을 듣고 있다
B 在看表演	B 공연을 보고 있다
C 来了很久了	C 온 지 오래되었다

男：你在听什么歌？怎么还一边听一边跳舞呢？	남: 당신은 어떤 노래를 듣고 있어요? 왜 들으면서 춤을 추는 거예요?
女：你自己听一听，怎么样？你听过没有？	여: 당신이 직접 들어 보세요. 어때요? 당신은 들어 보신 적 없나요?
男：没有啊，是新歌吗？	남: 없어요. 신곡인가요?
女：也不是太新，出来有一段时间了。	여: 그렇게 신곡은 아니에요. 나오고 시간이 좀 지났어요.
问：关于女的，可以知道什么？	질문: 여자에 관해, 알 수 있는 것은 무엇인가?

해설　선택지를 통해 상태·상황과 관련된 질문이 나올 것을 예상한다. 남자가 여자에게 在听什么歌?(어떤 노래를 듣고 있어요?)라고 했고, 질문에서 여자에 관해 알 수 있는 것을 물었으므로 A 在听音乐(음악을 듣고 있다)가 정답이다. 참고로, 위 지문에서 '一边听一边跳舞'는 '一边……一边……(~하면서 ~하다)' 구문이 사용되어, '들으면서 춤을 추다'로 해석된다는 것을 알아 두자.

어휘　听音乐 tīng yīnyuè 음악을 듣다　表演 biǎoyǎn 圆 공연　久 jiǔ 휑 오래다, 시간이 길다　听歌 tīng gē 노래를 듣다
一边……一边…… yìbiān…… yìbiān…… ~하면서 ~하다　跳舞 tiàowǔ 圆 춤을 추다　新歌 xīngē 圆 신곡
一段时间 yíduàn shíjiān 얼마간의 시간

A 借书	B 刷牙	C 讲故事	A 책을 빌리다	B 이를 닦다	C 이야기를 하다

女：孩子终于睡着了。我给她讲了一个故事，听完她就睡了。	여: 아이가 마침내 잠들었네요. 제가 그녀에게 이야기를 해 주었더니, 다 듣고 잠들었어요.
男：还是那个小狗和小猫的故事吗？	남: 여전히 그 강아지와 아기 고양이의 이야기인가요?
女：不是，我新买了一本故事书，这本简单一点，她很爱听。	여: 아뇨, 제가 이야기책을 한 권 새로 샀는데, 이번 책은 조금 단순해서, 그녀가 듣는 걸 좋아해요.
男：好。我要向你学习，以后多关心关心她。	남: 그래요. 저도 당신에게 좀 배워야겠네요. 앞으로 그녀에게 관심을 많이 가져야겠어요.
问：女的刚才做什么了？	질문: 여자는 방금 무엇을 했는가?

해설　선택지를 통해 행동을 묻는 질문이 나올 것을 예상한다. 여자가 给她讲了一个故事(그녀에게 이야기를 해 주었다)라고 했고, 질문에서 여자가 방금 한 행동을 물었으므로 C 讲故事(이야기를 하다)이 정답이다. 여자의 말에서 언급된 书(책)를 듣고 A 借书(책을 빌리다)를 고르지 않도록 주의한다.

어휘　借书 jièshū 圆 책을 빌리다　刷牙 shuāyá 圆 이를 닦다　讲 jiǎng 圆 이야기하다, 말하다　故事 gùshi 圆 이야기
孩子 háizi 圆 아이　终于 zhōngyú 囤 마침내, 드디어　睡着 shuìzháo 圆 잠들다　还是 háishi 囤 여전히, 아직도
小狗 xiǎogǒu 圆 강아지　和 hé 囼 ~와　小猫 xiǎomāo 圆 아기 고양이　新 xīn 휑 새로
简单 jiǎndān 휑 단순하다, 간단하다　一点 yìdiǎn 圆 조금, 약간　爱 ài 圆 좋아하다, 사랑하다　向 xiàng 꼐 ~에게
学习 xuéxí 圆 배우다, 공부하다　以后 yǐhòu 圆 앞으로, 이후　关心 guānxīn 圆 관심을 가지다
刚才 gāngcái 圆 방금, 막

33	A 超市	**B 书店**	C 别人房间	A 슈퍼마켓	**B 서점**	C 다른 사람의 방

男：你刚才到哪儿去了？	남: 당신 방금 어디에 갔었어요?
女：我去书店买了本词典。你找我有事吗？	여: 저는 서점에 가서 사전을 한 권 샀어요. 당신은 무슨 일로 저를 찾았어요?
男：我想借你的自行车骑一下。	남: 저는 당신의 자전거를 좀 빌려 타고 싶어요.
女：好啊，车子就在一楼。	여: 좋아요. 자전거는 일층에 있어요.
问：女的刚才去哪儿了？	질문: 여자는 방금 어디에 갔었는가?

해설　선택지를 통해 장소를 묻는 질문이 나올 것을 예상한다. 남자가 여자에게 어디에 갔었는지 묻자, 여자가 书店(서점)에 갔다고 했다. 질문에서 여자가 갔던 장소를 물었으므로 B 书店(서점)이 정답이다.

어휘　**超市 chāoshì** 몡 슈퍼마켓　**书店 shūdiàn** 몡 서점, 책방　**别人 biérén** 떼 다른 사람, 타인　**房间 fángjiān** 몡 방
　　　刚才 gāngcái 몡 방금, 지금 막　**哪儿 nǎr** 떼 어디, 어느 곳　**本 běn** 양 권 [책을 세는 단위]　**词典 cídiǎn** 몡 사전
　　　找 zhǎo 통 찾다　**借 jiè** 통 빌리다, 빌려주다　**自行车 zìxíngchē** 몡 자전거　**骑 qí** 통 (동물이나 자전거 등에) 타다

34	A 她的叔叔	A 그녀의 삼촌
	B 她的爷爷	B 그녀의 할아버지
	C 她的弟弟	C 그녀의 남동생

男：昨天来接你的那个人是你哥哥吗？	남: 어제 너를 마중하러 온 그 사람이 네 오빠니?
女：你是说那个短头发的吗？是我叔叔。	여: 그 짧은 머리이신 분 말하는 거지? 우리 삼촌이야.
男：是吗？你叔叔很年轻啊。	남: 그래? 네 삼촌은 아주 젊으시구나.
女：是的，他只比我大五岁。	여: 응, 그는 나보다 겨우 5살 많아.
问：昨天是谁来接女的的？	질문: 어제 여자를 데리러 온 사람은 누구인가?

해설　선택지를 통해 신분을 묻는 질문이 나올 것을 예상한다. 여자가 어제 데리러 온 사람이 자신의 叔叔(삼촌)라고 했다. 질문에서 어제 여자를 마중하러 온 사람이 누구인지 물었으므로 A 她的叔叔(그녀의 삼촌)가 정답이다.

어휘　**叔叔 shūshu** 몡 삼촌, 숙부, 아저씨　**爷爷 yéye** 몡 할아버지　**弟弟 dìdi** 몡 남동생　**昨天 zuótiān** 몡 어제
　　　接 jiē 통 마중하다　**短 duǎn** 혱 짧다　**头发 tóufa** 몡 머리　**年轻 niánqīng** 혱 젊다, 어리다　**只 zhǐ** 튀 겨우, 오직
　　　比 bǐ 꽤 ~보다, ~에 비해　**岁 suì** 양 살, 세

35	A 历史	B 体育	C 数学	A 역사	B 체육	C 수학

男：今年秋天我就要离开这里，去中国留学了。	남: 올해 가을에 저는 이곳을 떠나서, 중국으로 유학하러 가요.
女：你去学什么？	여: 당신은 가서 무엇을 배우시나요?
男：先学一年中文，然后学中国历史。	남: 우선 중국어를 1년 배우고, 그 후에는 중국 역사를 배우려고요.
女：好，那冬天的时候我去看你。	여: 좋아요. 그럼 겨울에 제가 당신을 보러 갈게요.
问：男的打算学什么？	질문: 남자는 무엇을 배울 계획인가?

해설　선택지를 통해 특정 명사와 관련된 질문이 나올 것을 예상한다. 남자가 中国历史(중국 역사)을 배우려고 한다고 했고, 질문에서 남자가 무엇을 배울 계획인지를 물었으므로 A 历史(역사)이 정답이다.

어휘　**历史 lìshǐ** 몡 역사　**体育 tǐyù** 몡 체육, 스포츠　**数学 shùxué** 몡 수학　**今年 jīnnián** 몡 올해　**秋天 qiūtiān** 몡 가을
　　　离开 líkāi 통 떠나다, 벗어나다　**中国 Zhōngguó** 고유 중국　**留学 liúxué** 통 유학하다
　　　中文 Zhōngwén 고유 중국어, 중문　**然后 ránhòu** 젭 그 후에, 그 다음에　**冬天 dōngtiān** 몡 겨울

A 要去接人	A 마중을 가려고 한다
B 有考试	B 시험이 있다
C 要锻炼身体	C 신체를 단련하려고 한다

女：爸爸，你明天早点叫我起床。	여: 아빠, 내일 저를 좀 일찍 깨워 주세요.
男：怎么了？周末不多睡一会儿吗？	남: 무슨 일이니? 주말인데 좀 더 자지 않고?
女：明天一个朋友来北京，我和笑笑去火车站接她。	여: 내일 친구 한 명이 베이징에 오는데, 저와 샤오샤오가 기차역으로 그녀를 마중하러 가요.
男：好，那我7点叫你起来。	남: 알았다. 그럼 7시에 깨워 줄게.
问：女的明天为什么要早起？	질문: 여자는 내일 왜 일찍 일어나야 하는가?

해설　선택지를 통해 행동을 묻는 질문이 나올 것을 예상한다. 여자가 내일 일찍 깨워달라고 하며 **一个朋友来**(친구 한 명이 오는데), **去……接她**(그녀를 마중하러 가요)라고 했다. 질문에서 여자가 내일 왜 일찍 일어나는지 물었으므로 A **要去接人**(마중을 가려고 한다)이 정답이다.

어휘　接 jiē 图 마중하다　考试 kǎoshì 명 시험　锻炼 duànliàn 图 단련하다　身体 shēntǐ 명 신체, 몸
　　　爸爸 bàba 명 아빠, 아버지　明天 míngtiān 명 내일　早点 zǎo diǎn 좀 일찍　起床 qǐchuáng 일어나다, 기상하다
　　　周末 zhōumò 명 주말　睡 shuì 图 (잠을) 자다　北京 Běijīng 고유 베이징 [중국의 수도]　火车站 huǒchēzhàn 명 기차역

A 今天生日	A 오늘이 생일이다
B 买蛋糕了	**B 케이크를 샀다**
C 不爱运动	C 운동을 좋아하지 않는다

男：明天是小白的生日，送点什么礼物好呢？	남: 내일은 샤오바이의 생일이에요. 어떤 선물을 주는 것이 좋을까요?
女：我给他买了一个水果蛋糕。	여: 저는 그를 위해 과일 케이크를 하나 샀어요.
男：那我给他买个篮球吧，他最喜欢打篮球了。	남: 그럼 제가 그에게 농구공을 사줄게요. 그는 농구하는 것을 가장 좋아해요.
女：好啊，或者送一个咖啡杯子也不错，他经常喝咖啡。	여: 좋아요. 아니면 커피잔을 주는 것도 괜찮아요. 그는 종종 커피를 마시니까요.
问：关于女的，我们可以知道什么？	질문: 여자에 관해 우리가 알 수 있는 것은 무엇인가?

해설　선택지를 통해 상태·상황과 관련된 질문이 나올 것을 예상한다. 여자가 **买了一个水果蛋糕**(과일 케이크를 하나 샀다)라고 했고, 질문에서 여자에 관해 알 수 있는 것을 물었으므로 B **买蛋糕了**(케이크를 샀다)가 정답이다. 남자의 말에서 언급된 **生日**(생일)를 듣고 A **今天生日**(오늘이 생일이다)를 고르지 않도록 주의한다.

어휘　今天 jīntiān 명 오늘, 현재　生日 shēngrì 명 생일　蛋糕 dàngāo 명 케이크　运动 yùndòng 图 운동하다
　　　明天 míngtiān 명 내일　送 sòng 图 주다, 증정하다　礼物 lǐwù 명 선물　水果 shuǐguǒ 명 과일　篮球 lánqiú 명 농구공
　　　喜欢 xǐhuan 图 좋아하다　打篮球 dǎ lánqiú 농구를 하다　或者 huòzhě 图 아니면　咖啡 kāfēi 명 커피
　　　杯子 bēizi 명 잔　不错 búcuò 图 괜찮다, 좋다　经常 jīngcháng 图 종종, 자주

<table>
<tr><td colspan="2">

38

A 怕狗
B 走累了
C 喜欢动物

</td><td>

A 개를 무서워한다
B 걷다가 지쳤다
C 동물을 좋아한다

</td></tr>
</table>

女：小心，前面有一只大黑狗。 男：你怕狗吗？ 女：有点儿，我还害怕猫。 男：猫和狗都是人们的好朋友啊。你不认为狗很聪明，猫很可爱吗？ 问：关于女的，可以知道什么？	여: 조심해요. 앞쪽에 크고 검은 개 한 마리가 있어요. 남: 당신은 개를 무서워하나요? 여: 조금이요. 저는 고양이도 무서워해요. 남: 고양이와 개는 모두 사람들의 좋은 친구예요. 당신은 개는 매우 똑똑하고, 고양이는 매우 귀엽다고 생각하지 않나요? 질문: 여자에 관해. 알 수 있는 것은 무엇인가?

해설　선택지를 통해 상태·상황과 관련된 질문이 나올 것을 예상한다. 남자가 여자에게 你怕狗吗?(당신은 개를 무서워하나요?)라고 묻자 여자가 有点儿(조금이요)이라고 했다. 질문에서 여자에 관해 알 수 있는 것을 물었으므로 A 怕狗(개를 무서워한다)가 정답이다.

어휘　**怕** pà 圖 무서워하다　**狗** gǒu 圆 개　**累** lèi 圆 지치다. 피곤하다　**动物** dòngwù 圆 동물
　　小心 xiǎoxīn 圖 조심하다　**前面** qiánmian 圓 앞쪽, 앞　**只** zhī 圆 마리, 짝　**黑** hēi 圆 검다. 까맣다
　　害怕 hàipà 圖 무서워하다, 겁내다　**猫** māo 圆 고양이　**认为** rènwéi 圆 ～이라고 생각하다. ～이라고 여기다
　　聪明 cōngming 圆 똑똑하다　**可爱** kě'ài 圆 귀엽다. 사랑스럽다

<table>
<tr><td colspan="2">

39

A 10:15开始
B 是篮球赛
C 已经比完了

</td><td>

A 10시 15분에 시작한다
B 농구 경기이다
C 이미 끝났다

</td></tr>
</table>

男：儿子的比赛什么时候开始？ 女：十点一刻。 男：这是他第一次参加足球比赛，希望他可以踢进一个球。 女：你好像比他还要着急啊。 问：关于比赛，我们可以知道什么？	남: 아들의 경기는 언제 시작하지요? 여: 10시 15분이요. 남: 이건 그가 첫 번째로 참가하는 축구 경기예요. 그가 골을 하나 넣었으면 좋겠어요. 여: 당신은 아들보다 더 조급해하는 것 같아요. 질문: 경기에 관해 우리가 알 수 있는 것은 무엇인가?

해설　선택지를 통해 상태·상황과 관련된 질문이 나올 것을 예상한다. 남자가 比赛什么时候开始?(경기가 언제 시작하지요?)이라고 묻자, 여자가 十点一刻。(10시 15분이요.)라고 답했다. 질문에서 경기에 관해 알 수 있는 것을 물었으므로 A 10:15开始(10시 15분에 시작한다)이 정답이다.

어휘　**开始** kāishǐ 圆 시작하다. 개시하다　**篮球** lánqiú 圆 농구　**已经** yǐjīng 圉 이미, 벌써　**比赛** bǐsài 圆 경기, 시합
　　一刻 yíkè 15분　**参加** cānjiā 참가하다. 가입하다　**足球** zúqiú 圆 축구　**希望** xīwàng 圆 희망하다, 바라다
　　踢 tī 圆 차다. 발길질하다　**进球** jìnqiú 골　**好像** hǎoxiàng 圓 마치 ～과 같다　**着急** zháojí 圆 조급해하다. 안달하다

<table>
<tr><td colspan="2">

40

A 生病了
B 迟到了
C 为女的难过

</td><td>

A 병이 났다
B 지각했다
C 여자 때문에 괴롭다

</td></tr>
</table>

女：大家安静一下。班长，你来点一下，看看同学都到了没？ 男：老师，除了夏冰，其他人都来了。 女：夏冰请假了吗？ 男：是的。她早上给我打电话，说她感冒去医院了。 问：夏冰怎么了？	여: 모두 조용히 해 주세요. 반장, 출석을 불러 주세요. 학우들이 모두 왔는지 봅시다. 남: 선생님. 샤빙을 제외하고 다른 사람들은 모두 왔습니다. 여: 샤빙은 결석 신청을 했나요? 남: 네. 그녀는 아침에 제게 전화해서 감기에 걸려서 병원에 간다고 했습니다. 질문: 샤빙은 어떠한가?

해설   선택지를 통해 상태·상황과 관련된 질문이 나올 것을 예상한다. 남자가 샤빙의 상황에 대해 **感冒去医院了**(감기에 걸려서 병원에 갔다)라고 설명했다. 질문에서 샤빙이 어떠한지를 물었으므로 A **生病了**(병이 났다)가 정답이다.

어휘   **生病** shēngbìng 图 병이 나다, 병에 걸리다   **迟到** chídào 图 지각하다   **难过** nánguò 图 괴롭다
        大家 dàjiā 데 모두, 다들   **安静** ānjìng 图 조용하다, 고요하다   **班长** bānzhǎng 图 반장
        除了 chúle 게 ~을/를 제외하고, ~외에 또   **其他人** qítārén 다른 사람   **请假** qǐngjià 휴가를 신청하다
        早上 zǎoshang 图 아침   **打电话** dǎ diànhuà 전화를 걸다, 전화하다   **感冒** gǎnmào 图 감기에 걸리다
        医院 yīyuàn 图 병원

41-45

A 在地铁站旁边有一个，我带你去吧，我也打算去那儿。
B 你平时工作那么认真，他一定很放心。
C 我上次去过了，服务员很热情。
D 这些都是我们学过的，相信你们一定能做出来。
E 我们先坐地铁2号线，然后换公共汽车。
F 看看是不是放在书包里了。

A 지하철 역 옆에 하나 있습니다. 제가 당신을 데려다줄게요. 저도 거기에 갈 계획이었어요.
B 당신이 평소에 그렇게 열심히 **일했으니**, 그가 분명 안심할 거예요.
C 저는 지난번에 가봤어요. 종업원이 매우 친절해요.
D 이건 모두 우리가 배웠던 거예요. 여러분이 반드시 풀어낼 수 있을 것이라 믿어요.
E 우리 먼저 지하철 2호선을 타고, 그 다음에 버스로 환승하자.
F 책가방 안에 둔 것은 아닌지 살펴봐요.

어휘   **地铁** dìtiě 몡 지하철   **站** zhàn 몡 역   **旁边** pángbiān 몡 옆   **带** dài 동 데리다, 가지다   **也** yě 뮈 ~도, 또한
     打算 dǎsuan 동 ~할 계획이다   **平时** píngshí 몡 평소   **认真** rènzhēn 몡 열심히 하다   **放心** fàngxīn 동 안심하다, 마음을 놓다
     上次 shàngcì 몡 지난번   **服务员** fúwùyuán 몡 종업원   **热情** rèqíng 몡 친절하다   **相信** xiāngxìn 동 믿다
     一定 yídìng 뮈 반드시, 꼭   **书包** shūbāo 몡 책가방

* 의문문인 43번을 먼저 풀어 두면 문제풀이 시간을 단축할 수 있다.

41   同学们，先认真想一想，然后回答问题。   ( )
     학생 여러분, 먼저 잘 생각해 보고 그 후에 문제에 대답해 보세요.   (**D**)

해설   문제의 핵심어구가 想一想(생각해 보다), 回答问题(문제에 대답하다)이므로, 같은 주제로 연결되는 是……学过的(배웠던 것이다), 能做出来(풀어낼 수 있다)가 언급된 선택지 D 这些都是我们学过的，相信你们一定能做出来. (이건 모두 우리가 배웠던 거예요. 여러분이 반드시 풀어낼 수 있을 것이라 믿어요.)를 고른다.

어휘   **同学** tóngxué 몡 학생에 대한 호칭, 학교 친구   **认真** rènzhēn 몡 열심히 하다   **然后** ránhòu 젭 그 후에
     回答 huídá 동 대답하다   **问题** wèntí 몡 문제

42   你看见我的眼镜了吗？我找了半天没找到。   ( )
     당신 제 안경 봤어요? 제가 한나절을 찾았는데도 못 찾았어요.   (**F**)

해설   문제가 看见我的眼镜了吗?(제 안경 봤어요?), 没找到(못 찾았어요)라고 했으므로, 가방에 둔 것 아닌지 살펴보라는 상황으로 연결되는 선택지 F 看看是不是放在书包里了. (책가방 안에 둔 것은 아닌지 살펴봐요.)를 고른다.

어휘   **看见** kànjiàn 동 보다   **眼镜** yǎnjìng 몡 안경   **找** zhǎo 동 찾다   **半天** bàn tiān 한나절   **找到** zhǎodào 찾아내다

43   您好，请问超市在哪儿？   ( )
     안녕하세요, 실례지만 슈퍼마켓은 어디에 있나요？   (**A**)

해설   문제가 의문사 哪儿(어디에)을 사용한 의문문이고, 哪儿에 해당하는 답변으로 연결되는 선택지 A 在地铁站旁边有一个，我带你去吧，我也打算去那儿. (지하철 역 옆에 하나 있습니다. 제가 당신을 데려다줄게요. 저도 거기에 갈 계획이었어요.)을 고른다.

어휘   **请问** qǐngwèn 동 실례지만, 말씀 좀 여쭙겠습니다   **超市** chāoshì 몡 슈퍼마켓   **哪儿** nǎr 떼 어디, 어느 곳

| 44 | 经理要求我一个人去参加会议。 ( ) | 매니저님께서 저 혼자 회의에 참석하러 가라고 요구하셨어요. (B) |

해설 　문제의 핵심어구가 经理(매니저님), 会议(회의)이므로, 같은 주제로 연결되는 工作(일을 하다)가 언급된 선택지 B 你平时工作那么认真，他一定很放心。(당신이 평소에 그렇게 열심히 일했으니, 그가 분명 안심할 거예요.)을 고른다.

어휘 　经理 jīnglǐ 圐 매니저　要求 yāoqiú 圐 요구하다　参加 cānjiā 圐 참석하다, 참가하다　会议 huìyì 圐 회의

| 45 | 这家是新开的店，他们主要卖衣服。 ( ) | 이 집은 새로 연 가게예요. 주로 옷을 팔아요. (C) |

해설 　문제의 핵심어구가 店(가게)이므로, 같은 주제로 연결되는 服务员(종업원)이 언급된 선택지 C 我上次去过了，服务员很热情。(저는 지난번에 가봤어요. 종업원이 매우 친절해요.)을 고른다.

어휘 　家 jiā 圐 [집·점포·공장 등을 세는 단위]　店 diàn 圐 가게, 상점　主要 zhǔyào 囘 주로, 대부분　衣服 yīfu 圐 옷

46-50

| A 我不感兴趣，你去吧，我就在这里看看。
B 没事儿，今天小王要开车来接我。
C 我是小学老师，喜欢看足球比赛。
D 你知道吗？今天是中秋节。
E 是的，我们在小元家见过面。 | A 저는 흥미 없어요. 당신이 가 보세요. 저는 여기서 볼게요.
B 괜찮아요. 오늘 샤오왕이 운전해서 저를 마중 온대요.
C 저는 초등학교 선생님이고, 축구 경기 보는 것을 좋아해요.
D 당신 알고 있어요? 오늘은 중추절이에요.
E 네. 우리는 샤오위안 집에서 만난 적이 있어요. |

어휘 　感兴趣 gǎn xìngqù 흥미가 있다　没事儿 méishìr 괜찮다, 상관없다　开车 kāichē 圐 운전하다, 차를 몰다
小学 xiǎoxué 圐 초등학교　足球 zúqiú 圐 축구　比赛 bǐsài 圐 경기　知道 zhīdào 圐 알다, 이해하다　今天 jīntiān 圐 오늘
中秋节 Zhōngqiūjié 고유 중추절　见面 jiànmiàn 圐 만나다

* 의문문인 46, 48번을 먼저 풀어 두면 문제풀이 시간을 단축할 수 있다.

| 46 | 你怎么不去跳舞啊？ ( ) | 당신 왜 춤을 추러 가지 않아요? (A) |

해설 　문제가 의문사 怎么(왜)를 사용한 의문문이므로, 怎么에 해당하는 답변을 고른다. 따라서 문제의 不去跳舞(춤을 추러 가지 않다)에 대한 이유로 연결되는 不感兴趣(흥미가 없다)를 언급한 선택지 A 我不感兴趣，你去吧，我就在这里看看。(저는 흥미 없어요. 당신이 가 보세요. 저는 여기서 볼게요.)을 고른다.

어휘 　怎么 zěnme 떼 왜　跳舞 tiàowǔ 圐 춤을 추다

| 47 | 这是中国一个非常重要的节日！ ( ) | 이는 중국의 매우 중요한 명절 중에 하나예요! (D) |

해설 　문제의 핵심어구가 重要的节日(중요한 명절)이므로, 같은 주제로 연결되는 中秋节(중추절)가 언급된 선택지 D 你知道吗？今天是中秋节。(당신 알고 있어요? 오늘은 중추절이에요.)를 고른다. 참고로, 여기서는 선택지 D가 문제의 앞 문장으로 연결되는 것에 주의한다.

어휘 　中国 Zhōngguó 고유 중국　非常 fēicháng 囘 매우　重要 zhòngyào 囘 중요하다　节日 jiérì 圐 명절

| 48 | 你好，你还记得我吗？ ( ) | 안녕하세요. 아직 저를 기억하시나요? (E) |

해설 　문제가 你还记得我吗?(아직 저를 기억하시나요?)라는 의문문이므로, 是的(네)라는 답변으로 시작하는 선택지 E 是的，我们在小元家见过面。(네. 우리는 샤오위안 집에서 만난 적이 있어요.)을 고른다.

어휘 　还 hái 囘 아직　记得 jìde 圐 기억하고 있다

49	我来介绍一下自己，我今年30岁。 ( )	제 소개를 하겠습니다. 저는 올해 30살입니다. (**C**)

해설 문제가 我来介绍一下自己(제 소개를 하겠습니다)라고 했으므로, 자신을 초등학교 선생님이라고 소개하는 상황으로 연결되는 선택지 C 我是小学老师，喜欢看足球比赛. (저는 초등학교 선생님이고, 축구 경기 보는 것을 좋아해요.)를 고른다.

어휘 介绍 jièshào 图 소개하다   自己 zìjǐ 데 자기   岁 suì 阅 살, 세 [연령을 세는 단위]

50	外面风刮得很大，你多穿点衣服吧。 ( )	밖에 바람이 매우 세게 불어요. 옷을 많이 입도록 해요. (**B**)

해설 문제가 你多穿点衣服吧(옷을 많이 입도록 해요)라고 했으므로, 괜찮다고 말하는 상황으로 연결되는 선택지 B 没事儿，今天小王要开车来接我. (괜찮아요. 오늘 샤오왕이 운전해서 저를 마중 온대요.)를 고른다. 참고로, 문장이 吧로 끝나면 제안, 청유 등을 나타낸다는 것을 알아 두자.

어휘 外面 wàimian 阅 밖, 바깥   刮风 guāfēng 图 바람이 불다   穿 chuān 图 입다, 신다   衣服 yīfu 阅 옷

51-55

A 中文	B 干净	C 辆	A 중국어	B 깨끗하다	C 대
D 嘴	E 声音	F 生气	D 입	E 목소리	F 화내다

어휘 中文 Zhōngwén 고급 중국어   干净 gānjìng 阅 깨끗하다   辆 liàng 郿 대   嘴 zuǐ 阅 입   生气 shēngqì 图 화내다

51	不要(**F** 生气)了，他还只是个小孩子，长大后他就会明白你是为他好。	(**F** 화내지) 마세요. 그는 아직 어린아이일 뿐이잖아요. 자라고 나면 그는 당신이 그가 잘되게 하기 위해서라는 것을 알게 될 거예요.

해설 빈칸 앞에 조동사 不要(~하지 마라)가 있으므로, 빈칸에는 동사가 온다. 따라서 동사 F 生气(화내다)를 빈칸에 채운다. 참고로, 이와 같이 문장이 청유나 명령을 나타낼 경우 주로 你(당신)나 你们(당신들)과 같은 주어는 생략된다는 것을 알아 두자.

어휘 不要 búyào 图 ~하지 마라   生气 shēngqì 图 화내다   小孩子 xiǎoháizi 阅 아이   长大 zhǎngdà 图 자라다, 성장하다   明白 míngbai 图 알다   为 wèi 데 ~하기 위해서

52	老师让我们每天读一张(**A** 中文)报纸。	선생님은 우리에게 매일 한 장의 (**A** 중국어) 신문을 읽게 하셨다.

해설 빈칸 앞에 관형어 一张(한 장의)이 있고, 빈칸 뒤에 명사 报纸(신문)이 있으므로 빈칸에는 一张과 함께 报纸를 수식하는 관형어가 온다. 따라서 '한 장의 _____ 신문'이라는 문맥에 어울리는 명사 A 中文(중국어)을 빈칸에 채운다. 참고로, 이와 같이 명사가 다른 명사를 수식할 수 있다는 것을 알아 두자.

어휘 让 ràng 图 ~하게 하다   每天 měi tiān 매일   读 dú 图 읽다   张 zhāng 郿 장 [종이나 가죽 등을 세는 단위]   中文 Zhōngwén 고급 중국어   报纸 bàozhǐ 阅 신문

53	这里的街道多么(**B** 干净)啊！	이곳의 거리는 얼마나 (**B** 깨끗한)가!

해설 빈칸이 부사 多么(얼마나)와 조사 啊 사이에 있으므로, 빈칸에는 형용사가 온다. 따라서 형용사 B 干净(깨끗하다)을 빈칸에 채운다. 참고로, 부사 多么(얼마나)는 '多么+형용사+啊' 형태로 '얼마나 ~한가'라는 의미로 자주 쓰인다는 것을 알아 두자.

어휘 街道 jiēdào 阅 거리   多么 duōme 图 얼마나   干净 gānjìng 阅 깨끗하다

54	
你看，这只鸟的(**D 嘴**)长得非常漂亮，一半是黄色，一半是蓝色。	봐봐, 이 새의 (**D 입**)이 아주 예쁘게 생겼지, 반쪽은 노란색, 반쪽은 파란색이야.

해설　빈칸 앞에 구조조사 的가 있으므로, 빈칸에는 명사가 온다. 명사 A 中文(중국어), D 嘴(입) 중, '이 새의 ______이 아주 예쁘게 생겼지, 반쪽은 노란색, 반쪽은 파란색이야.'라는 문맥에 적합한 D 嘴(입)를 빈칸에 채운다.

어휘　**只** zhī [양] 마리　**鸟** niǎo [명] 새　**嘴** zuǐ [명] 입　**长** zhǎng [동] 생기다　**非常** fēicháng [부] 아주　**半** bàn [수] 반쪽, 절반　**黄色** huángsè [명] 노란색　**蓝色** lánsè [명] 파란색

55	
前面开过来一(**C 辆**)汽车，是不是小明来了？	앞쪽에 자동차 한 (**C 대**)가 다가오고 있는데, 샤오밍이 온 건가요?

해설　빈칸 앞에 수사 一(하나)가 있고 빈칸 뒤에 명사 汽车(자동차)가 있으므로, 빈칸에는 양사가 온다. 따라서 양사 C 辆(대)을 빈칸에 채운다. 참고로, 辆(대)은 汽车(자동차)와 같이 차량을 셀 때 쓰이는 양사임을 알아 두자.

어휘　**前面** qiánmian [명] 앞쪽　**辆** liàng [양] 대　**汽车** qìchē [명] 자동차

56-60

A 只有	B 几乎	C 碗	A ~해야만	B 하마터면	C 그릇
D 爱好	E 经过	F 影响	D 취미	E 지나가다	F 영향을 주다

어휘　**只有** zhǐyǒu [접] ~해야만　**几乎** jīhū [부] 하마터면　**碗** wǎn [양] 그릇　**经过** jīngguò [동] (장소 등을) 지나가다　**影响** yǐngxiǎng [동] 영향을 주다

56	
A：你的音乐声音太大，(**F 影响**)同事们工作了。 B：对不起，我刚才没有注意到这个。	A: 당신의 음악 소리가 너무 커서, 동료들 일에 (**F 영향**을 주네요). B: 죄송합니다, 제가 방금 그걸 주의하지 못했네요.

해설　빈칸 뒤에 목적어 同事们工作(동료들 일)가 있으므로, 빈칸에는 술어가 되는 동사가 온다. 동사 E 经过(지나가다), F 影响(영향을 주다) 중 '음악 소리가 너무 커서, 동료들 일에 ______'라는 문맥에 어울리는 동사 F 影响(영향을 주다)을 빈칸에 채운다.

어휘　**音乐** yīnyuè [명] 음악　**声音** shēngyīn [명] 소리, 목소리　**影响** yǐngxiǎng [동] 영향을 주다　**同事** tóngshì [명] 동료　**刚才** gāngcái [명] 방금　**注意** zhùyì [동] 주의하다

57	
A：李经理叫你明天七点钟送他到机场。 B：你不说的话，我(**B 几乎**)都忘了。	A: 리 매니저님이 당신에게 내일 7시에 그를 공항에 데려다 달라고 하셨어요. B: 당신이 말 안 했으면 저는 (**B 하마터면**) 잊어버릴 뻔 했어요.

해설　빈칸이 주어 我(나)와 술어 忘了(잊어버리다) 사이에 있으므로, 빈칸에는 부사가 온다. 따라서 부사 B 几乎(하마터면)를 빈칸에 채운다.

어휘　**经理** jīnglǐ [명] 매니저　**送** sòng [동] 데려다주다　**机场** jīchǎng [명] 공항　**几乎** jīhū [부] 하마터면　**忘** wàng [동] 잊다

58	
A：我找小张有事，你看见他了吗？ B：我刚才(**E 经过**)教室的时候，看见他在里面。	A: 내가 샤오장을 찾아서 볼일이 있는데, 그를 보았니? B: 내가 방금 교실을 (**E 지나갈**) 때, 그가 안에 있는 것을 보았어.

해설 빈칸이 있는 구절에 술어가 없으므로 빈칸에는 동사나 형용사가 온다. 동사 E **经过**(지나가다), F **影响**(영향을 주다) 중 '내가 방금 교실을 ______때, 그가 안에 있는 것을 보았어.'라는 문맥에 적합한 동사 E **经过**를 빈칸에 채운다.

어휘 **找** zhǎo [동] 찾다 **有事** yǒu shì 볼일이 있다 **经过** jīngguò [동] (장소 등을) 지나가다 **教室** jiàoshì [명] 교실
里面 lǐmian [명] 안, 안쪽

59	
A：你怎么还不睡觉？(**A 只有**)早睡早起，才能身体健康。 B：好的，我看完这个节目，马上去睡。	A: 너는 어째서 아직도 안 자니? 일찍 자고 일찍 일어 (**A 나야만**), 비로소 몸이 건강할 수 있어. B: 알겠어요, 이 프로그램 다 보면, 바로 자러 갈게요.

해설 빈칸이 문장 맨 앞에 있으므로 빈칸에는 접속사나 부사가 주로 온다. 접속사 A **只有**(~해야만)와 부사 B **几乎**(하마터면) 중, '일찍 자고 일찍 일어______, 비로소 몸이 건강할 수 있다'라는 문맥에 어울리는 접속사 A **只有**(~해야만)를 빈칸에 채운다. 참고로, **只有**(~해야만)는 뒷 구절의 부사 **才**(비로소)와 함께 '**只有……才……**(~해야만, 비로소~)'로 자주 짝을 이루어 쓰인다는 것을 알아 두자.

어휘 **只有……才……** zhǐyǒu……cái…… ~해야만 비로소 ~이다 **身体** shēntǐ [명] 몸, 신체 **健康** jiànkāng [형] 건강하다
完 wán [동] 다하다, 끝내다 **节目** jiémù [명] 프로그램 **马上** mǎshàng [부] 바로, 곧

60	
A：你吃什么，米饭好吗？ B：不想吃米饭，给我来一(**C 碗**)面条吧。	A: 당신은 뭐 드실래요, 밥 괜찮아요? B: 밥은 먹고 싶지 않아요. 국수 한 (**C 그릇**) 주세요.

해설 빈칸 앞에 수사 **一**(하나)가 있고 빈칸 뒤에 명사 **面条**(국수)가 있으므로, 빈칸에는 양사가 온다. 따라서 양사 C **碗**(그릇)을 빈칸에 채운다. 참고로, **碗**(그릇)은 **面条**(국수)나 **米饭**(밥)과 같은 명사 앞에서 양사로 쓰이기도 하지만, 단독으로 '그릇'이라는 뜻의 명사로 쓰이기도 한다는 것을 알아 두자.

어휘 **米饭** mǐfàn [명] 밥 **碗** wǎn [양] 그릇 **面条** miàntiáo [명] 국수

61	
今天中午就开始下雪了，现在越下越大，地上已经白白的一层了。	오늘 정오부터 눈이 오기 시작했다. 지금은 점점 더 많이 와서 땅에는 벌써 하얗게 한 층이 쌓였다.
★ 今天是什么天气？ A 晴天　　B 阴天　　**C 下雪天**	★ 오늘은 어떤 날씨인가? A 맑은 날씨　　B 흐린 날씨　　**C 눈이 오는 날**

해설 질문이 오늘이 어떤 날씨인지를 물었으므로, 오늘 오후의 날씨로 언급된 **下雪了**(눈이 왔다)를 바꿔 표현한 C **下雪天**(눈이 오는 날)이 정답이다.

어휘 **中午** zhōngwǔ [명] 정오 **开始** kāishǐ [동] 시작되다 **下雪** xiàxuě [동] 눈이 오다 **现在** xiànzài [명] 지금
已经 yǐjīng [부] 벌써 **层** céng [양] 층, 겹

62

人们常说"鞋子舒不舒服，只有脚知道"。这句话告诉我们，只有自己才是最了解自己的那个人。

사람들은 종종 '신발이 편한지 불편한지는 발만이 안다'고 말한다. 이 말은 우리에게 자기 자신만이 자신을 가장 잘 이해하고 있는 그 사람이라는 것을 알려 준다.

★ 根据这段话，我们应该：

A 关心别人

B 相信自己

C 买舒服的鞋

★ 지문에 근거하여, 우리는 반드시:

A 다른 사람에 관심을 가져야 한다

B 자신을 믿어야 한다

C 편한 신발을 사야 한다

해설 질문에서 우리가 반드시 어떠해야 하는지를 물었으므로, 지문의 只有自己才是最了解自己的那个人(자기 자신만이 자신을 가장 잘 이해하고 있는 그 사람이다)을 통해 알 수 있는 B 相信自己(자신을 믿어야 한다)가 정답이다.

어휘 鞋子 xiézi 몡 신발 舒服 shūfu 혱 편안하다 脚 jiǎo 몡 발 告诉 gàosu 동 알리다 自己 zìjǐ 데 자신 最 zuì 분 가장 了解 liǎojiě 동 이해하다 关心 guānxīn 동 관심을 갖다 相信 xiāngxìn 동 믿다

63

我儿子已经八个月大了，脸胖胖的。他嘴和耳朵，长得像我；但是眼睛像他妈妈，很大，很好看。

나의 아들은 벌써 8개월이 되었고, 얼굴이 통통하다. 그의 입과 귀는 나를 닮았다. 그러나 눈은 그의 엄마를 닮아서 크고 예쁘다.

★ 他儿子：

A 八岁了　　B 耳朵大　　**C 眼睛漂亮**

★ 그의 아들은:

A 8살이다　　B 귀가 크다　　**C 눈이 아름답다**

해설 질문이 그의 아들에 관해서 물었으므로, 지문에서 언급된 眼睛……很好看(눈이 예쁘다)을 바꿔 표현한 C 眼睛漂亮(눈이 아름답다)이 정답이다.

어휘 儿子 érzi 몡 아들 脸 liǎn 몡 얼굴 胖 pàng 혱 통통하다 嘴 zuǐ 몡 입 耳朵 ěrduo 몡 귀 像 xiàng 동 닮다 眼睛 yǎnjing 몡 눈

64

我是第一次来这个城市。这儿的人特别爱吃面条，早饭、午饭、晚饭都吃。这一点我非常不习惯。因为我们那儿主要是吃米饭，很少吃面。

나는 처음으로 이 도시에 여행을 왔다. 이곳의 사람들은 특히 국수 먹는 것을 좋아해서 아침, 점심, 저녁에 모두 먹는다. 이 부분이 나는 매우 익숙하지 않다. 왜냐하면 우리가 있는 곳은 주로 쌀밥을 먹고 국수는 가끔 먹기 때문이다.

★ 他不习惯：

A 吃面条

B 吃早饭

C 坐飞机

★ 그가 익숙하지 않은 것은:

A 국수를 먹는다

B 아침을 먹는다

C 비행기를 탄다

해설 질문이 그가 익숙하지 않은 것을 물었으므로, 지문의 面条，早饭、午饭、晚饭都吃(국수를 아침, 점심, 저녁에 모두 먹는다), 这一点我非常不习惯(이 부분이 나는 매우 익숙하지 않다)을 통해 알 수 있는 A 吃面条(국수를 먹는다)가 정답이다.

어휘 城市 chéngshì 몡 도시 面条 miàntiáo 몡 국수 习惯 xíguàn 동 익숙해지다 因为 yīnwèi 젭 왜냐하면 主要 zhǔyào 분 주로 飞机 fēijī 몡 비행기

65

明天的会议很重要，请大家不要迟到。宾馆的服务员会在早上六点半，给你们的房间打电话，叫你们起床。

내일 회의는 매우 중요해서 모두 지각하시면 안 됩니다. 호텔의 종업원이 아침 6시 30분에 여러분 방으로 전화를 해서 여러분을 깨울 거예요.

★ 根据这段话，他们：	★ 지문에 근거하면 그들은:
A 住在宾馆	**A** 호텔에 묵는다
B 都迟到了	B 모두 지각했다
C 明天回去	C 내일 돌아간다

해설 각 선택지의 宾馆(호텔), 迟到(지각하다), 明天(내일) 중, A의 宾馆(호텔)과 관련하여 지문에서 宾馆的服务员……叫你们起床(호텔의 종업원이 여러분을 깨울 거예요)이 언급되었으므로, 이를 통해 알 수 있는 A 住在宾馆(호텔에 묵는다)이 정답이다.

어휘 **会议** huìyì 圆 회의　**重要** zhòngyào 圏 중요하다　**迟到** chídào 图 지각하다　**宾馆** bīnguǎn 圆 호텔
服务员 fúwùyuán 圆 종업원　**早上** zǎoshang 圆 아침　**房间** fángjiān 圆 방
起床 qǐchuáng 圖 (잠자리에서) 깨다, 일어나다

66

小王在一家小公司工作，公司的环境不太好，电脑也是旧的，而且同事间的关系也都非常差。他想问问小方的公司还需不需要人，有机会他想去试试。	샤오왕은 작은 회사에서 일을 하는데, 회사의 환경이 별로 좋지 않다. 컴퓨터도 낡은 것이고, 게다가 동료들 간의 관계도 매우 나쁘다. 그는 샤오방의 회사에 아직 사람이 필요한지 아닌지 물어 보고, 기회가 있다면 지원해 보려고 한다.
★ 小王：	★ 샤오왕은:
A 想换工作	**A** 직업을 바꾸려고 한다
B 决定买电脑	B 컴퓨터를 구매하기로 결정했다
C 认识了新同事	C 새로운 동료를 알게 되었다

해설 질문이 샤오왕에 관하여 물었으므로, 지문의 小方的公司……想去试试(샤오방의 회사에 지원해 보려고 한다)을 통해 알 수 있는 A 想换工作(직업을 바꾸려고 한다)가 정답이다.

어휘 **公司** gōngsī 圆 회사　**工作** gōngzuò 图 일하다　**环境** huánjìng 圆 환경　**电脑** diànnǎo 圆 컴퓨터　**旧** jiù 圏 낡다
同事 tóngshì 圆 동료　**关系** guānxi 圆 관계　**差** chà 圏 나쁘다　**问** wèn 图 묻다　**需要** xūyào 图 필요하다
机会 jīhuì 圆 기회

67

现在人们睡觉以前都喜欢拿出手机玩儿一玩儿，上网看看新闻或者跟朋友聊聊天。其实睡前看手机对眼睛非常不好，特别是在灯关了的时候。	현재 사람들은 잠을 자기 전에 휴대폰을 꺼내서 노는 것을 좋아한다. 인터넷으로 뉴스를 보거나 친구와 이야기를 나눈다. 사실 잠을 자기 전에 휴대폰을 보는 것은 눈에 매우 안 좋다. 특히 등을 껐을 때 그렇다.
★ 睡前看手机会：	★ 잠을 자기 전에 휴대폰을 보는 것은:
A 让人高兴	A 사람을 기쁘게 한다
B 影响健康	**B** 건강에 영향을 준다
C 让人变瘦	C 사람의 살이 빠지게 한다

해설 질문이 잠을 자기 전에 휴대폰을 보는 것이 어떤지를 물었으므로, 지문에서 이와 관련된 영향으로 언급된 对眼睛非常不好(눈에 매우 안 좋다)를 바꿔 표현한 B 影响健康(건강에 영향을 준다)이 정답이다.

어휘 **睡觉** shuìjiào 图 (잠을) 자다　**以前** yǐqián 圆 이전　**手机** shǒujī 圆 휴대폰　**上网** shàngwǎng 图 인터넷을 하다
新闻 xīnwén 圆 뉴스　**或者** huòzhě 圈 ~을 하거나 ~을 한다　**聊天** liáotiān 图 이야기를 나누다　**其实** qíshí 图 사실
眼睛 yǎnjing 圆 눈　**灯** dēng 圆 등　**关** guān 图 끄다　**高兴** gāoxìng 圏 기쁘다
影响 yǐngxiǎng 图 영향을 주다　**健康** jiànkāng 圏 건강　**变** biàn 图 변하다　**瘦** shòu 圏 살이 빠지다

68	红山动物园新来了两只可爱的大熊猫。一只叫康康，一只叫乐乐。欢迎小朋友们跟爸爸妈妈一起来看。	홍산 동물원에 두 마리 사랑스러운 판다가 새로 왔어요. 한 마리는 캉캉이라고 부르고, 한 마리는 러러라고 불러요. 꼬마 친구들, 아빠 엄마와 함께 보러 오는 것을 환영해요.

★ 这两只熊猫：
A 都很胖
B 没有名字
C 来了不久

★ 이 두 마리 판다는 :
A 모두 뚱뚱하다
B 이름이 없다
C 온 지 얼마 안 되었다

해설 질문이 두 마리의 판다에 관하여 물었으므로, 지문에서 두 마리의 판다에 관하여 언급된 新来了(새로 왔다)를 바꿔 표현한 C 来了不久(온 지 얼마 안 되었다)가 정답이다.

어휘 动物园 dòngwùyuán 圆 동물원　新来 xīnlái 圆 새로 오다　可爱 kě'ài 圆 사랑스럽다　大熊猫 dàxióngmāo 圆 판다
欢迎 huānyíng 圆 환영하다　小朋友 xiǎopéngyou 꼬마(친구)　胖 pàng 圆 뚱뚱하다
不久 bùjiǔ 圆 (시간이) 얼마 안 되다, 오래 되지 않다

69	老李，前面三十米，有一家饭店，不太大但是很干净。他们家的鱼和羊肉很有名。下次我请你去吃。你吃了一次，一定还会再想去吃的。	라오리, 30미터 앞에 식당이 하나 있는데, 별로 크지는 않지만 매우 깨끗해요. 그 집의 생선과 양고기는 매우 유명해요. 다음번에 제가 가서 사드릴게요. 한번 먹어보시면 반드시 또 가서 먹고 싶을 거예요.

★ 那家饭店：
A 老李去过
B 羊肉好吃
C 离这里很远

★ 그 식당은 :
A 라오리가 가 봤다
B 양고기가 맛있다
C 여기에서 매우 멀다

해설 질문이 식당에 관하여 물었으므로, 지문에서 식당에 관하여 언급된 羊肉很有名(양고기가 매우 유명하다)을 바꿔 표현한 B 羊肉好吃(양고기가 맛있다)이 정답이다.

어휘 前面 qiánmian 圆 앞　饭店 fàndiàn 圆 식당　但是 dànshì 圆 그러나, 그렇지만　干净 gānjìng 圆 깨끗하다
羊肉 yángròu 圆 양고기　有名 yǒumíng 圆 유명하다　一定 yídìng 圆 반드시　离 lí 게 ~에서　远 yuǎn 圆 멀다

70	请大家把昨天的作业拿出来放在桌子上，我马上来检查。周东，张超，你们把昨天学的句子写在黑板上，周东写在左边，张超写在右边。	다들 어제의 숙제를 꺼내서 책상에 올려 두세요. 제가 곧 검사할게요. 저우둥, 장차오, 너희들은 어제 배운 문장을 칠판에 써 보도록 하자. 저우둥은 왼쪽에, 장차오는 오른쪽에 쓰렴.

★ 说话人是：
A 老师　　B 经理　　C 医生

★ 화자는 누구인가 :
A 선생님　　B 매니저　　C 의사

해설 질문이 화자가 누구인지를 물었으므로, 지문의 昨天的作业……我马上来检查(어제의 숙제를 제가 곧 검사할게요)를 통해 알 수 있는 A 老师(선생님)이 정답이다.

어휘 大家 dàjiā 떼 다들, 모두　把 bǎ 게 ~을/를　作业 zuòyè 圆 숙제　拿出来 ná chūlai 꺼내다　马上 mǎshàng 凰 곧
检查 jiǎnchá 圆 검사하다　句子 jùzi 圆 문장　黑板 hēibǎn 圆 칠판　左边 zuǒbian 圆 왼쪽　右边 yòubian 圆 오른쪽
经理 jīnglǐ 圆 매니저　医生 yīshēng 圆 의사

71

衬衫　有点儿　他穿的　短　→

······的	명사	부사	형용사
他穿的	衬衫	有点儿	短。
관형어	주어	부사어	술어

해석　그가 입은 셔츠는 조금 짧다.

해설　형용사 短(짧다)을 술어로 배치한 후, 술어와 의미상 어울리는 衬衫(셔츠)을 주어로 배치한다. 남은 어휘 有点儿(조금)은 술어 앞에 부사어로, 他穿的(그가 입은)는 주어 앞에 관형어로 배치하여 문장을 완성한다.

어휘　衬衫 chènshān 몡 셔츠　有点儿 yǒudiǎnr 囝 조금　穿 chuān 동 입다　短 duǎn 혱 짧다

72

我哥哥　一点儿　矮　比我　→

대사+명사	比+대사	형용사	수사+양사
我哥哥	比我	矮	一点儿。
주어	比+비교대상	술어	보어

해석　우리 형은 나보다 조금 작다.

해설　제시된 어휘 중 比가 보이므로 比자문을 완성한다. 형용사 矮(작나)를 술어로 배치하고, 比我(나보나)를 술어 앞에 比+비교대상으로 배치한다. 남은 어휘 我哥哥(우리 형)를 주어로, 一点儿(조금)은 술어 뒤에 보어로 배치하여 문장을 완성한다. 一点儿는 比자문에서 항상 보어로 배치하며, 비교한 결과 '조금 ~하다'라는 의미로 술어를 보충하는 보어 역할을 한다는 것을 알아 두자.

어휘　一点儿 yìdiǎnr 조금　矮 ǎi 혱 (키가) 작다

73

的房间　干净　吗　有更　→

동사+부사	형용사	的+명사	吗
有更	干净	的房间	吗?
술어	관형어	목적어	吗

해석　더 깨끗한 방이 있나요?

해설　제시된 어휘 중 有가 보이므로 有자문을 완성한다. 동사 有(~이 있다)가 포함된 有更(더 ~한 ~이 있다)을 술어로 배치하고, '-에 ~이 있다'라는 의미가 되어야 하므로, 的房间(~한 방)과 干净(깨끗하다)을 干净的房间(깨끗한 방)으로 연결하여 목적어로 배치한다. 남은 어휘 吗(~요?)를 문장 끝에 배치하고 물음표(?)를 붙여서 문장을 완성한다. 의문문을 만드는 어기조사 吗가 있으므로 반드시 문장 끝에 물음표(?)를 써야 하며, 有자문에서 주어를 알 수 없거나, 확실히 알 수 있을 때 주어는 생략이 가능하다는 것을 알아 두자.

어휘　房间 fángjiān 몡 방　干净 gānjìng 혱 깨끗하다　更 gèng 囝 더, 더욱

74

错　你　了　回答　→

대사	동사	형용사	了
你	回答	错	了。
주어	술어	보어	

해석　당신은 틀리게 대답했어요.

해설　제시된 어휘 중 동사와 형용사 그리고 了가 보이므로 보어를 배치하여 문장을 완성한다. 동사 回答(대답하다)를 술어로 배치하고, 错(틀리다)와 了를 错了로 연결하여 술어 뒤에 보어로 배치한다. 남은 어휘 你(당신)를 주어로 배치하여 문장을 완성한다.

어휘　错 cuò 동 틀리다　回答 huídá 동 대답하다

来我们学校　欢迎　上课　您	→	동사 **欢迎** 欢迎	대사 **您** 주어	동사+대사+명사 **来我们学校** 술어1+목적어1	동사 **上课。** 술어2

해석　저희 학교에 와서 수업하게 되신 것을 환영합니다.

해설　제시된 어휘 중 동작동사가 来(오다), 欢迎(환영하다), 上课(수업하다) 3개 보이므로 연동문을 완성한다. 오는 동작이 수업을 하는 동작보다 먼저 발생하므로 来我们学校(우리 학교에 오다)를 술어1, 上课(수업하다)를 술어2로 배치하고, 您(당신)을 주어로 배치한다. 남은 어휘인 欢迎을 문장 맨 앞에 배치하여 문장을 완성한다. 欢迎은 문장의 맨 앞에 배치할 수 있다는 것을 알아 두자.

어휘　欢迎 huānyíng 圖 환영하다　上课 shàngkè 圖 수업하다, 수업을 듣다　您 nín 圃 당신 [你의 존칭]

76

街道两旁的树真高啊，像是有几（**百**bǎi）年的历史了。

거리 양 옆의 나무들이 정말 크네요. 마치 수백 년의 역사가 있는 것 같아요.

해설　빈칸 뒤에 年(년)이 있고, 제시된 병음이 bǎi이므로 百年(백 년)이라는 어구의 百(백)를 쓴다. 모양이 비슷한 白를 쓰지 않도록 주의한다.

어휘　街道 jiēdào 圖 거리　两旁 liǎngpáng 圖 (좌우) 양 옆　树 shù 圖 나무　历史 lìshǐ 圖 역사

77

离下课还有五（**分**fēn）钟。

수업이 끝나기까지 아직 5분 남았다.

해설　빈칸 앞에 五, 빈칸 뒤에 钟이 있고, 제시된 병음이 fēn이므로 五分钟(5분)이라는 어구의 分을 쓴다.

어휘　离 lí 꼐 ~까지, ~으로부터　下课 xiàkè 圖 수업이 끝나다　还 hái 圊 아직　分钟 fēnzhōng 圖 분

78

我买了两公（**斤**jīn）的苹果，都很新鲜。

나는 2킬로그램의 사과를 샀는데 모두 신선하다.

해설　빈칸 앞에 公이 있으므로 公斤(킬로그램)이라는 단어의 斤을 쓴다. 병음이 같은 今을 쓰지 않도록 주의한다.

어휘　公斤 gōngjīn 圖 킬로그램(kg)　苹果 píngguǒ 圖 사과　新鲜 xīnxiān 圖 신선하다

79

每天起床以后，我都（**必**bì）须先洗个澡。

날마다 일어나서 나는 반드시 먼저 목욕을 한다.

해설　빈칸 뒤에 须가 있으므로 必须(반드시)라는 단어의 必를 쓴다. 모양이 비슷한 心을 쓰지 않도록 주의한다.

어휘　每天 měi tiān 날마다　起床 qǐchuáng 圖 일어나다　必须 bìxū 圊 반드시　洗澡 xǐzǎo 圖 목욕하다

80

这瓶（**牛**niú）奶多少钱？

이 우유는 얼마예요?

해설　빈칸 뒤에 奶가 있으므로 牛奶(우유)라는 단어의 牛를 쓴다. 모양이 비슷한 午를 쓰지 않도록 주의한다.

어휘　瓶 píng 圖 병　牛奶 niúnǎi 圖 우유　多少钱 duōshao qián 얼마예요

중국어도 역시
1위 해커스중국어

중국어인강
1위

네이버
검색어 트렌드
1위

강의 만족도
96.4%

중국어인강 **1위** 해커스의 저력,
수많은 HSK 합격자로 증명합니다.

HSK 200% 환급반 4급
성적미션 환급자
합격 점수
평균 253점

HSK 200% 환급반 5급
성적미션 환급자
합격 점수
평균 234점

* 성적 미션 달성자
**HSK 200% 환급반 4급 성적미션 환급대상자 56명 기준(2023.03.28.~2024.04.15.)

* 성적 미션 달성자
** HSK 200% 환급반 5급 성적미션 환급대상자 86명 기준(2023.03.28.~2024.04.15.)

HSK 6급 252점 고득점 합격

HSK 6급 (2023.11.18) 汉语水平考试			
듣기	독해	쓰기	총점
90	80	82	**총점**
			252

HSK 환급반 수강생 정*웅님 후기

이미 많은 선배들이 **해커스중국어**에서
고득점으로 HSK 졸업 했습니다.

잃었던 자신의 꿈을 위해
자기개발을 다시 시작하는
워킹맘 A씨도

어학성적을 바탕으로
남들보다 빠른 취업을 희망하는
취준생 B씨도

실무를 위한
중국어 어학 능력이 필요한
직장인 C씨도

" **HSK**로 자신의 꿈에 한 걸음 더 가까워졌습니다. "

당신의 꿈에 가까워지는 길
해커스중국어가 함께 합니다.